아동상담의 이론과 실제

장미경 | 이상희 | 정민정
손금옥 | 조은혜 | 유미성

태영출판사

머리말

현대사회가 다변화되고 더욱더 복잡해짐에 따라 가족의 급격한 변화가 일어나게 되었고 이로 인해 가족의 기능과 역할이 변하는 과정에서 역기능적인 가족문제가 발생하게 되었다. 이러한 상황은 아동에게 부정적인 영향을 미치게 되었으며 나아가 아동의 건전한 발달을 위협하는 환경이 된다. 우리 사회 안에서 지금도 뉴스나 기사를 통해 많은 아동들이 신체적 · 정서적 · 심리적 · 성적으로 학대받으며 고통당하고 있는 암담한 현실을 보게 된다. 이러한 아동들의 수가 계속 급증하고 있으며, 사회적 문제로 이슈화되면서 아동상담에 대한 사회적 요구와 관심이 커져 가고 있다. 이에 따라 우리 나라의 경우 최근에 아동상담기관들이 많이 설립되었으며, 아울러 전문적인 아동상담 서비스를 제공받을 수 있게 되었다.

아동기는 다른 어떤 시기보다 인간 발달에 있어서 가장 중대하고 결정적인 시기이며 이 시기에 경험하는 아동문제를 다루지 않으면 이후 성인이 되었을 때 사회적 적응이나 성격발달에 부정적인 영향을 미치게 된다. 그러므로 아동이 이 사회에서 바람직하고 보다 적응적인 성인으로 성장하기 위해서는 아동기 때 적절한 도움을 받아서 그들이 지닌 심리적 문제들을 해결하는 것은 무엇보다 중요할 것이다. 그러므로 아동상담은 성인상담보다 더 중요하고 의의가 있다고 해도 지나치지 않을 것이다.

특히 아동상담은 성인상담과 달리 아동이 가족이나 부모의 영향을 절대적으로 받게 되는데, 그로 인해 아동의 문제를 이해하고 해결하기 위해서는 아동 자신 뿐만 아니라 부모나 가족관의 관계를 다루어야 한다. 따라서 본 저서의 저자들은 아동상담을 전공하는 학생들과 아동상담 분야에 있는 종사자들 뿐만 아니라 부모에게도 도움을 줄 수 있는 내용을 다루고자 하였다.

본 저서는 세 가지 PART로 구성되어 있는데, PART 1은 아동상담의 이론적 기초, PART 2는 아동상담의 실제, PART 3은 부모를 위한 아동상담으로 구성되어 있다. 본 저서를 통하여 저자들은 아동상담을 전공하고 있거나 아동상담에 관심이 있는 학생들과 아동상담 현장에 종사하고 있는 상담사, 사회복지사, 교사, 임상심리사, 의료종사자 등 관련자 분들이 아동의 문제를 이해하고 보다 효율적인 아동상담을 하기 위해 알아야 할 기본적인 이론과 기법들을 소개하고자 하였으며, 특히 PART 2는 요즘 아동상담 현장에서 주로 대상이 되는 우울, ADHD, 인터넷 게임 중독, 학대 피해아동, 반항장애 아동의 실제를 자세하게 다루었으며, PART 3에서는 부모를 위한 아동상담으로서 가정에서 부모와 아동이 함께 할 수 있는 놀이활동들을 소개함으로써 부모에게도 도움을 주고자 하였다.

본 저서는 6명의 저자가 분담하여 저술한 후 다시 전체적인 내용과 세부적인 내용을 다듬고 정리하였으나 여전히 부족하고 아쉬운 점이 많음을 느낍니다. 앞으로 여러 독자들의 지도와 조언을 겸허히 받아들여 미흡한 점을 보완하고 개선할 것을 약속드리며, 본 저서가 출간되기까지 인내심을 갖고 기다려 주신 태영출판사 김현태 사장님과 특히 정성을 다해 편집을 해 주시는 오세복 선생님과 그 외 직원 여러분들, 그리고 원고와 참고문헌 정리를 도와준 남서울대학교 박양경, 정일호 학생에게 깊은 감사의 마음을 전합니다.

2007년 2월

저자 일동

차례

PART 01_ 아동상담의 이론적 기초

PART 01

아동상담의 이론적 기초

Contents

CHAPTER 01

아동상담의 기초

문명의 발달, 교통·통신의 발달, 기술의 진보, 이로 인한 산업화와 물질화 등 급격한 사회의 변화는 우리의 삶의 질을 여러 측면에서 변화시키고 있다. 이러한 사회의 변화는 가정과 개인을 둘러싸고 있는 여러 가지 환경에도 영향을 미치게 되었다. 예를 들면, 과거 대가족에서 부모-자녀 중심의 핵가족으로 가족구조가 변화하였고, 가족구성원들의 역할에 대한 인식의 변화와 여성의 사회진출, 맞벌이 증가로 인해 자녀양육환경 등이 변화하고 있으며, 한부모가정, 재결합가정 등 가족의 형태와 가치관에 새로운 변화가 일어나고 있다.

이러한 가족의 변화는 긍정적인 측면과 부정적인 측면에서의 여러 가지 효과를 발생시켰다. 우선 긍정적인 측면을 살펴보면, 첫째, 가정의 변화로 인해 가족구성원들에 대한 인식의 변화가 일어났다는 점이다. 과거 가족구성원들에 대한 인식이 대부분 권위적인 아버지, 순종적이며 희생적인 어머니, 상하 수직관계상으로 대비될 수 있는 가족구조였다면 최근의 가족구성원에 대한 인식은 가족구성원 각자에 대한 개인 존중과 삶의 질 향상을 추구하고, 보다 가정적이고 표현적인 아버지, 능동적인 어머니의 이미지를 부각시키며 변화되었다. 이렇듯 가정이 변화하고 있고, 이러한 변화는 가정을 구성하고 있는 구성원 개개인의 삶에 영향을 미치게 되었다. 둘째, 여성의 역할에 대한 인식이 변화하게 되었으며, 여성의 삶의 질에 대한 관심을 증가시키고 있다. 이러한 관심은 전통적으로 여성에게 전적으로 부과시켜 오던 가정 내에서의 육아와 가사의 임무에 대한 제고의 목소리를 높였다. 이러한 변화의 영향으로 최근의 가정에서는 과거와 달리 이러한 육아나 가사 문제를 여성만이 아닌 가족 공동의 책임과 의무로 인식하도록 가치관을 변화시켰다.

가족의 변화에 의한 부정적인 측면을 살펴보면 첫째, 양육환경의 변화를 들 수 있다. 과거 가족 위주로 행해지던 아동을 양육환경이 가정중심에서 기관중심으로 변화하게 되었고, 학습의 부담과 과잉사교육 문제 등은 아동의 스트레스를 증가시키는 요인이 되고 있다.

둘째, 통신·문화의 발달로 인한 폐해를 들 수 있다. 통신, 인터넷의 발달로 인해 어려서부터 아동들은 각종 메스미디어의 유해 폭력물에 노출되게 되었고, 각종 폭력 게임물을 즐기게 되었다. 또한 또래의 감소, 놀이터의 감소 등은 놀이 환경 등의 변화를 가져와 이와 같이 TV, 비디오나 게임 등에 몰입하는 아동을 증가시켰다. 이러한 변화로 인해 아동상담을 필요로 하는 아동은 해마다 증가해 가고 있다.

1. 아동상담의 이해

상담은 내담 아동의 성장에 지장을 주는 문제 상황을 긍정적으로 극복하도록 조력함으로써 사회에 보다 잘 적응하고, 위기에 대처할 수 있는 능력을 기르도록 돕는 과정이다.

아동상담은 아동을 대상으로 하는 상담활동으로 내담자인 아동의 발달특성을 고려해야 하며 이러한 측면에서 성인을 대상으로 하는 상담과 다음의 몇 가지 점에서 차이를 지닌다.

첫째, 아동을 대상으로 한다.

가장 큰 차이는 아동을 대상으로 한다는 점이다. 아동은 성인과 여러 측면에서 다르다. 거의 모든 측면에서 아직 발달이 완전하게 이루어지지 않았고, 발달의 중요한 과정을 거치고 있다. 아동기는 이 시기의 경험이 이후의 발달에 큰 영향을 미치게 된다는 점에서 발달의 매우 중요한 시기를 거치고 있는 중이라고 볼 수 있다. 아직 아동은 성인에 비해 판단 능력이 미숙하고, 각종 스트레스에 적절하게 대처하는 방식을 완전하게 습득하지 못하고 있다. 또한 상황을 자기중심적으로 해석하고 예민하게 받아들이며, 성인의 민감한 보호와 반응을 필요로 하는 시기를 보내고 있다.

따라서 아동기에는 성인으로부터 안정적인 양육을 제공받아야 하고, 정서적으로 따뜻한 공감과 지지를 얻는 경험을 충분히 받아야 한다. 이러한 초기 양육경험은 이후 아동의 성장에서 자아존중감을 향상시키고, 사회에 보다 잘 적응하고 협력해 나가도록 돕는 원동력이 되어 준다.

둘째, 치료와 예방의 효과가 높다.

아동기는 신체적·정서적으로 급격히 발달이 이루어지는 시기이다. 이 시기에 충분한 양육적 경험을 받지 못하였거나 학대나 방임, 유기 등 부정적인 경험을 하였거나, 적절한 상호작용을 경험하지 못했을 경우에는 이후 신체적·정서적 문제를 지니게 될 가능성이 매우 높아진다. 그러나 이러한 문제를 지닌 아동도 조기에 발견되어 아동상담을 통해 지니고 있는 부정적인 감정을 적절하게 해소할 수 있는 기회가 주어진다면 이후 발생할지 모르는 더 큰 문제행동을 예방할 수 있다. 이러한 측면에서 아동상담은 치료뿐만 아니라 문제행동 예방에도 높은 효과가 있다는 특성을 지닌다.

셋째, 다양한 관점에서의 접근이 필요하다.

아동상담은 의학, 상담학, 심리학, 아동학 등 여러 학문적 배경에서 접근할 수 있으며, 관점에 따라 담당해야 할 역할이 달라진다. 관점에 따라 접근하는 방법과 범위가 달라질 수 있으며, 아동상담의 기능을 보는 관점에 따라서도 아동상담의 역할을 달리 볼 수 있다.

넷째, 가족 및 지역사회의 영향을 받는다.

아동상담은 개별아동뿐만 아니라 사회적 환경 내에서의 아동과 부모, 가족의 문제도 볼 수 있어야만 하며, 아동 개인의 심리적, 정서적, 행동적 변화와 더불어 아동과 가족의 변화와 아동이 속한 사회적 환경에까지 관심을 두어야 한다. 아동의 문제는 아동을 둘러싸고 있는 미시환경, 거시환경인 부모, 가족, 학교, 보육시설, 아동복지시설, 지역사회와 연결되어 있다고 보고 이러한 사회적 환경도 아동상담의 대상, 범위에 포함해야 한다.

또한 아동상담과 관련된 정책, 행정, 법체계 등에 대한 연구도 이루어져야 하며, 아동문제에 대한 사회의 인식변화, 사회가치관의 변화, 아동의 권리의 보호 등에 관한 관심도 증가시켜 나가야 한다.

가. 아동상담의 필요성

나날이 발전해가는 각종 기술의 개발과 보급, 통신, 교통 등 물질적 환경의 발전과 살아가는 생활방식과 가치관의 변화 등의 사회 · 문화의 변화는 우리들의 가정환경에 긍정적, 부정적으로 많은 영향을 미치게 되었다. 또한 변화해 가는 사회 속에서 사회구성원들이 받게 되는 스트레스가 증가되었고, 여러 가지 갈등상황을 만나게 되었으며, 이러한 요인들로 인해 우리의 삶의 질이 변화되어 가고 있다.

아동들 역시 여러 가지 갈등상황과 스트레스를 경험하고 있으며, 이러한 경험은 아동상담의 필요성을 증가시키는 요인이 되고 있다. 가난, 학대, 방임, 과잉보호, 또래의 감소, 과잉사교육 등 아동을 둘러싸고 있는 여러 요인들 또한 아동상담의 필요성을 대두시키는 원인이 되고 있다. 이러한 급격한 사회 · 문화적 변화는 생의 가장 민감한 시기인 아동기를 보내고 있는 아동들에게 중요한 영향을 미치고 있다.

아동상담에 대한 필요성을 증가시키고 있는 가정의 변화, 사회의 변화 요인들을 좀 더 자세히 살펴보면 다음과 같다.

1) 가정의 변화

(가) 가족구조의 변화

과거 조부모, 삼촌, 고모 등 대가족이 모여 살았던 가족제도는 현대에 들어서면서 부모-자녀 중심의 핵가족제도로 변화하게 되었다.

이러한 가족구조의 변화로 인해 대부분의 아동이 과거 조부모나 부모, 친척으로부터 안정적인 보호를 받아왔던 가족 내 양육경험을 충분히 제공받지 못하게 되었다. 그 대신 보육시설이나 방과 후 사교육시설 이용과 같은 기관에서의 양육을 경험하고 있는 아동의 수는 기하급수적으로 증가하고 있다. 또한 저출산으로 인한 형제·자매의 감소, 혼인기피, 이혼의 증가 등으로 인해 발생한 한부모 가정, 재혼한 부모를 따라 새로운 가정을 구성하게 된 재결합가정, 입양가정, 위탁양육가정 등 과거와는 다른 새로운 가족의 형태가 나타나고 있다.

이제는 과거와 달리, 변화하고 있는 다양한 가족의 구조에 대한 새로운 이해를 돕는 접근이 필요하게 되었다. 이러한 측면에서 각기 다른 가정환경에서 아동들이 경험하게 되는 여러 문제를 해소시킬 수 있도록 하고, 건강한 가족관계를 구성할 수 있도록 돕는 지원이 필요하게 되었다.

(나) 양육환경의 변화

전통적으로 아동의 양육은 가정 내에서 가족구성원의 협력 속에 이루어져 왔다. 그러나 가족구조의 변화와 여성의 사회진출, 취업모의 증가, 개개인의 삶의 질 향상을 위한 여가생활 활성화로 인해 가족구성원들로부터 자연스럽고 안정적으로 부여받았던 가족중심의 초기 양육경험이 이제는 보육시설에서 받는 기관중심으로 변화하게 되었다.

또한 결혼연령의 고연령화 및 양육 문제가 여성의 사회진출의 저해요인이 된다는 이유로 출산을 기피하는 저출산의 문제로 늦은 나이에 자녀를 얻거나, 외동의 가정이 증가하였고, 이로 인해 형제자매, 이웃또래와의 사회적 상호작용의 기회를 충분히 경험하지 못하게 되었다.

2) 사회의 변화

(가) 놀이문화의 변화

도시화가 이루어지면서 아동의 놀이문화가 변화하고 있다. 놀이터가 줄어들며 아이들이 마음 놓고 뛰어놀 공간도 점차 줄어가고 있고, 전자통신의 발달로 TV, 컴퓨터, 비디오 등이 아이들의 놀이문화를 주도하는 새로운 매체로 부각되고 있다. 아이들은 동요를 부르기보다 TV에서 방송되는 가요에 더 큰 관심을 보이게 되었으며, 컴퓨터, 인터넷의 보편화로 컴퓨터 게임에 빠져들어 심각한 중독증상을 보이는 아동이 늘어만 가고 있다. 최근의 아동들은 또래와 어울리며 즐겁게 뛰어놀면서 사회성을 증가시키며, 스트레스를 해소시키는 자연스러운 경험이 부족해졌고, 나날이 더욱 폭력적이고 자극적인 TV, 컴퓨터, 비디오 등에서 방영되는 폭력물에 쉽게 노출되면서 여러 가지 문제행동 발생이 늘어가고 있다. 또한 뛰어놀 공간이 부족한 아이들을 사로잡아 앉혀 두고 있는 TV, 컴퓨터, 비디오 등 비운동성 매체로 인하여 아이들의 체력은 해를 거듭할수록 저하되어, 체격은 좋아졌으나 체력은 오히려 감소하는 과체격화의 문제가 발생하고 있다. 이러한 과체격화와 운동부족으로 인해 소아비만, 소아 성인병, 스트레스로 인한 정신적 문제 등에 시달리는 아동이 매년 증가하고 있다.

(나) 또래의 감소

함께 놀이할 또래가 줄어들고 있다. 골목마다 들려오던 아이들 노는 소리가 점차 사라져가고 있다. 우리 나라는 최근 들어 결혼 기피, 출산 기피라는 사회적 문제가 대두되면서 저출산으로 인한 인구 감소의 문제가 새로운 이슈로 부각되고 있다. 저출산으로 해마다 신생아의 출산율이 감소하며, 이제 한두 자녀 가정이 대부분이 되었고, 주변 이웃에서 또래를 찾아보기 힘들면서 방과 후 집 주변에서 자연스럽게 형성되던 또래 놀이집단을 구성하는데 어려움이 발생했다.

또래와의 자연스러운 놀이경험은 다양한 사회적 경험의 기초가 되는 매우 중요한 발달 과정상의 경험이다. 또래와의 놀이 속에서 자연스럽게 상호작용을 경험하고 다양한 갈등 상황을 만나고 해결해 가는 과정을 겪으면서 아동은 더불어 살아가는 사회화의 경험을 얻게 된다. 그러나 이러한 역할을 함께 공유하는 또래의 감소로 인해 아동은 이해와 배려, 공유와 나눔, 조율과 협력 등과 같은 사회화의 기본개념을 자연스럽게 배울 수 있는 기회를 빼앗기고 있다.

(다) 과잉사교육 및 학습 강조

최근 들어 새로운 사회적 이슈로 부각되고 있는 과잉사교육의 열풍은 아동에게 건강한 아동기를 즐길 수 있는 기회를 빼앗아 가고 있다. 저출산, 자녀수 감소로 한두 자녀의 가정이 늘면서 자녀에 대한 부모의 기대수준이 점차 높아져 가고 있다. 하나뿐인 자녀에 대한 기대로 점차 더 큰 과잉학습이 아동에게 주어지고 있으며, 핵가족, 맞벌이 등 가족구조의 변화는 홀로 방치되는 아동의 방과 후 여가시간을 과잉사교육에 빼앗기게 만들어 버렸다.

아동들은 점점 더 어린시기부터 부모의 기대를 한껏 짊어지고, 과잉사교육 학습으로 내몰리고 있다. 심지어 최근엔 '슈퍼아동증후군'이라는 신조어까지 등장하였고, 어떤 아동들은 성인보다 더 바쁜 하루 일과를 보내는 것으로 보고되고 있다.

하루의 대부분의 시간을 과잉사교육 및 학습으로 보내게 된 아동은 심한 스트레스를 받고 있으며, 성인으로부터의 적절한 양육경험과 또래와의 놀이를 경험할 시간도 과잉사교육에 빼앗기고 있다. 이러한 과잉사교육으로 인한 아동들의 스트레스는 상담을 필요로 하는 아동들을 더욱 증가시키는 원인이 되고 있다.

(라) 경쟁의 강화

'남을 이겨야 내가 산다.'는 이분법적인 경쟁의식이 우리 사회에서 더욱 가열되고 있다.

'한 줄 세우기' 속에서 어떻게 하면 남을 이길 것인지를 가르치고 배우고 있으며, 경쟁에서 이기는 것만을 강조하면서, 협력보다는 경쟁에서의 승리만을 강요하는 잘못된 문화가 만들어지고 있다.

이러한 경쟁의 강조는 이기기만 하면 된다는 잘못된 경쟁심을 부추기고 있으며, 이는 인성, 도덕성, 사회성 등의 아동들의 건강한 발달에 부정적인 영향을 끼치고 있다. 지금 아이들은 협력하는 것을 배우는 것이 아니라 어떻게 해서든지 이겨야 함을 배우고 있는 것이다. 방법이 옳고 그름을 떠나 무조건 이기기만 하면 인정되는 경쟁위주의 사회적 분위기와 자식에 대한 높은 기대수준을 가지고 꼭 이기게 만들려는 부모의 욕심까지 더해지면서 나날이 더욱 치열한 경쟁상황을 만들어 내고 있다. 과도한 경쟁의 과정에서 아동들이 부딪히고 상처입고 있다. 이러한 변화는 우리 주변에서 다양한 모습으로 나타나는 아동들의 학교폭력문제, 가출, 약물사용, 비행 등의 아동정신건강 문제로 나타나고 있다. 또한 그 형태나 정도도 나날이 심각해지고 있어 시급히 개선되어야 할 문제로 부각되고 있다.

나. 상담의 정의

'상담(Counseling)'의 어원은 라틴어인 Counsulere에서 찾을 수 있다. 이 말은 '고려한다(to consider)', '반성한다(to reflect)', '숙고한다(to deliberate)', '조언을 받는다(to take counsel)', '상담한다(to counsult)', '조언을 구한다(to ask counsel of)' 등의

뜻을 지니고 있다. 이시용 등(2000)은 어원상으로 드러나는 상담의 의미를 '인간이 자신의 문제를 해결하기 위하여 자기 사고도 하고, 자기 판단도 하며, 제삼자와 대화도 하고, 조언을 구하기도 하고, 조언을 받기도 하며 당면한 문제를 해결해 가는 과정'이라 하였다.

Williamson과 Foley(1949)는 '상담이란 훈련과 기술, 신용으로서 상담자가 내담자의 적응 문제를 해결하는 대면의 상태(face-to-face)이다'라고 정의하였으며, Rosers(1942)는 '상담이란 훈련된 상담자와 도움을 필요로 하는 내담자의 관계를 토대로 한 상호작용의 과정이며, 상담자는 내담자의 감정을 수용하고, 명료화해 준다. 내담자와 상담자는 래포를 형성하게 된다'고 하였다. Shertzer와 Stone(1980)은 '상담은 자기와 환경에 대한 이해를 촉진시키고 장래 행동의 목표나 가치관을 확립해서 명료화하도록 하는 상호작용의 과정'이라 하며 자신과 환경에 대한 의미 있는 학습을 강조하였다.

박성수와 정원식(1978)은 '상담은 도움을 필요로 하는 사람과 도움을 줄 수 있는 사람 사이의 개별적인 관계를 통하여 새로운 학습이 이루어지는 과정이다'고 하였으며, 이장호(1986)도 '상담이란 도움을 필요로 하는 내담자가 전문적 훈련을 받은 상담자와의 대면관계에서, 생활과제의 해결과 사고, 행동 및 감정 측면의 인간적 성장을 위해 노력하는 학습 과정'이라고 정의하고 있다. 김흥규(1984)는 '상담은 교육적 · 인성적 · 직업적 · 사회적 문제를 갖고 있는 개인에게 전문적인 입장에서 개인과 개인, 개인과 집단의 관계 내에서 계획적이고 전문적으로 도와 주는 임상적 봉사활동이다'라고 하였으며, 황응연과 유희준(1983)도 '상담은 도움을 필요로 하는 사람을 다른 사람이 도와 주는 상호작용의 인간관계이다'라고 정의하고 있다.

이상에서 살펴본 여러 학자들의 상담에 관한 정의와 특성을 종합해 볼 때 '상담이란 전문적인 지식과 훈련을 갖춘 상담자와 도움을 필요로 하는 내담자 간의 수용적이고 구조화된 관계가 형성되고, 이 관계 속에서 내담자가 지닌 생활과제를 스스로 효율적으로 의사결정하고 긍정적인 방향으로 해결할 수 있도록 도와 주는 조력의 과정이며, 나아가 내담자의 긍정적인 사고와 건강한 성장 · 발달을 심리적으로 지원해 주는 계획적이고 전문적인 활동이다'라고 할 수 있다.

다. 상담과 심리치료

상담과 심리치료를 같은 맥락에서 이해할 것이냐, 구분할 것이냐는 최근까지도 계속되고 있는 논쟁거리이다. 여기에 생활지도라는 개념까지도 더해져 이 세 가지 용어를 혼용하여 사용하기도 한다.

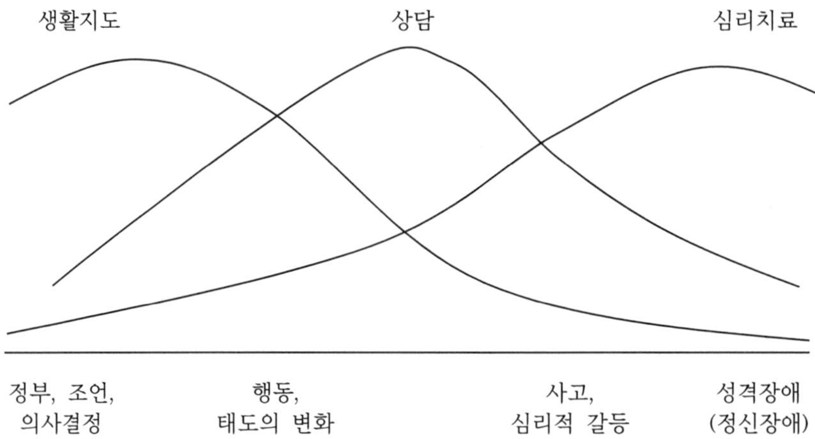

그림 1-1 생활지도 · 상담 · 심리치료의 영역의 비교(이장호, 1989)

〈그림 1－1〉에서와 같이 상담(counseling)과 심리치료(psychotherapy), 생활지도(guidance)의 영역은 한계가 명확한 것이 아니라 연장선상에 놓여 있으며 중복되어진 부분이 있다. 또한 상담과 생활지도는 예방적 효과를 강조하고 있는 반면 심리치료는 보다 더 치료적인 성격을 지닌다. 심리치료와 상담을 다음의 〈표 1－1〉과 같이 비교해 볼 수 있다.

표 1-1 상담과 심리치료의 비교

	상담(counseling)	심리치료(psychotherapy)
대상	· 내담자, 누구나 대상이 될 수 있음	· 주로 심리적 외상을 경험한 사람
장소	· 학교, 지역사회, 봉사기관 등	· 가정, 병원, 심리치료센터 등 기관
전문가	· 카운슬러, 상담심리 전문가	· 정신과 의사, 임상심리 전문가
영역	· 개인, 사회, 교육, 진로 등 인간을 둘러싸고 있는 광범위한 문제 전반	· 심리장애
기능	· 교육, 예방, 발달, 치유 중심	· 치료, 의학적 환경의 제공 중심

라. 아동상담의 목표

아동상담의 목표는 내담자인 아동의 행동, 태도 가치관 및 자기 이해를 수정하도록 돕고, 아동이 사회에 보다 잘 적응하며, 부딪히게 되는 위기에 긍정적으로 대처해 나가고, 스스로 문제해결의 방도를 찾아갈 수 있도록 돕는 것이다. 즉, 아동이 아동상담을 통해 자신의 부적응적인 행동을 바람직한 행동으로 변화시키도록 돕고, 정신 건강의 발달을 이루도록 도우며, 아동개인의 문제해결 능력을 증진시키고, 잠재적인 능력을 개발하도록 돕는다. 또한 의사결정의 기초를 습득하고, 타인과의 의사소통 능력을 기르며, 대체기술을 향상시키는 것을 목표로 한다.

이러한 관점에서 아동상담의 목표를 크게 다음의 두 가지 측면으로 살펴볼 수 있다.

첫째는 아동의 입장을 중심에 두고 세우는 목표이다.

이 입장에서의 아동상담의 목표를 상담을 통해 아동 자신이 주위환경에 보다 잘 대처해 나갈 수 있도록 능력을 길러 주는 일로 삼는다. 아동에게 이러한 대처능력을 길러 주기 위해서 성인은 아동이 자아존중감을 지닐 수 있도록 격려하며, 정서적 안정감을 느끼고 주변환경에 보다 잘 적응할 수 있도록 정서적 지지를 제공해야 한다.

둘째는 아동을 지원하는 외부적인 지원의 측면에 대해 아동상담이 지니는 목표이다.

아동은 아직 스스로 주위환경을 통제할 수 없는 연령이므로 조력자로서의 성인의 역할이 필요하다. 아동의 행동변화를 촉진시킬 수 있도록 주위환경을 개선하는 일은 아동의 문제를 해결하는 데 큰 역할을 한다. 이를 위해서는 아동을 보호하고, 아동에게 영향을 미치는 성인의 협력이 매우 필요하다. 즉, 부모와 교사, 지역사회의 협력이 함께 이루어져 아동에게 보다 나은 환경이 제공될 때 아동상담의 효과는 극대화될 수 있다. 이러한 지원체계 마련을 위해 부모상담을 통해 부모가 효율적으로 부모역할을 수행할 수 있도록 지원하며, 아동의 변화 및 성장을 돕고, 지역사회와 연계보다 넓은 지원체계를 구축함으로써 보다 안정적인 아동상담을 제공하는 지원시스템을 구축하는 것 역시 아동상담이 추구하는 중요한 목표이다.

상담의 목표는 상담자의 훈련방법, 가치체계, 역할에 대한 지각, 내담자의 욕구 등에 따라 조금씩 다르다. 그러나 상담의 일반적인 목표에 대해서는 학자들 간에 어느 정도 의견이 일치되고 있다. 즉, 상담의 기본적인 목표는 내담자에게 영향을 주어 그의 행동을 변화시킴으로써 내담자가 좀더 생산적이고 만족스러운 삶을 살아갈 수 있도록 하려는 것이다(Shertzer & Stone, 1976). 다시 말해 상담과정을 통하여 내담자는 적절한 지식이나 판단력을 얻을 수도 있고, 삶의 방법이나 용기를 얻기도 한다. 또 한 걸음 나아가서 자신의 느낌이나 생각, 그리고 주위의 현실에 대한 올바른 인식을 하게 된다. 그 결과 한층 깊이 있는 차원에서 자신과 자기가 처한 현실을 있는 그대로 이해하고, 수용하며, 개방할 수 있으며, 궁극적으로는 인격적인 변화를 경험하게 되는 것이다.

Krumboltz(1969)에 의하면, 상담의 목표는 모든 내담자에게 동일한 것이어서는 안 되며, 다음의 세 가지 범주를 충족시키는 것이어야 한다. 첫째, 내담자가 요구하는 목표이어야 하고, 둘째, 상담자는 내담자가 이런 목표를 달성할 수 있도록 기꺼이 도와 주어야 하며, 셋째, 내담자가 상담목표를 성취한 정도에 따라 평가할 수 있어야 한다.

이러한 측면에서 다루어지는 주요 논제는 '누가 상담목표를 설정해야 하는가?'이다. 대부분의 상담이론들은 상담목표를 결정하는 것은 내담자의 책임이라는 원리에 동의하고, 상담자가 어떤 기본적이고 일반적인 목표를 가져야 한다는 사실을 인정하고 있다. 그리고 설정된 상담목표가 달라져 목표를 변경할 경우에는 내담자를 위해서 다각적인 측면에서 진단・평가하여 내담자에 적합한 상담목표를 세워야 한다. 상담의 목표를 어디에 두느냐가 중요하며, 당연히 상담의 목표는 실현 가능한 것이어야 하고 내담자에게 진정한 도움이 되는 방향의 목표이어야 한다. 따라서 상담의 목표가 설정되면 어떤 접근법을 사용하여 상담목표를 달성할 것인지 전반적인 상담계획을 수립할 수 있다.

박성수(1995)는 아동상담의 목표를 행동의 정신건강의 증진, 문제해결, 효과적인 효율성의 증진 및 효과적인 의사결정이 포함되며 다음과 같다고 하였다.

1) 행동의 변화

아동상담은 개인이 좀 더 생산적이고 행복한 생활을 하는 데 방해가 되는 행동을 감소시키거나 제거시키고, 만족스럽고 성공적인 생활을 하는 데 도움이 되는 행동을 형성시키거나 증가시키는 것을 목표로 한다. 즉 목표에 변화가 필요한 행동을 구체적으로 표현한다. 타인과의 관계, 학업성취, 직업상의 적응, 일상생활습관 등과 같은 영역에서 변화가 필요한가에 따라 상담의 목표가 결정된다. 예를 들면, 지적인 능력에 비해 성적이 낮은 학생의 학업 성적을 향상시킨다든가 형제간의 갈등을 해소하여 서로 사이가 좋아지는 것 등을 들 수 있다.

또한 상담의 목표를 욕구좌절 상황에 대한 태도나 다른 사람에 대한 태도를 변화시키는 것 같이 덜 구체적이고 비가시적인 것에 둘 수 있다. Rogers는 상담의 목표를 위협과 불안을 덜 느끼며, 이상적 자아 사이의 조화를 이루는 것이라고 하였다. 따라서 상담의 목표는 보다 현실적으로 적응된 태도, 자기 자신에 대한 보다 편안한 감정 같이 보이지 않는 추상적인 것이 될 수도 있다.

2) 정신건강의 촉진

아동상담의 목표는 단순히 부적응 행동의 수정이나 치료에도 두지만, 보다 더 적극적인 목표는 아동의 건강한 정신발달을 촉진하는 데 있다. 정신적으로 건강한 사람은 책임감이 있고, 독립적이며, 인격적으로 성숙한 사람이다. 그러므로 상담에서는 정신질환의 원인이 되는 여러 가지 병리적인 요소를 제거하고 수정하고자 노력한다. 그러나 병리적 요소의 제거 내지 수정보다 상담에서 더 중요하게 다루는 것은 정신건강을 증진시키기 위해 아동의 정상적인 성장・발달을 촉진시키는 것이다. 정상적인 대다수의 아동들의 성장과 발달을 촉진할 수 있는 다양한 프로그램을 도입함으로써 비교적 소수의 부적응 아동뿐만 아니라 다수의 정상학생들이 문제나 부적응에 빠지는 것을 사전에 예방하도록 하여 전체 정신건강을 증진시키는 것을 목표로 한다.

3) 문제의 해결

아동들에게 상담이 필요한 것은 그들에게 스스로 해결하기 어려운 문제가 있기 때문이다. 상담자를 찾아오는 사람은 자신의 문제해결에 상담자가 도움이 될 수 있다고 믿는 사람들이다. 그러므로 상담은 문제를 해결하는 것을 목표로 하여야 한다. 그러나 모든 아동 내담자들이 자신의 문제가 무엇인지 혹은 자신이 불편해 하고 괴로워하는 문제가 무엇 때문인지 명확히 알고 있는 경우는 드물다. 하지만 상담이란 어디까지나 내담자의 자발적 요구에 의해 이루어지는 것이 원칙이므로 내담자가 호소하는 문제의 해결이 필수적이다. 효과적인 상담을 위해서는 내담자와 상담자 간의 협력관계가 필요하다. 따라서 만약 상담자와 내담자의 문제에 대한 시각이 불일치하면 상담과정에서 해결해야 할 문제, 즉 상담의 목표에 대해 합의해야 한다.

4) 개인적 효율성의 증진

Blocher(1966)는 효율적인 인간이란 "경제적・심리적・신체적 모험을 계획하고 이를 위해 시간과 정열을 투자하기 위해 자신을 헌신하며 그러한 모험을 기꺼이 감수한다"고 하였다.

효율적인 인간은 문제를 인지하고 해결할 수 있는 능력을 지니고 있으며, 독창적으로 사고할 수 있고, 자신의 행동을 통제할 수 있으며, 좌절이나 적대적인 애매한 상황에서

적절하게 반응할 수 있다고 한다. 따라서 상담에 의해 생산적인 사고를 증진시키고 적응적인 인간관계를 형성하며, 다양한 문제 상황에 효과적으로 대처할 수 있는 능력을 기르게 되면 개인의 효율성은 증진될 수 있다.

5) 현명한 의사결정

아동상담에서는 개인이 선택하고 결정하기 위해 필요한 정보를 제공하고, 의사결정에 영향을 줄 수 있는 정서적인 문제나 심리적인 특성을 확인하고 분석해야 한다. 또한 장애가 되는 측면은 극복하도록 돕는다. 이러한 관점에서 아동상담은 의사결정이 합리적이고 효율적으로 이루어질 수 있도록 돕는 것을 목표로 한다. 결과적으로 현재 부딪치고 있는 선택이나 결정을 합리적으로 하도록 할 뿐만 아니라 미래에 직면하게 될 선택과 결정을 효율적으로 할 수 있도록 돕는 것이 아동상담의 목표이다.

6) 잠재능력의 개발

아동상담은 내담자의 타고난 잠재능력을 개발하여 저마다 자기를 실현하는 사람이 되도록 돕는 것이다. 인간은 무한한 잠재력이 있지만 극히 일부만 활용하고 있다. 상담은 내담자로 하여금 자기탐색의 기회를 갖도록 한다. 자기탐색의 과정을 거쳐서 아동은 자신의 능력과 특성을 발견할 수 있게 된다.

7) 긍정적 자아개념의 형성

아동상담은 내담자로 하여금 긍정적 자아개념을 형성하도록 한다. 긍정적 자아개념을 갖게 되면 매사에 자신감을 갖고 행동할 수 있으며 타인과도 원만한 관계를 유지할 수 있다. 또한 긍정적 자아개념은 삶을 보다 긍정적으로 바라보게 만든다. 문제행동을 보이는 많은 내담자들은 일반적으로 부정적 자아개념을 지니고 있으며 자신감이 부족한 것을 볼 수 있다. 따라서 내담자들은 대상으로 상담할 때에는 그들로 하여금 자아상과 자아개념을 형성하도록 해야 한다.

이상 살펴본 아동상담의 목표를 종합해 정리해 보면 다음과 같다.

① 자기이해 및 건전한 자아개념의 발달을 돕는다.

아동이 사회에서 바라는 사람으로 성장하려면 어린 시절부터 자기가 누구인가에 대한 자기 이해와 건전한 자아개념이 형성되어야 한다. 자아개념은 인간이 세상을 어떻게 느끼고, 생활경험을 어떻게 받아들이고 주위의 중요인물들이 자기를 어떻게 보는가에 대한 느낌에 따라 다르게 형성되며, 특히 아동들은 다른 사람이 자기를 대하는 태도와 반응을 느끼고 생각하는 과정에서 자아개념이 형성된다. 이러한 이유로 아동들이 건전한 인격을 형성하기 위해서는 자기에 대한 다른 사람들의 태도와 생활의 주요경험을 현실적이고 편견 없이 받아들이는 습관을 가져야만 한다. 그러므로 상담자는 아동들의 자기이해 발달을 직접적으로 도와 주거나 부모들과 의논하여 간접적으로 도와야 하며, 아동들의 자아개념의 발달유형을 이해하고 그 자아개념이 그들이 받아들일 수 있을 만큼 현실적이고 긍정적이 되도록 이끌어 주어야 한다.

② 문제해결 및 행동변화를 촉진한다.

아동들에게 상담이 필요한 것은 그들에게 스스로 해결하기 어려운 문제가 있기 때문이다. 따라서 아동상담은 아동의 문제를 해결하는 것을 목표로 하여야 한다. 아동상담은 개인에게 보다 더 생산적이고 행복한 생활을 하게 하는 데 관심을 둔다. 따라서 상담은 이러한 원만한 생활을 수행하는데 방해가 되는 행동을 감소시키거나 제거시키고, 만족스럽고 성공적인 생활을 하는데 도움이 되는 행동은 형성시키거나 증가시키는 것을 목표로 한다. 아동상담의 경우에도 이러한 측면에서 아동이 가지고 있는 문제의 해결과 더불어 문제에 대한 아동 자신의 행동과 태도가 변화하도록 돕는 것을 목적으로 한다.

③ 정서적 문제의 해소 및 정신건강 증진을 돕는다.

아동들은 흔히 성인 및 상담자의 지도를 요하는 개인적·정서적 문제를 가지고 있다. 예로 수줍음이나 과도한 걱정과 우울, 또래와의 갈등, 자신감의 결여 등과 같은 문제들을 들 수 있다. 아동상담의 목표는 단순히 부적응 행동의 수정이나 치료의 범위를 넘어, 보다 적극적으로 아동이 지니고 있을 부정적 정서를 완화시켜 정신적 건강을 증진하도록 돕는 데 있다.

아동상담에서 상담자는 정서적 문제의 원인이 되는 여러 가지 병리적인 요소를 제거하고 수정하고자 노력해야 하며, 병리적 요소의 수정이나 제거보다 아동의 정신건강을 증진시키기 위해 노력하는 것이 더 중요함을 인식해야 한다.

아동상담은 아동의 건강한 정서적 성장과 발달을 촉진시키도록 돕는 것을 목표로 한다. 즉, 상담을 통하여 어떠한 문제를 해결하는 방법을 배움으로써 다른 문제들도 해결할 수 있는 요령을 터득하도록 하는 것이다. 아울러 정상적인 대다수 아동들의 성장과 발달을 촉진할 수 있는 다양한 프로그램을 도입함으로써 정서적 부적응 아동뿐만 아니라 정상 아동들이 부적응에 빠지는 것을 사전에 예방하도록 하여 모든 아동들의 정서적 문제

해소 및 정신건강을 증진시키는 것을 목표로 한다.

④ 현명한 의사결정 능력 배양 및 대인관계 기술 습득을 돕는다.

아동상담에서는 아동이 선택하고 결정하는데 필요한 정보를 제공하고, 의사결정에 영향을 줄 수 있는 정서적인 문제나 심리적인 특성을 확인하고 분석하며, 장애가 되는 측면을 극복하도록 돕는다. 즉, 상담은 개인이 결정하는 모든 의사결정이 합리적이고 효율적으로 이루어 질 수 있도록 돕는 것을 목표로 한다. 현재 부딪치고 있는 선택이나 결정을 합리적으로 하도록 할 뿐만 아니라 미래에 직면하게 될 선택과 결정을 효율적으로 할 수 있도록 돕는 것을 목표로 한다.

아동은 상담을 통해 주위의 성인 및 친구들과 맺는 인간관계에 관해 이해하게 되고, 긍정적인 관계형성을 위해 지녀야 할 보다 바람직한 태도를 배우게 된다. 즉, 지금까지 주위 사람들에 대한 태도가 바람직하지 못하였고, 앞으로 어떻게 하는 것이 바람직한지를 터득할 수 있다.

2. 아동상담의 유형

아동상담의 유형은 지니는 관점에 따라 다양하게 구분될 수 있다. 예를 들면, 아동의 발달연령을 기준으로 하여 영아, 유아, 초등학생, 청소년 등으로 구분할 수 있으며, 상담이 이루어지는 장소에 따라 가정상담, 기관상담, 학교상담, 직장상담 등으로 구분할 수도 있다.

상담이 이루어지는 집단의 형태에 따라 상담자와 내담자 개인으로 이루어지는 개인상담과 상담자와 여러 명의 내담자로 이루어지는 집단상담으로 구분할 수도 있다. 집단상담은 참여하는 인원에 따라 다시 소집단상담과 대집단상담으로 구분되기도 한다. 또한 상담자의 상담유형에 따라 지시적 상담과 비지시적 상담, 상담에 쓰인 방법에 따라 모래놀이치료, 놀이치료, 음악치료, 미술치료, 작업치료 등으로 구분하기도 한다.

위에서 살펴본 바와 같이 아동상담은 대상자, 장소, 집단 유형, 상담 유형, 기법 등의 차이에 따라 여러 가지 유형으로 구분할 수 있다. 본장에서는 발달 연령별 아동상담의 유형, 집단유형별로 본 아동상담을 중심으로 살펴보고, 다양한 상담 기법에 대해서는 이후 4장에서 보다 자세히 살펴보겠다.

가. 발달 연령별 아동상담 유형

1) 영 · 유아 상담

영 · 유아상담은 영 · 유아를 대상으로 이루어지는 상담을 칭한다. 영 · 유아를 상담할 때에는 먼저 영 · 유아의 발달특성이 성인과 어떤 점에서 다른가를 파악하여야 하며, 이에 맞는 상담기법을 사용하여 상담해야 한다. 상담자는 무엇보다 영 · 유아의 발달특징을 이해하여야 하며, 따라서 영 · 유아기 언어발달 특징이나 사고의 발달에서 보이는 독특성을 이해하고, 자기중심성, 추론, 비가역성 등 인지발달의 특징을 이해하여야만 한다.

(가) 영 · 유아기 발달특성

영 · 유아는 다른 발달 시기와는 다른 여러 가지 독특한 발달적 특징을 보인다. 이를 자세히 살펴보면 다음과 같다.

① 사고의 미발달

영 · 유아는 아직 인과관계를 이해하고, 상황을 바르게 인식하고 대처하는 사고의 발달이 완전히 이루어지지 않은 시기이다. Piaget는 이 시기 아동은 독특한 사고를 한다고 그의 인지발달이론에서 설명하고 있다. 이 시기 아동의 대표적인 사고의 특성은 모든 상황을 자기중심적으로 이해하고, 접근하고, 해석하는 자기중심성과 모든 사물에는 생명이 있다고 생각하는 물활론적 사고, 한 가지 원리나 이론을 습득한 후 다른 유사한 상황에다 이를 일반화시켜 적용하는 추론, 지나간 일을 역으로 되돌려 사고하는 가역성이 결여되어 있는 점 등을 들 수 있다. 영 · 유아는 이러한 특성 때문에 성인과 다른 사고방식을 보인다. 따라서 상담자는 영 · 유아의 이러한 발달적 특성을 잘 이해하여 이 시기 아동에게 적합한 상담기법을 사용하여야만 한다.

② 언어의 미발달

영 · 유아기는 아직 성인만큼 자신의 생각과 느낌을 원활하게 표현할 수 있는 언어적 발달을 이루지 못한 시기이다. 따라서 영 · 유아에게 자신의 감정을 언어로 표현하는 능력을 성인만큼 기대해서는 안 된다. 따라서 언어가 성인만큼 자유롭지 못하므로 인해 자신의 감정과 욕구를 적절하게 표현하는 방법에 문제를 지닐 수 있다. 이러한 의사소통의 문제로 영·유아들은 부정적인 감정을 해소해 내지 못하고 내면에 간직하게 되는 경우가 성인보다 빈번하게 발생할 수 있다. 독특한 자기중심적 사고와 표현하지 못하고 쌓아둔 부정적인 감정은 자칫 영·유아의 내면에 큰 손상을 입힐 수도 있다.

영·유아들은 미발달된 언어를 대신해 행동으로 자신의 감정과 욕구를 표현하기도 한다. 대표적인 기법으로 사용되는 것이 놀이이다. 이 시기 영·유아들은 자연스럽게 하는 놀이 속에서 감정을 쏟아 내고, 정서적인 안정감을 찾는다. 따라서 이 시기 영·유아들과 적절한 의사소통을 이루기 위해선 말보다는 놀이를 통하는 것이 효과적이다.

③ 자아의 미확립

어린 유아기는 아직 자아가 확립되지 않은 시기이다. 이 시기 아동의 행동은 즉각적인 욕구만족을 요하는 '충동에너지' 의해 일차적으로 지배된다는 특징을 지닌다. 아동이 건강한 자아를 확립하도록 돕는 성인의 따뜻한 공감과 지지, 격려와 이해는 이후 아동의 건강한 성장에 매우 큰 영향을 미친다.

(나) 영·유아 상담의 방법

영·유아기 아동상담은 아동 자신과 주위환경에 보다 성공적으로 대처할 수 있는 능력을 길러 주는데 있다. 영·유아에게 자신이 존중되고 있다는 것을 경험할 수 있게 하여 자기 존중감을 기르며, 효율적인 의사소통의 방법을 습득하고 활용할 수 있도록 돕고, 원만한 관계형성을 위해 영·유아의 생각과 감정을 따뜻하게 수용해 주는 것이 중요하다.

2) 초등학생 상담

(가) 초등학생의 발달 특성

학령기에 들어서면서 사회적 환경이 아동에게 미치는 영향이 급격히 커진다. 아동에게 영향을 끼치는 사회·문화적 요인들이 증가하고, 그 속에서 인간관계의 폭이 영·유아기에 비해 넓어진다. 또한 학교에서의 적응, 또래 아동과의 관계 등을 경험하게 되고, 이는 이후 사회성 발달에 큰 영향을 미치는 중요한 요인이 된다. 또한 사고의 발달로 아동은 원인과 결과에 대한 인과관계에 대한 인식이 가능해지고, 가역성이 발달되며 점차 탈자기중심화가 되어가면서 더불어 살아가는 사회에 대한 이해가 생기게 된다. 초등학생의 상담은 자기이해, 건전한 자아개념의 발달, 학습과정의 촉진, 대인관계의 발달, 정서문제의 해소 등을 목표로 한다.

(나) 상담방법

이 시기 아동에게 적합한 상담방법을 살펴보면, 연령별로 초등학교 저학년 아동의 상담은 인과관계에 대한 개념을 경험할 수 있는 규칙이 있는 게임이나, 신체활동을 통해 부정적인 감정을 해소할 수 있도록 돕는 다이내믹한 상담방법이 요구된다. 또한 개별상담을 통해 아동의 욕구를 보다 집중적으로 들어주고, 아동이 수용되는 경험을 하도록 한다. 예를 들어, 간단한 규칙이 있는 게임이나 퍼즐 맞추기, 인형놀이나 역할놀이, 다트 맞추기 등의 놀이가 도움이 된다. 연령이 좀 더 높은 초등학교 고학년 아동의 경우에는 초등학교 저학년 아동과 달리 동성의 상담자가 효과적이며, 집단상담을 사용하기도 한다. 왜냐하면 집단상담을 통해 성인의 권위에 대한 갈등 발산의 기회를 제공하고 동료의 지지를 얻을 수 있으며, 자기행동에 자신감을 갖게 되고, 협동적 문제해결의 태도를 학습하게 되기 때문이다.

초등학생의 상담에서는 다음과 같은 점을 고려해야 한다.

① 발달 수준별로 적합한 방법을 적용한다.

초등 저학년과 고학년 간의 발달수준에 대한 고려가 이루어져야 한다. 초등학생 시기는 신체적, 정신적으로 급격한 변화를 보이는 시기로 저학년 아동과 고학년 아동은 신체적, 정신적으로 큰 차이를 보인다. 따라서 이들의 발달 수준을 고려한 접근 방법이 필요하다.

② 자아존중감을 키우도록 도와야 한다.

초등학생들은 청소년이나 성인에 비해서 환경적 요소를 극복할 능력과 기회가 훨씬 제한되어 있다. 자칫 잘못된 환경에서 자신의 존재를 왜곡해 인식하는 것은 이들의 이후 삶에 부정적인 영향을 미치게 된다. 따라서 긍정적이고 수용적으로 자신을 인식할 수 있도록 배려되어야 한다.

③ 언어 이외의 행동이 의미하는 바를 파악해야 한다.

초등학생은 영·유아에 비해 언어발달이 급격히 이루어져 거의 성인과 유사한 언어적 상호작용이 가능한 시기이다. 그러나 아직까지 아동은 자신의 감정과 욕구를 적절한 방법과 언어를 사용해 의사소통하는 데에 어려움을 지니고 있고, 자신의 감정과 욕구를 언어 이외의 제스처나 행동 등을 통해 표현하기도 한다. 따라서 상담자는 아동이 보이는 언어 이외의 행동에 관해서도 관심을 가져야 한다.

④ **아동이 스스로 계획을 세우고 결론에 도달하도록 돕는다.**

아동이 스스로 계획을 세우고 시행착오를 경험하면서 자포자기하지 않고 결론에 도달할 수 있도록 돕는다. 또한 이러한 상담과정은 아동의 추리력, 기억력 등의 수준을 고려해 접근하여야 한다.

3) 청소년 상담

청소년기에 들어서면서 아동은 신체적, 정신적으로 큰 변화를 경험하게 된다. 인간은 신체적으로 신생아기, 영아기에 거쳐 급속한 발달을 보인다. 이후 학령기에 들어서면서 발달의 속도는 다소 완만해졌다가 청소년기가 되면 다시 급격한 신체적 발달을 보인다. 청소년기의 가장 큰 신체 발달의 특징은 제2차 성징이 나타나는 시기라는 점이다. 성별에 따라 다르게 변화하는 자신의 신체와 성숙을 경험하면서 혼란을 경험하기도 한다. 또한 청소년기는 이성에 관한 관심이 증가하는 시기이기도 하며 이러한 관심으로 여러 가지 이성문제를 경험하고 고민하기도 한다. 또한 이 시기 아동은 정신적으로 진로와 학업의 문제, 자아정체성에 관한 문제, 교우관계, 이성문제 및 아동을 둘러싸고 있는 가정과 사회에서 발생되는 여러 가지 상황에 의해 영향을 받으며 그 속에서 심한 갈등과 스트레스를 경험하게 된다. 상담자는 청소년이 겪고 있는 이러한 갈등과 스트레스를 효율적으로 극복하고 긍정적인 자아정체감을 형성해 정신건강을 확립해 갈 수 있도록 도와야 한다.

나. 대상집단 유형별 아동상담

1) 개별상담

개별상담은 상담자와 내담자인 아동의 개인 대 개인으로 이루어지는 형태의 상담을 뜻한다. 개별상담은 상담자와 내담자 간의 래포 형성이 용이하고, 상담의 내용에 대한 비밀 유지가 쉽다. 따라서 아동의 문제와 아동을 둘러싸고 있는 가족 및 그 사회 환경의 문제에 대해 보다 비방어적으로 접근하여 상담을 함으로써 상담의 효과를 높일 수 있다.

아동상담에서는 보편적으로 아동 개별상담과 더불어 부모상담이 함께 병행된다. 아동의 개별상담이 끝난 후 상담자는 아동의 부모와 아동의 문제에 대한 개별상담을 실시한다.

이러한 부모상담은 아동의 문제행동에 영향을 미치게 되는 가정환경, 사회환경의 변화가 함께 이루어지지 않을 경우 아동에게 상담의 효과가 나타나지 않는다는 아동상담의 특성 때문이기도 하다.

2) 집단상담

집단상담은 집단 내에서 자연스럽게 경험하게 되는 의사소통의 과정을 경험하면서 아동의 사회성을 향상시키고 아동과 집단 간에 발생하게 되는 문제를 효과적으로 개선하도록 돕고자 실시하는 상담방법이다.

집단상담의 구성은 상황에 따라 다음과 같이 융통적으로 구성한다.

(가) 대집단상담, 소집단상담

다수가 참여하는 대집단상담과 5~6명 정도로 구성하여 실시하는 소집단상담으로 구분할 수 있다. 대집단상담은 많은 수의 아동과 관계를 맺고 공감을 경험하면 긍정적인 자아존중감과 타인과의 관계형성에 자신감을 얻을 수 있다는 장점이 있는 반면, 다수가 참여함으로 소외되는 아동이 발생할 수 있고 자칫 공감을 형성하지 못할 경우 자아존중감을 낮추는 역효과가 나타날 수 있다는 단점이 있다. 소집단상담의 경우 상담자 대 아동의 비율이 대집단상담보다 낮아 소외되는 아동이 발생하는 것을 방지할 수 있고 구성원들에 대해 보다 접근적으로 상담이 이루어질 수 있다는 장점이 있으나, 자칫 아동이 자신의 문제를 드러내고 자신에게 쏠리는 타인의 관심이 부담스러워 역전이를 보일 수도 있다는 단점이 있다.

(나) 동성집단상담, 이성집단상담

아동들이 지니는 발달적 특징과 문제행동의 유형에 따라 집단구성원을 동성으로만 하느냐, 이성간으로 하느냐에 따라 동성간 집단상담, 이성간 집단상담으로 구성할 수 있다.

(다) 문제행동의 유사성

집단상담의 구성은 아동들이 지니는 문제행동에 따라 유사한 아동끼리 집단을 구성하느냐, 무작위로 구성하느냐에 따라 구분할 수 있다. 상황이나 문제행동의 유형, 상담방법에 따라 적합한 측면에서 집단을 구성하나 너무 다양한 문제행동을 보이는 아동들로 집단이 구성될 경우 효율적으로 상담이 이루어지는 것에 방해가 될 수 있으므로 고려하는 것이 좋다.

상담의 시간은 1회 30분~1시간 이내가 좋으며, 낮은 연령은 30분 정도가 적합하며, 연령이 높아질수록 시간을 조금 더 길게 배정하는 것이 좋다.

CHAPTER 02

아동상담의 이론적 접근

1. 정신역동적 아동상담이론

가. 정신역동적 아동상담이론의 역사

1) 정신역동적 아동발달 이론의 등장

아동기 경험(Breuer & Freud, 1895) 및 발달과정과 연결시켜 정신장애를 처음으로 설명한 사람은 Freud(1900)이다. 그는 아동을 이상적이고 순진한 존재로 보지 않는 발달공식(S. Frued, 1905)을 만들어 냈다. 그에 의하면 아동은 문명화된 사회의 요구에 적응하기 위해 성적, 공격적 본능과 투쟁하도록 태어났다. 또한 아동을 개인의 동요, 생물학적 욕구를 숙달하고 이것을 사회에 수용 가능한 것으로 만들기 위해 끊임없이 투쟁하는 존재로 보았다.

45년간에 걸친 정신분석 역사에서 Freud는 억압된 감정에서 심리문제가 발생하는 것으로 보는 관점에서 점차 정신 내에서 심리적 힘의 상쇄가 심리적 적응의 중요한 측면이라고 보는 복잡한 관점으로 옮겨갔다. 마지막 공식화에서 Freud(1923)는 3개의 정신기관을 제안하였다. ① 본능 주로 id 안에 위치하는 성적, 공격적 에너지 ② 초자아에서 해석된 내면화된 도덕적 가치 ③ 자아에서 조직된 적응기제가 그것이다.

구조적 모델이라 불리는 이 복잡한 모델에서 도덕적 적응은 이 기관들의 조화로운 기능이라고 할 수 있는 반면, 심리적 비정상은 본능, 초자아, 및 외적 환경의 요구에 자아의 능력이 파괴됐음을 의미한다.

Freud의 관점을 정교화하고 보완한 사람들은 자기심리학자들로 그 중 Hartman(1939)은 추동과 자아기능을 연결하고, 기대를 넘어선 부정적 대인경험이 어떻게 적응에 필요한 정신구조의 발달을 위험에 빠뜨리는지를 보여주기 위해 발달과정에 대한 광범위한 관점을 제시하였다. 또한 그는 초기구조의 재활성화(퇴행)가 정신병리의 가장 중요한 요소라고 제안하였다. Hartman(1955)은 특정한 행동이 지속되는 이유는 발달초기에 그런 행동이 일어났던 이유와는 다르다는 것을 지적한 최초의 인물 가운데 하나이다. 자기심리학자들의 위대한 공헌은 발달의 전 과정에 걸쳐 보편적으로 나타나는 특성을 확인한 것과(Brenner, 1982) 대인관계 경험뿐 아니라 타고난 기질이 아동의 발달경로에 중요한 영향을 미친다고 본 점이다.

런던에서 임상작업을 했던 Frued의 딸 Anna Freud는 도덕적, 정서적 발달을 진단 가능한 정신병리와 연결시켰다(A. Freud, 1965). 그녀는 일련의 "발달의 선"에 따른 정상발달을 주장했고 발달과정들 사이의 평형을 정상발달의 주요 측면으로 만들었다. 그녀는 증상을 고정된 형식으로 보지 않고 기저의 발달과정에 첨가되고 발달과정과 상호 연관된 역동적 실체임을 강조했다. 그렇다면 환경이 다소 손상됐다 하더라도 발달과정들이 부적응과 정신병리의 위험에 처하지 않을 수도 있다.

Margaret Mahler(1968)는 아동이 개별정체성을 성취하기 위해서는 양육자와의 만족스런 관계가 있어야 한다는 자기발달에 관한 제안을 했다. Mahler의 개념은 분리를 촉진하는 양육자의 중요성을 강조하고 사회참조 능력을 상실한 부모의 아동들이 경험하는 어려움을 설명하는데 도움이 되었다(Feinman, 1991 ; Hornik & Gunnar, 1988).

외상을 입고 손상된 부모는 아동의 적응을 돕기보다 방해한다(Terr, 1983). 학대부모는 아동의 사회적 참조과정을 억제한다(Cicchetti, 1990 ; Hesses & Cicchetti, 1982). Masterson(1972)과 Rinsley(1977)는 양육자에게 병리적 문제가 있을 때 아동이 분리를 더 많이 경험할 수밖에 없음을 더욱 정교화했는데 이는 심리적 장애가 세대간 전이에 의해 발생함을 설명하는데 도움이 되었다(Baron, Gruen, & Asnis, 1985 ; Links, Steiner, & Huxley, 1988).

Anna Freud 연구를 더 발전시킨 Sandler의 연구는 본래 정신분석이론과 발달적 조망을 통합시키는 역할을 하였다. 그의 모형은 포괄적인 정신분석모형이라 할 수 있는데 발달연구자(Emde, 1988a, 1988b ; Stern, 1985)들이 이들의 연구결과를 정신분석 공식화와 통합할 수 있게 했다. 이에는 현실과 왜곡, 정신적 삶의 추동적 힘이 포함된다. 이 모형의 더 중요한 요소는 안전의 배경에 대한 개념(Sandler, 1987)인데, 이는 Bowlby의 애착이론에서 말하는 안전의 개념과 밀접한 연관을 갖고 있다(Bowlby, 1969).

동시에 영국에서는 완전히 다른 정신역동 이론이 Melanie Klein에 의해 생겨났다

(1946). Klein은 정신기능에 대해 급진적으로 다른 양식을 제안했다. 첫째는, 편집－분열적 자리(paranoid-schizoid position, 이재훈, 1997)인데 이는 사랑하는 대상에 대한 사랑하는 감정과 파괴적 감정이 동시에 수용될 수 없어서 갈등이 분열에 의해 처리되는, 즉 사랑대상과 증오대상의 이미지를 분열시켜 버리는 정신(인간유아의 정신상태)상태라고 할 수 있다.

인지발달과 함께 이것은 Klein이 우울적 자리(depressive position)라고 부른 상태로 가게 되는데 이 자리에서 아동은 그가 사랑하는 대상과 증오하는 대상이 하나이며 동일인이라는 것을 깨닫게 된다. 처음에 Klein의 생각은 상당히 비관적으로 받아들여졌지만 Klein의 생각은 급속히 유명해졌는데 그 이유는 임상관찰에 근거한 연구였기 때문이었다. 예를 들어, 그녀는 투사적 동일시(projective identification)의 개념을 제안했는데, 이는 다른 학자들이 그 후에 계속 발전시킨 개념으로 환자가 치료자의 정신 상태에 중요한 영향을 줄 수 있다는 치료자들의 공통적인 경험을 설명하는 수단이 되었다. 아동은 자신 안에 있는 파괴성을 다른 사람에게 둠으로써 그들의 파괴적 환타지를 제거한다. 그것은 치료자의 해석 작업을 통해서만 다루어질 수 있으며, 이는 아동으로 하여금 자신의 측면을 부인하고 타인에 대해 덜 악의적이고 보다 현실적인 평가를 하게 한다.

영국의 정신분석가들이 수행한 심각한 성격장애에 대한 연구들을 보면 발달의 중요한 측면으로서 양육자와의 초기관계를 강조하고 있다. Fairbairn(1952)은 생물학적 바람(desire)의 만족으로부터 타인에 대한 욕구로 이론의 강조점을 바꾸었는데 이는 정신분석적 관심을 구조로부터 내용으로 바꾸어 놓은 것이라고 할 수 있다. 이러한 전통과 Klein, Donald Winnicott(1965)의 영향을 받은 연구들은 모성몰두(primary maternal pre-occupation), 양육자의 거울기능(mirroring), 상징적 사고와 놀이가 이루어진다고 판단되는 융합과 분리 사이의 발달에서 중간공간과 같은 정신역동적 발달개념들을 제안했다.

가장 최근의 연구결과들을 보면 초기 모성실패 특히 모성우울증의 외상적 결과(예 : Cummings & Davies, 1994), 그리고 안전한 관계형성을 위한 어머니의 민감성의 중요성(Ainsworth, Blehar, Waters, & Wall, 1978 ; Belsky, Rovine, & Taylor, 1984 ; Bus & van Ijzendoorn, 1992 ; Grossmann, Grossmann, Spangler, Suess, & Unzner, 1985)과 관련된 Winnicott의 주장과 일치한다.

Winnicott의 영향을 받은 Heinz Kohut(1977)은 양육자를 거울 역할을 하는 것으로 보았으며 응집적인 자기감(sense of self)의 성취를 발달의 목표로 보았다. 양육자가 "자기대상(selfobject)"이 될 수 있어서 공감적으로 영아나 어린 아동의 정신상태와 조화(attunement)한다면 아동의 개성(personhood)이 확고히 만들어질 것이라고 보았다.

구조이론과 대상관계이론을 체계적으로 통합한 Kernberg의 이론은(Kernberg, 1976, 1982, 1987) 성격장애와 관련한 정신분석 모형에서 가장 자주 사용되는 이론이다. 그의 정신병리 모형은 성격장애가 정신내적 갈등을 해결하는 아동의 제한된 능력을 반영하는 것이라는 점에서 발달적이다. 그는 자기, 대상, 그리고 특정한 관계를 특징짓는 정서로 이루어진 관계표상의 존재를 주장했다. Kernberg는 이것들을 발달적 성취, 다중 삼각의 자기 - 대상 - 정서의 통합으로 보면서 추동이론을 재개념화했다.

John Bowlby(1969, 1973, 1980)의 애착이론도 경험적 연구에 문을 여는데 공헌하였다. Bowlby의 분리와 상실에 대한 연구는 발달학자의 관심을 초기관계의 안정성(안전과 예측가능성)에 초점을 맞추게 하였다. 아동이 이후에 건강한 대인관계 능력을 성취하기 위해서는 초기관계에서 안전과 예측가능성을 경험해야 한다. Bowlby는 표상체계와 내적 작동모델(internal working model)이 양육자와 유아의 초기관계에 의해 만들어진 틀(template)에 기초해 발달한다고 가정했다.

이 모델에 의하면 욕구와 스트레스를 양육자가 달래줄 것이라는 기대 때문에 아동은 방어적이지 않고도 관계에 접근해 갈 수 있다. 하지만 양육자에게 민감성이 부족하다면(Ainsworth et al., 1978) 아동의 표상체계는 고통을 스스로 달래기 위해 각성경험을 최소화하거나 고조시키기 위해 왜곡될 것이며 타인에 대한 반응에 빠지거나 얽혀 버리게 될 것이다.

여기서는 Fonagy와 Target이 정리한 정신역동적 놀이치료를 중심으로 설명하였다.

2) 정신역동적 아동상담 기법의 발전

정신역동적 아동상담의 기법은 주로 아동의 무의식을 무엇으로 볼 것인가 그리고 해석을 할 것인가, 해석을 한다면 어떻게 할 것인가와 깊이 연관되어 있다.

정신분석가가 아동의 심리적 문제를 도울 수 있는 구체적 치료기법들은 1920년대까지만 해도 존재하지 않았는데 어린 아동의 심리와 관련된 S. Freud의 관찰이 성인의 정신분석 치료에서 얻은 통찰을 아동치료에 적용할 수 있는 길을 열게 되었다.

가장 잘 알려진 아동치료는 Freud가 손자에게 행한 분리게임(S. Freud, 1909)과 어린 한스 치료였다. 어린 한스의 치료는 Freud의 지도를 받아 내과의사인 그의 아버지에 의해 이루어졌다. Freud는 아동에 관한 직접 관찰을 통해 유아의 본능적 삶에 관한 그의 가설을 확인하였다(S. Freud, 1926).

Hermine Hug-Helmuth(1920, 1921)는 아동상담 기법으로 놀이치료를 처음으로 사용한 임상가였다. 아동상담의 주요 개척자 중의 한 사람인 그는 아동의 무의식적, 성적 환타지에 집중되었던 기존의 통찰중심의 상담기법을 발달적 관점과 조화시킨 것이었다. 그녀는 아동을 아동의 발달과제에 필요한 정신능력을 "강화시켜야" 하는 욕구를 가진 존재로 보았다.

또 다른 개척자라고 할 수 있는 Anna Freud(1946)와 Melanie Klein(1932)은 아동에게 사용할 수 있는 정신분석적 치료기법을 발전시켰다. 베를린 정신분석학파였던 Klein은 아동의 놀이를 성인의 자유연상과 동일한 것으로 보았다. 아동의 불안이 분석가와의 관계에서 활성화되고 적절히 해소되기 위해서는 무의식적 환타지가 언어화(해석)에 의해 동기화되어야 한다고 보았다. 파괴적, 가학적 충동으로 인해 아동이 갖고 있는 깊은 불안에 대한 해석은 분석작업의 핵심이었다. 그녀는 유아일지라도 치료자가 처음부터 아동과 해석적 관계를 수립해야 한다고 주장했다.

Klein은 투사과정에 대한 직접적 해석 작업을 중요하게 보고 아동이 자신에게 있는 감정을 다른 사람에게 전이하여 원치 않는 감정(탐욕이나 시기심 같은)을 다른 사람에게 있다고 지각하는 것이 아동기의 공통적인 무의식적 환타지라고 하였다. 아동의 자기감(sense of self)이 이런 식으로 파편화되는 것이 정상유아의 발달에 정상적으로 나타나는 과정이긴 하지만 유아기를 지나 지속될 때에는 그것이 병리의 원인이며 해석의 핵심대상이라고 하였다. 그녀는 투사적 동일시의 개념을 제안하면서 치료자에게는 투사적 동일시가 스트레스를 주긴 하지만 아동이 받아들일 수 없는 감정을 치료자가 담아주는(containing) 역할을 하게 한다는 점에서 치료적으로 긍정적이라고 보았다.

Bion(1959)도 투사적 동일시 경험이 그것을 ”담아주는 치료자“에게 어떤 영향을 주는지 그리고 치료의 성공뿐 아니라 발달에도 매우 중요할 수 있다는 점을 제안하면서 치료자의 주관적 경험(역전이)이 아동의 무의식적 환타지를 이해하는데 단서가 될 수 있으며 이것을 이해하고 견디는 치료자의 능력이 치료성공의 열쇠가 된다고 보았다.

현대 클라인학파(예 : DeFolch, 1988 ; O'Shaughnessy, 1988)의 학자들은 고전적 클라인학파 주장을 어느 정도 수정하였다. 깊은 무의식적 재료에 대한 직접적 해석을 어느 정도 지양하고 아동의 무의식 과정을 타나내는 방어적 특성에 더 큰 관심을 기울이게 되었다. 그러나 상담자와 상담 장면에서 이루어지는 상호작용은 여전히 치료과정의 핵심이며, 자기표상 구조의 파편화를 이해하기 위해 해석을 통해 풀어본다.

Klein의 영향을 받은 Winnicott(1965, 1971)도 아동분석의 새로운 기법을 소개하면서 아동의 초기경험이 병리에 중요한 영향을 미친다고 보았다. 초기 삶이 중요하다는 Klein의 주장을 강조했다. Winnicott은 담아주기(containing)와 유사한 개념인 "안아주는" 환경(holding environment)을 강조하고 그림그리기와 같은 치료자의 비언어적인 개입기법을 강조하였다.

그는 자기와 대상 사이의 중간영역(transitional area)에 관한 개념을 제안했는데 이는 주관적 대상과 실제로 객관적 대상이 동시에 인식되는 곳으로 현실과 환타지가 함께 존재하는 곳이라고 할 수 있다(Winnicott, 1971). 이러한 중간영역을 과도기적 단계로 거쳐야만 아동은 건강하게 현실 세계로 나아갈 수 있다고 보았다.

Klein 학파들이 아동의 정신내적 환경을 중요시하고 상대적으로 부모나 교사 등 환경적 요소와의 상호작용을 덜 중요시한 반면 Anna Freud의 접근은 정신내적 환경뿐 아니라 사회 적응에서 아동이 경험하는 발달적 투쟁을 더 많이 중요시했다. 아동이 보이는 놀이의 의미에 관해 A. Freud는 논한 바가 없으며 부모 및 교사와 아동치료에 대해 의논하는 작업을 중요시했고, 타고난 공격성 보다는 아동의 리비도적(성적) 충동에서 나온 갈등과 혼란을 훨씬 더 중요시했다.

아동권리의 맥락에서 상담자가 불완전하게 발달한 아동의 자아를 위해 부모처럼 지지적 환경이 되어 주어야 한다고 주장하는 Pine(1985) 같은 사람들도 나오게 되면서 클라인학파의 아동분석가들의 절제된 해석과는 질적으로 다른 지지적 맥락에서의 해석과 치료 상황에서 치료자가 적극적이고 "실제적인" 참여자가 되어야 한다는 여론이 정신역동적 치료자들 사이에서 최근들어 더욱 강해지고 있다(Altman, 1992; Warshaw, 1992). 프로이드 학파의 아동분석기법은 50여 년 동안 미국에서 인기있는 치료방법이 되었으며, Anna Freu와 그녀의 동료들에 의해 체계화되었다(Sandler, Kennedy, & Tyson, 1980). 또한 아동과 가족을 위한 많은 정신역동적 치료 형태에 영향을 주었다.

나. 이론적 구성

위에서 본 바와 같이 모든 정신분석학파가 동의하는 한 가지 공식화는 없다. 그럼에도 불구하고, 다소 어느 정도 다르긴 하지만 모든 정신역동 치료자들이 기술하는 가정의 공통적 핵심은 존재한다. 이를 Fangy와 그의 동료들(2002)이 제시한 것을 중심으로 요약하면 다음과 같다.

1) 심리적 인과관계

정신역동 치료자들은 인간의 의식적인 생각과 행동에는 인식 밖에서 작용하면서 인과관계적 영향을 미치는 무의식적 세계가 있다고 본다. 과거처럼 무의식을 금지된 또는 부인된 감정과 생각이 저장되는 단순한 물리적 공간이라는 의미로 보지 않으며 만족이나 안전에 대한 소망과 연관된 무의식적 환타지가 아동의 행동 그리고 정서를 조절하고 이들의 사회적 환경을 적절히 다루는 능력에 깊은 영향을 준다고 본다.

2) 대인관계적 상호작용

타인에 대한 아동의 기대를 결정하고, 자기와 타인표상 그리고 아동의 내적 세계의 특성을 결정짓는 것은 부모를 비롯한 다른 사람과의 대인관계적 상호작용으로 이는 아동으로 하여금 대인관계 상호작용의 정신표상적 구조를 만들게 한다. Bowlby(1973, 1980)가 초기 부모와의 아동의 관계경험을 기초로 개념화한 "자기-타인에 대한 작동모델" 개념이 아마도 대표적인 정신표상 구조 모델일 것이다. 정신역동이론 가운데 대상관계이론으로 불리는 모든 이론들은 아동의 정서적 삶이 중요한 인물과의 관계에서 자기(self)에 대한 정신표상으로 조직화되며 특정한 정서로 물든다는 주장을 공통적으로 한다(Kernberg, 1976).

3) 갈 등

정신역동이론에서는 아동의 정신내적 갈등으로 인해 아동에게 고통(또는 안전감의 결여로 느껴진다 ; Brenner, 1982)을 일으킨다. 불운한 아동기 환경은 아동을 압도하는 갈등을 일으키거나 초기경험에서 기인한 갈등을 정상적으로 적절히 다루는 능력을 갖지 못하게 한다(Winnicott, 1965). 따라서 외상(양육자의 상실과 같은)이나 장기간의 학대는 양립할 수 없는 이상적인 소원을 만들어 내어 건강한 성격발달을 저해한다.

4) 방 어

아동에게는 아동의 정신내적 세계에 존재하는 갈등의 의미와 강도를 낮출 수 있는 정신기제를 가지고 있으며 이를 통해 수용할 수 없는 무의식적 소원을 수정하게 된다. 그것이 바로 방어기제인데 방어기제는 개인이 현실에 적응하고 수용할 수 없는 무의식의 충동을 조절하는 기능을 하지만 발달단계상 매우 초기 방어기제인 분열이나 투사적 동일시 등은 심각한 병리를 일으킬 수 있다. 공포불안과 같은 신경증 증상은 한 가지 상호작용(예 : 부-아동)에서 아동이 타인에 대하여 갖게 된 공포스런 정신표상을 다른 관계에 전이한 것이라고 할 수 있다(예 : 교사-아동). 아동이 치료에 크게 저항한다면 이는 아동이 양육자 이미지를 훼손시키고 이상화는 정서의 분열시키는 원시적 방어기제 때문이라고 할 수 있다. 미성숙한 초기방어 기제를 많이 사용하는 아동은 아동에게 통합 능력의 훼손이 심각함을 나타내는 것이다(Pine, 1985).

5) 전 이

아동에게 존재하는 내면화된 대인관계 표상이 외부세계에서 타인에 대한 아동의 행동을 결정하고 치료 장면에서 활성화되는데 이것을 전이라고 한다. 치료자와의 관계에서도 이 전이는 활성화되기 때문에 치료자는 이를 통해 아동이 타인에 대해 갖고 있는 기대를 객관적으로 볼 수 있다.

전이에는 부모, 형제, 또는 중요한 타인과의 현재 관계의 갈등적 측면뿐 아니라 과거관계 그리고 관계에 대한 과거의 환타지 같은 측면들이 포함된다. 치료자의 상대적 중립성과 모호성은 과거관계에서 아동이 무의식적으로 부인한 것들을 외현화하게 하는 힘이지만(R. L. Tyson & Tyson, 1986) 아동의 언어 및 비언어행동이 치료자의 경험에 영향을 줄 수밖에 없기 때문에 치료상황이 더욱 복잡해진다.

그러나 현대 정신역동 치료자들은 아동이 놀이에서 치료자에게 주는 암시적 역할에 대한 주관적 반응을 광범위하게 해석하는 경향이 있어 아동이 준 역할탐색을 통해 치료자들은 아동의 역할관계의 표상과 그것에 대한 감정을 잘 이해할 수 있게 된다.

6) 전인(whole person)

현대의 정신역동 아동심리치료는 환경에서의 아동의 현재 상태, 과거의 관계 역사, 그리고 관계에 대한 적응을 강조한다. 심리치료자들은 일반적으로 그들이 제공하는 심리치료가 아동의 삶에 중요한 안아주기(holding)나 담아주기(containing) 기능을 갖고 있다고 생각하며, 이는 해석과 통찰을 넘어 아동의 적응적 발달을 촉진하는 내면세계의 재통합이나 조직화를 이루어내는데 목표를 둔다. 따라서 아동치료자는 아동에 대한 전인적 조망을 가지고 아동의 생물학적, 환경적, 정신내적 모든 측면을 다룬다. 개방적이고 착취적이지 않은, 성인과의 관계형성은 병리적 경험의 건강한 해결을 가져오면서 새로운 내면화의 기초 역할을 한다.

다. 개입방법

정신표상의 장애에 대한 치료는 주로 해석적 치료방법으로 해결된다고 본다. 이는 왜곡된 생각의 해소와 거부된 또는 일관성 없는 자기와 타인개념을 통합하는데 목적이 있다. 분열적이고(억압된) 유아적인 생각을 아동의 발달에 적합한 정신구조로 재통합하는 것이 치료 목표이다(Abrams, 1988).

그러나 심각하게 혼란된 아동들에게는 이런 종류의 접근은 한계가 있다. 방어적 또는 기질적인 생물학적 이유로 인해 왜곡되었거나 분리된 정신과정을 강화하거나 해체할 필요가 있는 것이다. 이런 아동들은 정서와 생각을 명명하고 언어화하는 것이 도움이 된다. 정신역동적 개입은 주로 신경증적 증상을 가진 아동에게 보다 효과적인 것으로 아동의 정신표상의 모양이나 조직을 변화시키는 것이다(Sandler & Rosenblatt, 1962).

예를 들어, 아동들은 자신들의 무의식적 공격성을 수용할 수 없어 이를 왜곡시켜, 아버지를 잔인하고 격렬한 모습으로 표상한다. 그러나 이러한 왜곡은 초기발달단계에나 적절한 것이기 때문에 아동에게 깊은 혼란을 가져온다(Abrams, 1988).

그러한 초기 지각의 분리(억압, 부인, 전치)는 방어적인 것이다. 예를 들어, 즉 양육자를 잔인하고 파괴적인 것으로 지각하는 것은 부모에 대한 유아기적 지각에 기초한 것이기 때문에 사랑하는 아버지를 그렇게 지각하는 것은 고통을 불러일으키기 때문에 이러한 표상은 아동의 정신에 아버지표상으로 통합되지 않는다. 그것은 분리된 채 계속해서 혼란된 생각으로 존재한다.

아동은 이러한 지각을 다른 사람에게 전치하며(그리고 나서 그 사람들을 무서운 존재로 지각한다) 이런 아동들은 흔히 강도나 도둑이 침입할 것이라는 가공의 인물에 투사한다.

치료자는 아동의 언어, 놀이, 꿈 또는 기타 행동을 활용하여 아동의 의식적, 무의식적 생각과 감정의 모델을 만들어 낸다. 이런 모델에 기초해 치료자는 아동들이 비합리적이거나 부적절한 감정을 이해하도록 돕는다. 이러한 과정들이 잘 진행된다면 이런 종류의 이해는 발달과정상 초기의 사고양식을 보다 성숙하고 연령에 적절한 틀로 통합하는 결과를 가져온다.

이런 과정에 놀잇감이나 게임을 사용하는 치료자들이 있는가 하면 또 어떤 치료자들은 좀 더 아동들이 자기탐색 과정에 개입하도록 격려한다. 대부분의 치료자들은 아동행동의 무의식적 요소에 주의하며 아동의 정서적 어려움의 원인을 찾기 위해 아동에 관한 부모나 교사의 정보를 가지고 아동의 환타지와 놀이를 해석하려는 경향이 있다. 주로 치료자가 관심을 가지고 살피는 주제들은 아동의 신체에 대한 염려, 의식적 또는 무의식적 · 파괴적 충동, 그리고 양육자, 형제, 또래들과의 관계문제 등이다.

정신역동적 치료자들이 대부분 사용하는 표준기법이라는 것이 있는데 Paulina Kernberg(1995)의 경험적 연구에 기초하여 체계화된 것이다. 이 기법에는 다음과 같은 것들이 포함된다.

① 치료자의 제안, 재보증 또는 정보제공을 통해 아동의 불안을 낮추거나 역량감과

숙달감을 증진시킬 목적의 지지적 개입

② 아동과의 치료적 교류를 지지하고 발전시키기 위해 아동의 언어나 행동을 요약진술하거나 의역하기

③ 아동의 언어나 정서를 명료화하기, 이러한 것은 자기 패배적이고, 자기 파괴적인 행동, 반복적인 경향성과 같은 행동의 측면에 주의를 환기시키거나 그에 대한 해석을 받아들일 준비를 시킨다.

④ 아동들이 인식하지 못해 찾기 어렵거나 받아들이기 어려워하는 것들의 표상을 확인한 후 해석을 통해 제거한다. 따라서 치료자는 아동들이 이런 언어화에 어느 정도 저항할 것이라고 예상한다. 해석은 아동이 최대한 받아들이도록 시기에 적절해야 한다.

정신역동 심리치료자들은 자주 아동이 치료자에 대해 갖는 표상이 아동이 이전에 양육자에게 경험한 것에 영향을 많이 받았다고는 보지만 과거경험의 표상이 반드시 현재에도 직접적으로 나타나는 것은 아니라고 보았다. 예를 들어, 아동은 치료자를 아동의 자신감과 평화를 지속적으로 해치는 비판자로 볼 수 있다. 따라서 아동은 끊임없이 자신을 비난과 헐뜯는 내적 표상인물을 외현화하여 나타낸다. 그런데 이러한 표상은 아동의 과거에 존재했던 심각하게 비난적인 성인의 존재를 나타내는 것이라기보다는 방어 전략의 결과라고 할 수 있다.

따라서 치료자는 "너는 아무에게도 사랑받을 수 없는 고약한 아이라고 머릿속에서 끊임없이 너를 비난하는 목소리 때문에 내가 너를 비난할까봐 걱정하고 있는 것 같다"라고 안전하게 해석한다. 하지만 비난하는 사람이 아동의 어린 시절에 실제 존재했던 인물이었다고 가정하는 것은 지혜롭지 못한 일이다. 그보다는 그렇게 비난적인 "내적 대상"은 아동의 분열된 자기표상의 일부일 가능성이 높으며, 이는 파괴적이고 공격적인 실제 양육자를 내면화한 것이거나 실제부모의 친절이 그러한 공격적 충동을 수용할 수 없고 견딜 수 없는 것으로 만들기 때문에 완전히 분리시켜 아동이 부인한 파괴적 또는 공격적인 부분일 수 있다.

치료자의 개입은 방어, 소원, 과거 또는 현재 경험을 조합한 것에 대한 개입이다. 개입은 그러한 것들과 아동의 경험이 어떻게 조직화될 수 있는지에 관심을 갖고 있다. 정신역동적 상담활동은 "전이 속에서의 작업"이라고 할 수 있다(Strachey, 1934). 아동과 치료자의 상호작용은 관계에 대해 아동이 갖고 있는 내적 표상이 치료자와의 관계에서 표현되는 것이며 치료가 진행할수록 표상에 얽혀 있는 정서적 에너지도 증가한다. 훈습과정에서 불안, 갈등, 방어에 대한 아동들의 반응을 이해하도록 아동을 돕는 일은 치료 작업의 핵심이라고 할 수 있다.

전이의 발달은 ① 치료자의 중립성, ② 정서적 유용성(아동의 어려움에 조화하는), ③ 사고와 감정을 자유롭게 표현하도록 격려, ④ 치료구조의 규칙성과 일관성, ⑤ 치료자를 인자한 인물로서 지각하는 아동의 지각(Chethik, 1989) 등에 의해 촉진된다. 전이관계는 아동이 어떤 양육자와 어떤 관계경험을 했는지 알 수 있는 기회를 준다. 전이관계 속에서 치료자와의 작업을 통해 아동의 왜곡된 정신표상이 확인되고, 명료화되고, 이해받으며, 아동사고의 성숙한 측면으로 재통합된다(Abrams, 1988).

예를 들어, 부끄러움과 두려움이 많고 위축된 여덟 살 난 한 남자 아동이 분석을 받았는데 우울증 때문이었다. 이 아동은 치료자를 자주 비난하고 조롱했으며 치료자가 실패할 수밖에 없는 과제를 주었다. 그러면서도 아동은 치료자를 비난하는 동시에 보호했다. 치료자는 부드럽게 아동이 치료자를 좋지 않게 생각하며 그렇다는 게 분명한 상황에 처하게 한다고 말해 주었다. 점차, 중요하지 않고 "쓸모없는" 존재라는 생각이 나타났는데 이는 치료자나 부모가 아동에게 실망할지도 모른다는 훨씬 불쾌한 경험을 피할 수 있기 때문에 생긴 것이었다. 결국, 동생에 대한 가학적, 공격적 감정에 관한 죄책감으로까지 거슬러 올라갔다.

치료를 종결할 때는 ① 증상의 개선, ② 가족 및 또래관계 개선, ③ 정상적 발달기회를 이용할 수 있는 능력, ④ 새로운 환경스트레스를 다룰 수 있는 능력, ⑤ 치료를 보다 효과적으로 활용할 수 있는 능력(치료를 유용한 것으로 경험하고, 치료자가 해석 작업을 계속하도록 허용하며, 비난과 분노뿐 아니라 감사를 나타내며, 통찰, 유머, 건강한 자기 냉소를 나타낼 때 등이다(Kernberg, 1995). 이런 종류의 "전통적인" 정신역동적 치료는 1주일에 1회씩 1년 여에 걸쳐 이루어진다. 일반적으로는 치료기간이 18개월에서 2년까지 걸린다(Fonagy & Target, 1996c).

2. 인간중심 아동상담이론

가. 인간중심 아동상담이론의 역사

인간중심 아동상담의 토대가 되는 인간중심 상담이론(person-centered counseling)의 창시자는 Carl Rogers이다. Rogers는 그 당시 상담의 주류를 이루던 정신분석 상담과 행동주의의 지시적 상담의 입장에 반대하고 비지시적 상담을 주창하면서 새로운 상담의 원리를 제시하였다((이숙 외, 2004). 그는 지지해 주고 존중해 주며 진심으로 신뢰해 주는 환경에서 모든 인간은 자아실현하는 방향으로 성장해 갈 수 있다는 사실을 절대적으로 신뢰하였다.

Rogers는 처음에 자신의 상담이론을 비지시적(non-directive, 1940)상담이라고 명명하다가 후에 내담자의 긍정적인 성장 가능성을 중시한다는 입장에서 다시 내담자 중심(client-centered, 1951)상담이라고 명명하였다. 그러다가 노년기에 들어서 다시 자신의 상담이론을 인간중심(person-centered, 1974)상담으로 바뀌면서 오늘에 이르게 되었으며, 현상학적 접근 또는 자아이론 접근이라고 한다.

인간중심 상담은 구체적인 문제해결 기법보다 내담자에 대한 상담자의 태도를 중요시하였으며, 인간은 성장과 성숙을 향해 나아가려는 잠재가능성을 지녔으므로 상담자가 진실한 태도, 긍정적 존중, 공감적 이해를 보여주고 내담자와 신뢰로운 관계를 형성하면 내담자 스스로 변화할 수 있다는 점을 전제로 한다. 인간중심 상담은 자신의 성장과 성숙을 향한 능력이 인간에게 있다는 기본 철학과 인간은 누구나 건설적인 방향으로의 자기안내 능력이 있다는 믿음을 전제로 한다. 단순한 기법이 아니라 인간이 타고난 성장능력에 관한 신뢰를 뒷받침하는 접근법으로, 하나의 태도이고 철학이며 존재방식이다.

Rogers는 개인으로서의 인간은 심리적 부적응 요인들을 지각하는 능력과 부적응의 상태에서 벗어나 심리적 적응 상태로 향하고자 하는 경향과 능력을 갖고 있다고 보았으며, 이러한 경향성과 능력은 상담관계에서 길러지며 적응하고자 하는 경향성은 자아실현을 이루고자 하는 경향성이라고 보았다(김청자 · 정진선, 2006).

Rogers의 인간중심 상담이론은 Freud와 마찬가지로 Rogers 또한 아동상담에 참여하지는 않았으나, 아동을 위한 내담자중심 치료인 아동중심 상담의 발전에 큰 영향을 주었다(김순혜, 2001), Carkhuff, Axline 등에 의해 확장 · 발전되었다. Carkhuff는 상담과정을 통해 내담자가 거치게 되는 보편적인 3단계, 즉 "자기 탐색 – 자기이해 – 행위단계"와 적극적 경청의 개념을 이해하기 쉽게 체계화한 사람이다(이숙외, 2004). Rogers의 제자인 시카고 대학의 Axline(1947)은 아동중심 상담의 창시자로서 Rogers의 인간중심 상담이론을 아동상담에 접목시켜서 현재의 아동중심 상담분야에 지대한 공헌을 끼쳤다.

나. 이론적 구성

1) 성격의 구조

인간중심 상담의 이론적 구성은 실현이 가능한 자아의 발견과 자아와 관련된 개인적인 내적 과정을 발견하는 것과 관련되어 있다. 즉, 개인의 발달은 되어 가는 과정으로서 흐름이 있고, 유동적이며, 성숙해 가는 과정이라는 견해이다. 1930년대 후반부터 확립되기 시작한 Rogers의 인간중심 상담이론의 성격구조는 다음의 세 가지 주요 구성요인에 기반을 둔다.

(가) 유기체(organism)

Rogers의 인간중심 이론에서 유기체는 인간을 말한다. 이러한 유기체로서 인간(아동)은 모든 것의 총체이다. 그리고 유기체인 인간(아동)은 사고, 행동, 감정을 포함한 자기지각(self-perception)으로 이루어진 존재이다. 이런 총체적 인간(아동)은 항상 발달의 과정에 있으며 유기체의 일차적 목적은 욕구를 만족시키기 위해 행동하는 것이며 기본 동기는 경험하고 있는 유기체를 향상시키고 유지시키고 실현시키기 위해 노력하는 것이다(김순혜, 2001). Rogers는 모든 인간(아동)이 "그 자신이 중심에 있는 지속적으로 변화해 가는 세상이라는 경험 속에서 존재한다."라고 말했다. 연속적인 역동적 대인관계 상호작용은 전체 체계로서의 인간(아동)이 자아실현을 향해 노력할 때 발생된다. 이런 과정에서 인간(아동)의 행동은 인간(아동)이 현실을 구성하려는 독특한 현상학적 장에서 경험한 것이며, 개인적인 욕구를 만족시키려는 노력이라는 점에서 목표 지향적이다.

(나) 현상학적 장 (phenomenal field)

현상학적 장은 유기체인 아동이 경험하는 모든 것이며, 의식 수준이든 무의식 수준이든 간에, 외적인 것이며 동시에 내적인 것으로 사람의 주관적 실재(subjective reality)이다. 그러므로 유기체인 아동이 중요하다고 여기는 것은 사건의 실재가 아니라 현상학적 장에서 개인이 지각한 것이다. 따라서 실재는 주관적 그리고 개인적으로 결정된다(김순혜, 2001). Rogers(1951)가 말한 "행동은 기본적으로 지각된 장에서의 경험으로 자신의 욕구를 만족시키려는 유기체의 목표 지향적인 시도이다"라는 개념은 아동중심 상담이론에서 핵심이 된다.

(다) 자아(ego)

인간중심 상담이론에서 성격의 핵심구조인 자아(ego)는 정신분석 이론의 자아(ego)와는 다르다. 유기체인 아동은 환경과 상호작용하는 과정에서 '나(I) 또는 자아(ego)'라고 인식되어 간다. 이러한 자아는 타인과의 평가적인 상호작용에서 형성된다. 타인이 아동의 행동을 어떻게 지각하고 평가하는 결과로서 '나(I) 또는 자아(ego)'가 형성되는 것이다.

따라서 자아개념은 아동이 세상을 경험해 가면서 부모나 다른 사람과의 상호작용을 통해 발달해 가며 인지적 성숙에 따라 점차적으로 분화되고 복잡해진다.

2) 성격의 발달

Rogers는 성격이란 자아개념, 타인과의 관계 양식, 개인의 중요한 목적 등을 포함하는 것으로 일생 동안 변화될 수 있다고 보았다. 아동이 성장하면서 이러한 측면들이 잘 형성되면 자아의 향상과 유기체의 향상이 이루어지게 되며 신체적 측면과 정신적 측면의 기능이 일치되어 현상학적인 장에서 충분하게 기능할 수 있다고 보았다. Rogers는 이 같은 사람을 '충분히 기능하는 사람(fully functional person)'이라고 규정하였다. '충분히 기능하는 사람'이란 자신의 잠재능력을 인식하고 자신의 능력과 자질을 발휘하여 자신에 대한 완벽한 이해와 경험을 풍부하게 하는 방향으로 이동해 가는 사람을 의미한다.

'충분히 기능하는 사람'은 다음의 다섯 가지 특징을 가지고 있다(Hjelle, L. A., & Ziegler, D. J. 저(1976), 이훈구 역, 2000).

(가) 경험에 대해 개방적이다.

충분히 기능하는 사람은 자신의 내부에서 일어나고 있는 경험이나 감정을 개방적으로 받아들인다. 즉 긍정적이든 부정적이든 간에 억압하지 않고 그대로 정확하게 인식할 수 있다.

(나) 실존적인 삶을 살아간다.

실존적인 삶이란 자신의 삶의 모든 순간을 충분히 느끼며 중요하게 생각하며 살아가는 것을 의미한다. 충분히 기능하는 사람은 자신의 매순간의 삶을 새롭게 지각하고 모든 것이 이전과 다른 것으로 지각하는 삶을 살아간다.

(다) 유기체인 자신에 대한 신뢰감을 갖고 있다.

충분히 기능하는 사람은 자신의 유기체적 경험에 귀를 기울여서 해야 할 것과 하지 말아야 할 것을 결정하는 것이지, 다른 외부의 영향력이나 사회적 규범에 의존하지 않는다. 자신이 스스로 '바르다'고 느껴지는 것이 진정으로 만족스러운 행동의 길잡이가 되는 것이다.

(라) 경험적 자유를 지니고 있다.

경험적 자유란 자신의 행위의 결과에 대해서 자신만의 책임을 가지고 있다는 내면적 감정을 의미한다. 즉 자신의 세계를 형성하는 데 중요한 역할을 담당하는 것은 자신이라는 것이다. 이러한 자유의 힘과 감정 때문에 충분히 기능하는 사람은 자신의 인생에서 많은 선택을 하며 자신이 원하는 것은 무엇이든지 실제로 행할 수 있다.

(마) 심리적 성숙의 결과로 창조성을 지닌다.

충분히 기능하는 사람은 자신의 깊이 내재된 욕구를 충족시키면서 동시에 자신이 속한 문화 속에서 건설적으로 살아가는 창조적인 사람이다. 그러나 자신이 속한 사회나 문화에 단순히 얽매여 동조하면서 살아가지 않으며 창조적으로 변화시키거나 조절할 수 있다.

3) 성장하기 위한 치료적 조건들

(가) 사실성

사실성은 무언가 "~하는 체 가장하는 것"이 아니라 오히려 관계 속에서 그 순간에 자기를 "살아 숨쉬게" 하는 것이다. 아동의 감정과 태도를 알아채는 치료자의 자각의 기능은 이런 범위 내에서 가능하게 된다. 진실성이나 사실성은 치료자가 높은 수준의 자기이해와 자기 수용을 지니고 있음을 의미하고 관계 안에서 무엇을 느끼고 무엇을 표현하느냐와 일치된다는 것을 함축하고 있다. 이러한 개념은, 아동상담자는 충분히 자기 실현화되어 있어야 한다는 것을 의미하는 것은 아니고 오히려 아동과의 관계 내에서 일치의 필요성과 중요성에 관한 진술이다.

(나) 따뜻한 보살핌과 무조건적 수용

따뜻한 보살핌과 무조건적 수용에 관한 논의는 아동상담자의 자아 수용의 필요성에 초점을 두어야 한다. 아동과의 시간은 아동이 어떤 기계적인 수용을 하는 객관적인 관계가 아니라, 자아를 인식하고 그런 관계와 관련되는 자아의 확장에서 나타난다. 수용에 있어서 아동들은 가장하지 않는다. 그리고 아동의 수용은 기본적으로 무조건적이다. 수용과 따뜻한 보살핌의 종류는 아동에게 가치 있는 사람으로서 아동을 긍정적으로 존중하는 특징이 있다. 치료자는 아동을 진실한 마음으로 온정을 베풀고 보살핌을 경험하는 것은 무조건적인 것이다. 따뜻한 보살핌과 수용은 놀이방에서 관계를 함께 함으로써 아동 자신을 충분하게 허용하고 자유롭게 해 준다. 아동상담 관계에서의 중요한 힘은 아동이 경험하는 수용의 정도에 주요한 영향을 미치고 있다. 따뜻한 보살핌과 수용은 아동의 경험적 세계에 대한 기본적으로 수용성의 태도이고 아동이 치료자를 신뢰할 수 있는 자각을 촉진시킨다.

(다) 민감한 이해

대부분의 성인과 아동의 상호작용에 있어서 전형적인 접근방법은 아동에 관해 무엇을 알고 있는가에 기초를 두고 아동들을 평가하는 태도이다. 아동들을 민감하게 이해하는 것은 치료자가 그 자신의 경험과 기대를 제쳐 놓을 때 일어나고, 아동들의 활동, 아동들의 경험, 아동들의 감정, 아동들의 사고의 개별성을 인정해야 한다. 민감한 이해는 아동상담자가 아동의 경험적 현실 세계를 인식하고 완전히 정서적으로 접촉하는 것을 의미한다. 질문이나 평가 없이 아동의 언어적, 감정의 표출, 개인 경험의 세계와 연관된 경험으로 구성되어진 것이다. 치료자의 태도는 가능한 깊게 그 순간에 아동이 경험하는 것을 느끼도록 하고 가능한 충분히 순간에 가지 내에서 직관적인 감정이입 반응이 나오도록 수용한다. 그래서 아동과의 관계는 아동의 독특성을 계속적으로 존중하고 순간순간에 경험하는 감정이입이 아동에게서 나타나는 내적 지시에 의해 결정되어 활발하게 펼쳐지는 아동의 세계에서 살아 나오도록 하게 한다.

다. 개입방법

1) 상담의 조건

인간중심 아동상담의 기본전제는 기본적으로 인간은 적절한 조건이 제공되면 누구나 자아실현 (self-actualization)을 향한 강력한 동기적 힘을 가지고 있다고 본다. 이러한 힘은 인간이 스스로 자신을 이끌어 가고, 조절하고, 통제할 수 있는 힘을 의미한다. 상담이란 인간 내부에 존재하는 이러한 힘과 능력을 발휘하게 하는 것이며, 그러기 위해서는 공감적 이해와 무조건적·긍정적 존중을 경험할 수 있는 인간상호관계가 조성되어야 한다. 그러므로 상담자는 이러한 힘이 발휘하도록 곁에서 지지해 주고 도와 주는 역할을 하는 사람이며, 상담의 목표와 방향, 진행속도 등은 모두 내담자에 의해 결정된다.

다음의 사항들은 성격변화가 이루어지기 위한 인간중심 아동상담의 필요충분조건이다 (김순혜, 2001).

(가) 상담자와 내담자의 심리적 접촉

상담이 이루어지기 위해서는 상담자와 내담자 사이에 관계형성 또는 심리적 접촉이 있어야 한다. 이러한 관계는 상담자가 내담자를 위해 일방적으로 무엇인가를 해 주는 과정이 아니라 쌍방의 상호작용을 위한 토대 위에 형성되어야 한다.

(나) 내담자의 불일치와 불안

내담자가 최소한 부적절한 상태나 상처받기 쉬운 감정이나 고민이 있어야 한다. 내담자는 자신의 자아 인식과 실재 경험간의 불일치 상태로 인해 긴장과 불안을 경험하게 되며, 이는 개인이 변화를 추구하려면 불쾌감, 불안한 상태에 있어야 함을 의미한다.

(다) 상담자의 일치

상담자는 상담관계 속에서 진실한 마음으로 자신의 유기체적 경험을 정확하게 표현하고 있어야 한다. 그러므로 상담자는 성실하고 일관되며 전체적으로 통합된 존재이어야 한다. 이러한 상담자의 태도는 내담자가 자신의 감정과 태도를 자유롭고 솔직하게 표현하도록 촉진하는 치료적 행동모델이 된다.

(라) 무조건적 · 긍정적 존중

무조적적인 긍정적 존중이란 치료자가 내담자를 온정적으로 받아들이고 내담자의 자아 경험의 모든 측면을 순수하게 수용하는 것을 말한다. 상담자는 내담자의 감정이나 경험에 대한 판단을 하지 않는다. 내담자를 어떠한 가치의 조건으로 생각하지 않고 그를 있는 그대로 받아들여야 한다. 상담과정을 통해 내담자가 경험하게 되는 무조건적 · 긍정적 존중은 내담자로 하여금 자아개념과 불일치되거나 불안으로 인하여 이제까지 의식하지 못했던 경험을 음미하고 검토할 수 있게 해 준다.

(마) 공감적 이해

공감적 이해란 상담자가 내담자의 개인적인 세계를 내담자가 지각하는 대로 지각하고 느끼는 대로 느끼고 경험하면서 내담자의 세계를 수용하는 것을 말한다. 내담자는 치료자의 이러한 공감적 이해를 통해 자신에 대한 수용과 이해를 증진시킬 수 있다.

(바) 내담자의 지각

상담자는 자신이 내담자를 무조건적으로 존중하며 공감적으로 수용한다는 것을 내담자가 인식할 수 있도록 노력해야 한다. 이러한 치료자의 존중과 수용은 내담자에게 전달되어 내담자가 자신이 존중받고 있고 수용되고 있다는 것을 인식하게 될 때 비로소 가치가 있는 것이다.

2) 상담목표

인간중심 상담을 아동상담에 접목한 대표적인 학자는 Grray Landreth이다.

Landreth(1991)는 아동중심 상담의 일반적인 목표는 자기 실현을 향한 내적인 자발적 노력에 맞춘다. 치료자의 존재 하에 내적인 힘을 발견할 수 있도록 아동에게 긍정적 성장 경험을 제공하는 것이 최우선 전제라 하였다. 인간중심 아동상담의 목표는 다음과 같다.

첫째, 자기 책임을 더 크게 갖도록 한다.

둘째, 더욱 긍정적인 자기 개념을 발견하게 한다.

셋째, 더욱 자발적이고, 자기 수용적이 되도록 하며, 자존심을 높이도록 한다.

넷째, 스스로 의사결정을 하도록 하며, 조절감을 경험하도록 한다.

다섯째, 대처과정에 민감해지도록 하며, 평가의 내적 기중을 개발하게 한다.

여섯째, 더욱 자신을 신뢰하도록 한다.

인간중심 아동상담의 상기한 목표는 특징을 이해하고 접근의 과정을 위한 일반적인 골격을 제공한다. 아동에게 특정한 목표가 설정되지 않기 때문에 치료자는 목표에 초점을 맞춘 이러한 사람들의 발달을 자유롭게 촉진시킨다. 이는 특정한 문제를 다루는데 있어 아동을 배제하지 않기 때문에 아동은 표현해야 할 필요성을 느끼게 되면 실제로 이런 일은 자주 발생한다. 이런 아동중심의 관계에서 치료자는 자신의 목표를 설정하는 아동의 능력을 신뢰한다. 인간중심 아동상담에서 아동은 비록 자신의 특정한 목표를 세우는데 서투르고, 언어적, 의식적응도 하지 않는다.

3) 인간중심 아동상담 기법

Rogers는 무조건적 · 긍정적 존중, 공감적 이해, 일치(진실성)가 존재하는 인간관계가 상담자와 내담자 간에 형성되면 이 인간관계 자체가 내담자의 성격변화를 촉진한다고 보았다.

상담자는 내담자를 심문하고 해석하는 등의 개인적 반응을 전혀 보이지 말아야 하며, 인생에서 중요하고 가치로운 것이 무엇이며 아닌 것이 무엇인가 대한 평가를 하는 것은 내담자 자신의 몫이다. 상담자는 결코 내담자를 통제하거나 어떤 행동에 대해 강화를 제공하거나 벌을 주지 않는다. 다만 치료자는 내담자가 자신이 원하거나 기대하는 자기가 아니라 현재 있는 그대로의 자신이 될 수 있도록, 또 완전하게 자연스러워질 수 있도록 도와 주어야 한다. 그러므로 인간중심 상담에서는 상담자와 내담자 사이의 관계에 초점을 두기 때문에 상담관계 그 자체의 변화가 이루어질 수 있도록 하는 상담기법이 된다. 즉 앞서 설명한 무조건적·긍정적 존중, 공감적 이해, 일치는 인간중심 상담의 기본태도인 동시에 구체적인 상담기법이라고 볼 수 있다.

Nelson(1972)은 아동과의 상담에서 아동이 자신과 타인, 그리고 세상에 대한 감정을 표현하고 이해할 수 있도록 돕는 구체적 기술을 제시하고 있다. 이러한 기술은 상담관계를 촉진하여 아동의 변화를 가져올 수 있는 효과적인 기술로 인정되어 아동상담 장면에서 널리 사용되는 언어적 반응기술로 다음과 같다(김순혜, 2001).

(가) 단순한 수용(simple acceptance)

아동을 격려하는 언어적 또는 비언어적 반응을 나타내는 것이다.

(나) 반영(reflection)

아동이 표현한 감정과 태도를 다른 말로 요현해 주는 것이다. 아동은 자신이 말했던 것을 상담자를 통해 다시 듣게 되면 자신이 이해받고 있다고 생각하게 된다.

(다) 명료화(clarification)

아동의 상황을 이해하고자 하는 상담자의 소망을 나타내는 반응기술이다. 상담자는 아동이 과 표현한 것을 새로운 언어로 혼란스러운 상황을 단순화시켜서 아동에게 이해시키는 것이다.

(라) 직면(confrontation)

직면이란 상담과정에서 상담자가 아동의 모순된 언어적 내용을 설명하지 않고 부드럽게 지적하는 것을 말한다. 직면은 다음과 같은 상황에서 도움이 된다.

① 아동이 이전에 말했던 내용과 모순되게 말할 때
② 아동이 말하는 것과 상반되게 행동할 때
③ 상담자의 개인적 경험으로 보아 아동이 거짓말을 할 때

(마) 자기노출(self-disclosure)

아동이 자신을 보다 잘 이해하도록 상담자도 아동과 유사하게 느꼈던 감정, 경험, 생각을 나누는 반응기술이다. 상담자의 자기노출은 아동의 문제와 직접 관련되어야 하며 상담관계를 향상시키는 것이어야 한다.

(바) 개방적 질문

질문에는 폐쇄적 질문과 개방적 질문으로 나눌 수 있는데, 개방적 질문이란 아동이 표현하는 자신의 감정, 사건, 경험을 보다 깊이 파악하기 위해 사용하는 질문을 말한다. 개방적 질문은 아동과 함께 이야기를 나누거나 함께 하고 있는 일이 중요하다는 것을 나타내 주며, 자기탐색에 도움을 준다.

(사) 침묵(silence)

침묵이란 상담자가 아동의 말을 듣고 있으며, 좀 더 듣기를 원한다는 것을 아동에게 나타내 주는 것을 말한다. 또한 아동이 생각을 정리하여 표현하도록 기다려 주는 끈기 있는 상담자의 태도로서 아동에게 보여줄 수 있다.

4) 아동에 대한 관점

대표적인 인간중심 아동상담자는 Garray Landreth이다. Landreth(1991)는 인간중심 아동상담자는 다음과 같은 신조를 가지고 아동을 바라봐야 한다고 주장하였다.

① 아동은 성인의 축소판이 아니며, 치료자는 아동을 성인의 축소판인 것처럼 반응하지 않는다.
② 아동도 인간이다. 아동도 깊은 정서적 고통과 기쁨을 경험할 수 있는 존재이다.
③ 아동은 독특하고 존중받을 만한 가치가 있는 존재이다. 그러므로 치료자는 각 아동의 독특성을 가치롭게 인정하고 존중해야 한다.

④ 아동은 자신이 지닌 장애와 환경을 극복할 수 있는 대단한 능력을 소유하고 있는 존재이다.
⑤ 아동은 선천적으로 성장과 성숙을 향한 경향성을 가지고 있다. 즉 아동은 내적인 직관적 지혜를 타고났다.
⑥ 아동에게는 긍정적인 자기 안내(self-direction)의 능력이 있으며, 창의적인 방법으로 자신의 세계를 다룰 수 있다.
⑦ 놀이는 아동들의 자연스러운 언어이며 아동이 가장 심리적으로 편안한 상태로 자기를 표현할 수 있는 매개체이다.
⑧ 아동에게는 침묵할 권리가 있으므로 치료자는 아동이 침묵을 선택했다면 그것을 존중해야 한다.
⑨ 아동은 자신이 필요로 할 때 치유적 경험을 할 수 있을 것이다. 치료자는 언제, 어떻게 아동이 놀이해야 하는지를 결정하지 않는다.
⑩ 아동의 성장을 재촉해서는 안 된다. 치료자는 이 점을 인식하고 아동의 발달과정을 인내를 갖고 기다려 줄 수 있어야 한다.

5) 인간중심 아동상담의 원리

Landreth(1991)는 인간중심 아동 상담의 8가지 원리를 다음과 같이 제시하였다.

① 치료자는 아동에게 순수한 관심을 갖고 따뜻하고 온정적인 관계를 이루어 가능한 빨리 친밀한 관계를 형성하여야 한다.
② 치료자는 아동이 무조건적 수용을 경험하게 하며, 아동을 있는 모습 그대로 수용해야 한다.
③ 치료자는 아동이 완전하게 자신을 탐색하고 표현할 수 있도록 하기 위해 안전하고 허용적인 분위기를 조성해야 한다.
④ 치료자는 아동이 반응적으로 행동할 수 있다는 깊은 신뢰감을 가져야 되며, 아동이 표현하는 감정을 민감하게 인지하고 그 감정들을 반영해 주어서 아동 자신의 행동에 대한 통찰을 가질 수 있도록 해야 한다.
⑤ 치료자는 아동에게 기회가 주어지면 자신의 문제를 스스로 해결할 수 있는 능력이 있음을 깊이 존중해야 한다. 선택과 변화의 주체자는 아동이며 그 책임은 아동이 가지고 있는 것이다.
⑥ 치료자는 아동이 내적 자기 안내를 신뢰하고, 아동이 관계의 모든 영역을 리드하고 선택할 수 있도록 허용하며, 어떤 방법으로든 치료자가 이끌어 가서는 안 되며,

아동이 길을 인도하고 치료자는 따라간다.

⑦ 치료자는 치료는 서두르지 않아야 하며, 치료과정이 점진적인 과정임을 이해해야 한다.

⑧ 치료자는 치료를 현실세계와 연결시키고 아동이 현실적 관계에서 자신의 책임을 인식하게 되는데 필요한 경우에만 치료적 제한을 둔다.

3. 대상관계 아동상담이론

가. 대상관계 아동상담이론의 역사

대상관계 아동상담은 Helen Benedict가 Glickauf-Hughes와 Wells(1997)가 성인치료에 적용한 대상관계 유형과 애착이론을 통합하여 아동치료에 응용한 것으로 주로 대상관계/주제 아동상담이라고 부른다. Benedict에 따르면, 아동의 대상관계 유형에는 다섯 가지가 있으며 유형에 따라 각기 다른 치료목표를 세우게 된다. 이 접근은 혼란된 대상관계 출현의 무대가 되는 아동－보호자 관계와 아동에게 나타나는 구체적인 내적 작동모델(internal working model)의 틀을 가지고 아동의 초기경험을 강조하는 접근이다. 이 접근에서는 또한 대상관계 유형에 따라 나타나는 아동놀이의 주제를 분류하고 해석하려 한다. 여기서는 Helen Benedict(2002)가 제시한 접근을 중심으로 기술하였다.

나. 이론적 구성

1) 대상관계 유형과 그에 따른 치료목표

대상관계/주제를 중심으로 한 아동상담은 기본적으로 부모－자녀관계의 발달과정을 모형으로 한 관계치료이다. 치료의 초기단계는 항상 아동과 치료자 사이의 안전기지관계(secure base relationship)를 형성해야 하는 것이다. 이러한 치료관계가 구축되면 치료작업 단계가 시작되며 이 때 치료자의 과제는 영ㆍ유아기에서 멈추었거나 왜곡된 관계에 도전하는 것이다. 치료자와의 관계 안에서 이루어지는 이러한 도전을 통해 아동은 왜곡된 작동모델을 보다 건강한 대상관계로 수정할 수 있게 된다. 아동에게 필요한 구체적인 도전은 아동이 보여주는 대상관계 발달유형에 따라 치료자가 결정하게 된다. 관계 외상(trauma)을 입은 아동들에게서 볼 수 있는 여러 가지 대상관계 단계들은 임상적 개입의 기준이 된다.

(가) 무애착(unattached) 대상관계

생애초기에 부모로부터 방임이나 거부를 당하거나 안전한 애착관계를 형성하지 못한 아동들은 어릴 때 아동이 표현한 욕구가 충족되지 않았던 아동들이 이럴 때 자기파편화의 감정이 나타나게 된다. 아동은 이러한 감정을 피하기 위해 다른 사람들로부터 방어적으로 위축되며 아동의 자기는 사람과의 관계를 거부한다. 이런 문제는 생애 첫 몇 달 동안 부모－자녀관계에 문제가 있을 때 발생할 수 있는 대상관계 유형이다. 생애 초기의 전공생적 단계에 고착된 수준이라고 할 수 있다. 정상적인 유아들은 이 시기에 정상적으로 관여하고 조화를 맞추는 보호자와의 관계를 통해 기본 신뢰감을 발달시킨다.

아동에게 미성숙, 신경학적 문제, 또는 감각결손 등이 있어 아동이 외부세계에 반응할 능력이 없거나 양육자에게 심각한 우울증, 약물중독 또는 성격장애와 같은 문제가 있으면 상징적 관계가 발달하지 않아 영아의 대상관계는 신뢰, 대상관계, 양육을 받아들이는 능력이 왜곡되고 자기조절에 문제가 나타나게 된다.

이런 아동들은 주로 영아기와 아동기 초기의 반응성 애착장애를 보이는 아동들로 정서나 행동을 조절하는 능력이 손상되며 2～11개월 사이에 조화로운 양육자와의 관계에서 습득되는 자기조절 능력발달이 이루어지지 않는다(Schore, 1994). 아동상담 장면에서 나타나는 이들의 놀이는 공격성, 고집, 양육(특히 자기양육), 불안정성이 특징이다. 놀이에서 표현되는 대인관계는 치료자의 통제, 경계설정, 경계파괴가 주로 나타난다. 이런 아동에게 필요한 아동상담의 목표는 여러 가지가 있으며 그 중 첫 번째는 양육에 대한 수용을 증가시키고 방어를 감소시키는 것이다.

두 번째 목표는 자신의 욕구를 스스로 수용하는, 응집된 자기감(sense of self)을 발달시키는 것이다. 이러한 목표들을 달성하기 위해 필요한 것은 퇴행을 촉진하고, 치료자에 대한 공생적 전이가 발달하도록 하는 것이다. 공생적 유대로부터 점차 분리/개별화를 이루어 가면서 인내력이 증가하고 결과적으로 감정표현과 자기조절 기술이 증진된다.

어떤 아동들은 양가적인 대상관계를 나타내면서 분리/개별화의 하위단계인 라프로치망(재결합) 단계로 들어서면서 발달이 멈추기도 한다. 그렇게 되면 보호자와의 공생적 관계로부터 분리, 개별화하려는 시도는 실패로 끝나게 되며 이는 자기항상성의 결핍, 자기파편화, 부정적 사고와 긍정적 사고의 분열, 부정적 부분대상과 긍정적 부분대상 사이의 분열,

격렬한 양가감정을 일으킨다.

무애착 대상관계 유형의 역동과 치료	
초기 경험 및 관계	방임, 거부, 아동의 존재를 인정치 않음, 조화(attunement)의 실패
자기 및 타인에 대한 내적 작동모델	타인에 대한 기본신뢰의 부족 대인관계 및 양육을 거부하는 자기(self) 자기조절 또는 정서조절 능력의 결핍
관계에 대한 내적 작동모델 역동 공식화	타인으로부터 위축, 방어 자기와 타인 사이의 경계가 경직됨, 애착을 맺지 못함. 필요한 경우 기저에 있는 자기 파편화의 공포와 감정을 표현하거나 인정한다.

주) 유아가 보행능력을 획득하면서 점차 양육자로부터 분리되어 세상을 탐색하다가 불안을 느끼고 양육자에게 매달리는 것을 말함(Mahler, 1965).

놀이주제	놀이주제의 의미
공격성 : "공격자"와 "희생자"가 있는 일반적 공격성	분명한 이유 없이 아동이 화가 났거나, 정서적으로 자극되었을 때 감정의 폭발이 일어난다. 아동이 격렬한 화를 공격자 역할로 표현함. 희생자 역할은 일상생활에 대한 통제감이 없음을 나타낸다.
항상성 : 아동의 정체성이나 정체성의 항상성을 형성하는데 초점이 맞추어진 숨바꼭질, 거울놀이, 기타 활동	아동은 빈약한 신뢰감을 갖고 있으며 신뢰감을 시험하기 위한 게임을 한다. 중요한 성인의 항상적 이미지를 유지하지 못하며 그러한 이미지를 형성하는데 필요한 분리와 재결합을 활용하지 못한다. 아동은 항상적인 자기이미지를 유지하지 못하며 자기항상성(예 : 거울, self-naming) 표상에 매혹된다.
양육 : 수유, 주기 또는 안아주기와 같은 긍정적 양육활동	아동은 양육을 필요로 하지만 의존욕구를 표현하는 것에 불안을 느낀다.
자기양육 : 자기에게 맞추어진 양육, "아기"가 수유를 하거나 자기를 위로할 때	아동은 양육을 필요로 하지만 세상이 그것을 제공할 것이라 신뢰하지 못하며 따라서 자기양육을 한다. 아동은 거짓 자율성을 성취하며 이는 돌봄과 보호를 제공하는 타인에 대한 신뢰의 부족 때문이다.

불안정성 : 사람이나 사물이 바닥에 떨어지거나 부주의하게 떨어질 것 같은 상황을 만들거나 집의 벽이 무너지는 등 물건이 분리되는 놀이	아동은 세상에서 위험을 느낀다. 특히 떨어지려 할 때 파편화되고 "불안정함"을 느낀다.

대인관계/과정코드	대인관계/과정코드의 의미
거친소동 : 아동은 간지럼피기나 안아올리기 같은 유아적 놀이에 치료자를 개입시키려 한다.	이는 상징적 단계를 재작업하는 과정으로, 유아적 상호작용으로 퇴행한다. 아동은 신체적 편안함을 구하지 않으며 그것을 간접적으로 요청한다.
응집 : 아동은 직접적으로 자기와 치료자 사이의 경계결손을 놀이한다(예 : 한 개의 머리윤곽 안에 자신과 치료자 얼굴을 그린다).	아동은 2차 전공생적 – 공생적 재작업을 하는 것처럼 공생단계로 되돌아가려 한다. 이는 진전을 의미한다.
모방 – 통제 : 아동은 치료자가 아동의 언어나 행동을 모방할 것을 요구한다.	아동은 치료자와의 공생적 전이를 촉진하기 위해 투사적 동일시를 사용한다 ; 이는 진전을 의미한다.
행함과 취소 : 아동은 한 주제에 이어 반대의 의미를 가진 주제를 즉시 놀이한다. 예 : 공격성에 이은 애정의 표현	놀이나 대인관계 행동으로 표현된 문제를 둘러싼 갈등과 혼란된 감정을 시사하는 의미의 변화
(a) 경계설정/경계침범 : 등장인물이 괴물에 대항해 집문을 닫아버리자 괴물이 집문을 부수고 집 안으로 들어오는 놀이와 같이 경계를 설정하고 침범하기 놀이	(a) 아동은 자신의 경계통합에 대해 확신이 없다.
(b) 분노/애정 : 등장인물이나 치료자를 향해 분노나 적개심을 직접 표현한다.	(b) 아동은 애정을 박탈한 양육자에 대해 분노감정을 가지며, 분노의 표현이 수용되지 않는다고 느끼고 애정으로 그것을 취소한다

치료목표	치료기법
양육에 대한 수용을 촉진하고 관계를 촉진한다.	정서적, 신체적 안전을 강조하여 안전하게 안아주는 환경을 만든다.
내담자가 적응적으로 분리될 수 있는 공생적 전이를 만든다.	아동의 감정을 보방하고 반영하여 조화를 보여준다. 중간대상 역할을 하는 사진을 보여주고, 기억을 함께 나누며, 아동의 놀이를 추적하여 항상성 있는 환경을 제공한다.
응집적이고 방어적이지 않은 자기감(sense of self)을 형성한다.	아동이 욕구를 인식하고 표현을 할 수 있는 안전한 분위기를 만든다.

자기조절 기술을 촉진한다.	감정 및 언어표현과 연관된 신체표현을 격려한다. 경계를 설정하고, 자기인식을 격려하며, 자기조절을 촉진하기 위한 신체적 접촉의 구조를 만든다.
감정을 인내하고, 명명하고, 언어화하는 능력을 촉진한다.	감정과 관련된 안전을 담아주고, 반영하고, 제공한다.
장래에 일어날 수 있는 문제	분열적 성격

* 출처 : Benedict, 2002.

(나) 양가적 대상관계

유아가 16에서 24개월경이 되면 인지능력과 더불어 운동근육 기능이 발달하면서 엄마로부터 떨어져 환경을 활달하게 탐색하게 되고 그 과정에서 자신이 엄마와 분리되어 있음을 점점 강하게 느낀다. 자신이 혼자라는 것을 인식하게 되고 자신의 능력의 한계를 깨달으면서 다시 엄마에게 의존하게 되는 시기로, 이 시기의 아동들은 새로운 능력과 기술을 통해 얻어진 자율과 다시 엄마와 친밀해지고 싶은 마음 사이에서 갈등을 겪는다(최영민, 2002).

이 때 아동들은 정상적인 분리불안을 느낀다. 양가적 대상관계에 머무는 아동들은 이러한 라프로치망(재결합)을 획득하려고 노력하는 시점에서, 공생적 유대로부터 분리/개별화로 나아가려는 아동의 노력이 양육자의 심각한 병리나 양육자 상실로 인해 양육자의 관심, 지지, 인정 등의 철회를 불러일으켰을 때 나타난다.

이러한 아동들은 자신의 행동에 대해 극도로 양가적이며 매달림과 분노를 번갈아 나타낸다. 자기표상은 일관성이 부족하고 자기와 타인 모두에 대해 전적으로 좋거나 전적으로 나쁜 내적 작동모델 사이를 동요한다. 기분과 감정에 빠른 변화가 있으며 삼켜져 버릴 것 같은 공포와 버림받음의 공포 사이에 사로 잡혀 있는 것으로 보인다. 이런 아동들의 놀이에서 자주 나타나는 놀이주제는 항상성(일관성), 분리, 착한 사람과 나쁜 사람 놀이 중심으로 이루어진다. 또한 이 아동들은 모든 어른동물들을 한 줄로 쌓아올리는 놀이와 같이 분류하고 명명하는 활동을 많이 하는데 이러한 활동은 이들에게 통제감을 주기 때문이다. 이들의 관계는 통제에 대한 욕구로 점철되어 있다고 할 수 있다.

양가적인 대상관계를 보이는 아동들을 위한 주요 치료목표는 분리/개별화 과정을 다시 시작하는 것이다. 치료자는 아동이 자신과 타인에 대해 갖고 있는 분열된 표상을 통합하도록 도우며 그로 인한 대상항상성의 증진과 함께 각각의 것을 통합하도록 촉진해야 한다.

또한 좌절을 인내하는 능력을 기르도록 해야 한다.

양가적 대상관계 유형의 역동과 치료	
초기경험 및 관계	아동이 분리/개별화를 시도할 때 양육자가 관심, 지지, 인정을 철회한다. 양육자에게 성격문제나 심한 정신병리가 있을 가능성이 높다.
자기 및 타인에 대한 내적 작동모델	자기항상성의 결핍, 사고, 지각, 감정의 부정적, 긍정적 분열(splitting). 자기파편화 및 퇴행경향 대상은 항상적이지 못하며 긍정적 및 부정적 부분대상의 분열로 인해 파편화되어 있으며 이는 기분과 행동에 급속한 변화를 가져온다.
관계에 대한 내적 작동모델	매달림과 분노를 번갈아 나타내면서 친밀한 관계에 극도로 양가적이다. 관계에 들어가고 나간다. 분리-개별화 과정이 불완전하다. 종종 라프로치망 위기에 잡혀 있다.
역동 공식화	사로잡힘과 버려짐에 관련된 불안, 자기파편화와 대상상실에 대한 강한 공포

놀이주제	놀이주제의 의미
항상성 : 아동의 정체성 형성이나 타인의 정체성의 항상성에 집중하는 것으로 보이는 숨바꼭질, 거울놀이, 기타 활동	아동은 중요한 성인의 이미지를 항상성있게 유지하지 못하며 그러한 이미지를 형성하기 위해 분리와 재결합을 사용하지 못한다, 아동은 항상성있게 자기이미지를 유지하지 못하며 자기항상성(예 : 거울, self- naming)의 표상에 매료된다.
분리 : 아동은 누군가가 다른 등장인물로부터 떠나거나 분리되는 놀이를 한다.	아동은 연습이나 라프로치망 단계 중 하나에서 전형적인 유아놀이를 통해 분리/개별화를 재연한다. 아동은 양육자에게 불안한 애착을 형성하며 멀리 사라지는 사람을 통제하는 연습을 한다. 아동은 양육자와의 분리를 처벌로 본다.
착한 사람 대 나쁜 사람 : 선한 등장인물과 나쁜 등장인물이 분명하게 확인되는 공격놀이를 한다.	아동은 자기나 타인에 대한 모순된 감정을 동시에 느끼는 것에 대항해 분열(splitting) 방어기제를 사용한다. 아동은 자기와 타인의 착한 부분과 나

	쁜 부분을 수용 및 통합하는 능력에서 발달에 적합한 진보를 이루지 못한다.
분류(sorting) : 아동은 사물을 한 줄로 쌓아올리거나 좋은 동물과 나쁜 동물 등의 범주별로 분류한다.	아동은 중요한 관계에 대한 방어적 분열이나 양가감정의 일부로서 착한 것으로부터 나쁜 것을 분리하려는 시도로 분류를 한다. 분류는 통제에서 벗어난 내적 경험을 다루기 위한 강박적 방어의 출현을 의미한다.

대인관계/과정코드	대인관계/과정코드의 의미
통제 : 아동이나 등장인물이 대장인척하거나 치료자나 다른 등장인물에게 지시하거나 명령한다.	아동은 세상이 혼돈스럽다고 느끼고 타인을 통제하여 안전을 얻으려 한다.
단계혼란 : 아동은 한 등장인물(예 : 차를 운전하는 성인의 일을 하는 아기) 안에서 동시에 두 개의 발달단계를 놀이한다.	아동은 아동에게 투사적 동일시를 연출하는 부모와 같이 역할이 불분명한 환경에서 살고 있다. 아동은 안정된 대상항상성을 발달시키지 못하고 역할경계의 불분명함 때문에 여러 역할을 전전한다.
행함과 취소 : 아동은 한 주제에 이어 반대의 의미를 가진 주제를 즉시 놀이한다. 예 : 공격성에 이은 애정의 표현	놀이나 대인관계 행동으로 표현된 문제를 둘러싼 갈등과 혼란된 감정을 시사하는 의미의 변화
(a) 응집/분리 : 아동은 치료자에게 응집되고 그런 다음 치료자로부터 분리한다.	(a) 응집에 대한 소원(그리고 착한 대상을 내면화하고자 하는 소원)과 동시에 사로잡힘에 대한 공포
(b) 경계설정/경계침범 : 등장인물이 괴물에 대항해 집문을 닫아버리자 괴물이 집문을 부수고 집 안으로 들어오는 놀이와 같이 경계를 설정하고 침범하기 놀이	(b) 아동은 자신의 경계의 통합에 관해 확신이 없다.
(c) 분노/애정 : 등장인물이나 치료자를 향해 분노나 적개심을 직접 표현한다.	(c) 애정을 박탈한 양육자에 대해 분노 감정을 가지며, 분노의 표현이 수용되지 않는다고 느끼고 애정으로 그것을 취소한다.

치료목표	목표를 향한 치료기법
분리와 개별화를 촉진한다.	아동이 탐색할 수 있는 "안전기지"가 되어야 함.
자기와 타인에 대한 분열된 표상을 통합한다.	안전, 공감, 놀이를 정당화하여 주어 아동의 양

	가감정을 담아주는 기능을 담당한다. 아동의 변화무쌍한 정서와 행동의 변화에도 불구하고 항상성을 유지한다.
대상항상성을 발달시키도록 돕는다.	기억을 촉진하고 놀이의 흔적을 보존하며, 항상적인 치료장면을 제공하여 항상성을 촉진한다.
통합된 자기감(sense of self)을 촉진한다.	동기, 정서, 행동, 그리고 그것들의 놀이에서의 상호연관성에 대한 명명을 통해 순수한 자기표현, 경계의 인식과 개념을 격려하고 지지한다.
좌절 인내의 증진	적절한 제한을 설정하지만 선택하게 한다. 제한을 언어화하고 위험하거나 부적절한 행동의 결과를 예상케 한다.
장래에 일어날 수 있는 문제	경계성 인격장애

* 출처 : Benedict, 2002.

(다) 수동공격적/의존적 대상관계

이 유형의 대상관계를 보이는 아동들은 어느 정도 자기인식을 가지고 있으나 통합된 자기가 결핍되고 자아의 힘이 불균형하다. 이들은 자기조절, 만족지연, 결과예상 또는 스트레스 인내에 어려움이 있으며 스스로를 달래지 못한다. 타인과의 관계에서 타인을 매혹적이지만 일관성 없고 신뢰할 수 없는 존재로 지각한다.

결과적으로 이 아동들은 다른 사람에게 알려져 관심을 받고 싶은 바람과 자신이 가진 부정적 감정을 다른 사람들이 알게 되면 거절당하게 될 것이라는 두려움에 사로잡혀 있다고 느낀다. 어떤 아동들은 "숨겨진 자기"를 갖고 있는 것으로 보이는데 아동 자신은 자신 안에 있는 숨겨진 자기를 인식하고 있지만 인정해 주지 않을 것 같아 다른 사람과 공유하기를 두려워한다. 이 아동들은 관계에서 수동적이며 겉으로 드러난 순종과 숨겨진 저항 사이를 동요한다.

수동공격적/의존적 대상관계는 학대, 방임, 희생양, 아동의 부모화(parentification) 같은 경우에서처럼 아동의 의존욕구가 일관성이 있게 충족되지 않았을 때 주로 발달한다. 이 아동들의 놀이는 안전, 위험, 공격성, 파괴, 고침의 주제로 점철된다. 또한 이들은 양육적인 놀이, 착한사람 대 나쁜 사람 놀이를 하며 치료자와 긍정적 관계를 유지하려고 노력한다. 이들은 대부분 위험과 안전 또는 파괴와 고침으로 나타나는, 행함과 취소의 양가감정을 나타낸다.

이런 유형의 아동을 위한 치료목표는 아동의 욕구를 실제적으로 충족시켜 주는 사람들의 수용적 행동을 통해 그들과 신뢰를 재구축하는 것이다. 이것은 양육자에 대한 양가적 애착을 해결하거나 아동이 잃어버렸거나 다가갈 수 없는 양육자에게 대처하도록 돕는 것이다. 두 번째 목표는 적절한 주장을 하도록 격려하여 수동공격적 행동을 감소시키도록 하는 것이다.

마지막 목표는 안정적이고, 통합된 자기감(sense of self)을 촉진하는 것으로, 이는 자존감의 증진, 자기진정, 좌절인내라는 중간목표 달성을 필요로 한다.

수동공격적/의존적 대상관계 유형의 역동과 치료	
초기경험 및 관계	의존욕구가 일관성없게 만족되었고 학대, 방임, 희생양, 부모화, 자기통제가 결핍된 양육자에 의한 아동통제, 아동은 능력이 없다.
자기 및 타인에 대한 내적 작동모델	욕구와 감정을 어느 정도 인식할 수 있을 정도의 항상성을 지닌 자아가 있으나 전체적으로는 통합이 결핍되어 있다. 자아강도가 불균형하기 때문에 다음 중 하나 이상에 어려움을 보인다 : 자기조절, 만족지연, 결과 예상, 또는 스트레스 인내, 발견되어짐에 대한 소원과 발견되어짐에 대한 두려움이 있는 숨겨진 자기가 있다.
관계에 대한 내적 작동모델	불안한 애착과 역의존(counterdependence)이 번갈아 나타난다. 타인을 일관성 없는 존재로 그리고 매혹적이지만 신뢰할 수 없는 존재로 본다.
역동 공식화	양육자와의 동일시 실패 그로 인한 양육자의 자기진정 능력, 공감, 또는 보조적 자기기능의 적절한 내면화가 결핍된다.

놀이치료	놀이주제의 의미
안전 : 아동 또는 등장인물을 위한 안전, 특정한 공간 안팎의 어떤 것을 보관하거나 위험으로부터 등장인물을 지키는 것	아동은 품고 있는 감정 특히 화난 감정을 지키는 것이 중요하다고 느낀다. 아동은 어떤 것에 관해 말하는 것을 수용하지 않는 집으로부터 나오고 어떤 것을 주의깊게 담아 놓기 위해 용기(container)를 사용한다. 아동은 중요한 타인(아동의 감정을 포함하여)을 보호해야 한다고 느낀다. 아동은 위험으로부터 자신을 보호할 방법을 찾는다.

타인을 신뢰할 수 없고 혼자 해야 하기 때문에 자기양육을 한다.	아동은 부모화되고 치료자를 양육하거나 보호하여 치료자로부터 수용을 얻으려 한다. 욕구충족을 위해 타인을 신뢰할 수 없고 혼자 해야 하기 때문에 자기양육을 한다.
위험 : 가능한 위험이 확인되고 설명되어야 한다. 위험한 등장인물과 위험한 장소가 나타난다.	아동은 세계가 안전하다고 느끼고 있음을 보여준다. 드러낼 수 없을 뿐 아니라 노출 위협이 있는 내부의 "위험한" 감정을 의미한다 ; 내부의 가족 긴장을 의미한다.
공격성 : "공격자"와 "희생자"가 있는 일반적 공격성이나 공격성이 나타난다. 착한사람 대 나쁜 사람 : 착한 등장인물과 나쁜 등장인물이 분명히 확인되는 공격적 놀이	아동은 실제생활에서 경험한 희생양 경험에 관한 억압된 분노를 공식적으로 표현한다. 아동은 자기나 타인에 관한 모순된 감정을 동시에 인식하게 된 것에 관한 방어로서 분열을 나타낸다. 아동은 자기와 타인의 착한 부분과 나쁜 부분을 수용하고 통합하는 능력 면에서 발달에 적합한 진전을 이루지 못한다. 아동은 타인의 인정을 받기 위해 "최고로 착함이 되는 것", 즉 착함과 나쁨의 의문에 사로잡혀 있다. 아동은 "나쁜" 행동이 일어나지 않도록 하기 위해 놀이에서 끊임없이 경계한다.
깨어짐 : 등장인물이 망가지거나, 아프거나, 깨져서 수리해야 한다.	아동은 자신의 삶에서 깨어진 관계를 보여준다. 세상이 깨져서 안전하지 않다는 것을 의미한다 ; 망가진 집은 가정이 불안전하거나, 불안정하거나, 깨뜨림(이혼처럼)이 있다는 것을 의미한다 ; 발달하는 자기표상은 파편화되거나 통합이 안 되어 있다.
고침 : 깨진 것이 수리됨	아동의 공포가 수용되지 않는 공격적 놀이를 "취소"하려 한다.

대인관계/과정코드	대인관계/관계과정의 의미
긍정적 관계 : 공공연히 애정어린 관계는 아니지만 두 등장인물 사이의 긍정적 관계를 강조하는 놀이	아동은 놀이하기 어려운 주요 문제들로 돌아가기 전에 긍정적 놀이에 "에너지를 쏟는다."
경계설정 : 두 사람 또는 등장인물 사이의 물리적 경계를 부과하는 놀이	아동은 개인적인 안전감를 얻기 위해 경계를 사용한다. 개별화 투쟁의 일부로 경계설정을 하면서 라프로치망의 재작업을 시도한다.
보호 : 강력한(또는 성인) 등장인물이 약한 등장인	아동은 등장인물이 보호를 필요로 한다는 것을

물을 보호하는 놀이	보여준다.
행함과 취소 : 아동은 한 주제에 이어 반대의 의미를 가진 주제를 즉시 놀이한다. 예 : 공격성에 이은 애정의 표현	놀이나 대인관계 행동으로 표현된 문제를 둘러싼 갈등과 혼란된 감정을 시사하는 의미의 변화
(a) 안전/위험 : 안전한 장소를 만들어 내고 그런 다음 위험이 침입한다.	(a) 안전의 결핍과 위험에 대한 취약성을 걱정하며 이는 아동이 위협적 환경에서 안전할 수 있는지에 대해 불확실함을 의미한다.
(b) 깨짐/고침 : 어떤 것이 아프거나 망가지고 그 다음 고쳐진다.	(b) 아동은 자기, 양육자 또는 가족의 부상, 손상, 또는 취약함을 염려한다. 고침은 희망 또는 아동의 능력이 나타남을 시사한다.
(c) 경계설정/경계침범 : 무애착대상관계 유형과 유사하다.	(c) 아동은 자신의 경계의 통합에 관해 불확실하다.

수동공격적/의존적 대상관계 유형의 역동과 치료	
양육자에 대한 양가적 애착을 해소하고 분리와 상실을 애도한다.	통제하거나 유아적이지 않으면서 정서적으로 유용
아동의 욕구를 충족시켜 주는 사람들에 대한 신뢰를 구축한다. 적절한 주장을 촉진한다.	아동의 감정을 반영하고 놀이의 흔적과 기억을 보존한다. 아동에게 항상적이고 조화한다. 아동을 위한 건강한 경계설정을 보여주고 자신의 경계에 대한 책임과 타인과의 관계에서 권리를 언어화한다.
자기진정과 자기존중을 중시하면서 좌절과 스트레스 인내를 증진한다.	결과를 예상하고 언어로 스트레스와 불안을 좌절스트레스 원인과 연관 짓도록 한다. 자기진정을 증진하기 위해 발달적 신체놀이를 격려한다.
타인의 욕구뿐 아니라 자신의 욕구를 가치롭게 여기도록 하여 자기를 숨기지 않도록 한다.	욕구 및 감정의 표현을 위한 안아 주는 환경을 제공하고 부정적 감정을 담아 준다.
통합적이고 안전한 자기감(sense of self)을 촉진한다.	순수한 자기표현을 격려하고, 욕구와 감정을 정당화해 주며, 아동의 숨겨진 자기의 가치를 확고히 해 준다.
장래에 일어날 수 있는 문제	의존적, 수동적, 회피적 성격

* 출처 : Benedict, 2002.

(라) 반항적/통제적 대상관계

이러한 대상관계는 분리-개별화 단계 후반부에 손상이 있는 경우 발생한다. 이 아동들은 반항적이며 수치심과 의심 그리고 내면의 높은 행동기준을 만족시키지 못했다는 느낌에 사로잡혀 있으며 상담을 받는 동안에도 이 아동들의 놀이는 억압되거나 상황을 통제하려는 강렬한 욕구가 나타난다. 다른 사람을 아동의 통제감과 관계를 위협하는 존재로 지각하는 경향이 있기 때문에 자신에 대한 보호로서 이 아동들은 힘겨루기와 반항을 주로 나타낸다.

반항적/통제적 대상관계는 양육자가 아동의 정서, 충동, 자율적 행동을 지나치게 통제하고 제한할 때 나타나는 경향이 있다. 그 이유는 아동이 한창 자율성을 시험하는 2～3세 사이에 아동의 자율에 대한 충동을 잘 인내하지 못했기 때문이다. 이러한 성향을 지닌 양육자들은 자율성이 아직 나타나지 않는 어린 시기에 편안해 하며 결과적으로 안정된 자기감(sense of self)이 성공적으로 발달하게는 하지만 그 이후가 문제가 되는 것이다(Escalona, 1968).

즉 아동의 자기는 정서적 경험을 통합할 수 없으며 세상을 조직하고 관리할 수 있게 만들고자 하는 아동의 노력을 압도한다. 따라서 이런 아동의 놀이는 경직되고, 충동적이며 자발성이 결핍된 상태로 나타낸다. 어떤 형태로든 통제감의 상실은 수치심과 불안을 일으킨다. 이런 아동의 놀이에서 지배적으로 나타나는 주제는 무능(예 : 집이 무너지거나 인형이 지붕에서 떨어진다), 위험, 힘 있는 자의 역할이다. 이 아동들은 숙달놀이를 하는데 이 때도 실패한다. 또한 이들은 분류하기와 청소하기 같은 통제중심의 주제를 놀이한다. 또한 또래관계 등 대인관계에서도 격렬하게 통제코자 하며 협력하기를 거부하고 경계를 파괴하는 놀이를 한다. 독립, 위험, 탈출과 같은 주제에 집중하는 경향이 있다.

반항적/통제적 대상관계 아동을 위한 치료목표는 통제문제에 대해 설정해야 한다. 이 아동들은 통제욕구 보다 관계를 가치롭게 여기는 것을 배워야 한다. 치료자는 힘겨루기를 반드시 피해야 하며 진실한 자율성을 촉진해야 한다. 또한 아동이 자율감을 느낄 때 그리고 관계를 추구할 때 안전하다는 것을 느끼게 해 주어야 한다..

반항통제적 대상관계 유형의 역동과 치료	
초기경험 및 관계	아동의 충동, 정서, 자율적 행동을 지나치게 통제하는 양육자
자기 및 타인에 대한 내적 작동모델	자율성이 제한되어 있고, 수치와 의심의 감정에 사로잡힘. 자기표상이 거짓자율로 자기담기 또는 억압되어 있다. 행동에 대한 높은 내적 기준을 충족시킬 수 없는 불안전한 존재로 자기를 본다. 타

	인은 통제로부터 벗어나 있고 위험하며 아동의 통제감을 위협하는 존재로 지각된다.
관계에 대한 내적 작동모델	관계는 상당한 반항심으로 힘겨루기가 이루어지며 때때로 통제욕구 외의 순수한 관계는 거의 없을 지경까지 힘겨루기가 이루어진다.
역동 공식화	아동은 안전한 자기감을 가지고 있지만 정서적 경험을 순수한 핵심자기에 통합하지 못한다. 아동은 통제로부터 벗어난 느낌을 보상하고 세상을 조직하려는 욕구에 사로잡혀 있다. 결과는 통제가 유지되지 않을 때 수치심으로 인한 강박성과 경직이다. 아동은 종종 정형화되거나, 반복적이거나, 억압된 놀이를 하며 자발성이 결핍된다. 과도하게 높거나 경직된 내적 기준충족의 실패가 가져오는 느낌처럼 통제를 잃을 것이라는 느낌은 불안을 일으킨다.

놀이주제	놀이주제의 의미
불안정성 : 사람이나 사물이 바닥에 떨어지거나 마치 떨어질 것 같이 위태한 놀이, 또는 집의 벽이 떨어지는 것처럼 사물이 떨어져 나가는 놀이	아동은 세상이 조각났다고 느끼거나 조각남을 두려워한다. 아동은 세상이 위험하다고 생각한다.
청소 : 더러운 것이나 지저분한 것을 청소하거나 청소에 관한 얘기	모든 것을 깨끗하고 완벽하게 함으로써 불안을 다스리려 한다.
분류 : 사물을 한 줄로 쌓거나 범주로 분류, 좋은 동물과 나쁜 동물과 같이	아동은 세상이 혼돈스럽다고 느끼거나 혼돈스러움을 두려워하며 질서를 잡으려 한다.
위험 : 위험이 확인되고 설명된다. 위험한 등장인물과 위험한 장소가 나타난다.	세상이 불안전하다고 느낀다.
힘 : 힘을 강조하면서 힘의 관계를 보여준다.	아동은 약함을 느끼고 강하고 싶어한다. 강한 사람과 동일시한다.
실패 : 과제를 숙달하는 능력의 결핍 또는 자신감의 부족(예 : 쉽게 포기함, 좌절)	아동은 달성되지 않았을 때 불안, 수치심, 자기의심을 갖게 하는 비현실적인 높은 기준을 가지고 있다.

대인관계/과정코드	대인관계/과정코드의 의미
통제 : 아동이나 등장인물이 치료자나 다른 등장인물에게 대장노릇을 하거나 지시한다.	아동은 내적 세계가 혼돈스럽다고 느끼며 보다 안전하기 위해 타인을 통제한다. 아동은 세계에 질서를 주고 자기에게 힘을 주려고 한다.
경계침범 : 놀이나 또래관계에서의 경계파괴	경계가 마치 침범의 위험에 처한 것처럼 아동은 신체적 또는 심리적으로 위험에 처했다고 느낀다.
협력거절 : 놀이에서의 아동 자신이나 등장인물이 협력이 정상적으로 이루어져야 하는 상황에서 협력을 거절한다.	아동은 독립과 자율성취에 집중되어 있다. 치료장면에서 치료자가 아동에게 통제권을 주려고 하는지를 시험하기 위해 반항한다.
행함과 취소 : 공격성에 이어 애정표현을 보여주는 등 반대의 의미를 지닌 주제로 즉시 옮겨간다.	의미의 변화는 놀이나 또래관계 행동에서 표현된 문제를 둘러싼 갈등과 혼란된 감정을 시사한다.
(a) 독립/의존 : 아동은 도움이 정말로 필요한 과제를 혼자 하겠다고 고집하고는 도움이 필요없는 과제에 도움을 달라고 고집한다.	(a) 아동은 자기만족 성취의 압력을 받는데 그 이유는 양육자가 욕구를 충족시킬 능력이 없음을 지각하기 때문이다. 갈등은 자기만족이 욕구충족을 위해서는 가장 안전하고 확실하다는 것을 지각하지만 자기만족을 성취할 수 없음을 시사하는 것이다.
(b) 위험/탈출 : 아동은 등장인물이 탈출해야 하는 위험에 대해 놀이한다.	(b) 아동은 위험을 염려하지만 위험을 피하거나 위험으로부터 탈출한 책임이 자신에게 있다고 본다.
(c) 숙달/실패 : 아동은 성공과 숙달을 교대로 한다.	(c) 아동은 성공적 숙달과 실패 사이를 동요하는데 그 이유는 내적 기준을 충족시키기가 불가능하기 때문이다.

치료목표	목표달성을 위한 치료기법
통제의 가치보다 관계가치를 높인다.	조율, 공감, 타당화를 제공한다. 감정을 반영해 주고 자기의 일부로서 감정을 수용해 준다.
순수한 자율감을 성취하도록 격려하고 힘겨루기와 반동형성으로부터 벗어나게 한다.	아동이 가르치도록 하고 아동이 선택하도록 격려하여 통제욕구를 수용한다. 안전을 유지하면서 아동의 요구를 수용한다.

관계와 자율 안에서 안전감을 촉진한다.	놀이치료실의 물리적, 심리적 안전을 유지하면서 적절한 위험감수의 본보기를 보인다.
정서적 표현과 자발성을 증진한다.	감정표현을 격려하고 정서적 표현과 자발성으로 무장한 따듯함을 보여준다. 감정을 확인하고 감정을 명명하여 준다. 특히 아동이 불편한 감정을 표현했을 때 그렇게 한다.
지나치게 가혹한 자기 기대의 영향을 줄인다.	실수를 인정하고 그에 대한 책임을 받아들이며 실수를 수용한다. 자신의 실수에 대해 적절한 반응을 함으로써 자기수용적이고 현실적 기대의 모범을 보인다.
장래에 일어날 수 있는 문제	강박적 성격

* 출처 : Benedict, 2002.

(마) 손상된 라프로치망(재결합) 대상관계

이 대상관계 유형은 대상항상성의 발달하지 못하고 왜곡이 일어난 경우이다. Mahler가 말한 라프로치망 단계 동안이나 그 직후에 나타나는 것으로, 손상된 라프로치망은 자기, 타인, 그리고 관계에 대해 나타나는 아동의 내적 작동모델을 심하게 손상하는 방식으로 하위단계의 양가감정을 해결한 아동에 해당한다. 이러한 아동들은 자신의 순수한 감정과 욕구를 인식하지 못하며 다른 사람을 볼 때 그들과 그들 나름의 욕구를 지닌 통합된 사람으로서 보기 보다는 자신들의 욕구를 충족시켜 주는 부분대상으로서 다른 사람과 착취적 관계를 맺는 경향이 있다.

이들은 Winnicott(1965)이 말한 거짓성숙(pseudomature)과 거짓자율성(pseudo-autonomous)을 성취한다. 손상된 라프로치망 대상관계는 양육자가 아동의 욕구와 감정을 거부할 때 발생한다. 이런 아동의 부모들은 아동을 자신의 심리적 욕구를 충족시키는 대상으로 이용하고 한 인간으로서 아동을 수용할 능력이 없는 사람들이 대부분이다. 부모의 욕구를 들어주지 않으면 대상을 잃을 것 같은 불안으로 인해 다른 사람의 인정을 얻고 관계를 유지하기 위한 수단으로 자기의 순수한 욕구를 억압한다.

이들의 관계는 착취적이기 때문에 다른 사람과 관계가 필요하거나 인정이 필요할 때는 상대를 이상화하며 그러한 욕구를 충족시키지 못한다고 판단되면 상대를 평가절하는 태도를 보이며 조종하고 통제하려는 것이 특징이다. 이들이 놀이하는 모습을 보면 놀이 자체가 억압되고, 자발성이 부족하며, 스스로를 달랠 수 없다. 라프로치망이 손상된 아동들은 감정과 욕구를 느끼지 못하며 자기감정을 알고는 있지만 받아들일 수 없어 숨기고 있는 수동공격적/의존적 대상관계 유형의 아동과 달리 감정자체를 전혀 인식하지 못한다.

행동 면에서도 이 아동들은 부모화(parentification)와 거짓성숙을 나타낸다. 이들의 놀이는 제한적이며 자기양육, 자기수정, 독립 등이 나타난다. 예를 들어, 이들이 가게를 운영하고 있고 가게에 있는 좋은 물건에의 접근을 통제하기와 같은 주제들이 나타난다. 대인관계에서 이들은 타인을 통제하려 하는데 특히 어른을 돌보려는 것이 그것이다. 또한 이들은 치료자가 아동을 모방하기를 고집하며, 치료자를 놀리고, 통제와 관련된 다른 놀이를 고집한다.

이 아동들을 위한 치료목표는 아동이 거짓자기로부터 벗어나 진정한 자기를 느끼게 하는 것이다. 따라서 상담의 목표는 순수하게 다른 사람과 관계 맺는 능력을 강화하는 것이다. 두 번째 목표는 자신의 욕구와 감정을 인식케 하고 다른 사람을 통제하려는 시도를 포기하고 타인의 욕구와 감정을 이해하도록 돕는 것이다. 마지막 목표는 자발적이고, 연령에 적절한 놀이를 격려하고 자기를 달래는 능력을 증진하는 것이다.

손상된 라프로치망 대상관계 유형의 역동과 치료	
초기경험 및 관계	아동의 욕구 및 감정표현에 대한 거절, 양육자의 욕구충족을 위해 아동을 이용, 아동에 대한 순수한 사랑과 인정이 아닌 양육자 중심의 아동에 대한 칭찬과 인정
자기 및 타인에 대한 내적 작동모델	자기를 진정시키거나 즐거워하거나 자발적일 수 있는 능력이 없으며 순수한 욕구와 감정으로부터 격리시킴. 타인을 스스로의 욕구와 감정을 지닌 통합된 사람으로 보기 보다는 욕구충족을 위한 대상으로 본다.
관계에 대한 내적 작동모델	종종 타인을 이상화하거나 가치절하하면서 타인을 조종하거나 통제한다(통제적인 양육이 그런 것처럼)
역동 공식화	아동은 욕구와 감정을 거의 인식하지 못한 채 거짓성숙과 거짓자율을 나타내는 거짓자기를 나타낸다. 분리-개별화가 해결되었다는 환상이 있지만 이러한 "해결"은 순수한 욕구와 감정을 손상시켜서 좋은 내적 대상과의 관계를 유지하는 방식으로 이루어진 것이다. 대상 및 인정의 상실과 관련된 불안이 있다. 즐거움의 결핍은 자기가 안전하지 못함을 알게 되면서 놀이 및 자기탐색에 관한 억압과 불안을 드러낸다. 아동이 좋은 대상과의 관계를 유지하기 위해 나쁜 대상을 방어적으로 동일시하는 완고한 애착이 나타난다.

놀이주제	놀이주제의 의미
자기양육 : “아기”인 아동이 자기에게 수유하거나 달래는 자기양육 양육 : 수유하거나 무엇인가를 주거나 안아주기와 같은 긍정적 양육활동	아동이 부모화되며 따라서 지나친 책임을 맡는다. 욕구충족을 위해 타인을 신뢰하지 않으며 혼자 해야 함을 의미한다. 아동이 부모화되며 치료자를 양육하거나 보호함으로써 치료자로부터 수용받으려 한다.
항상성 : 아동의 정체성 형성이나 다른 사람의 정체성에 대한 항상성 형성에 초점이 맞추어진 듯한 숨바꼭질, 거울놀이, 기타 활동	물건을 숨기는 것은 숨겨진 자기가 있다는 것을 암시한다. 아동은 일정한 거리를 두고 관계와 항상성을 유지하기 위해 숨긴다.
가게/물건사기 : 아동이나 치료자가 가게를 운영하고 나머지 한 사람이 물건을 사러 가는 가게놀이	아동을 욕구를 충족시키는 방법을 통제하고 싶어 한다.
숙달 : 아동은 어떤 기술이나 능력을 보여주거나 어떤 것을 만든다.	아동은 인정을 느끼기 위해 어른의 일을 해야 한다고 느낀다. 특히 부모화되었을 때 그렇다. 아동은 치료 초반에 두려움과 불안을 위장하거나 아동이 “나쁘지” 않거나 도움을 필요로 하지 않는 것을 입증하는 숙달을 보여준다.

대인관계/과정코드제	대인관계/과정코드의 의미
통제 : 아동 또는 등장인물이 대장인척 하거나 지시하면서 치료자나 또 다른 등장인물에게 명령한다.	아동은 세상에 명령하려 하며 자기에게 힘을 준다. 아동은 내면세계가 혼돈스럽다고 느끼며 보다 안전을 느끼기 위해 타인을 통제한다.
독립 : 아동은 도움을 거절하고 현실적으로 성인에게 도움을 위해 의존해야 하는 상황에서 무엇인가를 혼자 하겠다고 고집한다.	아동이 부모화되었고 스스로 보살펴야 한다고 느낀다. 아동은 상처입음에 대한 방어적 거짓자율성을 나타낸다. 충족되지 않은 격렬한 의존욕구에 위협을 받아 아무도 필요로 하지 않는 것으로 이 문제를 해결한다.
놀림 : 한 등장인물이 또 다른 등장인물을 즐겁게 속이거나 놀린다(적대적이지 않다).	아동은 치료자의 심리적 안전을 시험하기 위해 놀린다. 아동은 치료자에게 거리를 두기 위해 놀린다. 특히 어려운 문제에 접근했을 때 그러하다.
모방 – 통제 : 아동은 치료자가 아동의 언어나 행동을 모방할 것을 요구한다.	아동은 타인을 통제하는 방법으로 모방을 사용한다.
혼합단계 : 아동은 한 등장인물로 동시에 서로	아동은 거짓자기를 발달시켰으며 동시 거짓으로

다른 두 개의 발달단계를 놀이한다(예 : 차를 운전하기와 같은 성인 일을 하고 있는 아기).	성숙한 자기와 유아기적 자기의 충족되지 않은 욕구를 보여준다. 아동이 부모화된다.

치료목표	목표달성을 위한 치료기법
순수한 방식으로 타인과 관계맺는 능력을 개발한다.	치료자의 실제 자기의 선별적이고 적절한 부분을 나누면서 순수한 관계맥락 안에서 건강한 경계를 보여주고 경계문제를 설명해 준다.
아동이 타인욕구와 감정을 이해하도록 돕고 돌봄을 통해 타인에 대한 통제욕구를 포기하게 한다.	아동의 통제놀이에 도전하기 보다는 할 수 있게 하면서 조율을 보여주고 경계를 존중한다.
연령에 적합한 놀이능력을 격려한다.	외부의 안전을 제공하며서 안전한, 안아 주는 환경을 제공하고 놀이시간 동안 아동의 안전을 보장한다.
순수한 자기인식, 욕구와 감정에 대한 인식을 증진한다.	숨겨진 감정을 명명하고 언어화하도록 격려한다. 능력을 확증하고, 문제해결을 격려하여 아동의 대처와 행동패턴의 확인을 통해 아동의 힘을 지지하고 상처를 공감해 준다.
아동이 자기달램(진정) 능력을 개발하게 한다.	등장인물의 달램과 자기돌봄을 모델링하게 하고 놀이 등장인물의 욕구를 동일시하게 한다. 적응적으로 욕구를 만족시킬 수 있는 방법을 보여준다.
장래에 일어날 수 있는 문제	자기애적 성격

* 출처 : Benedict, 2002.

다. 개입방법

대상관계/주제 놀이치료에서는 효과적인 개입을 위해 아동의 반응성, 발달민감성, 초대의 3가지 구성요소를 강조한다.

첫째, 이 접근은 기본적으로 지시적 및 비지시적 치료를 통합한 개입으로 아동반응적 접근이라고도 불린다. 아동의 욕구에 따라 치료자의 지시적 개입 정도가 결정된다. 따라서 치료자의 개입은 아동의 놀이 및 치료자와의 상호작용 패턴과 조율 또는 조화하여 이루어진다(Benedict & Mongoven, 1997).

둘째, 대상관계 아동상담자는 아동의 발달상의 욕구에 계속적으로 적응해 간다. 대상항상성 획득과 아동의 언어, 인지, 정서 및 사회적 발달 등의 자아기능의 발달이라는 측면에서 아동의 발달수준을 항상 확인하는 것이 치료자에게 필요하며 그 수준에 조화해야 한다. 두 가지 측면에서 아동의 발달수준은 치료자에게 안내의 역할을 한다. 아동의 발달수준에 대한 치료자의 적응은 아동에게 "조화(attunement)"하는 두 번째 요소이다.

세 번째는 치료자가 만들어 내는 개입의 유형이다. 이 치료단계의 기본목표는 아동의 내적 작동모델에 도전하는 것이다. 이러한 도전은 아동을 초대하는 형식으로 이루어진다(Gil, 1991). 반드시 치료자 그리고 다른 사람으로 확장은 아동에게 새로운 놀이방법을 개방적으로 제안해야 하며 치료자와 상호작용할 수 있는 새로운 방법을 제공한다. 사회적 초대와 같이 치료자의 초대는 아동이 원치 않는 결과 없이 아동이 수용하거나 거절할 수 있는 것이다.

각 초대는 치료자가 아동의 놀이를 조성해 갈 책임을 진다는 점에서 지시적이기 때문에 그런 점에서 이 접근은 전통적인 비지시적 놀이치료와 다르다. 그러나 초대의 개방적 특성 때문에 지시적인 치료와는 근본적인 다른 특성을 갖고 있으며 그 이유는 아동이 심리적으로 안전한 분위기 속에서 치료자의 초대를 자유롭게 무시하거나 거절할 수 있기 때문이다.

아동들이 놀이하는 주제들은 주로 공격성, 가족과 양육, 안전과 통제, 탐색과 숙달, 성과 같은 중요하고도 광범위한 내용에 관련된 것들인데 등장인물을 등장시켜 이런 주제들을 이끌어간다. 예를 들어, 양육놀이는 젖먹이기, 음식주기, 선물주기, 또는 다른 사람 보살피기와 같은 놀이를 통해 어떤 종류의 양육을 제공하는 아동이나 손인형, 인형, 동물 등의 등장인물이다.

또 보편적으로 많이 등장하는 놀이주제는 놀이 속의 등장인물이 "망가진" 사물을 "수리"하거나 "아프거나 어떤 식으로든 부서지거나 다친" 등장인물을 "치료"하고, 고치는 놀이이다. 이러한 보편적으로 반복되는 놀이주제를 확인하고 그것의 의미를 이해한다면 아동의 가진 자기, 타인 그리고 이들 간의 대상관계를 이해할 수 있게 된다.

Benedict는 대상관계 아동상담에서 아동이 보이는 놀이주제의 의미를 분석하기 위해 놀이를 분류하여 부호화하는 도구를 개발하기도 했다(Benedict, Hastings, Ato, Carson, & Nash, 1998).

대상관계/주제 아동상담의 기본 핵심기법인 초대개입과 더불어 아동의 반응성과 발달적 민감성이다. 이에 해당하는 한 가지 기법은 조화(attunement)의 개념과 관련된 것이다. 치료자가 아동과 조화하는 방식은 여러 가지가 있다. 많은 아동들 특히 애착을 형성하지 못했거나 반항적이거나 2차적인 자폐적 대상관계를 보이는 아동들에게는 아동의 감정을 반영하는 방법이 꼭 필요하다. 치료자가 언어로 감정을 표현해 주는 것이 필요하다. 특히 수동공격적/의존적 대상관계와 양가적 대상관계를 보이는 아동들에게는 안전기지, 즉 통제하지 않으면서도 정서적 지원과 안전의 제공이 균형을 이루는 방식으로 조화를 촉진해야 한다.

모든 유형의 대상관계 유형 아동을 위한 치료개입의 중요한 영역은 항상성과 관련된 부분이다. 이를 위해 치료자는 놀이의 자취를 디지털 카메라와 같은 장치를 활용해 보존하고 숨박꼭질 놀이를 통해 항상성을 유지하려는 아동의 노력을 읽어 주어야 한다. 아동이 좋아하는 물건을 중간대상으로 신중하게 사용하여 신뢰의 발달을 촉진할 수 있다. 그림을 그리거나, 사진을 찍거나, 어떤 놀이도구를 가정으로 가져가거나, 아동들이 가장 많이 놀이하는 등장인물 중 하나를 나타내는 작은 놀잇감을 주거나, 아동이 가정으로부터 가져온 중간대상을 보관할 수 있는 개인 사물함을 놀이치료실에 만들어 두는 방법 등이 바람직한 방법이라고 할 수 있다.

또 다른 기법은 자기조절을 촉진하는 기법인데 특히 애착형성을 하지 못한 아동과 그 보다 덜 심각한 수동공격적/의존 아동들에게 유용하다. 분노에 대해서는 부드러운 블록을 던지게 하는 방법을 사용하기도 하고 욕구좌절에 대해서는 부드러운 담요로 몸을 감싸게 하는 방법을 사용하기도 하는데 이는 감정표현을 촉진한다. Benedict는 Brody(1993)가 사용한 기법 가운데 아동의 손에 로션을 발라 문질러 주거나 아동을 안고 흔들어 주는 몇몇 기법을 매우 바람직한 기법으로 보았다.

그러나 무엇보다 모든 대상관계 유형의 아동들에게 가장 중요한 상담기법은 안전하다는 것을 느끼게 하는 것이다. 안전한 관계는 유지되어야 하며 그렇게 하려면 치료자 역시 아동이 표현하는 격렬한 감정에 위협당하지 않아야 하며 아동이 표현하는 격렬한 감정을 치료자가 감당하고 담아줄 것이라는 것을 아동이 아는 것이 무엇보다 중요하다. 제한을 설정하는 이유도 사실은 안전 때문이라고 할 수 있다. 제한이 있다는 것을 제시하고 어떤 것이든 아동이 선택하게 하는 그 결과를 아는 상태에서의 선택은 자신의 선택이 만들어 내는 결과를 알아야만 회복될 수 있는 양가적 대상관계 유형을 가진 아동들에게 매우 필요하다.

4. 인지행동 아동상담이론

가. 인지행동 아동상담이론의 역사

인지행동 상담이론은 인간의 정서와 행동을 변화시키기 위해서는 인간의 인지과정에 개입하는 것이 가장 효과적이라 보는 입장으로 '행동 및 사고는 외부의 사건에 의해서가 아니라 그것을 지각하는 사고에 의해 결정된다.'는 고대 스토파학파와 Adler의 현상학적 관점에 영향을 받았다.

인지행동이론의 대표적인 학자는 Ellis와 Beck, Meichenbaum 등이고, Ellis는 합리적 · 정서적 이론 (Rational-Emotive Theory : RET)을 발전시켰고, Beck은 인지행동치료(cognitive behavioral play therapy : CBPT)가 인지행동 상담이론이 대표적인 이론을 발전시켰으며, Meichenbaum은 자기대화(self-talk)와 인지구조의 변화를 통해 스트레스에 대응해 가는 전략을 중심으로 이론을 전개하여 인지행동 상담에 큰 영향을 미쳤다. Ellis의 합리적 · 정서적 이론은 지각 및 사고과정의 변화를 통해 인간의 정서와 행동의 변화를 꾀하며, Beck의 인지상담 치료는 내담자의 심리적 문제나 대인관계 문제는 주로 이들이 행동하고 느끼는 방식 그리고 삶의 상황을 이해하는 방식의 차이에 따라 발생한다고 보고 그들의 잘못된 이해를 밝혀 부정확하고 주관적인 지각을 변화시킴으로써 한 개인 전체의 변화를 꾀하고 있다. 인지상담이론에 가장 중요한 영향을 끼친 사상 배경은 현상학 관점이다. "인간의 문제는 물질에 의해 생기는 것이 아니라 그들을 둘러싸고 있는 환경을 이해하는 시각에 의해서 발생한다"(Ellis, 1984 ; Pretzer & Beck, 1996)는 관점을 갖는다. Ellis와 Beck의 두 이론은 많은 유사점을 지니면서도 나름의 영역을 구축하고 있다.

인지행동상담은 인지론적 방법과 행동론적 방법을 조화롭게 사용하여 정서 및 행동을 수정하는 방법으로 행동적 방법을 바탕으로 하여 인지적 변화를 유도하는데 초점을 둔다. 행동적 방법에서는 행동 변화의 원인으로서의 인지구조의 변화를 무시하고 있으며, 인지적 방법은 인지와 행동을 주종관계로 나눔으로써 행동이 인지변화의 원인이 될 수 있음을 간과하고 있다. 이와 같이 행동적 방법과 인지적 방법이 서로 다른 견지에 있기 때문에 행동의 원인이라는 한 가지 사실을 놓고 행동적 방법은 외적 자극의 측면에서, 인지적 방법은 내적인 인지적 요인의 측면에서 문제를 해석하고 서로 다르게 설명하게 된다.

Thoresen(1974)은 다음과 같은 이유에서 오늘날 행동적 접근과 인지적 접근이 같은 경향성을 취하고 있음을 주장한다.

첫째, 공식적이거나 또는 관찰 가능한 여러 가지 사건들은 기능적 측면에서 볼 때 개인적이거나 내재적인 제반 사건들과 유사한 경향성을 보이며, 이 두 가지 사건들은 학습 원리의 영향을 받게 된다.

둘째, 행동을 설명할 때 내적 과정도 고려한다.

셋째, 행동은 개인이 지니는 내적인 인지적 측면의 특성뿐만 아니라 외적인 환경에 의하여서도 결정된다.

넷째, 자기관찰과 통제를 포함하며 행동에 대해 체계적 관찰과 통제를 강조하는 과학적 방법을 사용한다.

Thoresen이 강조하고 있는 것은 내적인 인지과정도 외적인 행동과 마찬가지로 학습에 의해 영향을 받게 된다는 것이다. 즉, 외적인 행동이 학습 원리에 의하여 조작되듯이 내적인 인지과정도 학습 원리에 의하여 조작될 수 있다는 것이다. 이러한 바탕에서 행동적 접근과 인지적 접근이 상호보완적으로 결합되어 제공됨으로써 더 큰 효과를 보일 수 있다고 주장하고 있다.

인지행동치료는 Aaron Beck(1963, 1964, 1972, 1976)이 개념화한 인지치료(CT)에서 출발한 이론으로 행동주의와 인지주의 모델이 결합되어 형성되어진 심리학적인 치료모델이다. Beck의 인지행동치료는 내담자로 하여금 자기 패배적이고 역기능적인 신념 및 사고를 자각하고 변화하게 한다는 점에서 합리적 정서치료와 근본적으로 유사하다. Beck은 정신분석가로 일하면서 많은 우울증 환자들의 사고와 꿈을 분석하였다. 그는 우울증 환자들이 Freud가 말한 '자신에게 향해진 분노'보다도 실패나 거부당하는 것에 대한 두려움, 자신의 무능함 등과 관련된 부정적이고 비관적인 생각과 심상들을 가지고 있다는 것을 발견하게 되었다.

우울증 환자들은 자신에게 일어난 생활 사건들의 의미를 해석하는 데 있어서 부정적인 방향으로 체계적인 왜곡을 하게 되는데, 이것은 그들이 부정적인 인지적 틀 즉, 우울도식을 가지고 있기 때문이라고 가정하였다. 우울도식을 가지고 있는 사람은 세상, 미래, 그리고 자신에 대해 부정적이고 비관적으로 파악하려는 경향을 보인다. 또한 부정적인 사건의 의미는 과대평가하는 반면, 긍정적인 사건의 의미는 과소평가하는 인지적 오류를 나타낸다(Beck, Rush, Shaw, & Emery, 1979). 이러한 부정적이고 비관적인 생각들은 의식적인 주의와 노력을 기울이지 않으면 내담자 자신에게조차 인식되지 않으며, 어떤 환경적 자극에 의해 자동적이고 습관적으로 유발되는 경향이 있다. Beck은 이러한 인지적 특성을 부정적인 자동적 사고(automatic thought)라 하였다.

정서장애에 대한 인지모델은 인지, 행동, 생리기능 사이의 상호놀이의 개념을 가지고 있으며(A. Beck & Emery, 1985) 언어적 과정에 의해 행동이 중재된다고 주장한다. 개개인이 세상을 해석하는 방식은 주로 이들이 행동하고 느끼는 방식, 그리고 삶의 상황을 이해하는 방식을 결정하는데 영향을 미친다(A. Beck, 1967, 1972, 1976).

인지이론은 개인의 정서경험이 부분적으로 초기 경험에서 발달해 온 인지에 의해 결정된다고 본다. 지난 40여 년간 인지치료는 많은 인구대상들에게 점차 많이 적용되어 왔다. 이 대상에는 죄수와 의학적 환자와 같은 비정신의학적 대상뿐 아니라 우울증, 불안, 성격장애를 가진 정신의학적 대상들이 포함되어 왔다(A. Beck, 1996). 성인에게 수행된 인지치료를 발달적으로 적절한 접근이 반드시 필요한 아동과 청소년들에게는 그대로 적용하기에는 여러 가지 부적절한 문제가 있어 왔다. 그러나 시간이 흐르면서 점점 많은 어린아동들에게 인지치료를 적용시켜 왔고, 또한 많은 사람들은 인지치료가 유아와 초등학교 저학년 아동들에게는 적용할 수 없다고 생각을 지녀오기도 했다.

어린아동들은 차이를 이해할 수 없으며 비합리적이고 비논리적 사고와 보다 합리적이고 논리적인 사고를 구별할 수 없다. 따라서 어린아동에 대한 인지치료의 적용은 어려움이 있으며, 이러한 이유로 아동과의 대부분의 작업과 인지치료가 청소년 및 나이든 아동에게 초점을 맞추고 있다.

인지치료는 부적응적 또는 역기능적 신념과 태도가 행동에 미치는 영향 그리고 사건에 대한 개인의 관계가 개인이 그 사건에 부착한 의미에 의해 영향 받는다는 것을 강조했다. 전조작단계의 아동의 이기주의, 구체적 사고과정, 그리고 일견 비합리적으로 보이는 사고는 인지치료에 참여하는데 필요한 인지능력을 배재한 요인들로 보인다. 언어적 개입을 강조하는 인지치료, 그리고 놀이를 강조하는 놀이치료는 병행될 수 없는 것으로 보였다. 그럼에도 불구하고 1980년대 중반에 Phillips(1985)는 인지행동 기술을 놀이개입에 통합하면 인지치료 분야에 새로운 방향을 제시할 수 있을 것이라고 가정하였다.

1980년 말엽에는 Berg(1989), Knell과 Moore(1990)와 같이 더 많은 사람들이 인지치료와 놀이치료를 통합하기 시작했다. Knell과 Moore가 1990년에 인지행동 놀이치료를 유분증을 가진 5세 아동에게 적용한 사례보고는 인지적 개입과 놀이치료를 학령기 아동에게 통합하여 적용한 첫 공식 사례였다. 이후 학령전기 아동들에게 인지행동 놀이치료의 적용은 계속적으로 관심이 증가하여 왔다. Knell(Knell, 1993a ; 1993b, 1994, 1997, 1998, 1999, 2000 ; Knell & Beck, 2000 ; Knell & Moore, 1990 ; Knell & Ruma, 1996)은 2세 반에서 6세 사이의 아동들에게 인지행동 놀이치료를 적용하였으며 인지행동, 전통적 놀이치료를 통합했다. 인지행동 놀이치료는 정서장애에 대한 인지이론 및 치료의 인지적 원리에 근거하며 그러한 것을 발달적으로 적합한 방식으로 적용했다.

인지행동 놀이치료는 아동의 발달이슈에 민감하며 개입의 효과에 대한 경험적 타당성을 강조한다. 매우 어린아동의 인지적 왜곡은 발달적으로는 적절한 것이지만 부적응적인 측면도 지닌다. 예를 들어, 아동이 부적응적인 행동을 한 직후 부모들이 헤어진 아동은 자신의 부모 별거의 원인이라고 생각한다. 대부분의 경우 아동들은 생활경험을 자신의 사고로 통합하며 매일의 부모-자녀 대화의 도움을 통해 이러한 배움을 보다 적응적인 생각으로 통합해 갈 수 있게 된다. 부적응적 사고는 발달적으로 적합한데 비해 인지적 왜곡의 개념은 어린아동들에게 문제가 된다. 이런 이유로, 이러한 사고를 왜곡보다는 부적응적이라고 명명하는 것이 더 적합하다. 때때로 아동들은 어떤 신념이나 의미를 사건에 부여하지 않는다. 이런 경우에 부적응적 인지는 존재하지 않는다. 하지만 존재한다면 대처를 촉진할 수 있는 적응적 신념이 부재되어 있을 수도 있다. 이러한 경우에 아동은 부적응적 자기진술을 대체하는 것이 아니라 보다 적응적 사고와 행동을 촉진함으로써 기능적이고 적응적인 자기진술을 하기 위해 어떤 도움을 필요로 할 수 있다. 한 예로 어린아동들은 형제의 출생에 어려움을 겪을 수 있다. 이 때 아동은 “나는 더 이상 애기가 아니다” ; “아무도 나를 사랑하지 않는다.”와 같이 부적응적 신념이 존재하게 되거나 언어적으로 표현되지 않을 수 있다. 긍정적이고 적응적인 자기진술을 제공하여 새로운 형제에게 대처하도록 돕는 것은 아동의 기능하기를 촉진한다. “우리에게는 아기가 생겼지만 엄마 아빠는 나를 사랑하다”와 같은 진술은 아동으로 하여금 경험에 대해 긍정적 조망을 갖게 할 수 있다. 따라서 긍정적 인지변화의 촉진은 가능할 뿐 아니라 어린아동에게 공통적으로 일어나곤 하는 흔한 일이다.

종종, 이러한 변화들은 부모-자녀 상호작용의 정상적이고, 일상적인 삶에서 일어난다. 치료자에게 올 상황이 되었을 때 이러한 변화를 촉진하기 위해 발달적으로 적합한 인지치료 적용이 필요하다고 할 수 있다.

Bierman(1983)은 복잡한 문제에 대한 어린아동의 이해를 촉진할 수 있는 구체적 예와 덜 개방적 질문의 사용을 포함한 인터뷰 기술에 관해 글을 썼다. 놀이를 통해, 인지변화가 간접적으로 의사소통될 수 있다(Knell, 1998 ; Shirk & Russell, 1996). 추가적으로, 언어화에 대한 초점을 낮추고 경험적 접근을 많이 사용할 수 있는 융통성 있는 치료사의 능력은 어린아동에게 인지치료(CT)를 보다 성공적으로 적용할 수 있게 한다.

나. 이론적 구성

1) 합리적 · 정서적 이론(Rational-Emotive Theory : RET)

이 이론은 개인이 지니는 신념이 정서와 행동에 크게 영향을 미친다고 보며, 이러한 지각 및 사고과정의 변화를 통해 인간의 정서와 행동의 변화를 이끌어 낼 수 있다는 점을 강조한 것으로 Albert Ellis에 의해 발전된 합리적 · 정서적 이론이다. 이 이론에서는 인간의 심리적인 부적응은 대부분이 비합리적인 정서로부터 기인되며, 이러한 비합리적인 정서를 수정하도록 돕는 것이 문제를 해결하는 방법이라 본다.

(가) 합리적 · 정서적 이론의 기본 관점

Ellis는 원래 정신분석 훈련을 받았으나 정신분석적인 접근이 내담자를 변화시키기에 부족하고 부적절함을 느끼고 보다 더 효과적인 상담을 위해서는 내담자가 지니고 있는 비합리적인 신념체계를 변화시키는 것이 더욱 효과적이라는 주장을 하였다.

Ellis는 인간이 지니는 감정과 사고의 관계를 다음의 네 가지로 설명하고 있다.

첫째, 사고와 정서는 밀접하게 관련되어 있다.

둘째, 사고와 정서는 순환적인 관계를 갖는다.

셋째, 인간은 기호, 상징, 언어 등을 산출해 내는 존재이기 때문에 사고와 정서는 내면화된 자기대화(internalized self-talk)의 형태를 지니게 된다.

넷째, 자신에 대해 스스로 말하는 자기대화가 그 사람의 사고가 되고 정서가 된다.

Ellis(1962)는 자기대화에 의한 사고 없이도 정서가 존재할 수는 있지만, 사고에 의해 유발되지 않은 정서는 오래 지속될 수 없다고 보았다. 따라서 심리치료를 통해 합리적이고 옳은 사고를 할 수 있는 능력을 발달시키도록 돕는 것이 필요하다고 보았다. 이러한 사고의 변화를 위해 주장훈련, 체계적 감감법, 행동조건화, 암시, 모형학습, 역할연출 등의 기술과 절차를 사용한다.

이러한 생각을 기초로 Ellis는 1955년 합리적 치료(Rational Therapy)라는 이름하에 자신의 연구영역을 구축하기 시작하였고, 이후 자신의 접근이 정서적인 측면을 무시하는 것으로 잘못 해석되는 것을 막기 위해 1961년에 합리적 · 정서적이론(Rational-Emotive Theory : RET)으로 명칭을 바꾸었다. 1933년 이후에는 자신의 이론과 상담과정이 인지 · 정서 · 행동적 측면을 모두 고려하고 있는 절충적이고 포괄적인 입장이라는 것을 나타내기 위하여 인지 · 정서 · 행동이론(Rational-Emotive-Behavior Theory : REBT)으로 이름을 바꾸었다.

(나) 기본 원리

Ellis는 인지 · 정서 · 행동 상담이론(Rational-Emotive-Behavior Theory : REBT)에 대해 다음의 여섯 가지 원리를 제시했다(Ellis, 1984b ; Walen, Digiuseppe & Dryden, 1980 ; 정원식, 박성수, 김창대, 1999).

① 인지와 내면의 사건의 중요성

인지는 인간의 정서를 결정하는 가장 중요한 요소다. 간단히 말해 '우리는 우리가 생각하는 방식대로 느낀다.'라는 의미이다. 어떤 사건이나 다른 사람들에 의해 우리가 우리의 기분을 '좋게' 하거나 '나쁘게' 할 수는 없다. 다만 우리 스스로가 인지적으로 그렇게 만드는 것이다. 과거나 현재의 사건은 우리 마음 속의 정서를 변화시키는 데 간접적인 영향은 줄 수 있어도 그것이 직접적으로 감정을 일으키거나 감정의 '원인'은 되지 못한다.

그것보다는 내면의 사건이 우리의 정서적 반응을 일으키는 직접적이고 강력한 근원이 된다.

② 문제의 결정적 요인으로 작용하는 역기능적 사고

역기능적 사고는 정서적 장애의 중요한 결정요인이다. 이러한 역기능적 사고에는 과장, 지나친 단순화, 지나친 일반화, 비논리성, 확인되지 않은 전제, 잘못된 추론, 그리고 절대적 사고 등이 포함된다. 역기능적 정서 상태와 정신병리들은 역기능적 사고의 결과로 나타난다.

③ 변화의 기점이 되는 사고과정

정서적인 문제를 해결하기 위한 방법을 우리의 사고를 분석하는 것에서 시작하는 것은 매우 효과적이다. 정서적인 장애가 비합리적 사고의 산물이라면, 그러한 장애를 극복하는 최선의 방법은 사고를 바꾸는 것이다.

④ 비합리적 사고를 유발하는 원인의 다양성

유전적이거나 환경적인 것을 포함한 다양한 요인들은 비합리적 사고와 정신병리를 일으키는 원인이 된다. Ellis에 의하면 인간은 비합리적인 사고를 할 수 있는 성향을 타고 나가도 하지만 환경의 영향을 받아 비합리적으로 사고할 수도 있다.

⑤ 현재중심

다른 많은 상담이론과 마찬가지로 인지 · 정서 · 행동적 상담(Rational-Emotive-Behavior Theory : REBT)은 인간행동에 관해 과거 사건의 영향력보다 현재에 초점을 맞춘다.

⑥ 신념의 변화가능성

반드시 이루어진다고 생각하지는 않지만 신념은 바뀔 수 있다. 비합리적 신념은 한 개인의 사고과정을 인식하고 그것에 도전하며 수정하려는 적극적이고 계속적인 노력에 의해 변화될 수 있다.

2) 인지행동 놀이치료(cognitive behavioral play therapy : CBPT)

(가) 인지행동 놀이치료의 기본 관점

인지행동 놀이치료는 정서발달에 대한 행동 및 인지이론과 정신병리 그리고 이런 이론에서 도출된 개입에 근거를 둔다. 이러한 이론적 근거들은 인지행동 놀이치료(CBPT)에 영향을 미치고 있다.

(나) 행동치료

어린아동에 대한 행동치료(BT)는 부분적으로 아동과 부모가 치료를 통해 얻은 지식을 자연스런 환경으로 적용하도록 돕기 위해 발전되었다. 아동에 대한 행동주의적 접근은 부모에게 또는 중요한 다른 사람들에게 간접적으로 가르쳐 왔다. 이러한 접근은 아동 불순종과 같은 문제에 극히 효과적인 것으로 입증되었다. 그러나 행동치료는 아동에게 직접 수행될 수 있다. 유아의 문제해결을 위해서는 직접적 접근이 필요하기도 하다. 이것은 부모－자녀관계가 아동의 자기－숙달의 발달을 억제하는 경우이거나(Klonoff, Knell, & Janata, 1984 ; Klonoff & Moore, 1986) 통제문제가 지배적인 경우, 그리고 아동의 문제가 부모에게 혐오적인 경우 특히 그렇다(Knell & Moore, 1990). 치료가 중요한 다른 사람을 통해 직접적으로 수행되건 또는 간접적으로 수행되건 간에 치료자는 문제행동을 강화하고 유지시키는 요인들을 확인해서 그것들이 변화되도록 노력한다. 많은 개입들이 고전적 조건형성과 조작적 조건화를 기초로 이루어져 왔다. 사회학습이론에 기초한 개입들도 관찰학습과 행동의 보다 인지적 측면을 강조했는데 이는 인지치료의 발달에 상당한 견인차가 되었다.

(다) 인지치료

구조화된 치료에서 인지치료는 행동의 기저에 있는 생각과 지각을 변화시켜 행동의 변화를 도모하는 접근이다. 본래 우울증 성인을 위해 단기치료로, 현재중심의 치료로 개발된 인지치료는 역기능적 생각과 행동의 변화에 관심을 두고 있다. 이 치료법을 어린아동에게 적용되도록 인지치료가 수행되는 방법에 변화를 주었지만 이론적 기초는 변화하지 않고 존재하고 있다. 어린아동에게는 너무 복잡할 수 있는 언어를 강조하지 않으면서 인지치료를 수행하는 방법을 찾는 과정이 앞으로의 인지행동 놀이치료의 발전이 가지는 하나의 과제이다.

(라) 인지행동 놀이치료

Knell(1993a, 1993b, 1994, 1997, 1998)은 인지치료가 아동에게 고도로 접근 가능한 방식으로 제시된다면 어린아동들에게도 적용될 수 있다고 주장하였다. 예를 들어, 인형, 완구, 책 및 기타 놀잇감들을 인지전략을 모델링하도록 하기 위해 사용할 수 있다. 대처적인 모델접근과 함께 모델이 문제해결 기술이나 아동의 어려움에 따른 문제해결을 언어화 시킬 수도 있다. Knell(1993a, 1994)은 성인과의 작업에서 이끌어 낸 원리를 적용하여 인지행동 놀이치료의 원리를 기술했다(A. Beck & Emery, 1985). 다음의 원리들은 인지행동치료를 아동들과 수행할 때 적용된다.

① 인지치료는 정서장애의 인지모델에 기초한다.
② 인지치료는 단기의 시간제한적 치료이다.
③ 건강한 치료적 관계는 효과적인 인지치료를 위해 반드시 필요한 조건이다.
④ 인지치료는 구조적이고 지시적이다.
⑤ 인지치료는 문제중심이다.
⑥ 인지치료는 교육적 모델에 기초한다.
⑦ 치료는 치료자와 환자 사이의 협력적 노력이다.
⑧ 인지치료는 주로 소크라테스 방법을 사용한다.
⑨ 인지치료의 이론과 기법은 귀납적 방법에 기초한다.
⑩ 마지막으로, 인지치료의 중심 특징은 숙제는 어린아동에게 적용되지 않는다.

(마) 유사점과 차이점

인지행동 놀이치료는 보다 전통적인 놀이치료의 여러 가정들을 통합하지만, 기본적으로 전통적인 놀이치료 형태와는 다르다. 인지행동 놀이치료는 긍정적인 치료관계에 의존한다는 점, 치료자와 아동 사이의 의사소통 수단으로 놀이를 사용한다는 점, 그리고 치료가 안전한 장소라는 메시지를 아동에게 전달한다는 점에서 다른 놀이치료 유형과 유사하다.

이러한 유사성에도 불구하고, 전통적 놀이치료들이 기초하는 전제와 상반되는 인지행동 놀이치료의 고유한 가정들이 있다. 여러 가지 중요한 차이점은 방향과 목적, 놀잇감 선택과 활동, 교육으로서의 놀이, 아동의 행동과 사고 사이의 연결의 중요성에 초점을 맞춘다. 비지시적 놀이치료의 치료자는 보다 자연스런 관찰자인 반면, 인지행동 놀이치료자는 방향을 제공하며, 목표를 세우고, 이러한 목표들을 촉진하기에 적절한 개입을 해나간다.

마지막으로, 아동이 언어와 행동 사이에 관계짓는 것을 돕기 위해 치료적 시간과 관계를 활용하면서 인지행동 놀이치료자는 갈등과 문제들을 아동을 위해 언어로 표현한다.

다. 개입방법

1) Ellis의 ABCDE 모형

Ellis는 비합리적 신념으로 인해 부적응적인 정서와 행동을 보이는 개인이 합리적 정서치료에 의해 변화되는 과정을 설명하는 모형으로서 A－B－C－D－E 이론을 제안하였다.

여기에서의 ABCDE는 선행사건(Activating event), 신념체계(Belief system), 정서적 결과(Consequence), 논박(Dispute), 효과(Effect)를 의미한다. 이를 좀 더 자세히 살펴보면 다음과 같다.

(가) A, 선행사건(Activating event)

인간의 정서를 유발하는 어떤 사건이나 현상을 가리키는 개념으로 사람으로 하여금 어떤 정서적 반응을 하도록 유도하는 구체적인 환경적 상황을 말한다. 예를 들어, 싸움을 했다거나 실직했다거나 시험에 떨어졌다거나 하는 개인의 정서를 유발하는 어떤 사건이나 행위를 선행사건(Activating event, A)이라 한다.

(나) B, 신념체계(Belief system)

활동이나 어떤 사건 등과 같은 환경적 자극에 대해서 각 개인이 지니고 있는 태도나 신념, 사고방식을 뜻한다. 여기에는 합리적 신념(Rational Belief, RB)과 비합리적 신념(Irrational Belief, IB)이 있다.

(다) C, 정서적 결과(Consequence)

선행사건과 관련된 신념으로 인해 생긴 결과를 가리킨다. 어떤 선행사건을 접했을 때 비합리적인 신념체계를 가지고 그 사건을 해석하게 된다면 초래될 수 있는 결과에는 지나친 불안, 우울, 분노, 죄책감, 상처, 질투, 수치심과 같은 것들이 발생하고 이것이 부적응적인 행동을 일으키는 원인이 될 수 있다.

(라) D, 논박(Dispute)

내담자가 가지고 있는 비합리적 신념이나 사고에 대해서 상담자가 개입하여 도전해보고 검토할 수 있도록 돕는다. 이 때 상담자는 내담자가 자신의 비합리적 신념을 논박(Dispute, D)할 수 있도록 돕는다. 이러한 비합리적인 신념체계를 개선해서 선행사건에 대한 내담자의 사고방식을 바꿈으로 해서 내담자의 부적응적인 행동을 적응적인 것으로 변화시키고자 하는 것이 인지행동 상담의 목표이다.

(마) E, 효과(Effect)

내담자가 비합리적 신념을 논박한 후, 그것을 합리적인 신념으로 대처한 다음에 느끼는 자기 수용적 태도와 긍정적인 감정의 효과(Effect, E)에는 논박을 통하여 이성적으로 생각하게 되는 인지적 효과와 바람직한 정서로 변화하는 정서적 효과, 바람직한 행동을 보이는 행동적 효과의 세 가지가 있다.

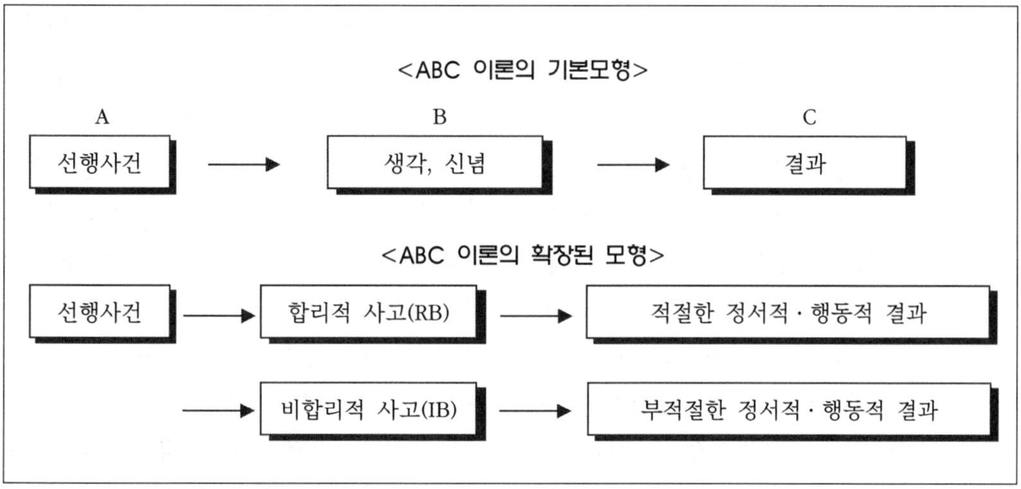

그림 2-1 Ellis의 ABCDE 절차 기법

상담목표의 달성을 위하여 상담자는 다음과 같은 과정을 거치게 된다.

첫 번째 단계에서 비합리적인 신념들이 문제를 일으킨다는 것을 내담자에게 예시해 준다. 이를 통해 내담자는 비합리적인 신념과 합리적인 신념을 구분하는 방법을 배우게 된다.

두 번째 단계는 내담자가 자신의 비합리적 신념들을 자각하는 단계이다.

세 번째 단계에서는 내담자가 자신의 비합리적인 사고와 신념을 자각하는 것을 넘어서서, 자신의 생각을 수정하고 합리적인 사고를 할 수 있도록 도와야 한다.

네 번째 단계에서는 내담자로 하여금 미래에 닥칠 비합리적 신념의 희생자가 되지 않도록 하기 위해 삶에 대한 합리적 사고를 기르도록 돕고, 앞으로 비합리적인 사고와 신념에 대처할 수 있도록 가르친다.

2) 인지행동 놀이치료의 세팅과 방법

(가) 세 팅

인지행동 놀이치료는 보통 놀이치료실이나 적절한 놀잇감이 있는 사무실에서 이루어진다. 이상적으로, 놀이치료실은 장난감, 미술재료, 손인형, 인형 및 기타 재료들로 구성되어 있다. 놀잇감 배열이 보통은 충분하다 하더라도 특정한 놀잇감이 특정한 아동을 치료하기 위해 필요할 때도 있다. 여러 번, 이런 특정한 욕구를 충족시키기 위해 있는 놀잇감을 여러 용도로 사용한다. 또 어떤 때에는 특정한 놀잇감을 놀이치료실에 가져와야 할 때도 있는데 그 이유는 아동이 "있는 척 가장하거나" 기존의 놀잇감을 융통성 있게 사용할 수 없을 때이다. 예를 들어, 특수 안경을 써야 하는 힘든 기간을 보내고 있는 아동은 종이로 안경을 만들어 인형에게 씌워 준다. 또는 종이안경을 사용하는 융통성을 견디지 못하는 아동들은 인형에 맞는 장난감 안경을 가져다 주어야 한다. 때때로 치료가 놀이치료실 밖에서 이루어질 때도 있다. 이것은 실제 상황에서 가장 잘 치료되는 공포증 같은 특정 불안을 가진 아동들에게는 특히 그렇다. 이런 아동들에게 치료는 공포를 일으키는 상황과 매우 유사한 상황에서 이루어질 수 있다. 예를 들어, 엘리베이터 공포증을 가진 아동에게 체계적 둔감법의 사용은 엘리베이터 안이나 주변에서 이루어질 수 있다(Knell, 1993a, 2000). 즉, 강박장애를 가진 아동은 강박증을 불러일으키는 환경에서 치료될 수 있다(March & Mulle, 1998).

(나) 방 법

아동에 대한 대부분의 인지행동적 개입은 어떤 형태의 모델링 기법을 사용한다. 이것은 모델링이 중요한 요소인 인지행동 치료에서는 특히 그렇다. 모델링은 행동을 습득하거나, 강화하거나, 약화시키는 것 뿐 아니라 학습하는데 있어 가장 효과적이고 효율적인 방법이다(Bandura, 1977). 기술을 증진하기 위해 고안된 모델링은 행동을 모방하는 것이다. 모델링 모델은 이상적인 기술보다 덜 이상적인 기술을 보여주고 점차 숙달된 모습을 보여준다. 모델링의 효율성은 대처모델의 사용에 의해 개선된다(Bandura & Menlove, 1968 ; Meichenbaum, 1971). 인지행동 놀이치료에서 모델링은 아동에게 적응적 대처기술을 시범보이기 위해 사용된다. 모델은 긍정적 대처기술의 사용을 보여주는 방식으로 행동한다. 이것은 적응적 행동과 일치하는 방식으로 행동할 뿐 아니라 큰 소리로 얘기하는 모델이 등장한다. 인지행동 놀이치료에서 모델은 보통 치료가 아동이 배우게 하고 싶은 행동을 시범보이는 장난감으로 완구, 손인형, 기타 놀잇감 등을 사용한다. 또한 모델링은 책, 영화, 또는 TV와 같은 다른 형태로 제시될 수 있다. 인지행동 놀이치료에서 덜 사용되지만 여전히 중요하게 사용되는 방법 중 하나는 역할놀이로 아동이 치료자와 기술을 연습하고, 지속적으로 피드백을 받을 수 있게 한다. 역할극은 모델링기법을 통해 역할극을 이루어지기는 하지만 학령기 아동들에게 보통은 더 효과적이다. 이런 식으로 모델들은 실제로 역할극을 하며 아동은 모델들이 특정 기술을 연습하는 것을 관찰하고 학습하게 된다. 예를 들어, 분리공포가 있는 아동은 부모를 떠나 다른 사람들과 상호작용하는 것을 똑같이 두려워하는 인형을 관찰한다.

3) 인지행동치료 개입방법

인지행동 놀이치료에서는 여러 가지 개입이 이루어진다. 보다 공통적인 기법은 〈표 2-1〉와 같이 구분해 놓았다.

〈표 2-1〉의 예와 같이 인지행동 놀이치료에서는 다양한 방법으로 인지행동 개입에 접근한다. 행동적 개입과 고전적 조건화, 조작적 조건화, 사회학습의 행동치료 세 가지 모형을 기초로 다양한 기법들이 놀이치료에 통합되어 활용되며 체계적 둔감화같은 고전적 조건화와 우발관리(contingency management), 조성(shaping)과 같은 조작적 조건화, 대체행동의 강화(DRO)는 아동이 보다 적응적인 행동을 통합하도록 하기 위해 전형적으로 사용된다.

모델링과 같이 사회학습이론에서 나온 기법은 새로운 행동의 학습도구로서 관찰학습을 사용하여 인지행동치료에서 광범위하게 사용된다. 체계적 둔감화(SD)는 부적응 반응을 적응반응으로 대체하므로 불안을 낮추는 과정이다(Wolpe, 1958, 1982). 이것은 특정자극과 그것이 불러일으키는 불안 또는 공포반응 사이의 연관을 깨뜨려서 이루어진다. 자극이 제시되지만 보통은 불안과 양립할 수 없는 진정상태를 끌어내기 위해 근육이완을 가르쳐 불안을 예방한다(Jacobson, 1938).

아동에게는 체계적 둔감화(SD)가 변형되어 사용된다. 나이든 아동들에게는 수정한 긴장이완기법(DP : Cautela & Groden, 1978)을 사용하는 반면, 어린아동들에게는 진정시키는 놀이 활동이나 진정장면을 보여주는 방법을 사용한다(Knell, 2000). 이미지와 실제 둔감법 두 가지를 모두 아동에게 사용하며 불안을 일으키는 자극이 실제생활에 제시되는 실제 둔감법이 더 효과적이다(Emmelkamp, 1982 ; King & Ollendick, 1997; Ultee, Griffioen, & Schellekens, 1982).

표 2-1 인지행동 놀이치료의 인지행동 개입의 예

기법	행동적 개입
정적강화 조성/정적강화	인형 얘기하기를 두려워하는 인형이 소리를 내고, 말을 하고 점차 얘기하기 시작한다(조성). 다른 인형에게 얘기하려는 각각의 시도에 대해 스티커를 받고 있는 얘기하기를 두려워하는 인형은 점점 말하게 조성하는 치료자로부터 격려와 정적강화를 받는다.
체계적 둔감법	엘리베이터 타기를 두려워하는 인형이 체계적으로 높은 곳에 올라가면서(가장 덜 두려운 곳에서 가장 두려운 상황까지 체계적으로) 동시에 이완활동에 참여한다.
자극용암법	엄마가 잠자리 인사를 하면 매달리고 잠자려 하지 않는 인형이 아버지가 잠자리 인사를 하면 잘 따른다. 아빠 인형이 계속 아이의 잠자리를 보살피면서 점차 엄마가 잠자리 보살피기를 시도한다.
소거/대체행동의 강화	다른 인형에게 공격적으로 행동하면서 어떠한 정적강화도 받지 못한다(소거). 동시에 잘 놀기 행동보다는 말로하기(대체행동의 강화 : DRO) 등과 같은 보다 적응적 행동을 정적으로 강화한다.
타임아웃	놀이치료실에서 놀잇감을 던지는 인형이 타임아웃을 받고 친구들에게서 멀리 떨어진다.
자기감독(self monitoring)	찡그린 얼굴과 웃는 얼굴에 대해 감정을 척도로 표시한다.
활동스케줄 짜기	위축되는 경향이 있는 아동을 위해 행동스케줄을 만든다.
	인지적 개입
역기능적 사고의 기록	아동이 특정한 상황에 대한 생각을 이해하려 노력하면서 노트에 그림을 그리거나 녹음을 한다.
인지변화 전략/불합리한 신념상쇄하기	다른 인형이 그를 놀리기 때문에 아무도 그를 좋아하지 않을 거라고 인형이 생각한다. 인형이 친구에 관해 말하게 하고, 그가 놀림받는 이유를 탐색하게 하고, 다른 인형들과 우정을 맺게 하려 노력하는 방법을 검토하는 과정을 통해 인형이 걷게 한다.
대처적 자기진술	수영장에서 머리를 물 속에 넣기를 두려워하는 인형이 "물 속에 머리를 넣을 수 있어. 나는 얼굴이 젖는 걸 좋아해"라고 말한다.
독서치료	부모가 이혼한 아동에게 같은 상황에 처한 아동에 관한 책을 읽게 한다.

(가) 행동적 개입

우발관리(contingency management)는 행동의 결과를 통제하여 행동을 수정하는 기법을 칭하는 일반적 용어이다. 우발관리는 형태는 정적강화, 조성, 자극용암법, 소거,

대체행동의 강화(differential reinforcement of other behavior, DRO) 등이다. 이러한 개입들은 인지행동치료 장면에서 모두 활용될 수 있으며, 간단히 기술하면 다음과 같다.

① 정적강화

인지행동치료에서 매우 중요한 요인으로 특정한 목표행동이 확인되고 강화자가 결정되며, 목표행동의 발생에 우발적인 강화가 이루어지도록 돕는다.

정적강화의 방법은 사회적 강화자에 의한 강화 또는 물질적 강화로 이루어진다. 예를 들어, 칭찬같은 사회적 강화나, 토큰이나 스티커 같은 물질적 강화가 사용된다. 강화는 직접적이기도 하고, 보다 미묘하기도 하다. 예를 들어, 특정행동을 한 것에 대해 직접적으로 아동을 칭찬하기도 하고, 분리불안을 지닌 아동에게 궁극적으로 바람직한 행동인 부모인물과의 분리를 가져오는 독립놀이와 같은 행동을 강화시키는 간접적이고 영향력을 주는 강화를 하기도 한다. 강화는 실제 인지행동 놀이치료의 일부이며, 치료자는 자연상황에서 강화자의 적절한 사용을 위해 부모와 중요한 인물을 가르치기도 한다.

② 조성

조성은 아동이 목표행동에 더욱 가까이 가도록 하기 위한 방법이다. 바람직한 반응에 근접할수록 정적강화가 주어진다. 예를 들어, 자기 방 침대에서 자기를 두려워하는 아동은 자신의 방에 조금씩 다가가고 궁극적으로는 자신의 방에서 잘 수 있도록 하는 모든 과정을 강화한다. 예를 들어, 부모침대 옆의 바닥에서 잘 때, 아동의 방 가까이 있는 거실에서 잘 때, 아동의 방바닥에서 잘 때, 아동의 침대에서 잘 때 등에도 강화를 사용한다.

③ 자극용암법

아동이 어떤 행동기술을 갖고 있지만 아동이 그것을 어떤 사람들과의 어떤 장면에서만 그것을 보여준다면, 자극용암법을 사용하기도 한다. 치료자는 아동이 이 기술을 상황이나 사람을 점차적으로 용암시켜 다른 상황이나 사람에게 전환할 수 있게 한다. 예를 들어, 아버지와 분리되어 학교에 가면서도 엄마에게는 매달리고 분리되지 못하는 아동은 처음에 아버지가 아동을 학교에 데려다 주고 엄마는 그 후 점차 아동을 학교에 데려다 준다.

④ 소거와 대체행동의 강화

어떤 아동들은 강화 때문에 부적응적 행동을 나타낸다. 이러한 경우에는 부적응 행동을 제거하기 위해서 강화가 제거되어야 한다. 공통적 강화자는 부모의 관심으로 이는 아동의 행동발생에 기여하거나 원인이 된다. 강화가 중단되면 행동은 감소하거나 사라진다.

그러나 소거는 새로운 행동을 가르치지 못하며 때문에 보다 새롭고 적응적인 대체행동이 강화되고 부적응 행동이 소거되는 강화와 유관되어 사용된다.

부적응적 반응을 유지시키는 강화자로부터 아동이 제거되어야 할 필요가 있을 때 타임아웃이 사용된다. 기술적으로, 타임아웃은 바람직한 환경으로부터 덜 바람직한 환경으로 아동을 이동시키는 것이긴 하지만 강화로부터의 타임아웃을 의미한다. 자연환경에서 더 자주 사용되긴 하지만 타임아웃은 아동이 규칙을 지키지 않아 놀이치료 상황을 떠나 놀잇감이 없는 중립장소로 가야 할 때 사용될 수 있다. 타임아웃 시간 동안 아동은 치료자의 긍정적 관심, 놀이치료 도구 등 치료의 강화적 측면에 접근할 수 없다.

⑤ **자기감독**

자기감독(SM)은 개인의 관찰이나 정보의 기록을 말한다. 이것은 활동이나 기분의 감독을 포함하며 중요한 정보를 제공할 수 있다. 그러나 자기감독은 미소 띤 얼굴, 화난 얼굴 등 시각적 단서와 함께 단순한 형태로 제공되기 때문에 어린아동들에게만 사용할 수 있다.

⑥ **활동스케줄 짜기**

활동스케줄 짜기에서, 특정한 과제가 계획되고 수행된다. 본래 우울증 성인을 위해 고안된 것이긴 하지만 활동스케줄 짜기는 어느 정도 부모가 개입한 상태에서 어린아동에게 사용될 수 있다. 계획된 활동은 반추적 또는 수동적 활동에 소요되는 시간을 줄여주며, 우울하거나, 불안하거나, 위축된 아동들에게 유용하다.

(나) 인지적 개입

인지행동 놀이치료에서 행동적 방법은 보통 활동의 변화로 이루어지는 반면, 인지적 방법은 사고의 변화를 다룬다. 부적응적 사고는 부적응적 행동을 가져온다고 가정되기 때문에 사고하기의 변화는 행동의 변화를 가져온다. 치료자는 아동들이 인지를 확인하고, 수정하고, 건설하도록 돕는다. 이런 작업을 통해 아동들은 부적응적 사고를 확인하고는 법을 배우고 그것을 좀 더 적응적인 것으로 대체하는 법을 배운다.

① **역기능적 사고의 기록**

역기능적 사고의 기록은 성인들이 자기 감독적 사고를 하도록 돕는다. 어린아동들은 노트에 그림기와 같이 단순한 기록 장치나 녹음기로 녹음하게 할 수 있다.

② **인지변화 전략/ 불합리한 신념 상쇄하기**

인지변화 전략/ 불합리한 신념 상쇄하기는 아동 자신보다는 부모에 의해 이루어지는 경우가 많다. 성인에게는 인지변화 전략과 비합리적 신념을 상쇄시키기 위해 첫째, '현실과 증거를 보라', 둘째, '대안을 탐색하라.' 그리고 마지막으로 '결과를 검토하라.'의 세 가지 접근이 사용된다. 여러 가지 경우(예, "만약 OO라면 ? ")를 고려하고, 대안을 검토하면서 신념을 지지하는 증거 검토하기를 포함한 많은 전략들이 비합리적 신념을 상쇄하기 위해 사용된다(A. Beck, Rush, Shaw, & Emery, 1979).

이 접근의 고유한 과정인 가설검증은 아동에게 사용하기 어렵다. 특히 어린아동의 경우에는 치료자가 아동으로 하여금 대안설명, 대안검증, 및 신념변화를 하도록 안내해야 한다(Emery et al., 1983). 모든 연령의 내담자들에게 대처를 위한 자기진술을 사용하게 하여 긍정적 대처를 도울 수 있다. 어린아동들은 분명하고, 자기 확신적이며, 언어적으로나 개념적으로 간단하고 가능한 진술을 하는 방법을 배워야 한다. 또한 이러한 진술은 부분적으로 자기보상과 대처 전략적 요소를 포함하고 있다. 더 나아가, 이것은 혐오적 감정을 완화하고 현실 검증력을 증진한다.

③ 독서치료

기술적으로는 인지적 개입이 아니지만 독서치료도 인지치료와 연계하여 점점 더 많이 사용되고 있다. 모델링을 통해 강력한 인지적 개입으로 활용될 수 있다. 어린아동에게 활용되는 대부분의 이야기에서 모델이 유사한 상황에 처해 반응을 나타내고 문제해결을 한다. 아동들은 이야기들을 통해 그들이 직면한 상황을 다른 사람들도 직면한다는 이해가 증가하며 문제에 어떤 아이디어로 접근해야 하는지에 대한 이해가 증가하게 된다.

요약하면, 인지적 개입은 아동들이 그들의 사고를 수정하고 보다 적응적 대처기술을 배우도록 하기 위해 활용된다. 어린아동들에게 활용되는 인지적 개입은 상대적으로 단순하고, 구체적이어야 하며 언어적으로 너무 복잡해서는 안 된다. 특히 아동집단에 유용한 방법은 대처적인 자기진술과 독서치료이다.

(다) 치료자 역할

인지행동 놀이치료자의 역할은 놀이를 통해 아동을 치료에 개입시키는 것이다. 아동의 문제를 부모를 통해서 보다는 아동을 통해 직접 다룬다. 치료자의 과제는 아동이 놀이를 통해 의사소통하는 것을 듣고 보기 위해 귀와 눈으로 경청하는 것이다. 또한 인지행동 놀이치료자는 발달에 적합한 방식으로 보다 적응적 사고와 행동을 발달시키기 위한 전략을 제공한다. 이러한 대처기술들은 놀잇감과 인형을 통해 모델링되며 이는 치료자가 놀잇감을 가지고 놀이하는 것에 편안해 할 것을 요구한다.

(라) 부모의 역할

아동의 치료에 부모나 중요한 인물을 포함시키는 것이 중요하며 각 사례에 따라 결정되어야 한다. 대개의 처음 평가는 보통 아동 및 아동의 어려움에 관한 가장 완전한 이해를 얻기 위해 부모와 함께 이루어진다. 부모면담을 한 후에 아동을 평가한다.

평가가 끝나자마자 치료자는 보통 평가결과를 부모에게 알리고 구체적인 치료계획을 수립하기 위해 부모를 만난다. 치료계획은 주로 아동과의 인지행동치료, 부모와의 작업 또는 인지행동 놀이치료와 부모작업의 혼합으로 이루어진다. 이러한 의사결정은 보통 문제의 성격 그리고 최선의 개입방법의 평가에 기초해 이루어진다. 아동과의 상호작용을 수정하기 위해 부모가 도움을 필요로 하는지 그리고 아동이 치료 외의 다른 치료프로그램에 참여하는 것이 필요한지에 대한 고려가 이루어져야 한다.

인지행동 놀이치료 역시 주로 아동과 작업이 이루어진다하더라도 주기적으로 부모를 만나는 것이 중요하다. 부모세션 시간에 치료자는 아동에 관한 정보를 얻고, 부모와 아동의 상호작용을 계속 감독하며, 염려를 다루고, 부모가 가정에서 적절한 아동양육 전략을 사용하도록 돕는다. 치료자는 부모에게 지지를 제공하는데, 이에는 아동의 발달문제, 연령에 적합한 기대, 진단관련 정보 등과 같은 구체적 주제와 관련된 정보들이 포함된다.

라. 임상 적용의 예

인지행동 놀이치료는 선택적 함구증(Knell, 1993a, 1993b), 유분증(Knell, 1993a, Knell & Moore, 1990), 분리불안(Knell, 1998, 1999), 공포증(Knell, 1993a, 2000)과 같은 진단명을 포함한 다양한 문제를 지닌 아동들에게 성공적으로 사용되어 왔다. 또한, 인지행동 놀이치료는 이혼(Knell, 1993a)과 성적 학대(Knell & Ruma, 1996, Ruma, 1993)와 같은 외상적 생활사건을 경험한 아동들에게도 사용되어 왔다. 인지행동치료를 효과를 경험할 수 있는 내담자 집단에는 통제문제를 가진 아동, 불안 및 우울아동, 학대와 같은 외상적 사건을 경험한 아동들 또는 인지행동 놀이치료는 보다 적응적 대처기술을 배워야 할 필요가 있는 아동이나 직접치료를 받아야 하는 아동들이 포함된다.

또한 부모를 통해 간접적으로도 아동들이 치료될 수 있다. 이런 경우에 부모는 특정아동에게 적합한 양육을 제공할 수 있는 아동양육 기술을 배운다. 부모에 의한 접근에 효과를 더 얻을 수 있는 아동들은 양육에 결함을 보이는 부모의 아동들 또는 불순종 행동이나 습관장애를 나타내는 아동들이다. 또한 중요한 병리를 가진 가족의 아동들도 가족치료와 더불어 또는 한 부모나 양쪽 부모가 개별치료를 받게 할 때 효과를 거둘 수 있다.

CHAPTER 03

아동상담자의 윤리

1. 아동상담의 윤리

모든 전문직에 종사하는 전문인들은 각기 나름대로의 직업윤리를 가지고 있다 (이상철, 김대군, 2001). 상담이 전문 분야로서 확립된 이 시점에서도 상담윤리의 중요성은 다른 어떤 직종보다도 더 높은 수준의 윤리가 강조된다. 그러나 우리 나라에서 상담윤리에 관한 연구나 중요성은 그리 큰 비중으로 부각되지 않고 있다. 미국의 예를 보면 1952년 APGA(American Personnel and Guidance Association)에서부터 제정되어 AACD (1972년 개정) ASGW(Association for Specialists in Group Work, 1989년 개정)에 이르기까지 개정과 보완을 거쳐 상담윤리의 자료 제공과 윤리의 중요성에 역점을 두고 있다 (김형태, 2005). 반면에 우리 나라의 경우 1963년 한국 카운셀러 협회가 창립되고 1979년에 윤리강령을 작성하였고 2002. 8. 20. 한국상담학회에서도 윤리강령을 제정하는 등 늦게나마 상담윤리의 중요성을 인식하고 있다. 그러나 아동상담에 관한 윤리에 대해서는 한국상담학회에 소속되어 있는 아동, 청소년상담학회에서 상담윤리 강령을 만들고 있는 정도로 아직까지는 특별히 따로 아동상담 윤리에 대해 성인상담과 구별하여 윤리적인 측면을 따로 다루고 있지 않다.

이제 아동상담의 윤리와 관련해서 아동상담의 특성을 고려한 아동상담의 윤리와 그에 준하는 아동상담 윤리강령을 살펴보면 다음과 같다.

가. 아동상담의 특성과 아동상담의 윤리

아동상담은 여러 가지 측면에서 성인 상담과는 차별화되어야 한다. 왜냐하면, 아동에게 자신의 문제에 대하여 과연 어떠한 것이 어떻게 문제가 되는지에 대한 성찰이나 통찰이 있기가 어려우며 아동 스스로 자발적인 동기에 유발된 상담을 받는 경우가 드물기 때문이다. 이러한 점들 때문에 아동상담만의 특성을 살펴보고 이에 부합하는 아동의 상담의 윤리 문제를 짚어 보는 것이 타당할 것이다.

1) 아동중심의 상담의 필요성

아동상담을 하다보면 성인들과는 다른 아동만이 지니고 있는 여러 가지 특성에 대하여 주시하고 상담의 모든 과정에서 그러한 것들을 녹여 내어 아동의 재창조의 작업에 포함시키는 것 보다는 이런 점을 경시하거나 간과한다는 것은 상담을 받는 아동들에게 적합하지 않고 어떤 면에서는 오히려 회복에 역행하는 결과를 초래할 수도 있다고 생각한다. 그러한 경우에도 아동이 그로 인해 겪는 고충이나 갈등상태를 스스로 의식하지 못한 채, 혹은 회피한 상태로, 언어적으로 충분히 표현하지 못하고 그 과정을 지나가야 하는 불이익을 당할 수도 있는 것이다. 각박하고 아동의 성장과 발달을 저해받는 악조건 속에 있는 아동의 진정한 회복과 참살이 (Well-Being)를 위하여서는 성인으로서의 상담자의 관점을 주지, 주입시키는 우를 범하지 않고 아동중심의, 더 나아가 아동 주도의 상담을 지향해야 할 것이다.

2) 아동의 비자발적인 상담 동기에 대한 충분한 고려와 실제적 배려

상담실을 찾는 아동들은 부모, 교사, 혹은 또 다른 보호자 등에 이끌려 상담자를 만나게 된다(김순혜, 2004). 이 때 아동들은 자기에게 어떤 일이 발생할지 몰라 성인 내담자들보다 더 불안해하고 당황스러워한다. 성인 상담 때 보다 더욱 신경을 써야 하는 이유가 바로 자기 자신의 상태를 전혀 모르는 상태에서 상담실을 찾은 것이기 때문이다. 이런 불안하고 당황스러운 아이들에게 가장 먼저 하여야 할 것은 상담에 들어가기 전에 우선 편안한 마음과 신뢰감으로 상담에 임할 수 있도록 상담을 받아야 하는 이유와 상담을 받음으로써 생기는 결과를 설명하고 성인상담 때와 마찬 가지로 아동에게도 동의를 받는 것을 우선으로 하여야 한다. 동의를 받을 때 필요한 사항을 미국에서 1974년 인간을 연구 대상으로 할 때 기본적인 윤리 원칙인 '벨몬트 보고서'에서 사용한 연구동의서 체크리스트를 인용하여 그것을 아동상담시에 이용하여 본다면, 그 안에는 ① 상담의 목적에 대한 설명, ② 진행될 절차에 대한 설명, ③ 예측되는 상담기간 등에 대한 설명과 아동에 대한 동의서에 서명확인이 필요하다.

3) 발달과정 중의 아동

아동은 정신적, 육체적, 지적으로 아직 성숙되지 않은 발달 과정에 있는 관계로 아동 개개인의 특성뿐만 아니라 모든 아동이 성장과정에서 보일 수 있는 일반적 문제까지 고려하여 상담을 하여야 한다(김순혜, 2004). 하나의 예로서, 상담자가 성인 상담시에 쓰는 전문적인 용어나 언어를 사용할 경우 아동들은 언어적 능력의 부족과 지적인 주준의 미숙으로 인하여 상담자의 의도를 이해하지 못하며 당혹감을 느낄 수 있다. 이로 인해서 아동들은 상담에 흥미를 잃을 수도 있고 지루함을 느끼기도 한다. 이런 점을 보완하기 위하여 아동상담시에는 비언어적 의사소통 수단인 음악치료, 미술치료, 드라마 치료, 영화치료, 놀이치료 등 다양한 매체를 동원한다.

4) 부모 혹은 보호자와의 연결성

아동상담을 하다 보면 아동의 여러 문제가 부모와 관련되어 있거나 또 다른 보호자와의 관계에서 발생됨을 발견한다. 부모들의 무관심이나 부모 자신의 심리적 문제로 인해 아동들이 고통을 받게 되는 경우 아동들은 그 원인을 스스로 제거할 수 없다. 성인들의 경우 자기 문제를 스스로 인지하고 여러 가지 해결 방법을 찾아보지만 아동들에게는 이런 문제에서 스스로 탈출하기란 불가능한 경우가 많다. 과거에는 대가족 안에서 여러 가족구성원들과의 관계를 통하여 인간관계를 체험할 수 있었고 거기에서 인간관계의 경험이나 체험을 통하여 어느 정도 정신적으로 위안을 받기도 하고 대안을 통해 문제를 해결하는 지혜를 얻을 수도 있었지만 최근에는 맞벌이 부부의 증가 및 한 자손 가정의 증가와 부모들의 활발한 사회 활동 참여로 인하여 아동들의 사랑과 관심을 받고자 하는 욕구가 채워지지 못하고 있고, 과거에는 관계가 적었던 다른 요인, 인터넷이나 TV 등 대중 매체와의 접근성이 확대된 상황에서 아등들은 여러 가지 정서상의 혼돈과 가치관의 혼돈이 혼합된 상태에서 부모나 혹은 다른 보호자와의 관계에서 소외되고 의사소통의 문제가 발생하고 있다. 이런 점 때문에 아동들은 상담 중에 부모나 혹은 다른 보호자와의 문제가 노출되면 자기에게 어떠한 일이 발생할지 모른다는 막연한 불안이 잠재되므로 아동상담시 아동에게 이러한 불안이 생기지 않도록 의사소통의 안전지대 (A Safe Place)가 이루어질 수 있도록 세심한 배려가 필요하다.

5) 가족상담의 필요성

성인 내담자도 외부적 요인인 타인과의 관계로 인해 고통받는 경우가 많이 있지만 아동들의 경우에는 부모나 가족 혹은 다른 보호자와의 관계로 인한 문제로 상담을 받게 되는 경우가 많다. 아동들의 상담시에는 아무리 만족을 느끼고 상담실을 나선다 하더라도 문제의 원인 제공자와의 관계가 원만히 되지 않는다면 상담의 효과는 다시 물거품이 될 수밖에 없을 것이며 바로 이런 점 때문에 아동상담시에는 아동 문제의 원인 제공자와의 상담이 당연히 병행되어야 한다. 이로 인해 아동들이 느끼게 될 불안감을 없애줘야 하는 것은 아동상담의 필요조건이며 아동상담 윤리의 한 요체일 것이다.

나. 아동상담자의 윤리강령

우리 나라의 국민건강보험공단에서 2001~2005년 18세 이하 유아 청소년의 정신장애 통계를 보면 전체 정신장애 환자 가운데 유아 청소년 환자의 비율은 2001년 5.0%에서 2005년에는 6.3%로 늘었으며 환자 수는 6만 7065명에서 2005년에는 10만 8306명으로 61.6% 늘었다는 통계가 있다. 이런 통계에서 나타나듯이 아동상담을 요하는 아동 수가 점증하고 있다. 아동상담의 요구가 점증하면 할수록 이에 종사하는 상담자의 윤리는 더욱 더 요구된다. 현대사회에서 전문직에 종사하는 전문인들은 자기들의 일에서 어떠한 윤리적인 문제가 발생할 때 올바른 판단을 내릴 것을 요구받고 있다. 아동상담자도 전문인으로서 윤리원칙에 입각한 상담을 요구받고 있다. 이에 우리 나라에서 2002년 8월 20일 한국상담학회에서 제정한 상담자 윤리강령을 축약하여 살펴보는 것도 유익하리라 본다(참고 : 한국상담학회 윤리 규정).

1) 사회관계

① 상담자는 사회 윤리 및 자기가 속한 지역사회의 도덕적 기준을 존중하며, 사회공인과 자기가 종사하는 전문직의 바람직한 이익을 위하여 최선을 다한다.

② 상담자는 자기가 실제로 갖추고 있는 자격 및 경험의 수준을 벗어나는 인상을 타인에게 주어서는 안 되며 타인의 실제와 다른 인식을 가지고 있을 경우 이를 시정해 줄 책임이 있다.

2) 전문적 태도

① 상담자는 상담에 대한 이론적 지식, 전문적 실습, 교수, 상담활동, 연구를 향상시키기 위한 지속적의 노력을 통해 전문성을 발달시키도록 해야 한다.
② 상담자는 상담수혜자를 보다 효과적으로 도울 수 있는 방법에 관하여 꾸준히 연구 노력하고, 상담수혜자의 성장 촉진과 문제의 해결 및 예방을 위하여 최선을 다한다.
③ 상담자는 자기의 능력 및 기법의 한계를 인식하고 전문적 기준에 위배되는 활동을 하지 않는다. 만일 자신의 개인 문제 및 능력의 한계 때문에 도움을 주지 못하리라고 판단될 경우에는 다른 동료 전문가 및 관련기관에 의뢰한다.

3) 정보의 보호

① 상담자는 상담수혜자 개인 및 사회에 임박한 위험이 있다고 판단될 때에만 매우 조심스러운 고려 후에, 상담수혜자에 관한 정보를 적정한 전문인 혹은 사회 당국에 공개하도록 한다.
② 상담자는 상담수혜자에 대한 정보를 동료 상담자 혹은 수퍼바이저 (supervisor)에게 제공할 경우 사실적이고 객관적인 정보로 구성하며, 상담수혜자의 구체적 신분에 대해 파악할 수 없도록 할 책임이 있다.

4) 상담수혜자의 복지

① 상담자는 상담 활동의 과정에서 소속기관 및 비전문인과의 갈등이 있을 경우 상담수혜자의 복지를 우선적으로 고려하고, 자신의 전문적 집단의 이익은 부차적인 것으로 간주한다.
② 상담수혜자에게 적절한 전문적인 도움을 주는 것이 어렵다고 판단되면, 상담자는 상담관계를 시작하지 말아야 하며, 이미 시작한 상담관계인 경우는 즉시 종결하여야 한다. 이 경우 상담자는 상담수혜자에게 적절한 다른 대안을 제시해 주어야 한다.

5) 상담 관계

① 상담자는 상담수혜자와의 친밀한 관계를 인식하고, 상담수혜자에 대한 존중감을 유지하며, 상담수혜자를 이용하여 상담자 개인의 필요를 충족하고자 하는 활동 및 행동을 해서는 안 된다.
② 상담자는 상담 전에 상담 관계에 영향을 줄 수 있는 상담의 목표, 기술, 규칙, 한계 등에 관해서 상담수혜자에게 알려 주어야 한다.
③ 상담자는 상담수혜자와 이중적 관계 및 성적인 친밀감과 같은 형태의 관계를 맺어서는 안 된다.

6) 심리검사

① 상담자는 검사 대상자를 조력하기 위한 목적에 적합한 심리검사를 선택해야 한다.
② 심리검사를 실시할 때에는 자격이 있는 사람이 표준화된 절차에 따라 실시해야 하며, 그 과정을 경시해서는 안 된다.
③ 상담자는 검사대상자에게 심리검사 결과의 수치만 알리거나 제3자에게 알리는 등 검사 결과가 잘못 해석되거나 통지되어 오용되지 않도록 해야 한다.

7) 타 전문직과의 관계

① 상담자는 상호 합의한 경우를 제외하고는 타 전문인으로부터 도움을 받고 있는 상담수혜자를 대상으로 상담을 하지 않는다. 공동으로 도움을 줄 경우에는 타 전문인과의 관계와 조건에 관하여 분명히 할 필요가 있다.
② 상담자는 자기가 아는 비전문인의 윤리적 행동에 관하여 중대한 의문을 발견했을 경우, 그러한 상황을 시정하는 노력을 할 책임이 있다.

다. 아동상담과 우리 나라 법제

아동상담을 하는 상담자는 높은 도덕성을 요구받고 있고 실제로 그러한 자긍심을 갖고 상담에 임하지만 외국의 실례를 보면 상담과정의 문제와 그 밖의 여러 문제로 인해 상담자가 법률적인 일로 곤란을 겪게 되는 경우가 발생하고 있다(Bullis & Mazur, 1993). 또한 아동상담 과정에서 아동이 겪는 여러 고통 중에 법적인 해결점이 강구되어야 할 일도 있는데 이럴 때 물론 외부의 법적 조언을 청하기도 하지만 그 전에 우리 상담자가 약간의 참고삼아 알아 두어야 할 우리 나라 아동에 관한 법률들, 즉 청소년보호법, 아동복지법, 모자보건법 등에서 가장 기본적이면서도 아동의 인권에 가장 밀접한 아동복지법 중 아동상담시에 참고할 만한 일부 조항을 나열해 본다.

① 법 2조 1항 : 아동이라 함은 18세 미만의 자를 말한다.

② 법 2조 4항 : 아동학대라 함은 보호자를 포함한 성인에 의하여 아동의 건강과 복지를 해치거나 정상적 발달을 저해할 수 있는 신체적, 정신적, 성적 폭력 또는 가혹 행위 및 아동의 보호자에 의하여 이루어지는 유기와 방임을 말한다.

③ 법 29조 1항 : 아동의 신체에 손상을 주는 학대 행위를 하여서는 아니 된다.

④ 법 29조 3항 : 아동의 정신 건강 및 발달에 해를 끼치는 정서적 학대 행위를 하여서는 아니 된다.

⑤ 법 29조 4항 : 자신의 보호, 감독을 받는 아동을 유기하거나 의식주를 포함한 기본적 보호, 양육 및 치료를 소홀히 하는 방임행위

위에 열거한 내용을 보면 법에서 보호하는 아동의 인권은 육체적인 고통뿐 아니라 정신적 건강을 위협하는 정서적 행위도 포함된다는 사실이다. 아동의 정신건강을 담당하고 있는 우리 아동상담자들이 음미해야 할 대목이다. 법 29조에 나열된 금지행위를 위반할 때에는 법에 엄중한 처벌 조항이 있음을 알아두면 좋을 것이다.

지금까지 아동중심의 상담의 필요성, 아동의 비자발적인 상담 동기에 대한 충분한 고려와 실제적 배려의 필요성, 발달과정 중의 아동, 부모 혹은 보호자와의 연결성 ,가족상담의 필요성 등을 중심으로 아동상담의 특성과 관련되어져야 하는 아동상담의 윤리, 그리고 그에 준하여 제정되고 실행되어야 하는 아동상담 윤리강령을 사회관계, 전문적 태도, 정보의 보호, 상담수혜자의 복지, 상담 관계, 심리검사, 타 전문직과의 관계 등으로 나누어 살펴보았다.

중요한 것은 진정한 아동의 참살이를 위하여는 상담과 교육의 분야에서 뿐 만 아니라 체계적으로 사회적 약자의 위치에 처하는 아동을 법적으로도 보호할 수 있는 법적이고 제도적인 장치가 제대로 마련되고 (Bullis & Mazur, 1993) 각기 관련된 시설이나 사법 및 행정기관에서 실천이 되어야 한다는 것이다. 이것은 법을 통한 아동복지의 구현을 추구한다는(Carrier & Kendal, 1992) 생각과 일면으로 공감하고 있다. 참고적으로 현재 대한민국의 아동복지법의 주요내용은 아동의 건강 및 안전, 보호조치, 아동복지시설의 설치, 아동전용시설의 설치, 긴급 전화의 설치, 아동보호 전문기관의 설치, 아동학대

신고 의무화 절차, 금지행위 등 제29조까지로 구성되어 있다.

이렇듯 아동상담자로서 또한 부모나 보호자로서 적극적으로 아동의 신체와 정신의 성장과 발달을 위하여 필요한 자양분과 환경을 충분히 공급할 의무와 책임을 다하며 또한 사회복지 차원에서의 범죄의 예방과 무엇보다도 우선시 되어야 하는 아동의 안전과 보호를 위한 법적인 내용과 조치에 대하여도 숙지하는 것이 급선무이고 궁극적으로 아동의 참살이에 기여하는 일이 될 것이다.

2. 아동상담자의 태도 및 자질

성인 상담이나 아동상담에서 상담자의 자질은 효과적인 상담을 위하여 또는 윤리적인 상담을 위하여 가장 핵심되는 요소이다. 벨킨(Belkin)은 상담자의 자질에 관한 연구에 앞서 다음과 같은 점에 유의해야 한다고 지적하고 있다.

첫째, 상담자의 자질은 상담에 성공적으로 기여할 수 있도록 하는 미묘한 요소들의 관계를 이해하는데 도움을 준다.

둘째, 상담자의 자질은 선택과 훈련에 관한 중요한 결정을 해야 하는 상담자에게 영향을 미친다. 셋째, 상담자의 자질은 상담자가 성공적인 상담을 예측 가능한 것으로 생각하는 것을 자신의 범위 내에서 찾고 강화하도록 격려하고 있다.

마지막으로, 상담자의 자질은 훈련자와 연구자가 검증된 상담자의 효율성의 범주에 기초를 둔 특수한 상담 작용의 유용한 결과를 결정하도록 돕는다.

이와 같이 상담의 성공여부는 상담자의 자질에 달려 있다고 볼 수 있다. 상담자의 자질에 관한 문제는 상담자가 자신의 능력을 어떻게 평가하고 있느냐와 밀접하게 관련된다. 이제 아동상담자의 태도와 자질에 대해 살펴보면 다음과 같다.

가. 아동상담자의 태도

아동상담에서는 성인 상담과는 다른 독특한 특성이 존재하므로 아동상담시에 다음의 특성을 고려하여 상담에 임하여야 한다.

① 아동은 성인과는 다른 지적, 정신적 세계가 존재한다. 아동을 상담할 때에는 아동의 시각에서 상담을 진행해야 한다. 가능하면, 상담자는 동심의 세계로 돌아가 아동의 입장에서 공감하도록 노력해야 한다.

② 아동은 성인 내담자들 보다 감수성이 높고 부드럽고 정서적인 융통성이 많다. 상담실에 들어오는 아동들은 분위기에 민감하게 반응하고 상담자의 마음에 들려고 노력하거나 처음부터 거부감이나 저항의 느낌을 솔직하게 여과(filtering) 없이 나타낸다. 이러한 이유로 상담자의 판단이나 진단이 흐려질 수 있다.

③ 아동과의 상담에 있어서 언어적인 의사소통의 방식만으로는 서로의 마음을 제대로 전달할 수 없으며 이러한 이유로 그 아동에게 음악치료, 미술치료, 놀이치료, 드라마치료 등의 적합한 창의적인 보조적인 수단을 사용하여 비언어적인 의사소통(non-verbal communication)의 수준에서도 효과적으로 상담을 이루어 나가야 할지 연구하고 상담에 임하는 자세가 필요하다.

④ 아동들은 비자발적인 상담에 임하게 되므로 상담 초기에 저항을 하기도 하고 내면적인 혼돈과 갈등을 겪을 수 있다. 이런 상태에서 상담자와 아동과의 초기 단계, 즉 첫번 세션에서 신뢰관계(rapport)를 성립하여 치료동맹을 맺는 작업이 필요하다.

⑤ 아동들은 성장과 발달 과정 중에 있어서 각 단계별 특성을 보인다. 상담자는 아동의 독특한 발달단계상의 특성을 파악하고 이해하여 상담의 과정 안에서 참고하도록 염두에 두어야 할 것이다.

나. 아동상담자의 인격적 자질

아동상담자의 자질에 관하여는 크게 인격적 자질과 전문적 자질로 나누어 볼 수 있다. 그 중 과연 어떠한 자질에 더 무게를 두어야 하는 가는 논할 수 없을 것이다. 그러나 내담자에게 충분한 상담 효과를 주기 위하여 어느 하나 소홀하게 할 수 없는 것이다. 다음은 아동상담자의 인격적 자질에 관한 간략한 요점을 피력한다.

1) 관심과 봉사의 정신

상담을 받는 아동들은 어떠한 아픔을 가지고 있는 것이다. 그것이 신체적인 아픔만이 아닌 정신적인 아픔일 때 그 아픔을 이해하고 알아주고 같이 공유할 존재를 만난다면 그 만남 자체만으로도 아동은 안도의 마음을 갖게 된다. 이러한 만남에서 우선 상담자 자신이 아동이 느끼는 고통에 깊은 관심을 가지고 진정으로 봉사하는 마음을 갖는다면 아동에게 그러한 진실된 마음이 전달되어 그 아동에게 회복과 치유에의 힘을 부여

(empowering)할 수 있게 되므로 상담의 긍정적인 효과를 불러오게 될 것이다.

2) 편견을 버리는 경청

때로는 상담자로서 지레 짐작하여 내담자 아동과 그 가족에게 어떠한 심각한 문제가 있을 것이라는 선입견이나 편견을 가진 채로 상담에 임하는 경우가 있다. 아동이 하는 말을 변명이나 거짓말로 예단하게 되는 실수를 범하기 쉽다. 이로 인하여 민감한 아동들은 상담자와의 대화를 꺼리게 되고 소기의 상담의 목표를 달성하는 데에 어려움에 봉착하게 된다. 그러므로 아동상담자는 편견을 버리고 아동이 자신의 마음을 편안하게 풀어 놓을 수 있는 환경을 조성해 주어야 할 것이다.

3) 아동상담 상황에서의 상담자의 감정조절

상담자도 인성을 가지고 있기에 분위기에 따라 연민과 측은지심만을 가지고 상담을 진행하게 되는 경우에는 감정을 조절하지 못하는 경우도 생긴다. 특히 아동과 상담자의 만남에서 감정조절과 냉철하고 순발력 있는 판단이 가능하게 되는 하나의 상호 안전한 완충지대를 위한 경계(Boundary)와 공간(Space)이 필요하다.

위와 같이 살펴본 상담자의 여러 인격적인 기본 요건 위에 가장 중요한 것은 인간에 대한 이해와 사랑이 가장 중요하지 않을까 생각한다.

다. 아동상담자의 전문적 자질

상담자의 자질에 관해서는 좋은 인격이 중요함은 두 말할 여지가 없을 것이다. 한 예로서 영국의 음악치료학 과정을 두고 있는 캠브리지의 Anglia 대학과 윔블던의 로햄튼 연구소(Roehampton Institute) 등과 같은 학교에서의 입학 사정 기준의 첫째를 인격(personality)과 연륜과 경험과 연관될 수 있는 연령—25세 이상 (mature student라는 표현을 쓰고 있다)—으로 명기하고 있다. 그러나 아무리 좋은 인격을 소유한 사람이라 하더라도 상담을 효과적으로 진행시키고 아동에게 충분한 상담효과를 주려면 상당한 정도의 전문적 지식과 기술을 필요로 함이 사실이다.

이상과 같은 맥락에서 아동상담자의 전문적 자질을 다음과 같이 정리해 볼 수 있다.

1) 아동상담이론과 방법의 연구와 습득

사회 각 분야에서 전문 직업인으로 종사하는 사람에게는 자기가 맡은 각 분야에서 전문지식이 필요하듯 상담을 전문으로 하는 상담자는 상담의 이론과 방법에 관한 체계적인 교육을 받은 지식으로 무장되어야 하고 교육을 받은 지식을 실습하는 과정이 필요하다. 실습을 통하여 내담자와 상담과정을 체계적으로 이해하게 되고 다양한 상담에 임할 수 있는 능력을 배양하게 된다. 특히 아동상담사의 경우에는 성인과는 대비되는 아동만의 특성을 알 수 있는 분야에 대한 지식이 필요하다.

2) 아동상담과 관련된 다양한 다른 영역에 대한 지식의 습득과 활용

성인상담이나 아동상담을 하다 보면 문제의 발생 원인의 다양성을 볼 수 있다. 여러 가지 이유로 인하여 생기는 갈등과 이를 해소하기 위한 방법을 찾다보면 여러 방면의 지식이 필요함을 절감하게 된다. 성적 학대를 받은 아동을 상담하다 보면 아동 보호 차원에서의 법률적 문제에 대한 지식의 필요성을 느끼게 된다. 학습장애 아동을 상담할 경우에는 어떤 시점에 가서는 올바른 학습법에 대한 조언도 해야 할 경우도 생긴다. 아동상담시 아동이 좋아하는 놀이나 운동에 대한 지식도 도움이 될 것이다.

3) 아동과의 시대적 이질성의 극복

상담자는 현재 상담을 하는 아동과는 여러 방면에서 동떨어진 아동기를 체험하며 성장하였다. 예를 들어, 상담자의 어릴적 희망하는 직업과 현재 아동들의 선호하는 직업의 종류만을 보더라도 너무나 차이가 많다는 것을 알 수 있다. 이러한 세대 차이에 의한 가치관의 차이나 사회적, 문화적 차이 등을 인식하고 현대 아동들에 맞는 감각을 갖춘 지혜를 요한다.

4) 철저한 비밀보장의 정신

성인 상담이나 아동상담시에 내담자들이 가장 걱정하는 것은 상담 과정에서 이루어진 내용이 외부로 노출되는 부분에 대한 것일 것이다. 외국의 예를 본다면, 상담자가 이러한 부분에 대하여 등한시하거나 소홀히 하여 법적인 소송을 당하여 불이익을 받는 경우도 종종 있다. 이렇게 중요한 인권 문제나 법률적인 문제까지 발생할 수 있는 사항이므로 상담자는 이에 대한 철저한 윤리의식의 확립이 요구될 것이다. 아동상담시에 과연 상담자 혼자만의 판단으로 비밀보장 문제를 결정하는 것은 아닌지도 심각하게 고려해야 할 것이다. 또한 아동 보호를 위한 법적인 조치와 연관하여 피치 못할 상황에서 아동이 공개를 허락한다 하더라도 어떠한 구체적인 방식으로 해야 아동의 수치심과 충격의 강도를 최소화할 수 있을 것인가에 대해서도 그 아동과 의논해야 한다. 물론 아동이 비밀로 원한다고 하여 모든 경우에 비밀로 할 수 없다는 것은 주지의 사실이다.

지금까지 아동상담에서의 상담자로서의 바람직한 태도에 대하여 생각해 보았고 관심과 봉사의 정신, 편견을 버리는 경청, 그리고 감정조절 등으로 나누어 아동상담자의 인격적 자질에 대한 것과 그리고 상담이론과 방법의 연구와 습득, 아동상담과 관련된 다양한 다른 영역에 대한 지식의 습득과 활용, 아동과의 시대적 이질성의 극복, 철저한 비밀보장의 정신 등으로 나누어 아동상담자의 전문적 자질에 대하여 간략하게 짚어 보았다.

한 인간의 자세와 태도란 그 사람이 지닌 믿음이나 경향을 나타내며 그러한 자세와 태도는 한 사람이 다양한 사람, 상황, 혹은 일들에 어떻게 반응하거나 대하는가를 결정에 도움을 주는 것으로 되어 있다. 다시 말하자면 그것은 일종의 경향으로부터 오는 자세, 특정한 자극이 주어졌을 때 하나의 특정한, 그리고 예측할 수 있는 방법 안에서 반응하는 성향(Michel, 1985, p. 85)이고 경험과 토론, 특정한 기준이나 관념에 접하기, 그리고 유용한 역할 모델의 관찰을 통하여 길러지고 발달되는 것이다. Michel은 상담자나 치료사의 근본적인 자세는 "전문인으로서의 배움과 책임의 수용을 기꺼이 하는 것(willingness) 혹은 열심히 하는 것(eagerness)이다"라고 말하고 있다. 자세는 선택한 전문직의 중요성과 효능 안에서의 신념의 발달이며 실제 임상의 상황의 경험과 통제된 연구를 통하여 가꾸어진다. 상담자와 내담자의 치료적 관계와 내담자의 삶에서 나타나는 치료나 치유의 힘을 보며 상담과 치료의 전문성의 중요성과 책임성, 존중과 자신감의 태도를 발달시켜야 하는 필요가 많다. 이를 위하여, 연구와 실습의 과정 가운데 아동상담자로서 윤리와 실습의 기준에 대해 토론과 분석이 수퍼비전과 함께 이루어져야 하고 무엇보다도 임상에서의 관찰과 경험을 통하여서 전문적인 책임감을 배울 것이 요청된다.

아동상담이 하나의 아동복지 관련 분야이므로 아동상담자는 복지와 상담 분야의 전문인의 일반 윤리 코드를 고수(Michel, 1976, 1985)해야 하며 모든 인간에 대한 관심과 곤경에 있는 사람에 대한 기꺼이 도우려는 자세가 기본이며 전문인 윤리는 내담자와 타 전문인과 지역사회와의 관계를 위한 특정한 행동 기준을 위임받은 것이다.

무엇보다도 내담자의 사생활권을 존중과 비밀 보장을 유지에 주의해야 하며 아동상담자는 내담자를 인격체인 한 사람으로서 우선적으로 보아야 하고 대상물이나 질병이나 조건으로 보지 말아야 하며 그를 건강과 성장의 잠재력을 가진 개인으로 다루어야 한다.

> "아동상담자의 모든 행동은 내담자에 대한 존중을 나타내며 그 내담자가 어떠한 문제나 상황을 나타내고 있든지 한 같은 인간으로서 마땅한 모든 존엄성을 수여해야 한다"(Prickett, 1989, p. 100).

아동상담자는 상담에서의 동료들과 타 전문인을 향하여 성실함을 가지고 행동하며 조화로운 관계를 유지한다. 공적인 정보 자료들이 전문서비스, 시설에 대한 정확한 그림을 제공하도록 노력할 것이며 전문 아동상담자는 항상 지역사회의 사회적, 도덕적 기대를 존중한다.

아동상담자 자신의 평생교육과 연구와 관련한 중요한 두 가지 부가적인 자세가 있는데 그것은 첫째, 아동상담자는 기꺼이 지속적인 자가 진단에 대한 책임을 지며 자신의 계속적인 배움과 성장의 지속적인 기회를 추구하는데 헌신하는 것이 필수(Gibbons, 1989 ; Michel, 1985)이고 자신을 전문 분야에서 계속 성장하고 발달할 수 있다는 명료한 목표를 가지고 매진한다. 둘째, 세계와 자신을 향한 열린 마음, "과학적 태도"를 발달시키는 것은 중요하고 의문을 가지고 엄격하게 새 증거를 시험하고 기꺼이 변화를 받아들이고 새 증명 앞에서 자기의 개념을 수정하는 것과 같은 이 모든 과정은 모든 만남에서 "이것이 아동상담자인 나에게 어떤 의미가 있는가?"를 끊임없이 물으며 배우는 것에 열려있는 것과 관련되어 있다.

모든 사람과 상황을 겸손과 존중함으로 대할 때, 계속적으로 연계를 추구하며 멈추어서 듣는 시간을 가질 때, 모든 것과 모든 이로부터 배우려는 열림의 태도로서, 열의 있는 아동상담자는 더 나은 전문 아동상담자로 뿐 아니라 더 나은 인간이 되는데 도움이 되는 많은 가치 있는 통찰을 얻게 될 것이다.

CHAPTER 04

아동상담 기법

1. 놀이치료

가. 놀이치료의 역사와 정의

1) 놀이치료의 역사

아동을 대상으로 한 최초의 심리치료는 1909년에 Freud에 의해 시작되었다. 프로이드는 어린 한스의 공포를 해결하기 위해서 한스의 아버지에게 놀이를 하도록 제안하는 방식을 통해서 한스의 공포와 갈등을 해소하려고 하였다. 이 사례는 아동이 느끼는 공포와 갈등은 정서적 원인에서 기인한다는 사실을 보여주었으며, 정서적 원인에 대한 치료방법으로 놀이의 활용 가능성을 보여 주었다. 또한 아동의 부모를 통해 치료한 이 사례는 후에 부모치료(filial therapy)의 기반이 되었다. 이후 1919년 Hug-Hellmuth는 놀이가 아동의 치료에 중요한 부분이라고 여겨 놀잇감을 아동의 분석에 사용하기 시작했으나 이를 구체적인 치료방법으로 통합시키지는 않았다.

1920년대 말 놀이치료의 발달에 획기적인 진전은 Anna Freud와 Melanie Klein에 의해서였다. Anna Freud와 Melanie Klein은 놀이를 그들의 치료 세션에 포함시켰고 정신분석을 아동에게 적용하려고 시도하면서 전통적인 정신분석 기술의 적용방법과 기법과 이론적 모델을 수정하기 시작했다. 두 사람은 놀이를 치료의 한 부분으로 사용했으며 아동의 통찰을 도움으로써 외상과 어려움을 치유하려는 목적은 같았지만 그 방법은 아주

달랐다.

1928년 Anna Freud는 아동들은 스스로 치료실에 오지 않으므로 아동을 치료에 끌어들이기 위한 방법으로, 또 아동을 관찰하고 진단하는데 놀이를 사용하였다. 그 당시의 성인 치료기법인 자유연상, 꿈 분석은 아동에게 맞지 않았으므로 그녀는 아동과의 치료적 동맹을 위해 놀이를 사용했으며, 아동이 치료자에게 흥미를 갖도록 하기 위해 놀잇감과 게임을 사용하였다. 이를 통해 치료자와 아동과의 긍정적이고 신뢰로운 관계가 형성이 되면 치료과정은 서서히 언어적인 상호작용으로 이동했다. Anna Freud는 아동들도 꿈과 백일몽을 분석할 수 있고 그것들에 흥미가 있으며, 자신이 만든 상징에 대해 말로 표현할 수 있음을 알았다. 그러나 놀이의 전부를 상징으로 보지 않았으므로 직접적인 해석은 최소한으로 줄였다. Anna Freud가 치료자와의 치료적 동맹을 위해 놀이를 사용한데 반해, Melanie Klein은(1932) 언어를 통한 자유연상 대신으로 놀이를 분석하였다. 그녀는 아동은 언어 표현력이나 이해력이 발달되지 않았으므로 아동 내면의 복잡한 사고나 감정을 언어로 표현하는데 어려움이 있다는 것을 알게 되었다. 따라서 아동의 놀이를 직접적으로 분석함으로써 아동의 무의식에 도달하려고 했다. Anna Freud는 불안을 가진 신경증적인 아동이 놀이에 가장 적합하다고 본 반면에 Melanie Klein은 정상적인 아동에서부터 혼란스러운 아동까지 놀이치료가 도움이 된다고 생각했다.

1930년대 이후 아동치료 이론들과 기법들이 급성장하는 가운데 1930년대 후반에는 구조적 놀이치료(structured therapy)가 개발되었는데, 이 이론은 정신분석적 이론을 기초로 하였으며 특히 치료자의 적극적인 역할을 강조하였다. Levy(1938)는 외상적 사건을 경험한 아동을 대상으로 이완치료(release therapy)를 발전시켰다. 이완치료는 구조화된 놀이치료 접근법으로서 외상을 경험한 아동이 치료실에서 자유놀이 등을 통해 치료자와 친숙해지면 놀잇감과 놀이도구를 이용하여 아동이 겪은 충격적이고 고통스러운 상황을 재현시킴으로써 공포, 공격성, 긴장 등의 부정적인 감정을 표출시켜 심리적인 상처가 치유되는 것을 말한다. 따라서 치료자가 세션에 앞서서 아동의 문제가 무엇인지를 미리 파악해야 하며, 상황을 재연시킬 수 있는 놀잇감을 선별하여 준비해 두어야 한다.

1930년대에는 관계치료라고 말할 수 있는 많은 놀이치료기법이 개발되었는데 관계치료의 철학적 기초는 Otto Rank(1936)에서 찾아볼 수 있다. 그는 발달에 있어서 출생외상의 중요성을 강조하였다. 출생시의 고통으로 인해 아동은 주 양육자로부터의 개별화에 어려움을 겪으며 집착하게 되고 의존적이 되며 다른 사람과의 관계에서의 충분한 상호작용에 어려움을 겪게 된다고 하였다. 그래서 무의식, 과거의 경험 등의 해석을 통한 통찰보다 현재를 중요시하여 여기-지금의 치료자와 내담자 관계가 중요하다고 강조하였다. 과거의 경험보다 현재의 감정과 반응을 중요시하기 때문에 이 접근은 치료기간을 상당히 단축시켰다.

1940년대에 Carl Rogers(1942)는 성인치료 기법으로 비지시적 치료를 발전시켰으며 이는 후에 내담자 중심치료 (Rorgers, 1951)로 불리우게 되었다. Rogers의 내담자 중심치료는 Axline(1947)에 의해 내담자 중심 놀이치료 기법으로 완성되었다. 이 기법은 아동은 스스로 성장하려는 자연스러운 욕구가 있으며 정서장애 아동의 경우 이 욕구를 억압하고 있는 것으로 보았다. 따라서 아동중심 놀이치료의 목적은 아동과 환경과의 불균형을 해결하여 아동이 스스로의 힘으로 변화할 수 있도록 하는 데 있다.

1980년대에 들어서면서 기법과 접근에 있어 새로운 변화가 생겼는데, 가장 중요한 변화 중의 하나는 부모를 치료의 중재자로 훈련을 시켰다는 것이다. Guerney(1964)는 부모를 치료 중재자로 훈련시켜서 놀이치료의 기본적인 기술을 자녀들에게 실시하는 부모-자녀 관계증진 치료 모델(filial therapy)를 개발하였는데 이 모델은 아동중심 놀이치료 기법을 이용하여 부모를 훈련시켜 매주 가정에서 놀이치료를 수행하는데 필요한 기술을 가르치는 구조화된 프로그램이다. Brody(1978)은 어느 정도의 구조화된 세션과 신체적 접촉을 이용한 발달놀이치료(developmental play therapy)를 개발했으며 Jernberg(1979)는 발달놀이치료의 초기 작업을 참조하여 가장 간결한 이론 및 모델 중의 하나로 치료놀이를 개발했다.

2) 놀이치료의 정의

놀이치료는 다양한 이론과 기법을 사용하여 놀이를 통하여 아동을 치료하는 치료적 방법을 말한다. 그러나 놀이치료에 대한 정의는 이론적 접근방법에 따라 조금씩 차이가 있다.

정신분석적 놀이치료는 치료사가 심리적 갈등과 적응문제를 가진 아동을 대상으로 놀이를 통하여 관계를 맺음으로써 아동은 자신의 소망, 환상, 갈등 등을 놀이치료 도중에 표현하게 된다. 치료사는 아동의 갈등에 대하여 해석을 하게 되고 이에 아동은 자신의 문제와 갈등에 대해 통찰을 얻게 된다. 안나 프로이드는 놀이치료를 아동과 치료적 관계를 맺는데 활용하였고 후에 언어적인 상호작용을 하는데 초점을 맞추었으나 클라인은 아동의 놀이를 성인의 자유연상과 같은 것으로 생각했다.

아동중심적 놀이치료는 아동이 자신의 문제를 스스로 해결할 수 있는 힘을 갖고 있다고 생각하기 때문에 아동을 치료하는데 있어서 비지시적인 입장을 취하고 있다. 따라서 놀이치료란 아동에게 그들 자신의 문제를 해결할 수 있는 기회와 치료경험을 통해 그들 자신을 알며, 그들 자신을 있는 그대로 수용하고 성숙할 수 있도록 도와 주는 것이다.

O'Connor(1991)는 놀이치료란 훈련된 치료자가 심리적 문제를 지닌 내담자를 돕기 위해 체계적으로 놀이의 치료적 힘을 적용시키는 대인관계 과정이라고 하였다. 즉, 치료사

와 아동 사이의 상호과정 속에서 놀이가 가지고 있는 치료적 힘을 활용하여 아동의 문제를 완화시키는 과정이라고 할 수 있다.

1997년 국제놀이치료학회에서는 놀이치료는 내담자들의 심리사회적 어려움을 방지하거나 해결하고 최적의 성장 및 발달을 성취하도록 돕기 위해서 훈련된 놀이치료사들이 놀이의 치료적 힘을 이용하는 데에서 일어나는 대인관계 과정의 이론 모델을 체계적으로 사용하는 것이라고 하였다(송영혜 외, 재인용, 2001).

나. 이론적 구성

1) 놀이의 의미

놀이는 일반적으로 특정한 목적 없이 즐거움을 위해 자발적으로 이루어지는 아동입장에서의 과정중심 활동이라고 할 수 있다(Garvey, 1977; Frost&Klein, 1979).

Levy(1978)는 놀이는 개성을 창의적이고 깊게 계발시켜 주는 역동적 과정으로 내적 동기, 현실유보, 내적 통제소재를 지닌 행동으로 정의하였다. 따라서 놀이가 아닌 행동의 특성은 외적 동기, 현실, 외적 통제소재가 그 특징이라고 할 수 있다.

(가) 놀이 – 현실과 환타지의 중간영역

Winnicott은 아동이 태어나서 '나' 와 '나 아닌 것' '내적 정신세계'와 두 사람 이상이 공동으로 지각하는 '외적 세계'를 연결해 주는 것을 과도기적 현상이라고 하는데 우리말로 중간현상이라고 하며(이재훈, 1997) 중간대상은 대물애착이라는 용어로 불리기도 한다(Hobara, 2003; 도현심, 1985). Winnicott은 놀이가 이러한 중간대상 또는 중간현상의 역할을 한다고 보았다. 아기가 엄지손가락을 빨거나 천이나 담요 한 자락을 손가락과 함께 입에 넣는다든가 '엄마' 소리와 함께 웅얼거린다든가 하는 현상들과 놀이활동을 중간현상(transitional phenomenon)이라고 하였다. 이렇게 털실뭉치나 담요조각, 털, 말이나 음률, 곰인형 등 유아가 잠들려 할 때나 우울할 때 방어용으로 사용하는 물건을 중간대상(transitional objects)이라고 할 수 있다. 이러한 중간대상물은 4개월에서 12개월 사이에 나타나기 시작하며 아동기에 들어서면서 사라지지만 일부 아동들에게서는 나타나며 잠들 때, 혼자 있을 때, 기분이 좋지 않을 때 양육자 대신 필요로 한다. 중간대상은 아동의 외부에서 온 것도 아니고 그렇다고 아동의 내부에서 온 것도 아니다.

중간대상 놀이를 통한 아동의 놀이는 아동이 정신 내면세계에 내사된 모성대상을 지속적인 것으로 만들어 모성대상과의 분리를 견뎌 내게 하는 역할을 한다. 처음에는 어머니와의 짧은 분리도 힘들어하지만 차츰 중간대상의 영향으로 유아는 엄지손가락을 빨면서 어머니의 이미지를 대신하게 된다. 이 때문에 아동에게 놀이의 기회를 주는 것은 아동의 정신내적 세계가 발달하는 기로가 되는 아주 중요한 일이다.

(나) 놀이의 치료적 요소

Rogers(1961)는 아동상담에서 놀이를 사용하는 것은 성인상담과 구조적인 면에서 매우 유사하고 상담관계도 동일하다고 보았으며, 성인상담과 달리 놀이를 치료적 방법으로 사용하는 것은 아동과의 놀이관계가 말을 통해서가 아니라 행동을 통해서 더욱 분명해지기 때문이라고 말했다. 놀이를 통해 아동은 신체기술을 배우고 신체에 대한 통제감과 자신감을 갖게 되며, 아동 개인의 경험과 관련된 공포나 두려움을 극복할 수 있으며 놀이의 내용과 방법을 더욱 확장시켜 다양한 상황에 적용해 볼 수 있게 한다. 또한 양육자와의 분리-개별화를 연습할 수 있는 중요한 방법이며 현실세계에서 충족하지 못하는 욕구들을 놀이를 통해서 충족하는 소원충족 기능의 역할을 한다. 다음은 Landreth(1991)가 요약한 놀이의 기능이다.

① 진단기능

놀이는 진단기능을 가지고 있다. 예를 들어, 치료자에게 놀이에 대해 조언이나 도움을 구하는 아동은 소극적이고 의존이 심한 아동일 가능성이 많으며 경계선적 인격장애의 특성을 가지고 있는 아동은 지나치게 환타지에 몰두하기도 한다. 강한 통제감을 원하는 아동은 슈퍼마켓 놀이와 같은 아동 자신이 통제하는 놀이를 즐기기도 한다. 또한 놀이를 통해서 아동의 기질을 평가하거나(Vondra & Belsky, 1991), 유아의 숙달동기를 평가하거나(Morgan, christine, & Maslin-Cole, 1990), 인지발달 평가(Power &Radcliffe, 1989), 주의력 또는 과잉행동평가(Ruff, 1988; Mayes, 1991), 신체학대평가(Fagot & Kavanagh), 자폐증평가(Siegel, 1991) 등은 놀이가 갖고 있는 진단기능을 활용한 연구들이다.

② 의사소통

아동이 추상적 논리나 사고를 활용하여 언어를 사용하려면 최소한 11살이 되어야 한다고 한다. 즉, 아동은 언어를 통해서보다는 놀이를 통해서 자신을 표현하는 것이 익숙하다는 것이다. 아동은 선택한 방법으로 놀이를 함으로써 자신의 무의식 깊은 곳에 묻어둔 근원적인 문제를 해결하는 내적 과정을 겪어간다. 이런 모습은 치료자가 이해할 수 있는 것이기도

하지만 의식하지 못하고 지나쳐 가는 것일 수도 있다.

③ 놀이의 즐거움

놀이는 자연스럽고 즐거운 활동이며 정서적 성장을 촉진하는 본질적인 특성을 가지고 있다. 놀이를 통한 즐거움은 심리장애를 예방하고 완화하는 기능을 가지고 있다(Gardner, 1973).

④ 치료동맹

아동은 언어로 자신을 충분히 표현할 만큼 언어 및 인지기능이 발달해 있지 않기 때문에 놀이 없어 언어로 심리치료를 한다는 것은 치료적 동명을 형성하고 상담을 진행하는데 많은 지장이 있다. 언어로 자신을 표현할 수 있는 초등학교 고학년이나 청소년들조차 치료에 저항이 있기 때문에 게임을 통한 놀이를 하면 치료적 상호작용을 이룰 수 있다.

⑤ 자기표현

놀이는 아동들에게 친숙하면서도 현실과 분리되어 있다는 점에서 단지 “놀이일 뿐”이기 때문에 저항이나 방어 없이 자신을 표현할 수 있게 해 준다.

⑥ 자아증진

놀이를 통해 아동들은 불안, 경쟁심, 자존감 등의 감정에 직면하고, 극복하고, 숙달하게 된다. 치료자는 힘든 과정을 겪는 아동을 격려하고 긍정적 강화를 제공하여 아동이 잘 해낼 수 있도록 도와야 한다.

⑦ 인지발달

놀이를 통해 아동은 집중, 기억, 결과예측, 창의적 문제해결력과 같은 인지적 측면이 발달한다.

⑧ 사회화

충동적인 아동들에게는 특히 게임놀이가 유익한데 이런 아동들은 사회화과정에 실패한 아동들이기 때문에 위협적이지 않는 게임놀이 상황에서 또래압력과 권위의 수용을 긍정적으로 경험하고 순응할 수 있는 기회를 얻을 수 있어서 사회학습에 유용하다고 할 수 있다.

2) 놀이치료 대상 아동

놀이치료의 대상이 되는 아동의 유형을 결정한다는 것은 쉬운 일이 아니다. 대부분의 아동들은 일상생활이나 발달 면에서 어느 정도 어려움을 가지고 있기 때문에 어떤 의미에서는 모든 아동들이 놀이의 대상이 되기 때문이다. 그러나 문제를 치료한다라는 관점에서 본다면 어떤 유형의 문제가 어느 정도 심각한가에 따라 대상 아동을 결정하는 것이 보편적이라고 할 수 있다. 다음은 놀이치료의 대상이 될 수 있는 진단명에 따른 분류를 통해서 놀이치료가 필요한 대상 아동을 정의한 것이다.

(가) 품행장애 (conduct disorder)

사람이나 물건을 향한 공격행동, 파괴성, 타인의 권리침해가 주로 나타나는 증상이다. 이런 아동들은 부모나 성인의 훈육과 지시를 무시하기 때문에 처벌은 효과가 없으며 부모를 지치게 만들기 때문에 놀이치료에 더불어 부모상담이나 부모에 대한 지지가 필요하다. 놀이치료가 진행되면 아동은 자신의 행동에 대해 보호와 안전을 강력하게 요구하는 강한 감정이 표출되기 때문에 가정과 학교에서 아이의 행동과 감정을 이해하고 지지해 주면서 동시에 확고하고 공감적으로 경계를 제시하여 지키게 해 주어야 한다.

(나) 반항성-도전장애(oppositional defiant disorder)

품행장애의 전도증상으로 반항성 - 도전장애를 나타내는 아동들이 있는 것으로 알려져 있다. 이 장애를 가진 아동들은 일상적인 생활의 규칙을 방해하고 화, 언쟁, 반항을 하고 권위적인 인물에게 대항하고 보복하려 든다. 교실에서는 큰 소리치고 집에서는 충동적이다. 또한 언제 그러한 행동을 할지도 예측하기 어렵다.

(다) 불안장애(generalized anxiety disorder)

① 과잉불안장애

놀이치료로 가장 효과를 얻는 아동들 가운데 하나가 불안장애이다. 이런 아동들은 항상 무엇인가를 끊임없이 지나치게 걱정한다. 항상 긴장하고 있으며 끊임없는 걱정 때문에 이완하지 못한다.

② 분리불안장애

분리불안이라는 용어는 이 아동들이 주요 애착대상에게 어떤 불행한 일이 일어날까봐 또는 주요 애착대상과 떨어져 있는 사이 아동 자신에게 어떤 불행한 일이 발생해 주요 애착대상을 만나지 못할 것이 두려워 주요 애착대상과 분리하지 못하는 아동들을 말한다. 전학이나 이사, 동생의 출생, 질병, 가족의 사망 등을 계기로 발생할 수 있으며 이런 아동들은 처음에 놀이치료실에 들어가는 것조차 거부하는 행동을 보이기도 한다. 또한 양육자의 분리불안으로 인해 아동이 분리불안을 겪을 수 있으므로 이에 대한 관심이 함께 필요하다.

(라) 외상 후 스트레스 장애(post-traumatic stress disorder)

요즘은 교통사고, 수해 등의 자연재해, 학대 및 유괴 등이 빈번히 발생하고 있기 때문에 이러한 유형의 문제를 가진 아동의 수가 증가하고 있다. 스트레스는 크게 두 가지 유형으로 나눌 수 있는데 첫 번째는 만성적 스트레스이다. 예를 들면, 습관적으로 신체적 또는 성적 학대가 오랜 시간에 걸쳐 이루어진 경우를 들 수 있다. 두 번째 유형의 스트레스는 급성이다. 교통사고, 지진, 유괴 등과 같이 매우 외상적인 사건에 연루된다. 외상 후에 놀이치료가 이루어지면 오래지 않아 아이가 편안함을 되찾는데 그렇다 하더라도 아동에 대한 치료가 종결되었다고 볼 수 없다. 사건이 외상적일수록 내면의 무의식적인 과거의 기억이나 경험을 자극할 수 있고 아동이 새로운 발달단계에 들어서면서 외상에 대한 새로운 감정과 인지를 가질 수 있다. 그러한 내면적인 것들이 아동이 의식의 표면까지 가지고 와서 작업할 수 있도록 해 주어야 하며 때문에 주기적으로 치료가 필요하다. 그러나 그럴 때마다 처음 외상을 겪을 때만큼 심각한 것은 아닐 수도 있다.

(마) 신체화 장애(somatoform disorders)

어떤 아동들은 두통이나 복통 등 때문에 병원에 의사에게 갔다가 오랫동안 원인을 찾지 못하고 결국 놀이치료에 의뢰되기도 한다. 먼저 신체화장애가 시작된 초기의 사건이나 상황 등을 먼저 살피는 것이 중요하나 때로는 그 시작 시기를 알 수 없는 지속적인 스트레스 환경으로 인해 발병하기도 한다. 놀이치료를 진행하면서 아동은 환타지를 통해 신체화장애의 원인을 찾고 놀이를 통해 문제를 해결한다.

(바) 우울한 아동(depressive disorder)

우울한 아동들은 우울하거나 슬픈 기분을 가지며 이로 인해 유치원이나 학교 등 처한 환경에서 적응에 어려움을 갖는 경우가 많다. 아동이 지닌 부정적 기분은 주로 위축, 흥미나 의욕의 부족, 감정기복, 수면문제 등으로 나타난다. 언제부터 아동이 가정이나 학교생활에 관심을 잃기 시작했는지 먼저 아는 것이 중요하다. 적응문제를 일으키는 우울성향과 병적 상태를 동반한 주요 우울증은 구별되어야 한다.

(사) 반응성 애착장애(reactive attachment disorder)

반응성 애착장애는 양육자와의 지속적인 관계를 통해 애착관계를 형성하지 못해 사회적 상호작용, 언어발달 등에 문제가 생긴 경우이다. 양육자에 대한 교육과 더불어 이 아동들은 조기에 발견해서 집중적이고 감각운동적인 놀이치료를 실시하면 효과를 얻을 수 있다.

(아) 선택적 함구증(selective mutism)

정상적인 언어발달을 보이지만 사람이나 장소에 따라 자동적으로 함구하게 되는 증상을 선택적 함구증이라고 하며 초기 모-자녀 관계에 박탈이 있었거나 외상적인 사건이 있었을 가능성이 있다. 놀이는 함구증을 일으킨 사회적인 부적절함이나 수줍음을 또는 버려짐의 감정들을 표현할 수 있는 기회를 준다.

(자) 주의력결핍 과잉행동장애 (attention-deficit hyperactivity disorder)

주의력결핍 과잉행동장애는 부주의, 산만함, 충동성, 과잉행동이 그 주된 특징이며 심한 경우 약물치료를 병행하기도 한다. 정신과적 약물은 모든 ADHD 아동들에게 다 효과적인 것은 아니며 약물에 반응하는 경우라도 모든 증상이 제거되는 것이 아니기 때문에 아동의 정서적인 면에 대한 고려가 필요하다. 특히 증상으로 인해 가정과 학교장면에서 지속적으로 부정적 피드백을 들으면서 성장하기 때문에 성장하면서 그 후유증으로 우울, 대인관계장애, 불안장애를 갖기 쉽고 매우 낮은 자존감으로 사회적, 대인관계적인 상호작용에 어려움을 겪게 될 가능성이 높다. 따라서 놀이치료를 통해 아동이 자존감을 유지하고 자신에 대한 긍정적 피드백을 가질 수 있도록 도와야 한다. 또한 불안이나 우울로 인한 주의산만의 경우와 가족력으로 인한 주의산만의 경우는 분리하여 진단하여야 하며 반드시 놀이치료가 필요하다.

(차) 배설장애(elimination disorders)

① 유뇨증

소변을 가릴 수 있는 적절한 연령이 되었음에도 불구하고 소변을 옷에 보는 증상을 말한다. 신체적 이상이 없는 2차적 유뇨증의 경우에는 대소변 훈련과정의 문제, 환경변화, 사고, 부모의 불화, 체벌 등이 원인이 되며 이 경우에는 놀이치료 등의 심리치료가 필요하다. 또한 낮 동안 소변을 참게 하고 잠자리 전에 수분섭취를 줄이도록 하는 노력을 병행한다.

② 유분증

유뇨증과 마찬가지로 적절한 연령이 되었음에도 불구하고 부적절한 곳에 대변을 보는 증상이다. 일반적으로 유뇨증에 비해 부모들의 미성숙한 성격, 가정파탄, 양육자의 우울증, 가족간 분리 등 가족 내 병리가 심각할 가능성이 높다. 또한 부모의 질병, 동생의 출생, 질병, 이사 등의 변화가 있을 가능성도 높아 부모에 대한 상담과 더불어 놀이치료를 병행하면 훨씬 효과가 좋을 수 있다.

(카) 틱장애(Tic Disorders)

가족력이 없고 스트레스에 의한 일과성 틱장애는 놀이치료에 잘 반응하는 경향이 있다. 스트레스 원을 없애는 것이 중요하며 틱증상에 대해 부모가 지적하지 않게 하는 것이 필요하다.

다. 놀이치료의 실제

1) 놀이치료실과 놀잇감

놀이치료실과 놀잇감은 아동과 의사소통하고 아동이 자신의 내면 깊은 세계를 판단이나 비난의 위협 없이 안전하게 표현할 수 있는 곳이기 때문에 놀이치료실을 꾸밀 때에 신중해 한다. 처음 놀이치료실에 들어설 때부터 놀이치료실은 안전하고 따뜻하며 놀고 싶은 곳이어야 한다.

(가) 놀이치료실

놀이치료실은 물리적 공간을 의미한다. 놀이치료실은 아동의 연령, 이론적 접근에 따라 다르게 꾸며질 수 있다. 치료놀이나 발달놀이처럼 치료자가 놀이도구로 활용되는 접근에서는 매우 소수의 놀잇감을 도구로 이용한다. 그러나 아동중심 놀이치료나 기타의 놀이치료적 접근에서는 놀잇감을 매우 많이 구비한다. 놀이치료실의 벽과 바닥은 청소가 용이한 재질의 마감재를 사용하여야 한다. 우리 나라와 같이 바닥에 앉아 놀이를 하는 경우에 바닥은 장판을 까는 것이 보통이며 걸레청소가 가능한 벽지를 사용한다. 놀이치료실은 소음 차단이 이루어지는 방이어야 한다. 적당한 놀잇감 진열장을 준비하여 선반 위에 아동이 쉽게 볼 수 있도록 놀잇감들을 진열한다. 아동이 물놀이를 할 수 있도록 싱크대를 설치하면 좋으며 작은 화장실이 있으면 더욱 좋다. 그러나 놀이치료실의 물리적 환경보다 더 중요한 것은 아동의 놀이세계를 이해하고 공감해 주는 성인의 존재 여부다(Landreth, 1991; Norton & Norton, 2002). 그러한 존재가 있을 때 아동은 안전을 느끼고 자신의 세계를 열고 바깥세상과 의사소통할 수 있다.

(나) 놀잇감

놀잇감은 아동이 직접 언어로 표현하지 못하는 세계를 놀이라는 상징을 통해 간접적이고 상징적으로 표현케 하는 수단이라고 할 수 있다. 그렇기 때문에 아동이 사용하는 놀잇감의 의미와 특정상황에서 아동이 놀잇감을 통해 하는 놀이의 의미를 이해하는 것이 곧 아동과 의사소통할 수 있는 방법이라고 할 수 있다.

아무것이나 놀이치료를 위한 놀잇감으로 적합한 것은 아니다. 놀잇감 선택에는 기준이 존재하며 기준에 따라 놀잇감을 선별해야 한다. Norton과 Norton(2002)이 제시한 놀잇감 선별 기준을 제시하면 다음과 같다.

① 위생적인 놀잇감이어야 한다.
② 관계지향적인 놀잇감이어야 한다.
③ 아동의 현실세계를 반영한 놀잇감이어야 한다.
④ 투사적 놀잇감이어야 한다.
⑤ 아동을 환타지 세계로 안내하는 놀잇감이어야 한다.
⑥ 의사결정을 격려하는 놀잇감이어야 한다.
⑦ 아동의 창조성을 자극할 수 있는 놀잇감이어야 한다.

(다) 놀이실에 추천할 만한 놀잇감

· 인형들(가족, 동물, 퍼펫, 얼굴 없는 인형) · 인형가구(단단한 나무 재질로 만든 수납장) · 몸을 움직일 수 있는 가족인형 · 고무 젖꼭지	· 다트 · 플라스틱 음식모형(계란, 야채, 케이크 등) · 수갑, 총, 칼, · 공 (큰 것과 작은 것)

· 플라스틱 우유병 · 지갑과 보석, 드라이기, 금전등록기 · 소꿉놀이 기구(접시, 주전자, 그릇 등) · 자동차 놀이도구(차, 트럭, 비행기, 기차 등) · 악기놀이도구(실로폰, 심벌즈, 북등) · 군인, 소방수 놀잇감 · 동물(공룡, 악어, 가축, 새, 괴물, 파충류 등) · 펀치백	· 의료기구(청진기, 주사, 약병 등) · 크레용, 물감, 연필, 색연필, 종이 · 밧줄, 수갑 · 찰흙 (색 찰흙, 다양한 향기 찰흙) · 전화기 두 대 · 블록(모양과 크기가 다른) · 모래상자, 물통 · 카메라, 손전등, 텐트, 카드

2) 놀이치료 과정

놀이치료는 학자들에 따라 약간씩 다른 과정이 소개되고 있다. 일반적으로 4개의 단계(West, 2003; Guerney, 1983a; Moustakas, 1964) 또는 5단계를 거친다고 보는 사람도 있다(Norton & Norton, 1997). 그러나 이 단계들이 항상 모두 순서대로 이루어지는 것은 아니며 경우에 따라 그 순서가 바뀔 수도 있으나 이 단계들에 항상 주의를 기울어야 할 필요는 있다. 치료과정은 자동적으로 일어나는 것은 아니며 아동과 상담자 사이에 형성된 치료적 동맹에 의해 상담관계가 좌우된다고 할 수 있다. 놀이치료자가 아동의 감정에 일관성 있고 민감하게 반응하고, 아동의 태도를 수용하며, 확고하고 성실한 믿음을 전달하며, 아동을 존중할 때 치료적 동맹이 더욱 잘 일어난다.

West(2002)는 놀이치료 단계를 4단계로 제시했는데 이 단계들을 간략히 요약하여 제시하면 다음과 같다.

(가) 1단계

목표가 있거나 없는 산만하고 많은 행동이 나타난다. 이 때의 행동은 전형적인 행동이 아닐 수도 있다. 아동은 자신의 실제 자기와의 접촉을 잃을 수도 있고 불편함을 느낄 수도 있으며 문제를 일으킨 사람이나 상황을 구별하지 못할 수도 있다. 아동들이 행동표출(acting-out)을 할 때 아동들은 자기 자신을 포함하여 무차별적으로 적개심을 나타낼 수 있으며 놀잇감과 놀이치료자를 공격하는 것으로 적대감을 표현할 수 있다. 불안한 아동들은 모든 사물과 사람을 두려워하여 홀로 있고 싶어하는 행동이 나타나며 모든 것을 해롭게 여긴다.

(나) 2단계

놀이치료자에 대한 신뢰감이 더 생기며 아동들이 놀이치료실에서 수용과 존중을 받는다고 느낄수록 아동들은 사물이나 자신 외의 정확한 인물들에게 분노나 두려움을 더욱 표현할 수 있게 된다. 이 단계에서 두려움은 대리인물이나 상황이 아닌 문제를 일으킨 대상에게 향하게 된다. 분노한 아동은 놀잇감을 때리고 형제나 부모에게 표현하기 시작한다. 이 때가 매우 중요한 시기인데 그 이유는 부모나 교사 입장에서 볼 때 아동들의 문제가 더 심각해진 것으로 보일 수 있기 때문이다. 하지만 오래 지속되지는 않는다. 아동들이 분노의 감정을 더 많이 표출할수록 그리고 치료자가 아동을 더 많이 수용할수록 아동은 내면에 가치 있고 훌륭한 사람이라는 느낌을 갖게 된다.

(다) 3단계

3단계에 이르면 긍정적 감정이 생겨난다. 아동들이 수용받고, '좋은' 그리고 가치 있는 사람이라는 확신을 갖게 되면서 부정적 감정표현이 감소한다. 이 단계는 양가감정이 첨예한 시기이다. 아동들은 동일한 대상에 대해 증오와 사랑을 동시에 느끼며 이는 아동과 대상에게 혼란스럽고 고통스러운 기간이다. 아동들은 강력하게 아기인형을 돌보고, 숨막히게 사랑해준 다음 변덕스럽게 때려 준다. 이들은 치료자를 발로 차고 그런 다음 잘해 준다. 어떤 것을 달라고 요구하고는 내동댕이쳐 버리거나 갖기 싫다고 한다. 이러한 양가감정은 처음에도 심각할 정도로 강렬하지만 치료적 관계 속에서 반복적인 표현을 통해 그 강도가 매우 약해진다. 아동들은 더욱 적극적으로 또는 무관심하게 치료자를 개입시킨다.

(라) 4단계

긍정적이고 현실적인 감정들이 더욱 강력하게 나타난다. 첫 세 단계를 통해 아동은 치료자에게 일관성 있게 그리고 전인적으로 수용받는다. 따라서 이 시기에 아동은 성인치료자로부터 좋은 부모 이미지를 내사하고 내적으로 좋은 자기 이미지를 느낀다. 아동은 자존감의 향상과 함께 가치 있고 안전함을 느끼며, 감정의 분출로부터 이제 타인을 사랑할 수 있는 여유가 생긴다. 모든 사람을 증오하고 혼자 있기만을 원했던 아동이 미움의 대상의 한 사람이었던 동생을 모든 사람을 초대하는 파티를 여는 놀이를 한다. 이 단계에서 아동은 현실에 적응하며 타인을 있는 그대로 본다. 또한 불안 없이 자신의 결점과 단점을 더욱 수용할 수 있게 된다. 이 단계는 자신감에 손상을 주지 않고 놀이치료에서 구체적인 문제를 다룰 수 있는 시기이다. 이 시기는 또한 놀이치료로부터 종결할 단계이기도 하다. 아동은 정상적으로 적절한 의사결정을 할 수 있고, 책임감을 받아들이며 자신의 감정을 갖고 그것에 반응할 수 있게 된다.

3) 제한설정

놀이치료에서 구조화해야 하는 중요한 것 중의 하나가 제한설정이다. 제한설정은 아동으로 하여금 사회적으로 용납되는 행동에 대해 알게 하고, 또한 치료자가 아동의 안전을 우선시 한다는 것을 아동으로 하여금 알게 하며 아동이 대인관계에 필요한 책임감을 배우게 한다는 측면에서 치료적이라고 할 수 있다(O'Conner, 1991). 부모가 어린 자녀를 양육할 때도 반드시 하게 되는 것이 제한설정이며 이는 아동으로 하여금 자신의 감정과 행동을 조절하고 사회적 상황에 맞추도록 하여 아동의 조절능력을 키우게 한다. 아동에게 자신의 신체, 행동, 감정, 관계를 조절하는 능력은 사회적으로 생존해 나아가는데 반드시 필요한 것으로 이것이 성취되지 않으면 충동조절 장애, 반사회적 행동, ADHD 등과 같은 문제를 갖게 할 위험도 있다. 아동들이 놀이치료를 받으러 오는 이유는 매우 다양한데, 어떤 아동들은 무엇이든 잘 해야 한다는 부담감으로 늘 긴장하고 못할 것을 염려하여 지레짐작으로 미리 포기하기도 한다. 이런 아동들은 놀이치료실에서도 자신이 잘할 것을 기대한다는 생각 때문에 긴장하고 잘 하려 노력하다가 지치고 에너지가 소진되어 정해진 시간이 안 되었음에도 불구하고 밖으로 나가려 하기도 한다.

행동조절이 잘 안 되는 아동들 역시 놀이치료실에서 놀잇감을 망가뜨리거나 규칙을 지키지 않기도 한다. 어떤 문제로 놀이치료실에 왔든 간에 치료자와 놀이치료실은 아동에게 낯선 사람이고 낯선 장소이기 때문에 아동은 놀이치료실이 어떤 곳인지 그리고 놀이치료자가 어떤 사람인지 알기 위해, 어떤 행동이 허용되고 안 되는지를 알기 위해 시험하는 행동을 하게 된다. 그러나 치료자의 따듯하고 수용적이고 일관성이 있는 반응을 통해 아동은 서서히 신뢰를 느끼게 되고 자신의 깊은 내면을 통해 작업하기 시작한다. 깊은 내면을 작업할 때에 아동들은 격한 감정을 느끼기도 하고 두려움이나 불안 때문에 충동적으로 규칙을 어기는 행동을 하기도 하지만 치료자의 일관성이 있는 제한과, 제한에도 불구하고 변함없는 치료자의 수용적 태도로 인해 여전히 신뢰와 안전감을 느끼고 자신의 내면세계 탐색을 계속하게 된다.

제한설정은 아동뿐 아니라 놀이치료자의 안전을 위해서도 필요하다. 치료자를 다치게 하거나 불안하게 한다면 치료자 자신도 안전하지 않을 뿐더러 아동과의 관계에서 집중과 공감을 할 수 없게 된다. 이와 같이 제한설정의 필요성이 여러 가지 이유에서 크고 중요함에도 불구하고 제한은 치료자들이 매우 어려워하는 부분 중의 하나이다. 때문에 제한설정에 대한 충분한 훈련과 노력이 필요하다는 점을 강조하고 싶다.

Landreth는 제한설정의 절차를 4단계로 나누어서 제시하였다.

① 아동의 감정을 공감한다.

아동이 놀이치료실에서 허용되지 않는 행동을 하고 싶어할 때 그런 행동을 하고 싶어하는 감정과 욕구 자체는 인정하고 공감해 주어야 한다. 예를 들어, "창문에 공을 던지고 싶구나" 인데, 이처럼 행동은 제한하더라도 욕구와 감정에 대해 공감을 받았기 때문에 아동은 거절감을 느끼지 않게 된다.

② 제한이 있다는 것을 알린다.

놀이치료실에서 허용되지 않는 행동이 있다는 것을 알린다. 제한을 알릴 때에는 구체적이고 정확해야 한다. 무엇이 안 되는 행동이고 무엇이 가능한 행동인지를 알린다. 예를 들어 "창문에는 공을 던질 수 없으며 공을 던지고 싶다면 벽이나 바닥에 던질 수 있어"이다. 첫 번째와 두 번째 절차는 바꾸어 할 수도 있다. 공감을 하기도 전에 공이 창문으로 던지려 한다면 제한이 있다는 것을 먼저 알려야 한다.

③ 다른 대안을 알려 준다.

무엇보다 중요한 것은 행동에 대한 통제만 존재하는 것이 아니라 그것을 대신할 수 있는 대안이 존재한다는 것을 알리는 것이다. 아동에게 제한했지만 무조건 제한이 아니라 아동의 욕구를 대체하여 충족할 수 있는 방법을 알려 주며 아동이 자신의 욕구를 사회적으로 바람직한 방법으로 충족할 수 있는 방법을 찾게 한다.

④ 위와 같이 3단계를 거쳤음에도 불구하고 어떤 아동들은 자신의 욕구를 자신의 방법으로 실현하려고 한다.

이런 경우는 위의 과정을 2~3번 더 반복한다. 그럼에도 불구하고 놀이치료실에서 허용되지 않는 행동을 계속한다면 그 때에는 두 가지의 대처방법을 사용할 수 있다. 첫 번째는 제한을 지키지 않으면 놀이치료실에 계속 있을 수 없다는 것을 알리는 것이다. 한 번의 기회를 더 남겨 두고 이러한 경고를 하여 아동이 계속 놀이치료실에 있을 것인지 아니면 밖으로 나갈 것인지를 선택하게 한다. 밖으로 나가기를 아동이 선택한다면 더 이상 그 세션에는 놀이치료실에 남아 있을 수 없다. 그러나 특정한 놀잇감을 망가뜨리는 행동과 같은 제한의 경우에는 그 놀잇감을 더 이상 가지고 놀 수 없는 것을 마지막 선택행동으로 하게 한다. 모든 제한설정 과정은 치료자 자신의 동요와 감정적 혼란 없이 공감적이면서도 확고하게 이루어져야 아동에게 치료적인 효과를 가져 올 수 있다는 점을 기억하는 것이 중요하다.

4) 놀이치료의 종결

놀이치료의 마지막 단계는 종료 단계이다. 이 단계에서 나타나는 아동의 놀이는 주로 실생활과 관련된 것으로 이제 아동이 현실세계로 돌아갈 준비가 되었음을 의미한다. 이 단계에 이르면 아동들은 놀이치료실에 대한 흥미를 잃고 친구와 같이 노는 놀이 같은 현실세계에서의 놀이를 더 즐기게 된다. 아동은 놀이치료를 하는 동안 자신이 당한 고통이나 슬픔, 외상 등을 다루고 스스로에게 힘을 부여하면서 아동에게 부정적 영향을 주었던 사건들에 대한 상징적 매듭을 지어 왔기 때문에 종료과정은 매우 중요한 의식(ritual)이라고 할 수 있다. 무엇보다 중요한 것은 아동이 놀이치료에 의뢰된 주호소문제의 해결이지만 증상 그 자체의 제거보다는 증상을 일으킨 원인적 문제나 상황의 개선 또는 그와 관련된 더 깊은 내면적 문제의 해결을 반드시 고려해야 한다. 종결과정이 적절히 이루어지면 지금까지 이루어져 온 놀이치료의 효과들을 더욱 증진하고 공고히 할 수 있는 기회가 된다. 그러나 종료과정이 적절한 시점에서 적절히 이루어지지 않으면 아동은 치유과정을 자연스럽게 끝맺지 못하고 다시 한 번 버림받음과 상실의 고통을 겪게 된다.

아동은 단순히 치료 장면을 떠나는 것으로 치료를 종료하는 것이 아니라 아동 안에 내면화된 좋은 보호자 또는 양육자의 이미지를 가지고 떠난다. 그런 의미에서 종료에 대한 치료자 자신의 감정에 대해서도 세심한 관찰과 탐색이 필요하다.

(가) 종료의 결정

종료과정이 시작되기 전 그러니까 아동이 문제를 해결하고 발달적으로 적합한 단계로 도약하는 때에 이미 종료의 단서가 나타나기 시작한다고 할 수 있다. 아동은 더욱 자발적으로 놀이를 하게 되고 창조적으로 즐기는 모습을 나타낸다. 또한 아동은 놀이에 대한 열정과 흥미로 인해 놀이치료실에 오래토록 다니고 싶다는 표현을 하기도 한다. 이럴 때는 아동의 바램을 읽어줌과 동시에 비공식적으로 놀이치료실에 오는 기간에 제한이 있다는 것을 알리는 것이 필요하다.

종결이 필요한 경우들을 제시하면 다음과 같다 (West, 2002).

① 아동의 주호소문제의 개선
② 아동의 기분이 개선됨
③ 가정과 학교에서의 적응
④ 가족 배경에 대한 현실적 이해

⑤ 다른 상담자나 다른 상담프로그램으로 의뢰가 필요한 경우
⑥ 놀이치료가 도움이 안 될 때
⑦ 양육자가 놀이치료를 원치 않을 때

(나) 종결과정

종결을 결정할 때 무엇보다 중요한 것은 아동에게 얼마 동안 놀이치료에 더 오고 싶은지에 대한 의견을 물어야 한다. 아동이 더 올 수 있는 세션 수가 결정되면 그 다음부터는 매 세션마다 아동이 종결할 마음의 준비를 시켜야 한다. 또한 2주나 3주, 한 달 정도의 간격을 종결 세션 사이에 두는 것도 필요하며 몇 달 후에 추후 세션을 하는 것도 유용하다. 올 때마다 몇 세션이 남았으며 몇 번을 더 만날 수 있는지 등에 대해 이야기해야 한다. 어린 아동의 경우에는 눈으로 볼 수 있는 그림이나 차트 등을 만들어 색칠하거나 스티커를 붙여 나가는 것도 시각적으로 아동의 종결을 도울 수 있는 방법 중에 하나이다. 또한 놀이치료 과정 중에 아동에게 의미 있었던 상징적 놀잇감을 종결 때 선물로 주는 것과 사진을 찍어 나누어 갖는 것도 좋은 방법이다. 종결 때는 파티를 해서 아동과의 분리를 기념하기도 한다. 반드시 종결에 대한 아동의 감정이 다루어져야 하는데 이 과정에서 아동은 자신이 처음에 놀이치료를 시작했을 때 종결을 다루는 시점에서의 자신이 매우 다르다는 것과 스스로에 대한 유능감을 인식하게 되며 앞으로 어떤 긍정적인 방식으로 자신이 살아가야 하는지를 스스로 이해하게 된다.

(다) 마지막 세션

마지막 세션에 이르면 어떤 아동들은 마지막 세션임을 언급하기도 하고 어떤 아동들은 아무런 언급을 하지 않기도 한다. 중요한 것은 이것이 마지막 세션임을 인정하고 마지막 세션에 대한 감정을 서로 나누며 어떤 과정을 거쳐 왔는지 이야기를 나누는 것이 필요하다. 이 때 언제든지 다시 만날 수 있음을 알려 주어야 하고 파티를 열어 아동이 놀이치료를 통해 성취한 것을 축하하며 아동이 얼마나 소중하고 중요한 존재인지를 반드시 알려 주어야 한다.

2. 발달놀이치료

최근에 수정된 놀이치료 방법인 발달놀이치료(Brody, 1963, 1978; Brody, Fenderson

& Stephenson, 1976)는 애착이론(Bowlby, 1969), 대상관계이론(Winnicott, 1953), 자아심리학이론(Mahler, 1975; Stern, 1974), Erikson(1940)의 심리사회발달이론 등을 근거로 치료자와 아동관계를 이용해 생의 초기단계에 형성되는 긴밀한 애착관계를 재형성하는 접근이다. 이러한 접근에서는 관계를 재형성하는 매개물로서 신체적 접촉을 이용한다.

가. 발달놀이치료의 역사와 정의

1) 발달놀이치료의 역사

아동이 태어나서 신체적, 심리적으로 성장해 나가는 과정에서 소위 'identity', 'ego', 'I' 또는 'self'라고 부르는 것들이 발달한다. 즉 궁극적으로 심리적 자아 또는 자기를 발달시켜 나간다. Des Lauriers(1962)에 따르면, 심리적 자아의 성장은 타인의 자아와 관계 맺는 것에 좌우되며 특히 어린 아동은 어머니와의 관계 맺기에 영향을 받는다(Brody 저, 성영혜, 장미경 역, 1997).

그가 말하는 어머니는 아동의 자율적인 심리적 자아의 성장을 지지하고 격려할 수 있는 사람이어야 한다. 그 중에서도 아동을 향한 어머니의 태도와 감정이 더 큰 영향을 준다. 어머니의 태도와 감정은 아동의 심리적 자아를 조각하는 강력한 요인이며, 어머니 존재의 태도와 감정은 아기를 안고 흔들어 주고, 젖먹이고, 기저귀를 갈아주고, 눈맞춤 등을 통해 나타난다. 선택하고 행위하는 데 중심이 되는 심리적 자아(sense of I-ness)의 발달을 위해서는 신체적 자아(bodily self)의 발달이 선행되어야 한다. 자아의 발달은 신체에 대한 인식에서부터 시작되며, 신체에 대한 초기지각을 신체적 자아라고 한다. 이러한 발달은 아동기와 청소년기를 통해 계속되며 성인기에 접어들면 그 발달은 매우 느려지고 잘 변화하지 않는다(Des Lauriers, 1962). 이러한 발달은 꾸준히 이루어지며, 나는 누구인가, 즉 나의 자아에 대한 인식이 더욱 복잡해진다.

그러한 아동의 자아발달을 위해 Brody(1978)는 40년에 걸쳐 발달놀이치료(developmental play therapy)로 불리는 아동심리 치료방법을 개발했다. Brody는 Des Lauriers(1962), Buber(1958), Jane Adler(1981)의 영향을 받았다. 특히 그녀는 Des Lauriers의 영향을 많이 받았는데 Des Lauriers는 Michael Reese Psychosomatic Institute에서 정신분열증아동을 신체적 접촉(touch)을 이용해 치료했다. 그는 신체적 접촉이 치료에 효과적이라고 믿었다. 성인인 자신의 의지, 감정, 소망 등을 인식하지만 신생아는 주관적으로 선택하고 행동하게 하는 그와 같은 감각기능을 갖고 있지 못하다. 그러나 신체에 대한 인식은 출생시에서부터 시작된다. 초기 자아의 경험은 신체에 대한 인식으로 시작한다. 즉 발달놀이치료는 기본적으로 애착이론(Bowlby, 1969)에 기초한 접근으로서, 최소한 한 명 이상의 성인과 놀이, 신체적 접촉을 통한 친밀하고 개인적인 관계가 기본이 된다. 이 신체인식은 어머니가 해 주는 물리적 접촉 그리고 놀이와 애정표현을 통해 이루어진다. 처음에 영아는 자신의 몸을 만지고 입맞춰 주고 안아 주는 어머니를 자신의 신체일부로 인식한다. 이는 성장단계이론과 정신분석이론을 접목시킨 Mahler(1972, 1975)의 공생적 단계(symbiotic phase)와도 일치한다.

Mahler에 의하면, 영아는 생후 3개월까지 자신의 어머니의 한 부분으로 지각한다. 그 후가 되면 별개의 실체로서 자신의 신체부분들을 지각하게 되고 아동의 신체는 아동의 세계로부터 아동을 구분짓는 별개의 경계(boundaries)들을 갖게 된다. 이는 Mahler의 단계로 보면, 분리－개별화의 단계이다. 따라서 정상적인 아동과 정신병리적 아동의 차이는 새로운 심리적 탄생을 하지 못한 것, 즉 공생적 단계로 퇴행하거나 그 상태에서 성장이 멈춰버린 것이다.

Des Lauriers는 특히 정신분열증 아동들이 다른 사람과 관계 맺을 때 필요한 구조(structure)나 신체적 자아가 결핍된다고 보았다. 그래서 정신분열증 아동을 심리 치료할 때 신체적 자아에 대한 인식을 높여 주어야 하며 이를 위해 신체적 접촉이라는 방법을 사용하게 되었다. 이런 신체적 접촉을 감각 자극적 접촉(sensory stimulating contact)이라고 불렀는데, 아동이 자신의 몸이 누구에 의해 접촉되었는지, 접촉하는 것이 무엇인지, 그리고 자신의 접촉된 신체부위를 깨닫게 하는 구체적인 접촉으로 접촉의 성격을 제한하였다. 이런 감각 자극적 접촉은 접촉하는 사람과 접촉받는 사람 사이에 관계를 형성한다. 그렇다고 모든 접촉이 다 감각 자극적 접촉은 아니다. 감각 자극적 접촉을 하기 위해선 치료자가 특정아동에게 신체적 자아가 나타나도록 격려하는 특정한 접촉을 해야 한다. 즉 모든 아동들에게 동일한 접촉방법을 사용하는 것이 아니다. 또한 Des Lauriers는 치료자가 어머니여야 한다고 주장했다. 치료자가 어머니 역할을 해야 한다는 것이 아니라 어머니가 되라는 의미이다. 어머니의 태도와 감정은 관계를 맺어가는 성인자아의 통합적이고 중심적인 것이어야 한다. 즉 아동을 심리 치료하는 성인은 아동과 완전히 존재해야 한다.

철학자이자 신학자인 Martin Buber(1958)는 「I-Thou」라는 그의 저서에서 나(I), 즉 자아가 생겨날 수 있는 길은 타인(Thou)을 만나는 것이라고 보았다. 타인 없는 자아라는 것은 존재할 수 없는 것이다. 이는 아동양육자의 중요성이 얼마나 큰가를 설명해 주는 것으로 대상관계이론의 자아대상과 같은 개념이다. 대상관계이론에서는 대상(object)으로서 자신의 신체와 관계에 대한 개인의 관심을 중요시하는 치료를 자기 조절적 치료(self-regulatory therapy)라고 한다(Grostein, 1983c). 또한 Grostein(1983)은 자아대상을 대인관계적 자아대상(interpersonal selfobjects), 신체자아(body-self), 기본적 동일시의 배경적 자아대상(background selfobject of primary identification)의 세 가지로 범주화하였다.

Janet Adler(1981)는 동작(movement)을 이용해 아동을 치료하는 기법을 워크숍(authentic movement) 등을 통해 소개했다. 아동이 태어나서 최초로 타인에게 '보여지는 것(being seen)'의 신체경험을 하며(Merleau-Ponty, 1962), 이 '보여지는 것(being seen)'의 경험의 질에 따라 아동의 신체자아의 발달이 영향을 받는다고 보았다.

2) 발달놀이치료의 정의

발달놀이치료란 주로 신체적 접촉과 자극을 통하여 아동의 발달을 자극하는 치료방법을 의미한다.

발달놀이치료는 대상관계이론과 애착이론, 그리고 접촉(touch)을 개념적 틀과 핵심으로 삼고 있으며, Brody(1978)는 학습에 문제가 있는 저학년 아동집단과 경증 정신병 아동 집단을 대상으로 신체적 접촉과 구조화된 치료를 실시하고, 신체적 접촉의 사용과 구조화된 세션을 강조한 자신의 방법을 발달놀이치료라고 명명하였다.

발달놀이치료에서는 정서적, 사회적 결핍이나 학습결핍 등 발달장애를 가지고 있거나 발달적 적응문제를 지닌 아동이 아동을 돕도록 훈련된 성인 치료자와 놀이 활동을 하면서 서로 깊이 관여, 살핌, 수용하는 친밀한 인관관계를 발달시켜 나간다. 또한, 아동과 부모의 초기 사회적 상호작용 증진을 위한 놀이, 아동을 위한 감각적 자극 접촉과 신체놀이, 유능감과 내적 동기를 유발할 수 있는 놀이가 고안된다. 그러나 이것은 인위적이거나 의도적이어서는 안 되고 아동의 발달수준이나 욕구에 따라 이루어진다.

나. 이론적 구성

1) 발달놀이치료의 원리

Brody가 실제로 발달놀이를 실시하면서 터득한 발달놀이치료의 여섯 가지 원리들이 있는데, 이는 성인과 아동 사이의 상호작용 뒤에서 작용한다(성영혜, 장미경 역, 1997).

① 접촉받음으로써 자기 자신을 경험한 아동은 자아감(sense of self)을 발달시킨다.

접촉받는 것에 대한 아동의 경험은 아동으로 하여금 자신을 접촉하는 성인과 관계 맺게 한다. 접촉받는 아동은 자기 자신을 나(I)로서 인식하게 되고 아동이 어떤 행위를 하고 감정을 갖게 되는 사람, 즉, 접촉해 주는 사람을 너(Thou)로 인식한다.

다시 말하면, 접촉을 느끼는 아동은 접촉하는 사람을 수용(접촉해 주는 사람을 향해 움직임으로서)하거나 거부(접촉해 주는 사람에게 등을 돌림으로서)한다. 그러나 반복적으로 접촉하는 것을 경험할 수 없는 아동은 자신을 접촉해 주는 성인과 관계 맺을 수 없다. 관계 맺는 것은 분리된 자아들의 상호작용을 의미하며 접촉받는 것은 접촉받는 아동의 자아감을 만들어 줄 뿐만 아니라, 아동이 수많은 관계에 발달적 영향을 받게 만든다. 아동은 관계를 통해 성장하기 때문이다.

② 아동이 접촉을 경험하기 위해서는 능력 있는 성인이 아동을 접촉해야 한다.

능력 있는 성인은 접촉을 경험한 사람이다. 접촉받는 것이 어떻게 느껴지는지를 알고 접촉해 주는 사람이 접촉받는 느낌을 만들어 내기 위해 무엇을 했는지를 알기 때문에 그 사람은 접촉받는 느낌을 만들어 내기 위해 무엇을 했는지를 알기 때문에 그 사람이 접촉해 주는 사람이 될 수 있다.

③ 접촉해 주는 사람이 되기 위해 먼저 기꺼이 접촉받는 것을 배워야 한다.

접촉을 허용하는 것은 쉽지 않은데, 이유는 접촉은 어린 시절을 상기시키기 때문이다. (어떤 기억은 좋고 어떤 기억은 좋지 못하다.) 그러나 접촉받은 경험은 아동을 접촉하게 만든다.

④ 접촉을 느끼기 위해, 아동은 스스로 접촉받는 것을 허용해야 한다.

학대받은 아동은 성인과의 관계가 매우 고통스러웠기 때문에 접촉을 못하게 할 수도 있다. 그러나 치료자가 민감하고 물러섬 없이 조용히 있다면 이런 아동들도 신체적 자아를 경험하게 될 것이며, 조금씩 아동들은 성인이 자신을 보는 것을 허용하고 마침내 접촉을 허용할 것이다.

⑤ 아동은 접촉을 통해 먼저 남에게 보여 지는 것을 느낀다.

우리는 처음으로 부모가 접촉을 해 주었을 때 그 경험을 하게 된다. 접촉은 나이가 들어가면서 관계가 다른 방식으로 바뀌는 것이 아니며, 삶 전체를 통해 정서를 촉진하고 개인들 사이의 상호작용의 질을 구체화한다. 보여 지는 방법인 접촉은 다양한 치료 장면에서 치료자의 치료과정을 통해 구체화되며 두 사람 사이에—아동과 치료자—발전하는 관계의 각 구면에서 각 아동에게 맞는 접촉을 치료자가 선택한다.

발달놀이치료에서, 올바른 접촉은 아동이 접촉을 느낄 수 있게 하며, 자신의 신체 신호를 인정하게 하고, 생생한 만남의 순간에 자신을 접촉해 주는 성인과의 관계를 경험케 한다.

⑥ 접촉이 필요한 아동에게 관계를 만들어 주기 위해 성인은 발달놀이치료 세션에서 일어나는 활동을 통제한다.

발달놀이치료 세션 동안 성인은 아동이 접촉을 느끼는 경험을 만들어 내는데, 치료적 관계가 이루어지고 진전되도록 할 책임이 아동이 아니라 성인에게 있기 때문에 성인이 책임을 진다. 발달놀이치료 세션을 시작하는 성인은 다음의 4가지 활동을 거치게 되지만, 이것들이 배타적인 것은 아니다.

2) 발달놀이치료의 대화

(가) 자기와의 접촉

발달놀이치료자가 하는 것은 접촉이다. 아동을 접촉하는 것이 발달놀이의 중심적이고 중요한 방법이다. 아동을 접촉하는 목적은 아동과 성인 사이에 풍부한 대화를 하게 하는 것이다.

발달놀이치료는 성인의 진실한 자아와 아동 사이의 만남이며 접촉하는 성인과 접촉받는 아동 사이의 만남은 아동의 진실한 자아에 접촉한다. 접촉의 가치는 그것이 진정한 자아의 특징을 전하는 것에 있다. 접촉해 주는 사람의 자아는 접촉받는 사람의 자아에 영향을 주며, 그것은 자아들 사이의 대화하는 방식이다.

(나) 접촉받은 경험

접촉받는 느낌은 두고두고 기억될 의미 있는 경험이다. 피부는 결코 잊지 않는다. 접촉을 느끼는 아동의 행동, 태도, 감정은 반드시 변화한다.

접촉은 아동이 보다 이완되고 편안해지는 것으로, 나타나는 또한 보다 힘이 넘치고 생동감이 있게 나타나는 신체 느낌의 경험이다.

접촉받는 아동은 단순히 행복하다. 아동은 자신이 누구인지에 대한 인식이 고조되며, 새로운 활동을 시작하고 성인과 새로운 방식으로 관계맺음으로써 이러한 인식에 영향을 미친다. 마침내, 접촉받는 것은 아동에게 지극한 즐거움이며 아동은 다시 접촉받고 싶어

한다.

아동이 느끼는 즐거움은 살아있는 느낌, 자신의 실제성, 성장하는 자아에 대한 느낌의 즐거움이다.

"다른 쪽 발두요"라는 요구는 성인이 다시 아동과 보다 충분히 깊게 접촉할 수 있는 기회를 준다. 왜냐하면 아동은 접촉받는 것에 대해 매우 개방적이기 때문이다.

(다) 접촉하는 사람의 경험

접촉을 시작하는 발달놀이치료자는 아동과 주요단계 3단계를 경험한다.

① 1단계—처음에는 인사하는 단계로 '아동을 알아가는' 단계

② 2단계—아동이 접촉을 허락하고 원한다. 치료자를 신뢰한다.

③ 3단계—아동의 행동을 보면 아동이 치료자를 자신과 분리된 존재를 경험하고 있음을 알 수 있다.

발달놀이치료의 효과는 아동을 접촉하고 아동이 접촉을 느끼는 것에 좌우된다. 접촉의 목표는 아동과 성인의 진정한 자아들이 만날 수 있고 대화할 수 있는 관계를 만드는 것이다.

다. 발달놀이치료의 실제

1) 발달놀이치료의 방법

발달놀이치료 세션에서 사용하는 중심적인 방법은 바로 신체적 접촉(physical touch)과 눈맞춤, 소리 등의 비언어적 의사소통이다. 즉 영·유아기에 토닥거림, 어루만짐, 눈접촉 등의 신체언어를 통해 보호자의 사랑과 관심을 충분히 받지 못한 아동은 처음에는 그것들을 갈망하지만 차츰 사람들을 기피하고 내담, 무기력해져 절망에 빠지거나, 지적 능력이 저하되거나, 반항행동을 하게 된다.

Brody(1995)는 40여 년간 아동을 심리치료하면서 접촉의 치료적 가치를 확인하였다. 즉 신체접촉이 애착의 기회가 된다고 보았다. 아동을 접촉하는 목적은 아동과 성인 사이에 풍부한 대화를 가능케 하는 것에 있다. 자아의 발달을 방해받아 자신을 표현할 수 있는 핵심자아(core self)가 없거나 신체자아 이전 단계에서 자아의 발달이 멈춰버린 아동들은 언어로 자신을 표현하기도 어려울 뿐만 아니라 자신을 표현해 줄 자아가 없다. 따라서 말은 없어도 신체의 감각을 통해 서로의 존재와 자신을 인식하게 된다(Goleman, 1988).

만남은 바로 자아들의 접촉이며 통합이다. 접촉하는 성인과 접촉받는 아동의 만남은 바로 아동의 진실한 자아에 접근하는 방법이다(Barnard & Brazelton, 1990).

Brody(1995)에 의하면, 접촉하는 방법이 정해져 있는 것은 아니다. 아동의 신체 중에서 사적인 부분(음부 등)을 제외한 모든 부분이 접촉의 대상이 될 수 있지만 처음에는 아동이 성인의 접촉을 인식하고 받아들이게 할 수 있는 접촉점을 찾아야 한다. 그 접촉점은 아동의 장애와 정도에 따라 또한 아동마다 다르며 그 순간을 포착하는 것은 치료자의 예민함과 경험에 달려 있다. 그러나 궁극적으로 접촉하게 허용하는 것은 아동이다. 치료자는 아동의 반응에 근거해 아동과 접촉할 수 있는 방법을 선택하게 된다. 즉 아동을 접촉하고 경청하고 인식함으로써 접촉한다. 아동은 보통 접촉받은 경험을 말로 하지 않지만 피부는 잊지 않는다(Montagu, 1986). 치료자는 아동의 행동을 보고서 아동이 접촉받는 것을 느끼는지 알 수 있어야 한다. 접촉을 느끼는 아동을 행동, 태도, 감정 면에서 반드시 변화가 나타난다. 즉 이완되고 편안해지는 것으로, 보다 힘이 넘치고 생동감이 생기는 것으로, 접촉을 더 원하는 것 등으로 나타난다. 즉 발달놀이치료의 성공은 언어적인 것 뿐만 아니라 비언어적으로 자신을 표현할 수 있는 능력의 성장으로 측정된다. 접촉은 주로 성인에 의해 이루어지고 따라서 에너지의 흐름도 성인에게서 아동으로 흐르지만 접촉하는 성인도 독특하고도 주관적인 경험을 하게 된다.

발달놀이를 실시하는 치료자는 3단계를 경험한다(Brody, 1993).

첫 번째 단계는 인사하는 단계로 "아동을 알아가는" 단계이며 아직 접촉의 대화를 시작하지 않은 상태이다. 접촉을 시작하기 위해 아동의 단서(cues)와 신체에 주의를 기울여야 한다.

두 번째 단계는 아동이 접촉을 허락하고 원하는 단계로 치료자에 대한 신뢰감이 생겨난다. 아동이 접촉을 느끼고 있음을 치료자가 알 수 있으며 치료자에 대한 아동의 사랑이 느껴진다. 대상관계이론에서는 이것이 애착단계라고 할 수 있다. 그러나 에너지는 주로 치료자에게서 아동에게로 흐른다.

세 번째 단계는, 아동이 치료자를 자신과 분리된 존재로 경험하게 되는 단계이다. 이 때는 아동도 대화내용에 어느 정도 기여하기 때문에 진정한 접촉의 대화가 이루어져 에너지가 아동에서 치료자에게로도 어느 정도 흐른다. Levin(1987)에 의하면, 접촉받는 사람이 접촉하는 사람이 되고, 접촉하는 사람이 접촉받는 사람이 되는 그런 단계이다.

이와 같이 접촉의 목표는 아동과 성인의 진정한 자아들이 만나고 대화할 수 있는 관계를 만드는 것이다.

Brody가 개발한 발달놀이치료 프로그램은 보통 30분간의 아동—치료자의 일대일 발달놀이치료, 아동—치료자들이 한 그룹이 되어 활동하는 시간 30분, 간식시간 10분으로 구성되며 집단 활동은 일대일 활동이 어느 정도 이루어진 후에 시작된다. 즉 치료자와 아동의 일대일 세션을 통해 기본적인 애착관계 맺기에 성공한 아동은 자기를 치료한 치료자와 함께 집단 활동에 참여하게 된다. 즉 치료자와 기본적인 애착관계를 유지하면서 그것을 바탕으로 집단에서 적응하는 과정을 갖게 되는데 Brody는 이를 "Circle Time"이라고 부른다. 즉 각 치료자들이 자신의 아동을 무릎에 앉히고 원모양으로 둘러 앉아 활동하는 시간이다. 이러한 집단 활동은 다른 성인이나 또래와 어울릴 수 있는 심리적 자아의 성장을 촉진하며, 위험을 느낄 때는 다시 애착대상인 치료자에게 숨을 수 있는 방법이라고 할 수 있다.

Brody가 발전시킨 발달놀이치료는 Holding Therapy와는 다르다. Welch(1988, Holding Time), Magid(1988, Children at Risk), Jernberg(1979, Theraplay)가 기술한 강제로 "안아주기"와는 다르다. 아동이 느끼거나, 말하거나, 무엇을 하도록 강요하지 않으며 강제로 간지르지도 않는다. 안고 흔들어 준다면 그것은 아동이 신체자아, 접촉의 즐거움, 살아있음의 기쁨을 경험케 하기 위해서이다. 대부분의 아동들은 처음에 접촉을 싫어하거나 반응을 보이지 않는데, 그럴 때도 강제로 하지 않고 다른 접촉방법을 찾거나 멈추고 기다린다.

기본적으로, 발달놀이치료는 정상적이고 행복한 부모－아동 사이에서 이루어지는 자발적이고 자연스런 신체접촉을 전제로 하기 때문이다.

2) 발달놀이치료의 구조

(가) 환 경

발달놀이치료 세션은 아동에게 접촉하는 시간이다. 그러므로 발달놀이치료에서 사용하는 물건들은 접촉할 수 있는 몇 가지의 간단한 소품들로 수가 적다. 카펫과 흔들의자는 치료자와 아동 사이의 친밀한 신체적 접촉을 허락하고 촉진한다. 테이블과 의자, 크레용, 연필과 종이는 대부분의 아동들이 쉽게 사용할 수 있는 자기표현을 위한 중립적 미술매체로서 아동에게 자기표현을 허용한다. 로숀병은 발달놀이 게임에서 사용된다.

게임은 아동과 치료자 사이의 만남을 야기하며, 대부분의 발달놀이 게임은 아동과 치료자의 신체적 존재만을 필요로 한다. 장난감은 반드시 필요하지 않으며, 카펫만 있어도 할 수 있다. 이것은 아동과 치료자가 신체적으로 가까워지게 하며, 이것은, 발달놀이치료가 전문가의 사무실 뿐만 아니라 학교나 기타 기관과 가정에서 이루어질 수 있음을 의미한다.

(나) 안고 흔들기(cradling)

발달놀이치료에서 사용하는 접촉의 종류는 안고 흔들기이다. 안고 흔들어 주기 위해 흔들의자에 앉아 (또는 카펫 위에 앉아) 젖먹이는 자세로 아동을 안는다. 이 자세는 눈접촉이 쉬우며, 매우 부드럽게 말할 수 있다.

안고 흔들기는 아동이 안전함을 느끼게 하고 몸이 이완되고 침착해지는 것을 느끼게 한다. 또한 주변자극에 주의가 분산되는 것을 없애고 정서와 신체감각의 내부세계에 아동이 관심을 집중하게 한다.

아동은 엄마 신체의 따뜻함과 에너지를 경험한다. 아동은 자신이 무엇이고, 무엇이 자신이 아닌가를 경험하며, 자신의 내부에서 나오는 감정과 기쁨을 경험한다. 이러한 것들은 아동의 것이다.

안고 흔들기는 아동으로 하여금 아동기의 두 가지 과제를 성취하게 한다.

① 자신의 감정과 욕구의 인식 및 소유를 통해 자기가 누구인지 알게 된 것

② 자기를 조절하는 것

모든 아동 — 보통아동과 주의결핍아동, 표출행동을 하는 아동, 그리고 정신병 아동을 포함하여 — 이들이 신체를 경험하여 전적으로 인간이 될 수 있도록 도와 주는 안고 흔들기의 돌봄적 신체접촉을 필요로 한다.

(다) 신체부위를 접촉하고 노래하기

발달놀이치료 세션을 하면서 치료자는 자주 손가락 끝이나 손으로 아동의 신체를 접촉한다. 아동의 손, 팔, 얼굴을 가장, 자주 접촉하며, 아동의 발, 다리 (신발과 양말을 벗고 있다.)를 접촉한다.

치료자는 접촉하는 신체부위의 이름을 말하며, 때로 접촉을 한 후 안아주기도 하는데, 이는 접촉시간을 길게 하기 위해서이다.

치료자가 손가락이나 발끝을 움직이고 손가락과 발가락의 움직임에 대해 이야기하는데, 이런 종류의 접촉은 발달놀이치료 방법이다. 접촉은 치료자의 이해, 관심, 때로는 즐거움을 전한다.

(라) 안아주기, 키스하기, 말하기, 노래하기

치료자가 아동에게 키스해 줄 만한 곳이 있는지 물어 보는데, 키스는 아동이 자신의 신체 중 중요하게 여기는 곳을 인식케 하며 이는 자신을 가치 있는 존재로 인식하게 하는 시작이다.

말도 접촉의 일부인데, 말하는 사람의 목소리톤은 듣는 이에게 말하는 사람의 말 내용에 대해 무엇을 느끼는지 그리고 듣는 사람에게 관해 어떻게 느끼는지 알려 준다.

치료사가 아동의 피부를 상냥하게 만지면서 "야 네 피부는 아주 부드럽구나", "너는

멋진 목소리를 가졌구나, 다시 한 번 소리 내 볼래?"라며, 리듬에 따라 느리고 따뜻하게 말을 할 때, 아동은 기쁨을 주고 재미있는 사람으로 자신을 경험한다. 즉, "사람들은 나와 함께 있는 걸 좋아한다."로 해석한다.

접촉을 위해 목소리를 특별하게 사용할 때는 아동에게 노래를 불러줄 때이다. 어떤 것도 할 필요 없이, 아동은 노래하는 사람의 목소리 진동을 통해 성인의 존재를 느낀다.

아동을 안고, 흔들어 주면서, 치료자가 불러 주는 자장가는 리듬, 목소리 진동, 가사의 영향, 신체접촉, 아동을 사랑스럽게 바라보는 것의 영향이 강력한 효과를 낸다.

(마) 제한설정

제한설정은 어떤 행동이 허용되지 않음을 알려 주는 것, 그리고 치료자를 조정할 수 없다는 것을 아동에게 분명히 하려는 것 두 가지이다.

제한설정에서 아동은 아동이 성숙하기 위해 제한을 경험할 필요가 있으며, 아동은 이 자연스러운 순리를 깨달아야 한다.

다른 사람이나 많은 신체적인 면과 세상의 일들을 통제할 수 없다는 걸 알아야 한다.

자신의 능력을 알기 위해 무엇이 불가능한지를 알아야 한다.

놀이치료자가 실질적인 제한을 세우면 아동은 제한이 존재한다는 것을 인식할 수 있게 되며, 계속 적절한 반응을 경험하면서, 자신에게 있는 새로운 능력과 스스로 제한을 설정할 수 있는 역량을 경험하게 되는데, 이는 아동이 그것을 하는 방법을 아는 다른 사람에 의해 제헌설정을 경험했기 때문이다.

(바) 아동을 위한 발달놀이 게임

아동은 재미있는 신체접촉 게임을 통해 나와 너의 관계를 경험하도록 많은 게임이 있다. 이러한 재미있는 신체접촉 게임을 통해 성인과 아동은 I-YOU 관계를 경험한다.

게임을 통해서든, 아니면 단순한 접촉을 통해서든 아동은 그러한 "만남"의 순간들을 통해 접촉을 느끼면서 자아를 경험한다.

대부분의 순간에 성인이 아동을 접촉한다. 접촉을 통해 "만남"의 순간을 만들어 내는 것이 발달놀이치료의 목표이다.

3) 발달놀이치료의 진행과정

(가) 일대일 놀이치료 단계

첫 번째 단계는 '밀월단계'로서 아동과 성인과의 동반관계의 발달을 강조한다. 짝이

된 두 사람은 친숙해지고 동료로서 서로에게 편안함을 느끼게 된다. 성인은 아동이 주도한 놀이에 반응해 주고 아동의 창의성을 격려해 주도록 한다.

두 번째 단계는 '고통의 단계'로 아동은 상호관계의 제한점 등 관계의 현실을 인식하고 이에 동화해 간다. 예를 들면, 아동은 자신이나 타인에게 신체적인 해를 입히거나 기물을 파괴해서는 안 되며 성인 조력자에게서 완전히 멀어져서도 안 된다. 아동은 절대 벌을 받지 않는다. 아동은 자기가 무슨 행동을 하는지 간에 여전히 성인 조력자의 사랑을 받으며 그에게서 벗어날 수 없음을 이해해야 한다.

세 번째 단계는 '분리와 애정의 단계'로 아동은 성인 조력자를 자신과는 독립된 개체로 인식함으로써 인격적 성장을 하게 된다. 이 단계에 이르면 아동은 더욱 효과적인 의사소통을 할 수 있게 되고, 성인 조력자에 대한 애정을 적극적으로 표현하게 된다.

네 번째 단계는 '종결준비 단계'로 아동과 성인 조력자 모두 애증의 양면적인 감정을 느끼는 것이 보통이다. 놀이를 통해 같은 짝인 아동과 성인 모두에게 분리감과 상실감을 내재화시켜 가면서 성취감과 타인에 대한 존경심이 싹트며 성공적인 종결을 하게 되는 것이다.

(나) 집단 활동 시간의 발달단계

첫 단계는 '접촉 혹은 친밀 단계'로 따라 하기나 전달하기 같은 가벼운 활동으로 시작된다. 전체 집단 구성원과 친해지는 단계이다.

두 번째 단계는 '진취적이고 운동적이며 신체적인 단계'로 아동간의 적절한 놀이 활동을 강화하고 건설적인 방향으로 에너지를 발산하도록 도와 준다. 자신과 타인에 대한 지각이 증가하면서 아동은 자신감과 자아존중감을 발달시키게 되며, 다른 사람과의 관계 내에서 자신을 이해하게 된다.

마지막 단계는 '상상단계'로 자기 또래와 더불어 사고와 감정을 발달시키고 그것을 창의적으로 표현하도록 북돋아준다. 이 단계에서 아동은 종종 억압된 감정을 표출시켜 정서적인 정화를 경험하게 되고, 자신을 통찰할 수 있는 기회를 갖게 된다.

4) 치료놀이

(가) 치료놀이의 의의

치료놀이(theraplay)란 미국 시카고에서 약 35년 전 놀이치료를 하던 Jernberg박사에 의해 창안된 방법으로 비교적 단기에 아동의 문제를 변화시킬 수 있는 새로운 접근방법이다. 그는 놀이치료로 나아지지 않았던 자폐 아동을 치료놀이로 변화시키면서 치료놀이의 방법과 이론을 임상을 통해 확립하게 되었다. 치료놀이에서는 아동의 건전한 성장과 발달에 필수요소인 애착(attachment) 관계의 토대 위에 '여기－지금'의 구체적 경험을 중시한다. 또한 치료놀이는 신체적 접촉을 중요시하는 강하고 활동적인 치료방법이다.

치료놀이는 부모－자녀관계에 중점을 두면서 인간발달을 대인관계에 기초하여 다루고 있다. 특히 치료놀이는 자아심리학이론(Kohut, 1971), 대상관계이론(Winnicott, 1965, 1977), 애착이론(Bowlby, 1969)에 기초하여 관계에 대한 인간의 기본적인 욕구를 다루게 된다. 인간의 성격발달은 본질적으로 대인관계에서 비롯되며, 이는 부모와 자녀 간의 초기 애정적인 상호작용을 통해 비로소 인간이 되는 것이다.

치료놀이는 생의 초기에 이루어진 부모－자녀 간 상호작용을 활용한다. 치료놀이의 기본목적은 5가지 기본적인 원리(구조, 도전, 개입, 양육, 재미)에 의하여 부모－자녀 간 건강한 관계를 형성하는 것이다.

부모와 아동의 초기 상호작용은 아동의 자아와 성격발달에 결정적이다. 따라서 즐겁고, 공감적인 양육자의 반응은 아동에게 안정적인 애착을 형성하고, 아동이 자기를 가치있게 느끼도록 해 준다. 치료놀이는 이러한 부분에 초점을 맞추어 아동이 다양하고 조화로운 경험을 할 수 있도록 돕는다. 또한 부모는 치료놀이에 참여함으로써, 집에서도 이러한 활동을 적용할 수 있다. 치료놀이가 전통적 놀이치료 방법과 다른 점은 첫째, 장난감이 전혀 필요 없고 단기적이며 둘째, 부모와 함께 치료에 참여한다는 점 셋째, 치료자가 적극적으로 주도해 나간다는 점과 넷째, 재미있고 활동적이라는 점 다섯째, 부모 자녀 간의 초기애착과 신체적 접촉을 중시한다는 점 등을 들 수 있다(이상희, 2003).

(나) 치료놀이의 원리

치료놀이의 원리로는 구조(structuring), 도전(challenging), 개입(engaging 또는 intruding), 양육(nurturing)의 4가지 차원이 포함된다.

오늘날 우리 사회 아동들의 수많은 문제는 안정된 애착관계의 결핍에서 생긴 경우가 많다. 즉 일상생활에서 구조화가 안 되었다던가 사람과의 관계 개입이 부족하다든지 공감적・양육적 접촉이 불충분하다든지 도전의 기회가 별로 없었던 경우이다. 각각의 문제행동은 다양한 형태로 나타나 치료놀이 치료자는 모든 문제행동의 대부분이 애착의 문제에 기반한 관계형성의 문제로 보고 부모와 아동의 관계개선 증진을 통해 아동의 성장을 도모하고자 한다(성영혜, 2000).

① **구조**(structuring)

구조화가 전달하는 메시지 : "나는 널 잘 돌보고 있고 넌 나와 함께 있으므로 인해 안전하게 보호받을 수 있단다."

구조는 한계를 설정해 줌으로써 아동이 보호받고 있다는 느낌과 안정감을 갖게 해주는 원리이다. 이 영역은 명확한 규칙과 시작, 중간, 그리고 끝이 있는 놀이로 이루어진다. 이러한 원리는 지나치게 활동적인 아동, 주의집중이 안 되는 아동, 자극에 민감한 아동, 심하게 불안한 아동들에게 유용하다.

② **도전**(challenging)

도전이 전달하는 메시지 : "넌 더욱 성장할 수 있고, 세상에 보다 좋은 영향을 끼칠 수 있단다."

도전은 아동이 활동에 성공하는 경험을 함으로써, 할 수 있다는 자신감과 성취감을 느끼도록 해 준다. 치료자는 아동의 파트너가 되어 아동을 온화하게 만드는 것을 돕고 아동의 발달수준에 맞는 경쟁, 신뢰, 성취의 경험을 제공한다. 이 영역은 특히 위축되고 수줍어하거나 불안한 아동들에게 유용하다.

③ **개입**(engaging)

개입이 전달하는 메시지 : "넌 나와 함께 있는 것이 좋지? 너는 다른 사람들과도 적절한 방법으로 상호작용할 수 있고 다른 사람들과도 친해질 수 있단다."

개입은 다양한 자극을 통하여 아동에게 새롭고 즐거운 경험을 제공하는 것이다. 결과적으로 아동은 다른 사람들과 의사소통하고, 친밀감을 형성하고, 대인관계적 접촉을 즐길 수 있게 된다. 이 영역은 위축되고, 접근을 회피하며, 지나치게 경직된 아동들에게 유용하다.

④ **양육**(nurturing)

양육이 전달하는 메시지 : "넌 사랑스러워. 난 네가 보호와 사랑 그리고 인정이 필요하다는 것을 알고 있단다."

안정적이고, 양육적인 활동들은 아동으로 하여금 세상을 보다 따뜻하고 안전한 곳으로 느끼게 해 준다. 즉 먹여주기, 달래주기, 꼭 껴안아주기, 안아주기, 이름 불러주기 등과 같은 양육적 활동은 아동들을 달래어 주고, 차분하게 위로해 주며, 조용하게 안심시켜 줄 수 있다. 이 영역은 과잉 행동적이고, 공격적이거나 조숙한(pseudomature) 아동에게 유용하다.

(다) 치료의 기본요건

① **치료실**

치료실은 단순하고 안락하며 기능적이면 된다. 소품으로는 커다란 베개, 로션, 콩주머니

등 간단한 도구와 벽면에 거울이 부착되어 있으면 충분하다. 또한 부모・해설자 등이 관찰하고 토의할 수 있는, 일방경이 설치된 관찰실이 구비되어 있어야 한다.

② 대 상

치료놀이의 대상은 어떤 연령이든지 상관 없으며 영아에서부터 노인까지 다양하다. 그러나 가장 적합한 대상은 18개월부터 12세의 연령의 아동이다.

③ 문제영역

치료놀이에서는 다양한 문제를 다룬다. 즉 위축, 불안, 억압, 소심, 공격성, 주의력결핍과잉행동(ADHD), 애착장애, 자폐증, 전반적 발달장애까지도 포함한다.

④ 장 소

치료놀이는 다른 아동상담 치료기법보다 장소에 대한 제한이 적다. 따라서 치료놀이는 어디에서나 실시할 수 있다. 즉, 치료실, 상담실, 병원, 학교, 보건소, 시설 등에서 실시 가능하다.

⑤ 치료시간과 기간

치료놀이의 한 세션의 치료시간은 보통 개별치료놀이는 30분, 집단치료놀이는 45분에서 50분 정도로, 주 1회 실시한다. 전체 횟수는 문제행동의 범위에 따라 다양하나 대체로 3~4회의 사정과 치료, 10~12회의 본 치료세션(심한 경우는 더 많은 치료세션이 필요함), 4~6회의 추후세션(1년에 걸쳐 진행됨)이 요구된다.

⑥ 치료자

치료놀이에서는 2명의 치료자가 이상적이다. 1명은 아동과 치료실에서 또 다른 1명은 치료해설자로서 관찰실에서 부모와 함께 치료장면은 관찰하면서 설명해 주고 교육시킨다.

⑦ 사 정

치료놀이에서는 관찰, 상담, 마샤상호작용척도(MIM)를 통해 아동과 부모와의 관계를 사정한다.

⑧ 치 료

치료자가 미리 치료계획을 세우는데, 치료계획안에는 4가지의 치료놀이 원리, 즉 구조화, 도전, 개입, 양육의 원리가 포함된 활동을 계획하는데, 세션이 끝날 때는 반드시 양육의 원리를 적용한다.

(라) 치료놀이의 과정

성영혜(2000)는 치료놀이 과정을 6단계의 치료과정과 3단계의 본 치료로 제시하였다.

① 6단계의 절차

㉮ **도입단계** : 도입단계에서 치료자는 먼저 아동에게 접근한다. '안녕, 채은아!' 라고 말하면서 접근한다(이것은 '너는 기본적으로 강한 사람이고 재미있는 것을 좋아하고 같이 있으면 즐거운 사람이란 것을 나는 안단다. 내가 만들어 낼 수 있는 가장 매력적인 모습을 너에게 바로 보여줄게' 하는 뜻을 담고 있다.).

㉯ **탐색단계** : 탐색단계에서 아동과 치료자는 활발하게 서로를 알아간다. 누구 손이 더 큰지, 누구 머리카락이 더 검은지, 누구 근육이 더 탄탄한지, 누구 발톱이 더 긴지, 이런 탐색활동 과정에서 아동은 자신을 새롭게 바라본다. 아동은 의자 위에서 사뿐하게 잘 뛰어 내릴 수도 있다든지, 뛰어서 천정에 닿을 수 있다는 것을 몰랐을 수도 있다. 역설적으로 말하면, 아동은 부정적인 태도마저도 사랑스럽다는 말을 들어본 적이 없을 것이다.

㉰ **불확실한 수용단계** : 불확실한 수용단계에서 아동은 '놀이를 한다'라고 가정하거나 실제로 놀이를 하고자 한다. 그렇지만 이것은 거짓된 참여(pseudo involvement : 참여를 가장한 체 하는 경우, 즉 다시 말하면 확실하게 진정으로 원해서 하는 그럼 참여가 아닐 수도 있다.)이다. 그 밑에는 불확실함이나 불안이 깔려 있다. 이 기간 동안 치료자는 계속해서 침투적으로 개입하고 끈기있게 도전적으로 몰입하면서 즐거운 태도를 유지한다.

㉱ **부정적인 반응단계** : 부정적인 반응단계에서 아동은 치료자의 친해지려는 어떤 노력에도 분명하게 저항을 나타낼 것이다. 분명한 참여의 단계와 이어질 이와 같은 행동은 지금까지 아동이 얼마나 분명하게 참여했는가를 보여주는 확실한 증거가 된다.

㉲ **성장과 신뢰의 단계** : 성장과 신뢰의 단계에서 아동은 다른 사람과 정상적으로 상호작용하는 경험에서 오는 즐거움을 맛본다. 정상적이라는 것은 상호간에 만족스러운 방식을 뜻한다. 친절하지만 단호한 그리고 항상 함께 존재하는 치료자의 도움으로 아동은 부정적인 단계를 경험했고 이제는 성장과 신뢰의 단계로 이행할 준비가 되어 있다.

㉳ **종결단계** : 치료놀이의 마지막 단계는 다른 치료에 비해 시간적으로는 짧지만 분명히 3단계로 이루어져 있다. 즉 준비, 통보, 헤어짐의 세 단계이다.

㉠ 준비—아동의 증상이 줄어들거나 사라진다는 선생님과 부모의 보고와 또 아동이

자기 자신과 세계에 대해 존중하는 태도에 따라 치료에 도움이 되는 여러 주변 사람들을 치료놀이 세션에 끌어들인다. 또 아동의 정서체계가 즐겁고 적절하게 보편적 수준으로 확장되었다는 양상을 보임에 따라 아동은 치료놀이 세션을 마칠 준비가 되었다고 간주된다.

㉡ 통보—가능하다면 치료자는 아동이 이루어낸 성과 내에서 마무리 단계 계획을 준비한다. 예를 들어, '다은아 너 요즘 웃을 때면 너의 눈이 반짝인단다. 이제는 네가 친구를 사귈 때 나의 도움이 필요하지 않겠구나' 라든가 '너는 좋은 놀이 상대가 되었고, 혜나와 영훈이가 너와 노는 것을 무척 좋아하니까 이제는 내가 더 이상 여기 와서 너랑 놀아줄 필요가 없겠구나.' 등이다.

㉢ 헤어짐—종결파티 시간이 되면 아동과 치료놀이 안의 현실세계(부모 또는 친구 등)와의 접촉이 시도된다. 이 파티의 관심사는 아동의 주체성과 능력을 미래지향적으로 재확인하는 것이다.

② 3**단계의 본치료**(main session)

각 세션은 매회 다음의 3단계의 과정을 거친다.

㉮ **시작단계**

㉠ 인사—인사하는 것은 다른 사람이 자신을 발견한다는 사실에 아동이 무한한 즐거움을 느끼게 하는 것을 목표로 한다. 첫 인사는 대체로 치료자와 아동이 처음 만나는 장소에서 한다. 친구와 다시 만나는 것처럼 안정된 흥분과 기쁨을 표현한다.

㉡ 점검—점검단계(check up)는 아동과 치료자가 치료실에 들어서자마자 바로 일어난다. 점검행위의 목적은 첫째, 치료자와 아동이 서로 친해지기 위해서, 둘째, 아동이 자신의 자신감을 느끼게 하기 위해서, 셋째 아동에게 성장할 수 있고 실제로 성장하고 있다는 것을 전달하기 위해서이다.

㉯ **공식적인 치료단계** : 구조적 활동, 도전적 활동, 개입활동, 양육활동이 그때 그때 치료자의 계획에 따라 적절히 활용된다.

㉰ **종결단계**

㉠ 헤어짐—헤어짐의 의식은 오늘의 치료활동을 즐겁게 마무리하고 새롭게 다음을 만나자는 약속이다. 헤어지는 단계의 목적은 아동과 치료자 간에 관계를 끝내버리지 않고 치료단계를 마무리지으면서 아동의 일상생활로 넘어갈 수 있도록 북돋아주기 위해서이다.

㉡ 과도기—과도기는 인계하기이다. 헤어지는 활동 중의 하나로 치료자는 아동을, 부모(처음에 데려왔던 그 어른에게 다시)에게 데려다 준다. 치료자는 아동을 대기실

에 혼자 놔둔다거나 혼자서 긴 복도를 지나 교실로 가게 내버려 두어서는 안 된다.

(마) 치료자의 자질

치료놀이 치료자가 갖추어야 할 자질은 다음과 같다(성영혜, 2000).

① 치료자는 무엇보다 자신감 있고 리더십이 있어야 한다.
② 치료자는 호감을 줄 수 있는 존재이며, 아동이 함께 있어서 즐거워할 수 있는 존재이어야 한다.
③ 치료자는 반응을 잘해 주고 공감할 수 있어야 한다.
④ 치료자는 항상 책임을 갖고 세션을 주도해야 한다.
⑤ 치료자는 치료세션에서 아동과 신체적인 접촉을 하기 위해 모든 기회를 이용해야 한다.
⑥ 치료자는 아동과 끊임없이 눈을 맞추려고 노력해야 한다.
⑦ 치료자는 아동에 대한 집중적인 관심을 가져야 한다.
⑧ 치료자는 아동의 행동에 반응을 하기 보다는 책임을 갖고 주도적이어야 한다. 그는 아동의 지향적인 움직임을 예측하고 이보다 먼저 행동해야 한다.
⑨ 치료자는 아동이 자신에게 보내는 단서에 반응을 해야 한다.
⑩ 치료자는 아동에게 자신이 치료자와는 다르다는 것을 최대한 보여주어야 한다.
⑪ 아동으로 하여금 자기 스스로를 독특하고 특별하고 눈에 띄는 사람으로 인식할 수 있도록 돕는다.
⑫ 치료자는 아동이 다른 사람들로부터 자신을 차별화하고 자신의 감정을 규정하는데 도움이 될 수 있게 아동의 기분과 감정을 이용한다.
⑬ 세션마다 자발적이고 융통성 있고 재미있는 의외의 놀라운 일로 가득 차게 만들어야 한다.
⑭ 치료자는 치료자 자신을 주요한 놀이의 대상으로 삼아야 한다.
⑮ 치료자는 시간, 장소, 인물들이 명확하게 규정되도록 세션을 구성해야 한다.
⑯ 세션을 즐겁고 낙천적이고 긍정적이고 건강 지향적으로 유지하려고 노력해야 한다.
⑰ 과거보다는 현재, 미래, 여기에 초점을 둔다.
⑱ 치료자는 있는 그대로의 아동의 모습에 초점을 둔다.
⑲ 각각의 세션마다 처음, 중간, 끝과 같은 여러 다른 부분들이 있음을 주의해야 한다.
⑳ 최소한의 욕구 좌절, 도전, 불편함을 제공한다.
㉑ 치료자는 적절할 때 역설적인 방법을 사용할 수도 있다.

㉒ 치료자는 아동이 발작적으로 화를 내는 동안 내내 치료자의 존재를 인식하도록 자신을 주장해야 한다.
㉓ 치료자는 아동이 겉으로 치료놀이 활동을 좋아하지 않더라도 책임을 갖고 세션을 진행한다.
㉔ 치료자는 아동의 과도한 근심, 두려움 혹은 과도한 활동을 줄이고 예방할 수 있어야 한다.
㉕ 치료자는 아동의 신체적인 상처, 고통에 주의를 기울인다.
㉖ 치료자는 세션에 대한 아이디어가 없어서 난감할 땐 아동의 몸 움직임을 레퍼토리로 삼을 수 있어야 한다.

3. 모래놀이치료

가. 모래놀이치료의 역사와 정의

모래놀이치료는 영국의 아동심리치료자인 Margaret Lowenfeld(1935, 1979)가 놀이치료의 한 형태로 시작한 심리치료 방법이다. 처음에 Lowenfeld는 놀이의 투사적 기능에 모래놀이의 촉감을 추가해 모래놀이치료를 시작했다. 모래에 물을 붓고 모형을 놓게 하여 시작한 것이 바로 그녀의 '세계기법(World Technique)'이다. 교육심리학자였던 Ruth Bowyer는 「Lowenfeld World Technique」라는 제목의 책을 저술하여 세계기법을 아동에게 적용한 효과를 기술한 바 있다(Lenore Steinhardt, 2000).

본격적으로 모래놀이치료를 발전시킨 사람은 Dora Kalff로 스위스에서 융의 분석심리학을 공부한 Dora Kalff는 융의 권유로 런던에 가서 Lowenfeld에게 공부를 한 후 융이론에 기초한 모래놀이치료를 발전시켰다. 그녀는 이미지 만들기 작업이 하나의 치료방법이 될 수 있다는 융의 신념(1916)을 받아들이고 거기에 Lowenfeld의 세계기법을 접목시켜 새로운 장르의 아동심리 치료기법을 발전시켰다고 할 수 있다. 융은 창조적 행위에 대한 프로이드의 해석을 확장하여 창조행위자와 창조행위자가 창조한 이미지 사이의 관계성을 심화시켰다. '적극적 상상(active imagination)'이라 불리는 융의 기법은 인간의 내면에는 그가 미처 인식하지 못한 감정과 생각으로 충만해 있으며, 환타지가 자유롭게 흐르는 것을 관찰하고 나면 미처 인식하지 못했던 감추어진 부분들이 의식될 수 있다고 보는 관점이다. 모래놀이치료에 대한 Kalff의 관점은 이러한 융의 개념들을 전제로 한 것이라고 할 수 있다. Kalff(1980)는 내담자들이 놀이하는 모래놀이 공간을 '자유롭고 보호받는 공간'이라는 개념을 사용하여 수용적이고 안아주는 환경의 개념을 제시했다. 그녀의 이러한 접근은 인간정신 안에는 전체성(wholeness)과 치유를 향한 기본적 추동이 있다는 융의 가정에 근거하고 있다(Weinrib, 1983). Kalff는 내담자가 모래상자를 꾸미면서 '자기(self)가 출생의 순간부터 정신의 발달과정을 안내하고 있는 모습을 보는 것'이라고 하였다(Kalff, 1980). 그녀는 융의 개념에 따라, 어떻게 원이 "완벽함의 상징과 완벽한 존재의 상징"으로 나타나는지, 사각형이 어떻게 전체성이 발달할 때 나타나는 형태인지에 주목했다. Kalff는 모래놀이 과정에서 일련의 발달단계들을 발견하였으며 융분석가인 Erich Neumann의 아동심리 발달에 대한 개념에서 그 이론적 근거를 발견하였다. 또한 그녀는 모래놀이가 아동뿐 아니라 성인에게도 적용가능하며 성인의 모래세계에도 아동과 동일한 발달단계가 존재한다는 것을 발견했다.이러한 Kalff의 가르침을 통해 분석심리학적 토대 위에서 모래놀이치료가 발전되었으며 이는 융의 '적극적 상상'의 한 구체적 형태라고도 할 수 있다(Bradway and McCoard, 1997; Stewart, 1990; Weinrib, 1983).

융의 이론에 근거한 모래놀이치료는 모래상자 바닥을 파란색으로 칠하며 하나의 마른 모래 사자와 젖은 모래상자를 사용한다. Kalff는 모래상자의 사이즈를 49.5×72.5×7cm를 사용하였으며 모래상자를 테이블 위에 올려 놓고 사용했다. 또한 자연과 인간세상에 존재하는 모든 것, 즉 세상에 존재하는 상징적, 종족적, 종교적 대상물 등을 포함한 모든 상징 모형들을 선반에 준비하여 내담자가 선택하여 꾸밀 수 있게 하였으며 그 외 자연물이나 천, 줄, 종이 등의 물건도 사용하였다. 이러한 모형들은 익숙한 현상에 집단무의식을 연결하려는 정신을 표현케 하기 위한 것이었다. Kalff를 중심으로 한 모래놀이를 칼피안(Kalffian) 모래놀이치료라고 한다.

오늘날 모래놀이치료는 융분석을 공부한 사람들 뿐 아니라 정신과의사, 심리학자, 사회사업가 등 다양한 분야의 사람들이 단독으로 또는 다른 치료법과 연계하여 사용하는 기법이 되었다. 융분석가였던 Kalff는 언어로 이루어지는 분석을 돕기 위한 이미지 만들기 작업의 일환으로 사용하였으나 현재는 모래놀이치료만으로 상담을 하기도 하며 모래놀이치료의 보조적 방법으로 언어적 치료를 병행하기도 하며 그 반대의 방법으로 사용하기도 한다.

나. 이론적 구성

1) 치유과정

모래놀이치료의 치유과정은 모래놀이치료의 어떤 장면이 치유를 상징하는 것인가와 연관된 내용이라고 할 수 있다. 이 점에 대해 Kalff는 치유과정에 자기배치(self constellation)가 필수적이라고 보았다. 모래상자에 자기가 출현해야만 그 결과로 건강한 자기(ego)가 발달할 수 있다는 것이다(Kalff, 1980; Mitchell et al., 1994). 자기배치의 결과로 출현한 건강한 자아는 건강한 인격의 통합을 의미한다고 할 수 있다. 보통 자기는 그림자(shadow)를 통합하면서 원의 형태로 나타나는 경향이 있다(Kalff, 1980; Mitchell et al., 1994). 치유과정을 상징할 때 등장하는 모래상자의 또 다른 중요한 요소는 종교적 주제, 만다라, 상자중심에의 모형배치와 대극의 합일 등이다.

그러나 Kalff에 따르면, 자기가 모래상자에 배치되는 시점은 내담자가 매우 취약해져 있는 상태이므로 자기가 배치되었다고 안심하고 치료를 종료해서는 안 된다. 자기의 배치와 새로운 자기의 출현 이후에 변화가 일어난다고 보았다. 즉 내담자의 언어표현이 많아지고 모래상자에서의 표현이 보다 적극적으로 변화하며 외부세계에서도 독립적이고 유능한 모습을 나타낸다. 그리고 나면 내담자는 언어적으로 그리고 보다 직접적으로 개성화과정을 표현하게 된다(Mitchell et al., 1994).

Ammann(1991)은 모래상자에 일어나는 변화의 과정을 2가지로 구분하였다. 하나는 생애초기에 아동 자신의 신경학적, 기질적, 감각적 문제나 양육자의 우울, 정신병리, 부재 등의 문제로 신뢰롭고 안정적인 초기관계를 맺지 못해 외부세계와 건강한 관계를 만들어 가지 못하는 보다 심각한 문제를 가진 사람들이 모래놀이치료를 통해 인격의 전체성을 이루어 새롭고 건강한 인격을 형성하는 과정이다. Ammann은 이것을 치유과정(healing process)이라고 하였다.

두 번째는 변화과정(transformation process)이라고 하여 비교적 건강한 자아의 발달을 성취하였으나 그 관점이 다소 협소하거나 한쪽으로 치우쳐진 사람들이 보다 넓고 건강한 조망을 얻기 위해 모래놀이치료에서 거치게 되는 변화이다. 이런 사람들은 다소 불안하거나 우울한 문제를 갖고 있으며 한쪽으로 치우친 그림자, 남성성과 여성성을 회복하고 자기와의 접촉을 통해 건강한 개성화과정을 완성해 간다.

2) Kalff의 모래놀이치료 단계

Kalff(1980/2003)는 Neumann(1973)의 아동발달이론을 근거로 모래놀이치료에서 나타나는 치유와 변화과정을 단계화하였다. Neumann의 이론은 아동발달 뿐 아니라 성인의 치유와 성장과정의 내적 변화의 원리를 이해할 수 있는 수단이라고 할 수 있다. Neumann은 자기(sellf)가 핵심이라고 보았다.

초기 정신발달 단계
모-자녀 단일체 어머니와의 관계 자기의 배치 *이후 자아발달이 이루어짐
자아 발달 단계
동-식물 단계 전투 단계 집단에의 적응 단계

그림 4-1 모래놀이에서 나타나는 발달과정(출처 : Turner, 2005, p. 58)

(가) 모-자 단일체

이 단계의 아동은 자기와 타인에 대한 구분을 갖고 있지 못하다. 아동은 어머니의 무의식을 공유하고 있으며 생후 1년 정도 지속되는 단계라고 할 수 있다. 이 초기 모-자녀 관계는 이후의 모든 관계에 기초가 되어 다른 사람과의 정서적 관계의 기본 토대가 된다. 또한 자아에 대한 인식이 생기기 이전 존재하는 단계로 자아발달 이전의 원형적 특성 때문에 아동은 어머니를 자신의 개인적 어머니로 지각하지 않고 대모, 모신으로 지각한다(Turner, 2005; Neumann, 1973). 아직 아동의 자기가 배치되지 않으며 어머니의 자기로부터 보호를 받고 있는 아동에게 이러한 원형적 대모는 아동발달에 필수 불가결한 것으로 안전과 확신을 준다고 할 수 있다. Neumann에 따르면, 아동은 피부경계를 통해 외부세계를 경험하며 음식물을 통해 내면세계를 경험한다. 어머니와의 잦은 피부접촉을 통해 신체를 분리된 자기(self)로 경험하게 된다. 즉 신체자기(body self)가 먼저 발달한다. 아동은 외부세계와 내면세계의 분리가 명확하지 않고 단일체로 경험하기 때문에 정신적인 것도 신체적인 것, 눈에 보이는 것으로 경험한다. 따라서 아동은 세상은 신화적인 것, 환타지적인 것으로 경험한다.

이러한 것들은 생애초기 양육자와의 단일체 경험을 주며 건강한 양육자와의 경험을 통해 자아가 서서히 분리되어 나오게 하는 양육자의 존재가 무엇보다 중요하다. 때문에 여러 가지 이유로 단일체 경험 기간 동안의 손상은 심각한 문제를 일으킬 수 있다. 모래상자에 모-자녀 단일체는 어머니와 아기의 쌍이 등장하는 목가적인 장면으로 꾸며진다. 어머니와 아기는 인간일 수도 있고 동물의 쌍으로 나타나기도 한다. 또한 이 단계는 아동이 신체를 통해 외부세계를 경험하고 먹는 것이 중요한 시기이기 때문에 모-자녀 단일체 피겨가 나타나면 모래놀이에도 먹는 것과 관련된 주제들이 함께 나타나는 경향이 있으며 그것이 얼마나 풍부한가 하는 것도 중요한 관건이 된다.

(나) 개인적 어머니와의 관계

두 번째 단계는 세계어머니, 즉 대모로부터 분리되어 현실에 존재하는 어머니와의 관계를 맺어가는 단계이다. 그 의미는 아동이 어머니의 정신세계로부터 자신의 정신세계로 분리되어 가는 것이며 관계형성에 반드시 필요한 독립된 개체로서 현실에 존재하는 어머니와의 관계를 맺어 가는 것이라고 할 수 있다. 서서히 독립해 가는 아동의 정신은 이제 외부세계의 존재를 인식하고 탐색의 즐거움에 빠지게 된다. 이 때 아동의 정신은 세상을 양극화하며 처음에는 매우 단순하게 좋은 것과 나쁜 것으로 나누다가 점점 복잡하게 보기 시작한다.

이 단계에서 아동은 걷기 시작하면서 자율성을 한껏 즐기며 세상을 탐색해 나가면서 동시에 새로운 세계에 대한 불확실성 때문에 불안을 느끼고 아동은 이 불안을 나쁜 엄마에게 전가한다. 아동은 점차 성장하면서 세상을 두 개의 쌍으로 대극적인 조직화를 한다. 좋은 것과 나쁜 것, 위와 아래, 앞과 뒤, 위와 아래 등이다.

모래상자에서 이 단계는 모형들의 쌍으로 나타나는 경향이 있다. 서로 색이 다른 두 대의 자동차가 나란히 놓여 있다든가 하는 식이다. 이 단계에서 경험된 상처나 박탈은 사악하고 자식을 버리는 어머니와 마녀로 나타나는 경향이 있다(Truner, 2005). 또한 대극이 나타난다. 즉 명암, 성장과 죽음/상실, 이면의 어두운 측면이 모래상자에 나타난다는 것은 정신이 그것의 존재를 인식했다는 것을 의미하므로 중요하다.

(다) 자기의 배치

3세 무렵이 되면 이전 단계에서 잘 양육된 아동은 이 시기에 정신의 중심에 자기가 배치된다. 이를 Kalff는 자기의 배치라고 불렀고 Neumann은 이를 중심화(centroversion)라고 불렀다. 어머니에 대한 전체성을 경험함으로써 아동의 정신에 전체성의 불꽃이 점화되는 것이다. 이 때 아동은 내면에 자기를 통한 완전성(completedness)을 경험한다. 그러나 아직 자아발달은 이루어지지 않은 시기이다. 이 때의 아동은 마치 자신이 세계의 중심인양 행동한다. 자기에 대한 무의식적 경험은 그 자신을 신으로 경험하는 것이다. 이런 경험은 모든 인간발달의 기초가 된다(Neumann, 1973). 이 시기가 손상된 내담자는 모래놀이치료를 통해 중심에 자기배치에 이르게 된다. 자기배치는 한 번으로 끝나는 것이 아니고 여러 번 여러 가지 방식으로 자기에 이르게 된다(Turner, 2005).

(라) 동식물단계

Kalff는 초기 의식단계를 동식물단계라고 명명하였다. 이 단계가 상징적으로 동물과 식물에 비유될 수 있기 때문이다. 그 이유는 이제 막 싹트기 시작한 의식이 처음으로 원시적 세계에 들어가기 때문이다. 무의식의 분리되지 않은 상태를 상징하는 바다에서 기원한 심리적 재료들이 물리적인 형태를 갖추기 시작한다고 할 수 있다. 무의식에서 올라온 재료들은 의식화되는 과정 중에 있는 것들로 매우 초보적이고 원시적인 형태의 것이라고 할 수 있다. 본래 이 과정은 태어난 아기가 겪었던 단계라고 할 수 있다. 이 단계는 모래상자에서 숲, 정글, 동물, 식물, 땅 등의 장면으로 묘사된다.

(마) 전투단계

이 단계는 모래놀이에 나타나는 상징적 이미지가 전투의 특성을 갖고 있다고 해서 전투단계라고 한다. 모래상자 안에 서로 반대편에 싸우는 세력을 배치하는 게 특징적이다. 아동의 정신발달은 모성적인 무의식 에너지에서 분리되어 의식적이고 남성적인 에너지와 동일시하게 된다. 어둡고 하나였던 무의식적 영역으로부터 밝고 의식적인 영역으로 나오면서 두 극간의 대립적 양상이 나타나게 되는 것이다. 아동은 이런 세력의 등장에 대해 서로 다르다는 것을 인식하게 되는데 이는 자신 안에 이질적으로 느껴지는 심리적 힘이 존재한다는 것을 의식화하는 단계라고 할 수 있다.

(바) 집단에의 적응단계

집단에의 적응단계는 자아발달의 마지막 단계인데 이 단계에서 새롭게 발달한 정신의 의식적 특성이 바깥, 현실세계에 적응하는 단계라고 할 수 있다. 이 단계에서 대극들의 통합이 이루어지며 자아는 이 단계에 이르렀음을 스스로 알게 되며 일시적인 휴지기에 들어가 평온을 유지하게 된다. 모래놀이치료에서 이 단계는 일상에 따라 일을 하러 가려고 하는 사람들이 있는 마을이나 동네가 나타난다. 이 모든 과정들은 반복되는 경향이 있다. 심리적 동요나 불편함이 없는 휴지기가 지나고 나면 다시 위의 단계들을 거치게 된다. 아직 무의식에서 알려지지 않은 재료들이 의식화되면서 이미 알려진 것에 추가되며 통합되고 인격은 점차 확장되어 간다.

3) 상징과 모래놀이치료

모래놀이치료에서 사용되는 모든 재료와 소품들은 상징이라고 할 수 있다. 인간이 경험한 자아와 자기 간의 불균형은 그것을 보상하려는 힘을 일으키고 그 힘은 상징을 통해 의식의 수준에 이르게 된다. 인간의 무의식 속에 있는 힘들은 의식으로는 알 수 없지만 상징에 투사된 내용을 통해 무의식 속에 존재하는 재료에 대해 알게 되는 것이다. 그런 의미에서 상징은 의식화되지 못하고 무의식 속에 억압된 내용을 보상하는 기능을 갖고 있다고 할 수 있다. 그런 의미에서 상징은 의식적이기도 하고 무의식적이기도 하다. 눈으로 명확하게 보고 의식할 수 있다는 측면에서 의식적이며 그러나 무의식이 그것에 투사한 내용이라는 측면에서 보면 무의식적이라고 할 수 있기 때문이다. 상징은 항상 그것 너머의 어떤 것을 의미한다.

다. 모래놀이치료의 실제

1) 모래놀이치료실

모래놀이치료실에 대한 얘기는 매우 실제적인 것이라고 할 수 있다. 일반적으로 흔히 떠올리는 모래놀이치료실에는 모래가 들어 있는 모래상자, 상자용 테이블, 갖가지 종류의 모형들과 그 모형들을 전시하는 진열장이 있다. 또한 물을 사용할 수 있는 시설이 있고 물을 담는 용기가 있다. 그 외에 치료자의 기록을 위해 카메라를 둔다. 치료자의 이론적 배경에 따라 다른 것이 첨가되기도 한다.

2) 모래상자

모래상자는 담아 주는 역할을 하는 도구이다. Dora Kalff는 모래놀이치료실에 2개의 모래상자가 필요하다고 하였다. 하나는 젖은 모래 또 다른 하나에는 마른 모래를 둔다. 그녀가 사용한 모래상자는 28.5×19.5×3인치로 직사각의 모양을 이룬다. 이 크기를 선호하는 이유는 여러 가지였는데 그 첫 번째는 내담자가 한 눈에 모래상자 전체를 다 볼 수 있어야 한다는 것이다. Kalff는 내담자가 창조성을 완전히 표현하기에는 좁은 크기라고 하면서 좁기 때문에 내담자가 조절하는 능력, 규칙을 따르는 능력을 얻을 수 있다고 보았다. 또 손이 한 번에 모두 닿을 수 있는 거리에 있어야 하기 때문이었다. 모래상자 바닥과 벽에는 파란색을 칠하는 데 진한 파란색이나 연한 파란색 중 하나를 사용한다. 모래상자의 재질은 나무, 플라스틱 등 여러 가지의 소재를 사용할 수 있으며 물을 넣는 모래상자는 방수처리를 해야 한다.

3) 모 형

모형은 치료자의 확장이라고 할 수 있다(Turner, 2005). 모형을 고르는 기준이 분명하게 정해져 있는 것이 아니기 때문에 치료자마다 조금씩 다른 모형들을 수집하게 되므로 개별 치료자의 무의식이 반영된 것이고 따라서 치료자의 담아줌이 모형을 통해 내담자에게 전달되며 그런 의미에서 치료자와 내담자를 연결시켜 주는 기능을 하는 것은 당연하다고 할 수 있다. 또한 내담자의 무의식과 의사소통하는 수단이기 때문에 매우 조심스럽게 다루어야 한다.

치료자마다 다르긴 하지만 보편적이고 기본적으로 갖추어져야 할 모형의 목록을 제시하면 다음과 같다(Turner, 2005).

- 사람 : 아기, 어린이, 어른, 다양한 인종의 사람들, 가족, 이방인, 젊은 사람/나이든 사람, 여러 가지 일을 하고 있는 사람들, 경찰, 소방관, 구조원
- 집안도구 : 가구, 주방도구, 음식 등
- 건축물 : 집, 타워, 교회, 사원, 가게, 낡은 것과 새것, 토속적인 건축물과 외국 건축물
- 자동차/탈 것 : 육해공 탈 것, 구조대, 군용차, 무기, 현대 군인, 과거 군인, 무장 군인 등
- 동물 : 육지동물, 바다동물, 조류, 야생동물, 가축
- 마술적 존재 : 유니콘, 페가수스, 용, 원형적 말(순수한 흰말, 파란 말)
- 마술사 : 마술가, 요정, 마녀, 동화나 만화 등장인물, 영웅, 악인
- 고대창조물 : 공룡
- 원형적 모형과 신화적 모형
  - 사람 – 왕, 여왕, 왕자, 공주
  - 모양 – 정육면체, 구, 원, 정사각형, 삼각형, 피라미드, 태양, 달, 별
  - 보석 – 유리마블, 비즈, 황금체인, 보물상자, 선물
- 그림자와 죽음 모형 : 해골, 묘비, 관, 뼈, 괴물, 어둡고 무서운 모형
- 종교 및 영적 모형 : 여러 가지 전통, 동서양의 사람과 물건
- 기타 : 불, 얼음, 풍차, 물레방아, 우물, 풍선, 깃발, 삽
- 자연물 : 바위, 조개, 나무, 목재, 수풀, 꽃, 잡초, 과일, 식물
- 연결하는 모형과 나누는 모형 : 담, 다리, 길, 교통표지, 전화기
- 건축재료 : 타일, 스틱, 점토, 종이, 끈, 풀

4) 모래놀이 치료자

Kalff(1980)는 담자가 모래상자에 자신을 충분히 표현할 수 있도록 모래놀이 치료자가 자유로 보고 보호받는(free and protected) 공간을 만들 책임이 있으며 이를 위하여 치료자는 두 가지의 목표를 가지고 치료에 임해야 한다고 하였다. 그 첫 번째는 개방적이고 수용적이며 판단적이지 않은 태도를 보임으로 내담자가 자신을 자유롭게 표현하도록 하며 내담자가 안전함을 느낄 때 자유로운 자기표현을 할 수 있으므로 두 번째는 내담자의 자기표현이 안전하다는 것을 느낄 수 있도록 보호하는 역할을 해야 한다. Weinrib(1983a)은 이러한 개념을 조금 더 구체화하여 자유롭고 보호받는 공간이라는 물리적인 것과 심리적인 두 가지를 모두 포괄하는 개념이라고 하였다. 물리적인 측면에서는 모래상자 자체가 일정한 경계를 가지고 담아줌으로써 자유와 보호의 역할을 하며 심리적인 측면에서는 치료자가 내담자를 담아 주고 보호하는 과정을 거치는 것이라고 할 수 있다.

Kalff는 모래놀이치료 과정이 자기의 안내를 받아 이루어지는 매우 무의식적 과정이므로 내담자가 무의식의 안내를 충분히 받을 수 있도록 촉진적 환경을 만드는 것은 매우 중요하다고 하였다. 모래놀이치료 작업이 자기의 안내를 따르는 과정이라는 관점에서 볼 때 내담자의 치료과정을 존중하고 그것을 지지하는 것이 치료자에게 요구되는 역할이라고 할 수 있다. 그 과정에서 치료자는 내담자가 표현한 무의식의 세계를 의식화해 주는 역할을 하게 되고 그 과정 속에서 내담자는 치료자의 의식화 과정을 통해 점차 내담자 자신의 의식화 과정으로 이어지도록 하는 과정을 거치게 된다. 이와 같은 치료자와 내담자가 함께 공유하는 감정을 Kalff는 “동시적(synchronistic) 순간”이라고 하였으며 직관적으로 치료자와 내담자가 내담자의 내적 경험을 함께 하는 것을 의미한다고 하였다.

4. 음악치료

가. 음악치료의 역사와 정의

원시와 고대 문화에서부터 음악은 종교적 의식과 의술, 그리고 치료의 실제(healing practice)로서 밀접한 관계를 가져 왔다. 즉 아프리카에서는 샤먼(무당 : shaman, 주술

사 : witch doctor, 의사 : medicine man, 제사장 : priest)이 질병, 질환을 발견하고 몰아 내어 치유하기 위해 특별한 노래, 리듬, 드럼, 벨, 래틀과 같은 악기, 춤, 드라마 등을 마술, 종교 의식과 연접하여 사용하였고 환자의 아픈 부위를 낫게 하는 효과를 위하여 치유의 능력이 있다고 믿어지는 마술 드럼, 하프 연주 등의 악기를 사용하였고 또한 노래하기는 치유과정의 필수였다고 한다. 그러한 예로서, 쿵 부쉬맨 샤먼(Kung Bushman shaman)은 치유의 힘을 일깨우고 환자의 질병 치료의 능력에 초점 맞추기 위해 노래를 사용하였다고 구전되어져 왔다.

서남 아메리카, 멕시코, 중앙아메리카의 아메리칸 인디언들은 특정한 질병 치료에 치유의 능력이 깃든 특정한 노래를 사용하였다고 전해지는 데 그러한 예로서 나바호 인디언(Navaho Indians)들이 특정한 병의 치료를 위해 노래, 춤, 특이한 패턴의 모래 페인팅(모래놀이 치료의 유래을 특별 결합한 치유의식에 사용하였고, 왈라 왈라 인디언(Walla Walla Indians)들은 의술인 뿐만 아니고 환자들도 하루에 몇 시간씩 노래해서 병을 낫게 하려는 적극적 역할을 하였다.

아프리카, 아메리카, 아시아 등지에서 다양한 형태의 드럼을 가지고 리듬의 사용이 보편화되었는데 그것은 샤먼이 신들과 영혼들과 접하고 땅과 하늘, 지하 세계의 존재 간 의사소통이 성립하게 하는 특별한 드럼 시그널로도 사용하였고 환자의 위기 해결과 치유를 위하여 의식의 전환된 상태(altered state of consciousness)와 같은 황홀경지, 몰아지경 (trance)에 도달하도록 돕는 치유 의식에 드럼 리듬, 벨, 챤트, 특수 의상과 춤을 사용하였다. 참고적으로, 샤먼에게 치료의 행위는 보이는 의식의 현실 너머 자각의 다른 수준으로 가는 것 – 그것은 다른 차원으로의 여행의 과정으로서 샤먼이 의식의 전환된 상태(altered or shamanic state of consciousness)로 들어 가기 위해 수천 년간 도움받아 온 드럼 비트를 최초의 음악치료의 예로 발견한다(Winn, Crowe, & Moreno, 1989).

고대 히브리 전통에서는 음악이 고대 히브리인의 삶에 중요한 역할을 하였음을 성경의 기록된 증거를 가진다. 그러한 예로서, 구약 민수기 31장 19절에는 하나님께서 히브리 백성들이 특별한 절기들을 기억하기 원하셔서 모세에게 절기들을 지키는 기억의 보조로서의 노래를 가르치도록 하셨다. 구약 역대상 25장 1절에서 8절까지에 히브리 성전에 288명의 전문 음악인들이 예언하고 하나님께 다가가도록 돕는 일할 때 힘과 치유의 작용이 음악을 통한 것으로 나타나 있다. 많이 알려진 예로서, 구약 사무엘상 16장 14절에서 23절까지는 악신 들린 사울 왕을 다윗이 라이어(하프의 일종)를 연주하여 진정시키고 새롭게 하는 것이 나타나 있다.

바빌로니아에서는 제사장 – 의사들(preist-physicians)이 악신 몰아 내기에 클래퍼(clapper)와 래틀(rattle)을 사용하였다. 또한 성가 노래하기(chanting)가 성전 치유의식의 중요 부분을 차지하였다고 전해진다.

이집트에서는 제사장이 음악가이며 의사였고 제사장 – 의사들(preist-physicians)이 음악을 "영혼의 물리"로 생각하여 병과 고통 치료에 찬송(hymn)과 주문(incantation)을 사용하였고 음악이 귀신을 몰아 내며 소리가 다른 실재를 상징, 각 음정이 신들을 불러 모으는 특수한 마술적 힘이 있다고 믿었고 초기에 특별한 성가 치료(chant therapy)가 있었다는 파피루스 기록도 있다. 그것은 노동요나 군대 행진곡 같은 노래의 기능적 목적도 포함한다.

중국에는 인간 영혼과 음악의 관계와 절제를 주입시키는 데 쓰이는 음악에 관한 정교한 연설문이 존재(B.C. 2nd C.)하며, 음정의 우주법칙의 함축이 중국 음악적 사고와 실제에 중요한 부분이 되었고, 감정이 다양한 선법들(서양음악의 음계와 비견되는 음정 조직 체계와 같은)과 연관되어 뮤지컬 드라마에서 그들의 사용을 조정하였다.

인도에서는 고대의 인도 승려들은 음악의 특정한 음의 계열이 명상적 상태를 초래함을 발견하였다고 한다.

그리스에서는 신체적인 불균형을 의학으로 다스리고 정서적인 불균형은 음악의 조화됨과 균형성의 요소와 작용을 사용하여 카타르시스를 통하여 치유하려는 의도를 가지고 있었다(Sigerist, 1944). 이와 같이 질병을 치료하는 데 음악을 주술적, 영적 그리고 철학적인 견해를 가지고 사용한 로마 문화와 중세를 거쳐 르네상스와 바로크 시대를 지나면서 음악이 생리적 반응을 일으키고 음악의 인간의 정서와 기질과의 밀접한 관계에 대한 과학적인 연구와 의학적 실행이 활발하게 이루어졌고, 19세기 중엽부터 신경학의 발달로 음악이 두뇌의 신경의 전달 작용과 연관되어 전반적 건강에 영향을 미친다는 가설을 입증하는 연구가 이루어져 왔고, 20세기 세계 제2차 대전 이후 본격화된 과학적 접근법으로서의 음악치료 분야의 활동과 연구가 21세기 세계화, 다원화 시대의 사회복지 차원과 면역체계와 관련된 예방의학 분야에서의 음악의 사용 등에 대한 관심으로 현재까지 이어지고 있다.

미국음악치료협회(American Music Therapy association), 미국의 브루샤 (Bruscia, 1989), 캐나다음악치료협회(Canadian Association for Music Therapy), 영국의 레즐리 번트(Leslie Bunt, 1994), 독일의 힌리히 반 디스트 (Hinrich van Deest) 등에 의하면 음악치료가 내담자의 잃어버린 능력을 회복하고 아직 잃지 않은 능력을 강화하도록 유도하며 포괄적인 삶의 질을 다루는 것, 내담자의 장애를 분석, 경험의 교정, 새로운 가능성의 개발, 중단되었던 인격의 성숙의 완성을 돕는 것, 몸의 감각을 일깨우는 실제적인 체험의 가능, '개입'을 통한 행동 변화의 가능성, 감정 표현의 가능성, 내담자 상호 간의 의사소통 등을 강화, 뒷받침하는 것이며, 특히 피터스 (Peters, 2000)에 의하면 음악치료란 다음과 같이 정의될 수 있다.

① 음악치료는 하나의 과정이다(Music Therapy is a process).
② 음악치료는 개인에 대한 사정(assessment)을 근거로 목표를 세우고 계획된다(Music Therapy is planned and goal directed based on individual assessment).
③ 음악치료는 상호작용과 중재를 포함한다(Music Therapy involves interaction and intervention).
④ 음악치료는 음악이나 음악에 기초한 경험을 사용한다(Music Therapy uses music or music-based experience).
⑤ 음악치료는 특히 처방적이다(Music Therapy is especially prescribed).
⑥ 음악치료는 특별히 훈련된 사람들에 의해 실행된다(Music Therapy is implemented by specially trained personnel).
⑦ 음악치료는 개인 내담자의 특정한 욕구를 충족하는 것을 지향한다(Music Therapy is directed toward meeting the specific needs of individual clients).

음악치료에서 내담자는 참여하거나 혜택받기 위하여 반드시 음악가가 아니어도 되며 그 과정에서 음악적 기술과 행위의 발전이 우선 목적이 아니고 음악이 학습과 표현적 경험을 유용하게 하여 내담자의 비음악적 분야의 기술들을 향상시켜 신체적, 정신적, 사회적, 정서적 기능을 향상시키는 결과를 낳는 것이다. 대다수의 음악치료의 정의는 정신적, 신체적 분야에서의 광범위하고 다양한 비음악적 목표를 달성하는 음악과 소리의 중요성을 인정하고 있다 (Moreno et al., 1990, p. 43). 음악치료에서는 음악경험에 대한 개인적인 효과의 차이를 고려해야 한다. 음악치료가 New Age 음악 치유사들과 대중 상품화된(Mass-Marketed) 음악치유책과의 차별점은 음악치료는 건강전문 분야와 관련한 과학적 근거(scientifically-based), 음악적 근거(music-based)의 경험이라는 점이다(Peters, 2000). 1950년 미국 Joint Commission on Accrediation of Health Care Organization에서 창조적 예술치료로서 인정되었고 The Education for all Handicapped Children Act와 관련 서비스로 기재되었으며, 유럽을 비롯하여 세계의 각 처에서도 관심을 가지고 실행과 연구가 지속되어 왔으며 2002년 7월에는 영국 옥스포드 대학에서 4년마다 개최되는 세계 제10차 음악치료 학술대회를 열려 21세기에 음악치료의 나아갈 바를 모색하였으며, 특기할 사항은 당시 음악치료와 영성과의 깊은 불가분의 관계에 대한 토론과 발표가 주를 이루었다는 것이다.

결론적으로, 음악치료는 인간의 존엄성과 창조성을 회복하고 바람직한 사회를 이루어나가는 일환으로서 개인이나 집단의 신체적, 정서적, 인지적, 사회적, 그리고 영적 필요를 인식하고 진단, 치료하기 위하여 계획되고, 전인적 회복을 위한 목표 지향적인 상호작용과 중재의 과정이다(조은혜, 2002).

나. 이론적 구성

인간의 병리 현상에 대한 치료를 위하여 의학의 다양한 분야가 눈부시게 발전되어 왔으나 정신과 신체의 끊임없는 교류와 역동이라는 것은 무한하고 심오한 분야이다. 그것은 인간 자체가 우주 전체에 속한 또한 독립되어 존재하는 소우주이기 때문인 것 같다. 인간 현상과 관계되는 요소들과 원리들을 완전히 이해하고 깨우치기는 쉽지 않다. 물론 학문과 과학의 발달이 인간의 문제해결에 여러모로 도움을 주고 있다. 특히 정신치료의 분야에서 정신분석적 이론 (Psychoanalytical Theories), 행동주의적 이론 (Behavioral Theories), 인본주의/실존적 경향의 심리학 (The Humanistic/Existential Trend in Psychology), 그리고 정신병이나 인격 장애를 생화학적인 장애의 측면에서 보는 견해를 갖는 의학적 모델이론 (Medical Model Theories)에 근거한 약물치료와 더불어 제3의 치료라고 할 수 있는 예술치료가 시도되고 발전되어 치료의 통합적 내지는 전체적인 접근(holistic approach)을 향하고 있고 그 중 음악치료 분야에서도 음악이 속해 있는 다양한 문화와 다각적인 경우에 적절하게 부응하여 치료기법을 시험, 검증하여 이론과 실제 임상의 발전에 기여하려는 시도와 노력들을 볼 수 있다. 음악치료의 기저에 깔린 다음의 심리학적 관점들과 음악치료의 관계를 다음의 세 가지 주요 심리학 분야별로 알아보고자 한다.

1) 스키너의 행동주의 이론과 음악치료

Skinner를 위시한 행동주의자들은 인간행동이 환경요인들에 의해 통제 · 조절이 가능하며 생산적인 인간의 발달, 사회적으로 유익한 행동을 위해 과학적 기술, 기구 등을 사용하여 개인과 사회를 수정 · 치료해 나가야 한다고 주장한다.

음악치료에서는 자폐아가 사회적 접촉을 회피, 거부하는 성향을 띠는 것에 대해 치료사-아동 간에 긴장을 완화시키는 음악을 들으며, 특정 악기 연주를 통해 신체접촉을 유도하며 감정적 접촉을 통한 정서발달을 목표로 할 수 있다. 악기사용을 통해 청각 · 시각 · 촉각의 협응력을 기르며 음악이 자기 자극적인 행동을 감소시키기 위한 대체로서 조심스럽게 사용될 수 있으며, 음악적 리듬에 맞추는 몸동작을 통해 신체의 저항감을 향상시키는 감각운동 통합의 효과를 가져 온다. 모방연습을 통해 다양한 음역을 가진 타악기 등으로 신체와 동작을 정련시키며 타인들과의 연구를 통하여 감각조절 방법을 배울 수 있다.

아동의 신체의 한 부분 등의 이름을 흉내 내도록 반복적으로 대근육 운동, 입 운동, 발성 흉내를 시도하여 아동이 첫 음내기를 시작하여 그 신체 부분의 이름을 발음하면서 치료사가 취하는 동작에 따라 모방하여 그 부분과 함께 움직이게 하는 훈련, 구어가 습득되면 다양한 활동을 적용하여 더 정확한 발음을 낼 수 있도록 반복 훈련하는 모든 과정에서 아동의 노래하기, 치료자의 노래를 들으며 입모양 흉내 내기, 간단한 타악기 연주를 통한 근육운동 감각 키우기, 음악적 리듬에 맞추는 동작의 모방기술을 통해 치료가 일어난다.

자폐아도 흥미를 가지고 학습대상을 체험할 수 있는 학습 환경이 잘 마련되면 무엇인가를 배워 나갈 수 있는 능력을 가지고 있다. 학습의 목표는 아동이 외부세계에 잘 적응해서 자신의 한계 내에서 자립생활을 하도록 만드는 데에 있고 그 목표의 달성을 위해서는 스스로를 자신 안에 가두는 아동의 태도를 적절한 자극과 훈련을 통해 깨뜨리거나 약화시켜야 할 것이다(Hinrich van Deest, 1995).

2) 펄스의 게스탈트 이론과 음악치료

Perls의 Gestalt 이론은 인본주의 쪽에 가까우면서도 현재를 중시하여 자아와 환경과의 역동적인 관계, 모든 인간행위를 유기체의 생물학적인 과정으로 보며 자기 불신을 강화하게 되어 인성의 통합성을 잃어버리게 되었다는 설명방식이 행동주의와도 유사하다고 볼 수 있다. 현대사회의 자아상실감과 존재 무의미성 등에 의하여 발생하는 우울증을 다루는데 Gestalt 심리학이 도움이 되리라 생각한다. 음악치료 과정에 있어서 과거의 미해결의 문제가 무의식 속에 남아 영향을 준다는 사실을 다루기보다는 여기서 - 지금 치료사와 간의 I and Thou의 동역자적인 관계 위에서 내담자 자신의 인간으로서의 통합성을 향하여 자신의 존재 그대로의 모습, 자신의 가치와 자긍심을 재발견, 재인식하여 나가는 작업에 임하게 된다.

위의 목표를 달성하기 위해 개인 즉흥연주 치료법도 효과적이지만 집단음악 치료도 효과적인 데 그것은 집단 내에서 상호 교류적이고 지지적인 음악감상, 연주활동을 통해 긍정적이고 자신에게 바람직한 감정과 행동을 표출하는 노력을 하며 자신감과 자존감을 회복해 갈 수 있게 되기 때문이다.

음악이라는 다양한 형태들이 잘 구조화되고 통합된 상황, 즉 음악의 음·음계의 연속성, 유사성, 비슷한 음색끼리의 근접성을 통한 소속감의 지각, 그리고 대칭성, 규칙성, 종료성을 통한 안정감에 접할 수 있고 집중할 수 있다. 또한 적절하게 지지적이고 통합된 집단이라는 상황에서 한 일익을 담당하면서 내담자는 자신의 무기력과 공허감을 극복하고 점진적이나마 자신의 삶의 가치의 회복을 위한 자극과 통합성을 향한 에너지의 확대를 시도하게 될 것이다.

3) 로저스의 인본주의 이론과 음악치료

Rogers를 위시한 인본주의는 인간의 진보를 위한 행동이 인간의 주관적 가치와 선택에 의해 과학적 노력 밖에서 이루어지고 판단되어야 하며, 과학 자체가 인간사회의 통제문제를 판단할 수 없다고 주장한다.

음악치료에서는 한 인간으로서 실존을 있는 그대로 인정, 수용, 경험하기 위해서는 자신과 자신의 진실된 접촉과 만남이 또한 자신과 타인의 진지한 만남이 이루어져야 할 것이다.

음악치료의 즉흥연주라는 상황에서 치료사는 그의 첫번 과업이라고 볼 수 있는 내담자와의 접촉영역을 찾아낼 수 있다고 본다(Nordoff & Robbins, 1992). 접촉이라는 것은 치료사와 내담자 간에 형성되는 것으로 음악 안에서의 하나의 관계, 만남이 이루어지는 선행조건이다. 그것은 음악 안에서 내담자의 존재를 존중하며, 맞추어 가며, 반향하며, 반응을 나누며, 음악이라는 공유된 형태를 가지고 적절한 방향성을 가지고 나아가며, 음악적인 시간과 공간의 질 안에서 '함께 존재'하는 것이다. 한 음악적 현상 안에서 내담자가 만들어 내는 음악은 그 음, 음색, 리듬 등이 자연스럽게 '원하는 대로' 흘러가도록 치료사에 의해 존중되며 결국 내담자의 실존의 진정한 자아의 모습과 접촉하고 만날 수 있도록 분위기를 만들어 준다.

마치 유아와 어머니의 상호관계에서 볼 수 있는 현상들, 즉 타이밍과 감정적 형태의 맞춤, 칭찬에서 나오는 에너지, 감정의 합류점(Trevarthen, 1996) 상호동일성, 융통성, 창조적인 상호의존 등이 음악치료의 즉흥연주에서 음악의 즉흥적인 특색과 기본적 감정의 의사소통 등으로 나타난다. 이렇듯 치료사와 내담자 간에 친밀하고 수용적이고 안정된 관계 안에서 내담자 자신을 경험 · 자각하며 변화와 자아실현을 향해 나아갈 수 있는 신뢰와 수용이 바탕이 되는 치유가 일어날 수 있는 것으로 본다.

다. 음악치료의 실제

1) 음악의 치료적 기능 (therapeutic function of music)

힌리히 반 디스트에 의하면 치료의 장의 만남의 매개체로서 가능한 여러 가지 중에 즉흥음악을 위시한 일체의 음악은 다음과 같은 치료의 효과를 가지고 있다고 보았고 그것들은 음악치료의 근거로 삼을 수 있는 매우 중요한 점들이다(Hinrich, van Deest.

1995/ 1998, 번역판).

첫째, 음악은 병적인 상황에서 종종 일어날 수 있는 언어적 표현의 한계를 초월하여 비언어적인 표현과 의사소통을 가능하게 한다. 그것은 언어적 형태의 표현보다 독자적이고 더 깊이 있고 상징적이므로 그 자체가 언어에 의해 획일적으로 해석되거나 평가될 필요가 없고 타인을 의식하지 않는 좀 더 자유로운 감정의 표현을 가능하게 한다.

둘째, 음악적인 자극, 특히 즉흥음악은 기존음악이 가지는 과거의 회상, 선입견과의 연상작용을 배제하고 인간의 깊은 무의식의 세계에 신속히 도달하여 내면에 상하거나 왜곡되어 해를 끼치고 있는 것들을 상징, 이미지로 불러 내어 직면, 교정, 회복할 수 있게 한다.

셋째, 자유 즉흥연주를 직접하거나 들을 때 심층의 중요한 이미지를 떠올려 자기의 과거의 감정에 직면할 수 있고 연주행위의 자발성으로 현재, 미래에 대처하는 감정적 경험을 가능하게 한다.

넷째, 즉흥음악의 연주를 해 가는 과정에서 자신과 관련된 사건, 사람, 사물을 상징화할 수 있고 음악적 자극에 의하여 자신의 심층세계의 심상과 만날 수 있게 하여 그것을 소재로 통찰이 시작되고 심리적인 불안, 공포, 갈등 등을 일으키는 문제를 다룰 수 있게 한다.

다섯째, 즉흥음악 특히 타악기의 연주는 원초적인 감정을 배출시켜서 사이코드라마에서의 카타르시스와 같이 정화하는 작용을 하며 상징화와 더불어 좀더 성숙함과 원활한 의사소통, 감정의 순화를 통한 자아기능 강화와 언어 발달에까지 이르게 한다.

여섯째, 집단 안에서의 즉흥연주시 각기 음향, 음색, 리듬이 서로 다르지만 연주하는 가운데 융화되어질 수 있는 것과 같이 건강한 자아의 발달과 강화를 위해 자신과 타인의 자아가 각기 나아가면서도 심리적인 분리와 융합을 체험하는 일종의 공생관계와 주위 사람들과의 일체감 등을 체험할 수 있게 한다.

일곱째, 집단 안에서의 즉흥연주시 나오는 전체의 소리를 서로 들으며 무의식 속의 환상, 회상, 인간관계, 개인적인 의미나 아이디어 등이 드러나며 상호 교류할 수 있게 된다.

여덟째, 즉흥음악은 있는 그대로의 상황에서 생생한 치료사와 내담자의 만남을 가능하게 하며 내담자의 장애를 감별해 내며, 교정하여 잠재된 가능성을 일깨워 개발할 수 있도록 체험하게 하는 역할을 한다.

2) 음악치료의 장점 및 아동에게 미치는 영향

음악은 인간행동의 보편적이고 본질적 부분이고 실재 물리적 구조로 이루어지고 시간의 질서 안에 있어서 총체적으로 인간에 영향을 준다. 즉 인간의 신체적 반응과 인지적이고 감정적 반응에 영향을 주어 몸–마음 연계를 쉽게 하고 상호 인격적 상호 반응에 영향을 준다. 음악은 의사소통의 독특한 형태로서 정서(감정)에 통합적으로 연결되어 있는 하나의 미적이고 창의적인 경험이고 즐거움과 만족의 원천을 제공한다. 가스톤 (Gaston)은 치료 목적 달성을 위해 음악치료 과정의 경험을 음악 외적인 것과 관련하여 접근하는 방식인 관련적 음악치료(referential music therapy)에서 음악 사용과 음악 경험은 상호 인격적 관계의 정립 혹은 재정립, 자아실현을 통한 자아존중감 세우기, 그리고 리듬의 사용은 그 독특한 잠재력으로 에너지화하고 질서를 제공한다고 주장한다. 시어즈(Sears)는 음악 치료 과정의 경험을 치료 목표와 직접 연결하여 접근하는 방식인 경험적 음악치료 (experiential music therapy)에서 신체 생리와 관련된 음악이라는 구조와의 경험, 시간의 흐름에 따른 음악은 시간에 입각한 지금 그리고 여기 (here & now) 행동을 요구하며 내담자의 현실 감각 일깨우고 자기–조직 안의 경험과 타인과의 관련 안에서의 경험과 연결된다고 말한다.

이와 같은 원리를 근거, 바탕으로 하여 아동상담에 음악의 치료적인 사용이 어떻게 작용하는지를 다음과 같이 정리할 수 있다(Peters, 2000).

① 음악적 경험은 주의를 환기시키고 질서와 구조를 제공해 준다.

신체적, 정신적, 감정적 손상으로 기능 저하된 아동에게 외부와 내부세계를 지각하고 이해하고, 행동의 조절, 조직, 자극에 대한 적합하고 의미 있는 방식의 반응을 하고 주변 환경과 상황에 대한 자각, 적절한 의식을 회복하고 유지하게 하는 힘을 불러일으켜 준다. 음악의 리듬, 사운드, 멜로디가 주의력을 끌고 유지하게 해 주어서 아동의 성장과 학습의 환경을 마련하고 리듬, 형식의 질서와 구조가 내담자의 지각, 기본 감각, 리듬적이고 효과적인 반응 불러 이끌어 내며 조직하며 아름다움과 혼돈으로부터 질서 만들어 내기의 예를 제공해 주는 역할을 수행하여 혼란으로부터의 해방, 음악과 관련된 활동과 사람을 예측하는 능력 안에서의 안전감 획득하게 해 준다.

음악은 다중 감각 경험과 감각 자극의 한 형태로서 다중 감각 입력의 기회 제공하고 반응으로서 다중 감각 출력의 기회를 제공하며 구조화된 현실로서 시간 안에서 일어나는 실제적인 사건에서도 바람직하고 특정한 행동을 요구, 허용, 환기, 촉발한다. 또한 아동의 세계나 자각을 파고들어 영향을 끼친다.

② 음악적 경험은 자기지식, 자기표현, 자기만족을 제공해 준다.

아동이 성장과 발달 과정에서 주변인들과 성공적으로 적당한 관계를 갖기 위해 먼저 자기가 자신과의 편안함이 있어야 하는데 음악이 의사소통의 통로—기분, 태도, 감정의 표현의 전달체로서의 기능을 하고 음악활동 안에서 다양한 수준의 성취 가능—아동의 자아존중감이 생기기 시작한다. 노래 분석, 노래짓기, 즉흥음악, 유도된 심상 등의 음악적 활동이 비교적 안전하고 위협적이지 않은 방식으로서 아동 발달에 유익한 창의적이고 새로운 관점을 얻으며 자신을 돌아보고 반응, 성장, 발달을 위한 새로운 가능성을 알아가는 데 도움을 받을 수 있다.

③ 음악적 경험은 타인과의 생산적인, 긍정적인 관계를 증진시킨다.

대부분의 아동에게 음악활동이 적극적이며 즐겁고 설득력 있고 소통의 힘이 있어서 아동들을 그룹 안으로 끌어 참여하고 상호 반응하는 동기를 유발하고 그룹 보컬, 음악에 따라 움직이기, 즉흥음악, 작곡, 음악과 관계된 경험 토론 등으로 어떤 행동 유형이 성패를 좌우하는지 알게 되고 타 아동들과 생산적인 방식으로 관계, 상호작용하는 법을 학습하게 된다. 음악의 사운드가 그룹의 역동과 쟁점, 개인의 관심 등을 반영(Crowe, 1991)한다.

3) 음악치료의 구성

(가) 사정과 진단

음악치료에서의 사정과 진단은 환자의 도움이 필요한 부분을 파악하여 치료의 전략 계획 세우기와 내담자의 강점, 약점, 문제점, 필요를 파악하고 광범위한 개관과 분석을 통하여 치료의 방향, 방식을 정한다.

* 의뢰서(referral) : 음악치료 서비스는 의뢰서(referral)에 근거한다.

다양한 학제간의 치료 팀, 타 전문 치료, 가족, 부모, 보호자, 법정대리인, 잠재적인 내담자 자신 등의 여러 자원(source)으로부터 내담자의 강점, 약점, 필요의 부분을 파악하여 내담자에게 혜택을 주는 음악 경험의 유형 결정과 회기 실행 후 음악치료의 결과에 따른 내담자의 진전에 대한 평가를 위한 소정의 절차를 말하고 있다.

(나) 음악치료 세션 계획 (session plan)

음악치료 세션을 계획하는 과정에는 첫째, 음악에 영역목표와 행동목표 세우기(setting goals and objectives) 둘째, 음악에 기초한 중재전략 계획하기(planing music-based intervention strategies) 과정이 있다.

① **영역목표** (goal)**와 행동목표** (objective) **세우기**

㉮ **영역목표와 행동목표**

㉠ 영역목표(goal)—진단에서 세워진 내담자가 도달할 개선된 기능 수준의 최종 상태를 목표로 한다.

㉡ 행동목표(objective)—보다 특정하고 조작적으로 정한 단계들이며 성취를 위한 분명한 시간의 테두리 포함한다. 영역목표(goal)를 성취하기 위해 발달시키는 특정한 행동, 기술 등의 디딤돌(stepping stones)들과 같은 것을 가리킨다.

㉯ **영역목표(goal)** : 내담자의 문제점, 약점을 광범위하게 나눈 일반적 기술영역 안에서 기술의 향상과 유지를 지향한다.

광범위한 치료 역점의 예를 들면 다음과 같다.

- "사회성 향상 : 다른 집단 구성원들과의 적극적인 상호반응 증가시키기 위하여"
- "수용적인 언어기술의 향상을 위하여"
- "정확하고 적절한 감정 표현의 능력 증가를 위하여"
- "기능적 운동기술의 향상을 위하여"

*일반적 영역 목표 예(examples of general goal areas)는 다음과 같다.

- 개인 행동기술(individual behavioral skills)
- 감각기술(sensory skills)
- 운동기술(motor skills)
- 언어와 의사소통기술(language and communication skills)
- 정서적 학습과 감정표현(emotional learning and emotional expression)
- 사회적 기술(interpersonal : social skills)
- 자조/생존기술(self-Help / survival skills)
- 학구적, 인지적 기술(academic or cognitive skills)

㉰ **행동목표**(objective) : 영역목표와 관련하여 그 영역목표를 성취하기 위하여 필요한 특정한 단계, 기술, 행동을 정한 일련의 단기 작은 목표들을 가리키며 관찰 가능한 결과, 행동목표로서의 기대(expectation)를 명확하게 정의함으로 치료의 과정에 걸쳐 일어나는 변화들을 치료사가 측정하고 평가 가능하고 치료의 방향을 제시하도 데 도움을 준다.

예로서, "소고 등의 원하는 악기 골라 가지고 있기"와 같은 내담자가 보여야 하는 특정한 행동 : "해당 집단의 80% 이상"과 같은 성공적인 performance를 위한 준거,

기준 ; "주어진 다섯 개의 노래 제목으로"와 같은 과제의 수행을 위한 중요한 상태 혹은 조건 ; "10번의 회기의 마지막까지"와 같은 시간 테두리 혹은 종결 날짜 등을 포함한다.

(다) 음악치료 과정

음악치료에 필요한 도구들을 준비하고 사전에 장소를 세밀하게 정비한다.

① 효과적 치료 전략을 위해 음악 치료적인 활동과 치료사의 활동과 실행의 방법론에 대한 내담자의 반응의 계속적인 관찰과 평가가 중요하다.

② 음악치료의 실행 과정, 자료, 접근법의 조정이 필요하다.

③ 음악치료 과정 중 일어나는 일을 관찰한다. 임상적 판단, 치료적 만남 형성, 자발적 채용에 대한 관찰할 때 항상 치료 목적과 목표 등을 고려한다.

(라) 기록과 데이터 수집

내담자를 위한 치료목표에 따르는 그 행동의 변화에 초점을 두고 전략 행동과 치료목표의 기준을 가지고 데이터 수집 전략 수립한다. 내담자에 관한 모든 기록의 비밀 보장(confidentiality)이 매우 중요하다. 기록과 데이터의 수집이 치료과정의 성패를 결정한다고 볼 수 있다. 내담자의 반응, 진보의 데이터 수집의 format, reporting format의 사용, 치료 중의 내담자의 반응 관찰기록의 분석, 치료의 시간별 기록, 효과, 효능의 모니터와 치료사의 자질 확신, 책임감, 내담자 돌봄에 관한 모든 것과의 의사소통의 연결을 제공한다. 기록의 종류에는 음악치료 의뢰서, 사정, 진단 기록, 치료 배치의 기록, 음악치료 계획서 등으로 음악치료의 지속적 과정을 기록한다.

데이터 수집의 내용에는 주로 Baseline Data(기초자료) 측정의 내용이 있는데 신뢰도가 중시되며 치료 전 내담자의 문제를 지닌 가장 기본적인 상태에 관한 자료를 획득하여 내담자의 초기 능력 수준 사정이 가능하게 된다. 행동이 일어난 시간과 횟수를 기록하고 rate, 즉 시간에 따라 나타나는 빈도수 측정 (frequency recording), 행동이 얼마나 오래 일어나 지속 (duration recording)되는가를 기록하는 것, 행동 지시 후 실제 실행되기까지 걸린 시간 (latency recording) 의 기록, 30분~15분 정도를 일정 간격으로 나누어 똑같은 어떤 행동(interval recording)이 지속적으로 일어났는가(whole interval recording), 아니면 일정 기간 동안에 특정 행동이 일어났는가(partial interval recording)를 측정하여 기록한다. 행태(topography)는 행동의 모양, 강도(force), 행동의 크기, 위치, 중심(locus), 행동이 일어난 곳 등을 기록한다.

(마) 평가와 종결

① 평 가

내담자의 반응에 대한 지속적 관찰과 평가는 세밀한 치료 절차의 수정, 보완, 채용에 도움이 된다. 어떻게 성공적으로 치료개입, 목표달성이 되었는가의 평가이다. 초기와 현재의 기능수준의 비교, 분석하여 기록한 것을 가지고 내담자가 치료의 혜택을 받는지의 여부를 규칙적으로 알아본다.

② 종 결

치료종결보고서(discharge report)를 작성하면서 치료목표의 달성, 치료의 실패, 최대의 치료 혜택, 내담자의 회기 불참의 경우 등에는 종결시기를 정한다. 강한 감정, 사적인 쟁점을 불러일으킬 가능성이 있으며 관련된 사람들의 성찰, 평가, 감정표현, 미래를 투사할 수 있는 충분한 시간과 타 치료팀의 협력이 필요할 때에는 음악치료의 종결로서 부드러운 전환을 시도한다.

3) 장애아동을 위한 음악치료의 활용

장애아동을 위한 상담과 관련된 음악치료의 형태는 개인치료와 집단치료, 혼합 형태의 치료로 나누어 볼 수 있으며 개인치료는 아동의 개인적 필요와 발달에 집중하여서 아동과 치료사에게 집중적이고 심도 있는 내용과 경험을 제공한다. 집단치료는 타인과의 관계기술, 집단 내의 지지, 통합, 격려, modeling, 상호반응 등을 통한 상호 사회성 증진의 학습이 가능하며 시간과 비용의 절감 효과가 있다. 각 경우에 따른 개인과 집단의 혼합 형태의 치료가 다양한 음악치료의 상황에서 적절하게 이루어질 수 있다(Hanser, 2003, 역).

(가) 발달장애에 대한 음악치료

정신지체아, 자폐성 장애아동 등을 위하여 간단한 노래 배우기 등이 사용된다. 손유희 등을 통한 시선 접촉, 주의력 집중, 언어 모방, 지시 수용력, 기억력, 소근육 운동 기술, 청각 식별 능력, 주변 환경에 대한 반응력 키우기가 가능하며, 집단음악 치료를 통한 의사소통능력과 사회적 기술의 향상을 도모한다.

(나) 행동장애에 대한 음악치료

품행장애, 반항장애, 과잉행동장애 및 기타 일반적인 장애아 등을 위하여는 계획적으로 명료하게 조직된 음악활동의 틀 안에서 자신의 음성이나 신체의 사용 또는 악기 연주를 통하여 자기감정을 분출하고 창조적으로 표현하여 사회적으로 적절한 행동을 할 수 있는 자신 안의 힘을 인식하고 길러나갈 수 있도록 한다. 음악치료의 활동 안에서 표현하는 비언어적 행동, 몸짓언어를 관찰을 통하여 아동의 정서적 각성 수준을 측정하여 그 정서 상태를 이해할 수 있다.

(다) 운동기능 장애에 대한 음악치료

운동근육 발달에 문제를 지닌 아동들을 위하여 간단한 악기 연주를 통한 소근육의 발달과 눈과 손의 협응력 향상, 작은 관악기 연주를 통한 호흡조절 능력 키우기, 음악의 리듬과 파동을 온 몸으로 느끼며 즉흥적으로 춤추기, 음악에 맞추어 손뼉치기, 필요하고 특정한 움직임을 음악활동 안에서 유도하기 등을 통하여 신체를 이완시키고 분별력을 키워서 신경근육 이상 및 골격 이상 장애아의 재활 능력 향상에 도움을 줄 수 있다.

(라) 의사소통 장애에 대한 음악치료

노래 부르기, 발성연습, 작은 관악기 연주 등을 통하여 언어장애 아동의 호흡조절, 발음, 억양, 언어속도 조절능력, 청각적 기억력, 음정구분, 언어표현, 감정표현의 능력을 향상시킨다.

(마) 학습장애에 대한 음악치료

학습장애아들이 음악기술을 배우면서 자연스럽게 필요한 행동 기술을 익히도록 한다. 신체 좌우 조정능력에 문제를 지닌 아동을 위하여 음악에 맞추어 팔과 다리를 동시에 움직이기, 양손이나 각각의 손으로 피아노의 선율을 연주하여 조정능력을 키우며, 악보를 보고 연주하여 좌우 안구 움직임을 글 읽을 때와 같은 상태로 훈련하는 시각추적 능력 향상을 가져오고, 집단 안에서 타 아동들과 같이 음악활동을 하여 타인의 소리 듣기 연습, 이전의 음악(학습) 경험의 재사용, 음악적 기술의 습득으로 인한 음악활동의 구조적인 형식에서 나오는 다양한 사항의 습득, 멜로디의 기억과 청음 능력 등의 음악활동의 청각자극에 대한 청각식별력을 통한 근육운동과의 일치를 통하여 묻고 대답하는 것과 유사한 반응의 과정의 습득이 가능하다.

(바) 감각장애에 대한 음악치료

청각장애아를 위하여 진동이 크고 리듬감이 있는 음악을 느끼고 반응하게 할 때 표현능력과 신체 움직임에 향상을 초래하고, 시각장애아를 위한 음악 레슨을 통하여 그들의 청각 능력, 음악 기술을 습득하게 도와 주고 결과적으로 그들의 자존감과 자아성취감의 향상을 가져온다.

(사) 신체장애에 대한 음악치료

감각강애, 신체발달장애 및 기능장애 등으로 인한 정상적 기능 수행에 제한을 받는 아동을 위하여 아동에 맞추어 개조한 악기의 연주하기, 쉽게 변형된 음악기술의 습득을 통하여 자신감, 자존감을 향상시키고 운동성 증강 훈련도 하게 된다.

(아) 통합교육에서의 음악치료

특수교육을 필요로 하는 아동들이 통합된 환경에서 집단음악 치료를 통하여 각자 자기의 능력을 최대한 발휘하고 일반아동들과도 어울려 배우며 상호작용할 수 있다.

5. 미술치료

가. 미술치료의 역사와 정의

미술의 치료적 관점에 대한 연구는 18세기부터 본격적으로 시작된 아동화에 대한 연구가 그 시초라고 볼 수 있다(이숙 외, 2004). 리치(Ricci)가 이탈리아 아동의 그림에 대한 해석을 출판하였으며, 1983년 바네스(Barnes)는 「아동화 연구」라는 논문을 발표함으로써 아동화는 많은 심리학자들의 연구대상으로 등장하게 되었다(김유정, 2000).

미술치료라는 용어는 1961년 「Bulletin of Art therapy」의 창간호에서 편집자인 Ulman의 논문에서 표현되었다. Ulman은 적절한 표현이 없어서 미술치료라는 용어를 사용했다고 술회하면서, 미술치료는 교육, 재활, 정신치료 등 다양한 분야에서 널리 사용될 수 있으며, 어떤 영역에서 활용되고 있던 간에 공통된 의미는 시각예술이라는 수단을 이용하여 인격의 통합 혹은 재통합을 돕기 위한 시도라고 진술하였다. Ulman은 미술치료라는 용어를 분석하여, '미술'과 '치료'라는 두 단어의 의미를 해석하고 있다. 하나는 Naumburg의 견해와 일치하는 치료에 중점을 두는 입장으로 미술은 치료자와 내담자 사이에서 전달된 상징적 회화이며, 미술치료는 본질적으로 정신분석 정신치료의 도입수단으로 주장하고 있다.

다른 하나는 Kramer(1958)의 견해와 일치하는 미술을 중시하는 입장으로 예술의 창조적 행위는 현실과 공상, 의식과 무의식을 통합함으로써 인간의 재통합을 이루는데 적합하다고 보는 입장이다. 그러나 '창조'와 '상징적 회화' 모두가 미술치료에 관여하고 있다고 생각한 사람들이 당시에 가장 많았다. 최근에 일본의 학자들도 처음에는 '상징적 회화의 유용성' 정도로 생각한 사람이 많았다고 저술하면서, 가족미술치료의 임상경험을 갖고 난 뒤에는 가족치료와 미술치료의 합(合)이 가족미술치료라고 하였다. 즉, 가족, 미술, 치료가 같은 비중으로 쌓여 있다고 보게 된 것이다.

그러므로 어떤 입장이든 간에 미술치료는 인간의 조형활동을 통해서 자기표현과 자아성장을 촉진시키며 갈등과 불안을 해소시켜 바람직한 행동으로 변화를 가져올 수 있도록 도와 주고 있다.

오늘날의 미술치료는 상징의 중요성을 부각시킨 Freud와 Jung의 현대 정신의학과 함께 성장해 왔다. Freud는 무의식의 의식화 과정은 내면의 세계를 창작과정과 창작품을 통하여 외부세계로 외면화시키는 데서 이루어질 수 있다고 하였다. 한편 Jung은 창작행위와 그 치료성을 보는 입장이 보다 포괄적이고 적극적이었다. Freud는 창작행위가 자유연상을 통하여 무의식 세계를 의식적 세계로 표현하는 것이라고 지적한데 머문 반면, Jung은 창작이나 적극적인 명상이 개인이 집단 무의식에 이르는 개성화 과정을 이룰 수 있다고 하면서 창작적인 치료방법의 중요성을 강조하고 있다. 정신분석적인 입장 이외에도 현재는 현상학적 입장, 게슈탈트 입장, 인지발달이론 등이 미술치료에 영향을 미치고 있다.

궁극적으로 미술치료는 심신의 어려움을 겪고 있는 사람들을 대상으로 하여 그들의 미술작업을 통해서 그들의 심리상태를 진단하고 치료하는 데 목적이 있고, 인간의 조형활동을 통해서 개인의 갈등을 조정하고 동시에 자기표현과 승화작용을 통하여 자아성장을 촉진시킬 수 있다. 또한 자발적인 조형활동을 통해서 개인의 내적 세계와 외적 세계 간의 조화를 이룰 수 있도록 도와 준다(한국미술치료학회, 2000).

나. 이론적 구성

1) Freud의 정신분석적 미술치료

정신분석가들은 미술을 무의식의 표현수단으로 활용하였는데, 미술을 하나의 심리치료 기법으로 확립한 사람은 Numburg이다. 그녀는 1914년 「정신분석이론의 원리」를 토대로 하여 미술을 강조하는 학교를 설립하였다(한국미술치료학회, 2000). 그녀는 아동의 미술표현이 자발적이라는 사실에 크게 고무되었으며, 자신이 정신분석을 받을 때 꿈과 환상의 모습을 떠올리는 작업을 통하여 해방되는 느낌을 느꼈었다. 따라서 억압된 것을 이미지를 통해 '표출'하는 것이 치료적일 뿐만 아니라 정화가 되면서 동시에 의사소통의 효과가 있음을 알아내었다.

정신분석적 미술치료에서 치료자는 질문, 명료화, 직면, 특히 해석 및 기타의 중재기법을 사용하여 내담자가 자신의 부적응적 사고와 행동양식을 이해하고 통제하도록 도와주는데, 어떻게 갈등이 부적응적 양상으로 나타나는지 그 연결을 뚜렷하게 깨닫도록 해 준다(Hammer, 1968).

Namburg는 치료에 미술을 적용할 때 주로 정신분석가들이 행한 방법을 모델로 하여 자유연상을 치료기법으로 활용하였다. 내담자가 표출한 원인의 본질과는 무관하게 그 소재를 중심으로 분석 작업을 한다. 치료자는 내담자의 '미술'를 '상징적 언어' 의 형태로 보는 것이다.

미술은 구체적이고 시각적이며 무의식적 심상을 표출시키는 가치를 지니기 때문에 분석경험 과정에서 통찰력을 향상시킬 수 있다. 정신분석적 미술치료 접근은 숙련된 치료자에게는 많은 내담자를 변화시킬 수 있는 좋은 접근방법이다. 또한 정신분석적 미술치료에서 치료자는 때로 내담자의 방어를 지지해야 하고 때로는 방어를 분석해야 하는 등 그 입장을 변화시킬 필요가 있다.

2) Jung학파의 분석적 미술치료

Jung은 자신의 무의식으로부터 나온 심상을 탐색하면서 발견했던 심리학적 가치를 깨달은 후에 내담자에게 꿈이나 환상적 요소를 시각적으로 표상하도록 하였다. 이것은 1917년부터 시작하여 분석심리학 연구의 전 과정에 걸쳐 이루어졌다.

Jung은 자신의 일생을 통해서 특히 자신의 개인적 위기가 닥쳐왔을 때 그림을 그리거나 색을 칠하고 조각함으로써 생동감 있는 통찰을 얻었으며 나아가 자신의 이론 발전에 도움을 받았다. 융은 10세가 되었을 때 토템우상을 그림으로써 스트레스와 소외감으로부터 안정감을 얻었으며, 1913년 Freud와의 결별 이후의 상처로 자신의 방향성을 잃고 있는 동안 취리히 호숫가에 있는 돌을 이용한 상징적 구조물을 만듦으로써 마음의 평안을 얻었다.

Jung은 Freud가 이야기한 정화(catharsis)나 승화(sublimation)에 대해 언급하진 않았지만, 내담자가 무의식적 심상과 관계를 맺어야 한다고 보았다.

Jung학파에서 치료적 관계는 미술작업에 의해 단순화되기도 하고 복잡해지기도 한다. 전이를 중심문제로 한 직면에 의존할 필요가 없기 때문에 치료관계는 단순화되는 측면이 있는 반면, 색종이, 비눗방울, 스크린 등에 의해 표현되는 다양성에 의해 복잡해 지기도 한다.

치료자, 내담자, 미술작업은 삼각관계로 도식화할 수 있는데, 다음 〈그림 4-2〉와 같다.

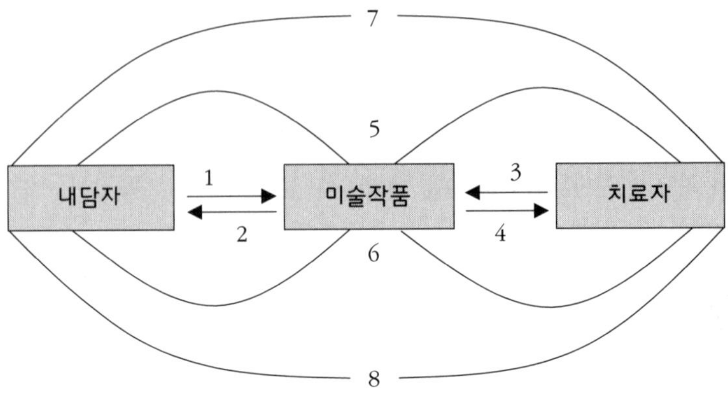

미술작품	1. 내담자의 표현 2. 내담자의 인상(시각적 피드백) 3. 치료자의 기대 4. 치료자의 지각
매체로서의 미술작품	5. 미술작품을 통한 치료자에 대한 의사소통 6. 미술작품에 대한 반응으로 내담자에 대한 의사소통
직접관계	7. 내담자에 대한 치료자의 지각 8. 치료자에 대한 내담자의 지각

그림 4-2 내담자, 미술작품, 치료자와의 상호관계(출처 : 한국미술치료학회, 2000, p. 172)

이와 같이 치료자, 내담자, 미술작업의 삼각관계에서 미술작업은 내담자와 치료자의 매개자 역할을 한다. 저항이 높거나 내담자가 전혀 작품을 만들지 않을 때에도 치료자는 미술을 통하여 상징적 의사소통을 표현하고자 한다. 미술치료에서 내담자와 함께 하는 모든 치료관계는 간접적인 관계이다. 또한 미술치료 상황에서의 역동성은 내담자와 떠오르는 심상과의 상호작용, 그리고 내담자와 매개체와의 상호작용이다. 이러한 대화는 치료자와의 관계를 평형으로 유지하면서 다소 독립적인 관계를 유지하도록 한다.

3) 인간중심 미술치료

인간중심 미술치료에서는 다음과 같은 세 가지의 기본 가정을 지니고 있다(Buhler, 1971).

첫째, 치료자는 내담자를 정신적, 환경적 원인으로 인한 갈등의 결과로서, 삶에 적응하려는데 있어 특정한 문제를 가진 사람으로 본다. 치료는 삶의 의지를 강화시키고 가능한 삶의 형태를 창출하는 가운데서 주체성과 의미를 발견하는 능력을 발달시키는 쪽으로 나아가야 한다.

둘째, 변화가 많은 삶 속에서 성공적으로 대응하는 정체성(identity), 의미(meaning), 자기실현(self-actualization)을 찾지 못하는 것은 인간의 일생 중 여러 단계에 영향을 미친다.

그러므로 예방적 치료적 정신건강 관리는 후에 흥분, 자기표현, 친밀감 등을 강화하는 생활양식의 경험을 향상시키는 기초가 된다.

셋째, Fankle(1971)이 제시한 것과 같이, 영적 차원의 추가로 삶을 보다 의미있게 만드는 자기 초월적(self-transcendent) 목표를 세울 수 있는 자기실현(self-actualization)의 인간이 아니라면, 기본적으로 오염되지 않고 정직하고 솔직한 자기노출의 생활양식을 이용함으로써 자기실현을 이룰 수 있다고 할 수 있다.

인간중심 미술치료는 내담자가 그들의 꿈과 환상, 직관적 심상을 나타내는 기본적·내적 힘의 원천으로부터 더 이상 멀어지지 않고 창조적 인간이 되는 지름길이 된다.

인간중심 미술치료의 목표는 사랑과 양육, 강함과 약함, 개인적인 것과 친밀성, 협력과 경쟁, 의존과 독립, 지배와 복종, 희망과 절망의 인격의 발달 속에 있다. 즉 치료의 목표는 두려움, 불행, 불안에서 벗어나려는 것이 아니라, 진정한 표현의 성취로부터 오는 기쁨, 유쾌한 흥분을 얻기 위하여 이들 느낌들은 어떤 창조적 양상으로서의 정직한 표현으로 변화시키는 것이다. 고통을 회피하는 길을 찾는 것이 아니라 대신 창조적 표현을 통하여 특별히 정신적, 사회적 그리고 신체적 행복을 찾는 것으로 본다.

인간중심 미술치료사는 인간이 선 또는 악, 강함 또는 약함, 사랑과 미움, 의존과 독립 중 어느 한편이 되어야 한다고 주장하는 도덕적, 판단적 태도를 배재한다. 이는 인간이 선할 수도 악할 수도 있으며, 강할 수도, 약할 수도 있으며, 사랑할 수도 미워할 수도 있으며 의존적이면서 독립적이 될 수도 있다는 신념을 갖고 있기 때문이다.

인간중심 미술치료 접근의 기본 입장을 요약하면, 건강한 마음은 건강한 몸에서, 건강한 몸은 건강한 영에서, 건강한 영은 건강한 세계에서라는 옛 선인들의 전형적 이상을 수용한다. 자신의 일체성(wholeness)을 경험하는 사람은 자신을 물론 타인의 통합성, 주체성, 개성, 이상주의를 인정하고, 그러한 통합철학은 관심, 돌봄, 동정의 삶의 방식을 이끌어 낸다. 또한 그것은 자아실현, 자율성, 진실성의 통합으로부터 유기적으로 흘러나온다.

인간중심 놀이치료사는 개인이 이룩할 수 있는 목표를 이러한 삶의 질을 성취하는 것으로 설정한다고 믿는다. 따라서 치료자는 일생 동안 내담자의 여정에 함께 참여한다. 이 기본신념이 창조성을 이루게 하며, 참된 헌신적인 치료자는 치료를 받고 일체감을 얻은 사람이어야 하며, 자신을 치료자로서 신뢰하는 사람만이 자신도 치료하면서 타인을 치료하여 하나가 되게 할 수 있는 것이다.

다. 미술치료의 실제

1) 미술치료의 가치와 의미

일상에서 아동이 발생시키는 비합리적인 행동과 생각을 그대로 방치하면, 아동의 미래에 대한 삶과 행동양식이 자신을 매우 어렵게 만들고 주변의, 여러 요소로부터 격리되는 현상을 초래하게 된다. 미술치료는 그림을 통해 문제발생 원인을 미리 파악하여 현재 진행 중인 잘못된 요소를 바로 잡고 아동의 사고력과 행동 양식을 변화시켜 좀 더 올바른 인간상을 만드는 데 그 목적이 있다.

아동이 가지고 있는 바람직하지 않은 생각과 행동양식을 작은 일이라고 방치하면 그 원인으로부터 출발한 내용들이 삶을 힘겹게 만들게 된다는 점을 미리 인식하여 성장기에 미리 바로잡게 유도하여야 한다. 사람이 일생을 통해 자신을 가꾸어 가는 기본적인 가치관은, 성장기에 형성된다는 점을 잊지 않는 것이 중요할 것이다.

미술의 특징과 관련된 미술의 가치와 의미는 다음과 같이 정리될 수 있다(김동연 · 권기덕, 1995).

① 미술은 심상의 표현이다.

인간은 심상(image)으로 생각을 한다고 볼 수 있다. 즉 말이라는 언어적 형태를 취하기 이전에 심상으로써 사고한다. 예를 들어, 엄마라는 말을 하기 전에 '엄마'의 심상을 떠올릴 것이다.

삶의 초기의 경험이 중요한 심상의 요소가 되며 그 심상이 성격형성에 중요한 역할을 하게 된다. 미술치료에서는 꿈이나 환상, 경험이 순수한 언어적 치료법에서처럼 말로 해석하기보다는 심상으로 그려진다.

② 내담자의 방어를 감소시킬 수 있다.

미술은 비언어적 표현이므로 내담자의 치료에 대한 방어감을 줄일 수 있고, 무의식적 내면의 세계를 쉽게 알 수 있다.

③ 구체적인 유형의 자료를 즉시 얻을 수 있다.

눈으로 볼 수 있고, 만져볼 수 있는 자료가 내담자로부터 생산되는 것이다. 미술의 바로 이러한 측면이 많은 의미를 가지는 데 예컨대, 내담자가 만든 어떤 유형의 대상화를 통해서 치료자와 내담자 사이에 하나의 다리가 놓여진다. 저항적인 내담자들의 경우는 내담자의 감정이나 사고 등이 그림이나 조소와 같은 하나의 사물로 구체화되기 때문에 언젠가는 자신도 모르게 자신이 만든 작품을 보고 각 개인의 실존을 깨닫게 된다.

어떤 내담자는 단 한 번의 작품에서도 자신의 감정을 느끼기도 하지만, 저항이 강한 사람은 더 오랜 시간이 걸린다. 미술 작업과정을 통해 치료자와 내담자 사이에 서로 상호작용을 일으킬 뿐만 아니라 작업이 끝난 후 작품결과가 내담자에게 의미를 줄 수 있다.

④ 자료의 영속성이 있어 회상할 수 있다.

미술작품은 보관이 가능하기 때문에 내담자가 만든 작품을 필요한 시기에 재검토하여 치료 효과를 높일 수 있다. 때로는 새로운 통찰이 일어나기도 하며, 내담자 자신도 이전에 만든 작품을 다시 보면서 당시의 자신의 감정을 회상하기도 한다. 즉 그림이나 조소가 주관적인 기억의 왜곡을 방지할 수 있다는 것이다. 또한 내담자의 작품 변화를 통해서 치료의 과정을 한눈으로 이해할 수 있으며, 치료팀의 회의에서도 작품을 통해 그 내담자의 생생한 목소리를 들을 수 있다.

⑤ 공간성을 지닌다.

언어는 일차원적인 의사소통 방식이다. 대체로 한 가지씩 나간다. 미술표현은 문법,

통사론, 논법 등의 언어 규칙을 따를 필요가 없다. 즉 본질적으로 공간적인 것이며, 시간적인 요소도 없다. 미술에서는 공간 속에서의 연관성들이 발생한다.

⑥ **창조성과 신체적 에너지를 유발시키며 카타르시스가 일어난다.**

미술작업을 시작하기 전의 개인의 신체적 에너지는 다소 떨어져 있지만, 미술작업을 진행하고, 토론하며 감상하고, 정리하는 시간에는 대체로 활기찬 모습을 띈다. 체내의 에너지 정도가 변화한다는 것을 느낀 사람이 많다. 그것은 단순히 신체적인 운동이라기보다는 창조적 에너지의 발산이라고 해석된다. 연극이나 영화에서 역할을 맡은 배우처럼, 미술치료는 하나의 작업이라기보다는 놀이와 레크리에이션과 음악과 열정이 있는 창조의 에너지를 발산하는 것이라 할 수 있다. 또한 내담자의 무의식적인 정신세계를 표출하기가 보다 용이하고, 언어로서 부딪치는 감정을 완충시켜 주며 카타르시스 효과를 가져 감정 교류가 쉽다.

또한 미술치료가 아동에게 미치는 영향은 다음과 같다(Gumaer, 1984).

① 미술은 아동으로 하여금 정신과 감각을 사용하도록 한다. 미술활동에서는 활동에 앞서 먼저 생각해야 하고 환경에 대한 지식을 활용하고 여러 감각을 통합시켜 작품을 만들기 때문에 아동의 인지적 능력을 활성화시킨다.
② 아동은 과거나 현재의 경험과 관계되는 생각이나 감정, 혹은 미래에 대한 생각까지도 표현할 수 있다. 따라서 직접적으로는 관찰하기 어려운 아동의 인식을 알아볼 수 있다.
③ 아동으로 하여금 사회적으로 수용되며 해롭지 않은 방식으로 분노, 적대감 등을 해소시킬 수 있는 정화의 기능을 가지고 있다.
④ 아동 스스로 주도하고 조절하는 활동이다. 미술작품은 아동 자신이 한 활동의 결과로서 아동의 자아를 고양시켜 준다.
⑤ 미술재료를 선택하고, 미술활동을 해나가면서, 또 완성된 자기 작품을 통해 아동은 성장과 성취감, 개인적인 만족감과 가치감을 느낄 수 있다.
⑥ 미술은 주저하거나 말이 없는 아동과 친밀감을 형성하여 치료관계를 이루도록 돕는다.
⑦ 미술은 치료자로 하여금 아동의 마음을 다치지 않고, 아동의 방어기제를 허물어뜨리지 않으면서 아동의 무의식 세계를 알아볼 수 있게 해 준다. 미술을 통해 아동은 무의식적 소망을 상징적으로 표현하고, 과거의 고통스러운 경험과 감정을 승화시킬 수 있다.

⑧ 미술은 여러 정보와 더불어 아동에 대한 보충적 자료가 되므로 아동을 진단하는 데 도움을 준다. 아동이 방어가 심할 때는 선만 그어댄다든지, 혹은 똑같은 것만 계속 그리는 것을 보아 알 수 있다. 아동의 미술작품은 아동의 재능과 신체적, 정신적 발달수준, 성격, 그리고 현실세계와의 관계를 잘 드러낸다.

2) 치료실의 물리적 환경

미술치료실에 있어서 중요한 두 가지 요소는 물리적 환경과 기본적인 재료이다.

우선 미술치료실은 적당한 공간과 충분한 채광, 다양한 미술도구가 필요하며 물을 쉽게 사용할 수 있어야 한다. 미술활동은 책상이나 이젤에서도 이루어지지만 바닥이나 벽에서도 할 수 있다. 따라서 바닥과 벽은 청소하기 편한 것이 좋다. 또한 작품을 보관할 수 있는 시설이 필요한데 이는 내담자의 작품을 잘 보관하는 것이 내담자에 대한 존중감을 표현하는 것이며, 치료 종결시 내담자로 하여금 초기부터 모아두었던 작품들을 살펴보면서 변화된 과정을 쉽게 알 수 있게 하기 위해서이다.

3) 치료시간의 구성

미술치료의 시간 구성은 치료 목표나 대상, 방법에 따라서 다양하게 결정된다. 치료의 기간과 빈도, 사용될 매체, 특정의 활동, 치료종료 등이 이 시간 계획에 포함된다.

통상적으로 주 1, 2회 실시하며 1회에 약 60분에서 90분 정도로 실시된다. 그러나 시간은 내담자의 집중력에 따라 조절될 수 있어 5분 ~ 10분으로 끝낼 수도 있다. 또한 성격적으로 경직되고 강박적인 내담자의 경우에는 특별히 치료시간을 제한하지 않고 작품의 완성시간을 기준으로 할 수도 있으며, 충동적이고 무절제한 내담자의 경우에는 시간제한을 철저히 지키기도 한다.

4) 미술재료

미술재료는 치료시간, 공간, 내담자의 성향 등에 따라 다르게 적용될 수 있다. 미술치료는 다른 심리치료와 달리 작품이 완성되지 못하였을 때 느껴지는 미해결된 느낌이 있어 주어진 시간에 완성될 수 있는 재료가 제공되어야 하며, 바닥과 벽의 상태에 따라 청소가 용이하지 않을 수 있으므로 이런 점도 고려하여 재료를 선택해야 한다.

특히 내담자의 성격은 재료를 선택할 때 주의 깊게 고려해야 할 부분이다. 미술재료중 물감, 핑거페인트, 물기가 많은 점토 등은 퇴행을 촉진시킬 수 있는 재료로서, 성격이 경직된 내담자에게는 매우 유용하지만 충동적이고 자아경계가 불분명한 내담자에게는 충동적 성향을 더욱 심화시킬 수 있다. 반면 색연필, 사인펜과 같은 딱딱한 재료는 높은 통제력을 지닌 재료로서, 충동적 성향을 통제하기 용이하다. 이렇게 내담자의 성격과 반대성향의 재료를 제공하는 것은, 그의 내면세계에 억압되어진 부분을 재통합하는 기회를 줄 수 있기 때문이다(김진숙, 1993). 또한 내담자의 자아기능이 미성숙한 경우에는 동시에 너무 많은 재료를 제공하면 혼란을 초래할 수 있다. 만약 내담자의 인지수준이 3~4세 수준이라면 2~3가지 정도로 재료를 제한해 주어야 한다.

5) 미술치료의 구성

미술치료의 구성은 내담자가 주제와 재료를 자유롭게 선택하는 비지시적 방법과 치료자가 주제와 재료를 제공하는 지시적 방법이 있다. 이 방법들은 집단의 크기, 치료기간, 내담자의 성향, 치료의 진행단계 등에 따라 다르게 적용되는데 대체로 치료기간이 장기적이고 내담자의 자아능력이 신뢰로 울 때 비지시적 방법이 적합하다. 반면 지시적 방법은 치료기간이 단기적이거나 내담자의 자아능력이 미성숙할 때, 또 치료 초기에 시작의 어려움이 있거나 미술에 대한 고정관념(훌륭한 미술결과물에 대한 집착)이 강할 때 매우 유용하다. 그러나 지시적 방법은 내담자 수준에 적합하지 않은 프로그램이 적용되면 그 단계에서 감당하기 어려운 느낌을 줄 수 있어 프로그램 선택에 대한 치료자의 책임이 무겁다. 일반적으로 미술치료에서는 어느 한 가지 방법만으로 구성하기보다 지시적 방법과 비지시적 방법을 함께 구성하는 경우가 많다.

6) 미술치료 과정

(가) 치료적 관계 맺기

아동이 지각하고 느끼는 것이 무엇인지 아동의 시각에서 본다. 즉 아동의 입장에서 보고 공감할 수 있어야 아동에게 적절하게 반응해 줄 수 있다. 아동의 감정에 반응하고 공감적이고 이해심 많고 비판적이지 않은 치료자가 만드는 지지적 분위기는 치료관계를 형성하고 치료과정을 유지하는 데 중요하다.

치료자는 아동으로 하여금 새로운 아이디어와 기능을 시험해 보도록 언어적으로 격려하고 지원해 주어야 한다(Gumaer, 1984).

(나) 초기과정

치료의 초기과정에는 아동과 치료자 간에 신뢰로운 관계가 형성될 수 있어야 하기 때문에 치료자와 아동이 친밀감을 형성할 수 있는 미술활동이 제시되어야 한다. 또 미술에 대한 흥미 유발과 재료에 대한 감각을 키워 주어야 하며, 놀이나 게임을 적용하고 자연스런 신체 접촉이 일어날 수 있도록 하는 것이 필요하다. 아동은 이 시기에 흥분, 긴장이 될 수 있고 또한 실수에 대한 걱정을 가지게 된다. 치료자는 아동이 재료를 자유롭게 선택하도록 하고 무엇인가를 꼭 만들지 않아도 됨을 인식시킬 필요가 있다. 이 시기에 활용할 수 있는 기법은 다음과 같다(김동연, 2000; 김진숙, 1993; 김춘경, 2004; 주리애, 2003).

① 별칭표현화

별칭표현화는 자신이 갖고 싶은 이름이나 듣고 싶은 별칭을 정하고 소개하는 시간을 가진 후에 그 별칭을 그림으로 표현하는 기법이다.

② 테두리법

테두리법은 내담자에게 도화지를 제시하면서 용지에 테두리를 그어서 건네주는 방법이다. 조형 활동을 자극하고, 공포를 줄일 수 있어 자아가 허약한 환자들에게 많이 사용되고 있다. 테두리를 그릴 때에는 자를 사용하지 않는다. 또 도화지에 원을 그려 주고 원 안에 그림을 그리거나 채색하게 하여 과잉행동, 주의산만 등을 통제할 수 있으며, 심리적 지지도 해 줄 수 있다.

③ 출발그림

출발그림(starter sheet)은 그림 그리는데 저항이 있거나 공포, 수줍음 등을 줄여서 그림 그리기를 자극하고, 촉진하는데 사용한다. 장애아동이나 정신질환자에게 모두 사용할 수 있다. 종이에 치료사가 직접 잡지에서 얼굴사진을 오려 붙여 주거나 그려주거나, 눈을 오려 붙여 주어 그림을 완성하는 방법이다. 처음 작업을 시작할 때 사용되는 기법이다.

④ 난화상호 이야기 만들기 기법

난화상호 이야기 만들기법은 난화법과 이야기법을 종합하여 응용한 것이다. 난화에서 이끌어 낸 심상의 형성이 중요하며 치료자와 내담자가 서로 교환하며 이야기를 만들어 나가게 한다. 최근에는 표현이 부족한 환자들에게 난화와 꼴라주를 합친 기법도 사용되고 있다. 이 기법은 중증장애보다 경증장애에게 좋다.

⑤ 점토활동

점토활동은 긴장 이완에 도움이 되고, 음악을 들으며 점토를 자유롭게 뭉치고 두드리며 만들기, 눈감고 촉감의 느낌을 살려 만들기, 릴레이식으로 점토 돌려 가며 만들기, 칵테일 파티 등 여러 가지 방법으로 활용된다.

⑥ 그림완성법

그림완성법은 소정의 용지에 기호가 그려져 있는 8개의 정방형을 제시하고 그 기호를 사용해서 그림을 완성하게 하는 방법이다. 유아나 성인, 정상적인 사람, 정신질환자 등에게 모두 적용할 수 있다. 그린 순서를 적고, 무엇을 그렸는가를 해석하게 한다. 이것은 미술치료 과정이나 초기에 사용할 수 있으며, 환자의 거부감이나 저항, 공포를 제거할 수 있다. 동그라미를 그리고 그 안에 임의의 점을 찍어 환자에게 제시함으로써 환자를 지지해 줄 수도 있다.

⑦ 콜라주기법

콜라주기법은 최근에 가장 많이 사용되는 미술치료 기법이다. 거부의 감소, 분노의 노출, 희망에 대한 상징 등 다양하게 활용할 수 있다. 표현이 쉽고, 그리기보다 정확한 감정 전달이 우수하나 선택할 수 있는 사진 매체가 많아야 한다. 자기감정을 나타내기, 가족이나 친구에게 말하고 싶은 것, 선물 주고받고 싶은 것, 타인에 대한 느낌 표현, 문제의 예방 및 대처 방법 등을 쉽게 표현할 수 있다.

⑧ 핑거페인팅

핑거페인팅(finger painting)은 그림치료 초기나 말기에 사용한다. 정서의 안정과 거부, 저항의 감소, 이완 등의 효과를 가진다. 또한 작업의 촉진, 스트레스 해소에도 큰 도움이 된다. 이것은 나중에 작품으로 게시해도 좋고, 크리스마스 카드를 제작해서 사용할 수 있다.

(다) 중기과정

중기과정에서 아동은 자기 내부의 감정을 표현하면서 양가감정과의 투쟁, 전이 등의 감정이 표현된다. 치료자는 이런 감정들을 충분히 고려해야 한다. 또한 아동은 치료자를 돕는 조력자로서 보고 신뢰를 하게 되면서 점차 깊은 문제들을 노출시킨다.

이 시기는 표출 단계이기 때문에 자아 개념과 표현력을 향상시킬 수 있는 기법이 제시되어야 하는데, 발산이 충분히 이루어질 수 있도록 해야 한다.

① **자화상**

자화상은 충분한 시간을 주고 그릴 수도 있고, 자신의 특정적인 모습을 중심으로 재빨리 그릴 수도 있다.

② **거 울**

자신의 얼굴을 거울에 비추어 보면서, 다양한 표정을 지어 보고 그것을 그려보는 것이다.

③ **상 징**

나를 상징할 수 있는 것을 그려보거나 만들고 그것에 대해 대화해 보는 방법이다.

④ **은유화법**

자신을 나무, 동물, 냄새, 꽃 등 다른 것으로 표현해 보고, 의인화시켜 이야기해 보는 방법이다. 아동들의 경우는 '내가 만일 변신한다면?' 혹은 '다시 태어난다면 무엇으로 변해 있을까?' 등으로 접근할 수도 있다.

⑤ **내가 아는 나와 다른 사람이 아는 나**

자신의 외면과 내면을 통찰하여 자신을 새롭게 정립하고 인식하기 위한 프로그램이다. 이 두 가지의 차이가 클수록 내적 통합이 잘 이루어지지 않은 상황이므로 자기상에 대한 정립과 통합을 돕는다.

⑥ **과거여행**

자신의 과거를 돌아보면서 가장 행복했던 때와 슬펐던 때를 회상하고 그 감정이나 기억을 그려보는 프로그램이다.

⑦ **나의 과거, 현재, 미래**

자신의 모습을 다시 한번 돌이켜 보고 자기 인식 및 개념을 형성한다. 꼴라주로 표현하는 방법도 가능하다.

⑧ **광 고**

광고는 나 자신을 광고하는 광고지를 만드는 것이다.

⑨ **인물 콜라주**

다양한 정서를 표현하고 있는 인물사진을 붙여 놓고 그 인물이 하는 말을 상상하여 이야기해 보는 방법이다.

⑩ **내가 되고 싶은 얼굴과 버리고 싶은 얼굴**

가면으로도 표현할 수 있고, 그림으로도 가능한 방법인 데, 자기 욕구를 인식하고 내면 안에 수용되지 못하는 부분을 통합하는 기회로 도와줄 수 있다.

⑪ **신체 본뜨기**

큰 도화지에 몸의 외곽선을 따라 그리고 그 몸을 꾸며 보는 것인데, 좋아하는 것과 싫어하는 것을 덧붙인다거나 필요한 것을 덧붙이는 식으로 응용될 수 있다.

(라) 말기과정

말기과정에서 아동은 긍정적인 자기 이미지, 자기통제, 유머 등을 표현한다. 이 과정에서는 자발적이고 적극적인 표현을 유발시키고 현실 의식을 높일 수 있는 기법이 제시되어야 한다. 또한 상호작용을 활발하게 하는 활동이 요구된다. 종결기에는 변화를 관찰할 수 있는 기법을 사용하기도 한다. 전시회를 열어 그 동안 진행되어온 과정을 정리해 보는 시간을 가져 보는 것 또한 의미 있을 것이다.

① 내가 나에게 바라는 것, 남이 나에게 바라는 것은 현실상에서의 나를 인식하고 외부세계와의 연결점을 찾아준다.
② 나의 미래 표현하기는 보다 미래지향적으로 긍정적인 삶을 생각해 볼 수 있도록 돕는다.
③ 색물총 놀이는 색의 혼합을 통해 참여자의 응집력과 상호작용을 자극시키고 발산에도 도움이 된다. 이것은 초기나 중기에 써도 좋다.
④ 돌려 그리기는 내가 그린 그림 위에 다른 사람의 그림이 덧붙여 그려지게 하는 게임이다. 초기에도 효과적인 프로그램이고 상호 이해와 사회성에 좋다.
⑤ 말과 그림은 각자 한 장의 그림을 그린 후, 차례대로 한 사람씩 자기의 그림을 보지 않고 언어만을 사용하여 설명하고 다른 집단원이 그 설명을 듣고 그림으로 그리는 것이다. 다 그린 후 얼마나 비슷하게 그렸는지 알아본다.
⑥ 선물은 상대방에게 필요한 것들을 그려 주거나 잡지에서 오려 붙여 주는 것인데, 집단 안에서의 나의 존재감을 인식하고 친밀감을 형성하는 데도 좋다. 종결기에 사용하기 좋은 프로그램이다.
⑦ 전지그림은 참여자들이 다 같이 한꺼번에 전지에 그리는 것인데, 집단의 역동성을 알아보는 데 좋고 사회성에도 도움을 준다.

⑧ 나에게 상장주기는 프로그램을 종결하면서 자신에게 좋았던 점이나 잘해 준 것에 대해 상장을 만들어 주는 것이다. 성취감이나 자아존중감, 자기 정리에 도움이 된다.

(마) 미술치료자의 역할

치료자의 역할은 지도자, 보조자, 집단성원 등 다양하고, 그 역할의 성격은 내담아동의 성향, 치료목표, 치료기간 등에 의해 결정된다. 예를 들어, 치료기간이 단기간이고 내담아동의 자아기능이 미성숙하면 치료자의 태도가 매우 적극적이고 지도자적일 수 있다. 그러나 개별 장기치료인 경우에는 치료자가 내담아동의 마음의 흐름에 맞추어 나가는 모자 일체적 관계를 필요로 한다. 즉 허용적인 태도로 작품이 이루어져 가는 것을 음미하고 그 내용을 수용하면서 내담아동의 마음을 느껴야 한다. 이런 자세가 정서적 지지자로서 치료자의 자세이다. 그러나 미술치료에서 치료자는 기술적 보조자로서의 또 다른 역할이 필요하다. 기술적 보조자는 내담아동이 미술재료를 사용하여 자신을 표현할 때 기술적으로 좌절하지 않도록 도와 주는 역할을 한다. 이러한 역할은 내담아동이 치료자의 도움을 거부할 기회를 주기 위해서다. 내담아동 중에는 치료자와 친밀 관계가 형성되지 않아 치료자의 기술적 도움을 거부할 수도 있고, 내담아동이 자신의 힘으로 끝까지 해 보고 싶은 의지가 강해 치료자의 도움을 거부하기도 한다. 어떠한 경우라도 치료자는 내담아동이 거부하면 항상 기다려 주는 자세가 필요하다.

특히 내담아동이 어린 경우에는 치료자의 강화가 필요하다. 이 때 치료자는 작품결과에 비중을 두는 칭찬의 말을 하지 않도록 주의해야 한다. "잘 만들었구나", "제일 잘 만들었다" 하는 칭찬은 내담아동으로 하여금 작품결과에 관심을 두게 하여 다음에 새로운 표현 방법을 시도하지 못하게 할 수 있다. 모든 심리치료는 현재의 불만족스러운 삶에 변화를 주기 위해 새로운 시도를 해 보는 것이 중요하다. 그러나 새로운 시도는 항상 위험이 따르고 불안을 줄 수 있다. 미술치료에서는 미술재료를 사용한 새로운 표현의 시도가 실제생활에서의 새로운 태도로 일반화되는 것이다. 따라서 불안을 극복하고 새로운 표현 시도를 하려면 미술활동의 과정에 대한 강화가 필요하다. 과정에 대한 강화는 대개 내담자가 시각적으로 표현하는 내용을 치료자가 언어적으로 반영해 주면 충분하다. 예를 들어, 내담자가 나무에 잎사귀를 노란색으로 칠하면 "나무 잎사귀가 노란색이구", 나무를 크게 그리면 "나무가 아주 크구나" 하는 반영이면 내담아동은 자신이 어떤 표현을 해도 치료자가 관심을 가지고 받아 주리라는 확신이 있어 편안한 마음으로 새로운 표현을 시도할 수 있게 된다.

치료자의 미술활동 참여 여부는 상황에 따라 다르나 대개 개별활동이 강화된 자아개념 프로그램에서는 치료자가 내담아동을 계속 주시해야 하기 때문에 치료자가 미술활동에 참여하지 않는 것이 좋고, 관계형성을 위한 Art game과 같은 경우에는 내담자의 참여의식을 높이고 치료자가 모델이 될 수 있어 함께 참여하는 것도 효과적일 수 있다. 그러나 내담자가 아동일 경우에는 치료자의 우수한 제작기술이 아동의 사기를 꺾고 모방을 유도하는 경우가 있으므로, 특히 유의하여 치료자는 아동의 표현수준으로 표현하는 것이 좋다.

6. EMDR

가. EMDR의 역사와 정의

EMDR (Eye Movement Desensitization & Reprocessing)은 '안구운동 탈감작 및 재구성 기법 혹은 안구운동 민감소실 및 재처리 요법' 등으로 번역되어 사용되는 데 그것은 눈동자를 돌리는 운동을 통해서 기억과 관련된 감정을 둔감화시키고 기억을 재구성, 재처리하는 치료법이라고 할 수 있다. EMDR 요법은 부정적인 기억을 긍정적으로 전환시키는 것을 돕는 치료법으로서 고통의 기억들과 행동들 또는 Trauma의 장애들을 치유하기 위한 하나의 새로운 심리치료 과정이다(McGUinness, 1997, 2001). 현재까지 EMDR의 효과가 정확히 어떤 기전으로 나타나는지는 알려지지 않았지만 EMDR이 최면적인 요소와 인지행동 치료적인 요소가 결합된 치료로서 눈동자를 좌우로 움직이면서 그 사람이 가지고 있는 힘든 기억에 대한 불편한 감정과 생각을 재처리하는 과정, 즉 좌우 상칭한 안구의 동작, 손바닥 자극, 청각자극 등을 통해서 다시 흐르게 하면서 이러한 자극들이 Trauma를 통해 비정상적이었던 뇌신경작동을 다시 원활하게 하여 Trauma에 다가갈 수 있는 길을 터놓는 식으로 대뇌가 고통스러운 자료를 처리하는 것에 직접적인 영향을 미치는 것이다.

이러한 EMDR은 1987년 미국의 Dr. F. Shapiro가 산책하는 길에 우연히 자발적인 안구운동이 부정적이고 기분 나쁜 생각을 감소시킨다는 사실을 발견하면서 유래가 되었다. 이후 Shapiro박사는 EMDR이 베트남 참전 용사와 성폭행 피해자들이 앓고 있는 외상 후 스트레스 증후군의 Trauma와 관련된 사고 장면을 순간적으로 재현하거나 무의식적으로 부정적인 생각이 떠오르는 것을 줄어들게 한다는 것을 발견하였다. 그 이후 새롭게 부상하는 심리치료법 및 그 과정으로서 아동기의 힘든 경험으로 인한 극심한 정서적 고통의 해결이나 교통사고, 강간, 폭행, 자연 재해, 전쟁 같은 심각한 사건으로 인해 발생한 외상 후 스트레스 장애의 치료에 매우 효과적인 것으로 보고되고 있다. 그 외에 공포증, 공황, 유아의 심리·정서적 문제, 약물 남용 등의 치료에 사용되며 최근에는 직장, 스포츠, 연예 활동의 기능을 향상시키기 위해 사용되기도 한다.

현재 전 세계적으로 3만 명 이상의 정신보건 전문가(심리학자, 정신과의사 등)가 정식 트레이닝을 받았으며 200만 명이 넘는 내담자들이 이 치료를 받은 것으로 알려져 있다. 1989년부터 EMDR은 전 세계의 훈련받은 임상가와 연구자에 의해 발전되어 왔고, 이제는 여러 이론적 경향, 즉 정신분석, 인지치료, 행동치료, 내담자중심 치료의 요소들을 총망라하는 복합적인 방법이 되었다. EMDR은 8가지 단계(Shapiro, 1995)로 구성되며 EMDR 협회에서 인정하는 교육과정을 이수한 정신보건 전문가만이 시행할 수 있다.

나. EMDR의 치료과정과 효과

1) EMDR의 치료과정

EMDR은 정신역동적 지식과 경험이 충분하고 EMDR 교육과정을 이수한 정신보건 전문가만이 치료를 시행할 수 있다.

EMDR은 내담자가 '그 문제'에 집중하고 있는 동안 치료사가 내담자 앞에서 막대기나 빛을 움직여 보이고 그 움직임을 환자로 하여금 눈으로 따라 움직이도록 하는 치료적인 기법이다. EMDR의 치료과정은 다음과 같다.

① 준비가 되면 내담자에게 그 문제를 통해 확인된 부정적인 정보를 마음 속에 그리게 하고, 내담자는 전문가의 손가락을 따라 안구운동을 하게 된다.

② 내담자는 치료자의 손 움직임이나 기계를 보면서 안구운동을 하고 치료자는 단계적으로 세부 과정을 진행해 나가게 된다. 안구운동이 여의치 않을 때는 소리나 두드림 자극을 양측성으로 주기도 한다.

③ 각 안구운동 후에 내담자는 간단히 얘기할 기회를 갖고 치료사는 내담자를 집중하게 해 주어서 치료사가 내담자가 치료의 초점이 될 특별한 문제나 문제들을 확인하게 도와 준다.

④ 정해진 절차에 따라 치료사는 내담자가 특정 문제나 사고와 관련된 이미지, 신체 감각, 자신에게 각인된 고통스런 사건의 기억을 떠올려 보게 한다.

⑤ 내담자에게 자신에 대한 원래의 부정적인 믿음을 대치할 새로운 긍정적인 믿음을

물어 보게 된다.

⑥ 이 새로운 대안적 믿음이 내담자에게 얼마나 사실처럼 느껴지는지 물어 보게 된다.

이러한 EMDR의 치료과정은 증상의 심각성에 따라 치료 횟수가 다르고 일반적인 약물치료나 정신치료의 경우보다는 치료 기간이 짧은 것이 장점 중의 하나이다. 이렇듯 치료사는 내담자가 고통스런 자료를 처리하게 유도하고 개입 방향에 대한 임상적 판단을 내린다. EMDR의 목적은 부정적인 경험에 대한 정보를 빠르게 처리하고 적응적인 해결을 향해 나아가게 하는 것이다. 이를 통해 내담자의 고통을 경감하고, 자신에 대한 부정적인 믿음이 긍정적으로 변화되고, 대인관계에서 더욱 적절히 행동하게 도와 주는 것이다.

2) EMDR의 효과

어떤 특정한 상황에서 사람이 고통스러운 경험을 한 후 정신적인 충격으로 인해 나타나는 불안, 공포, 우울, 의욕저하, 자살 사고 등의 정서장애 증상, 가슴 두근거림, 신경과민, 식욕부진, 불면증 등의 자율신경계 항진 증상, 이외 대인관계 회피, 사람에 대한 불신과 같은 증상을 겪게 된다. EMDR은 이러한 선명한 고통스러운 기억을 처리하게 도와 주는 효과적인 치료 방법이다. 특히 외상 후 스트레스 장애(Post Traumatic Stress Disorder : PTSD)의 치료효과는 통제 연구(controlled study)를 통해 증명이 되었다. 현재까지 14편의 통제연구가 있었고 모든 연구에서 EMDR이 효과가 있는 것으로 나타났다. 최근 5개의 연구에 따르면 강간, 사별, 사고, 자연재해로 인해 생긴 외상 후 스트레스 내담자 중 84~90%가 단 세 번의 치료로 완치된 것으로 나타났다. 일반인의 외상 후 스트레스 장애 치료효과는 미국심리학회에서 1998년 조사 발표한 '실험적으로 증명된 자료'에서 잘 나타나 있다. EMDR은 "효과적인 치료"로 분류되고 있으며 이 분류는 "잘 통제된 치료 연구에서 내담자에게 유익한 치료"라고 정의하고 있다.

미국 피츠버그 대학 내에 대체의학 연구센터를 설립하고 정신과 의사이면서 인지신경학을 연구해온 다비드 세르방-슈레베르(Dr. David Servan-Schreiber) 박사는 파리에서 발간한 그의 책 「치유」(2003)에서 인간의 조화롭고 행복한 삶이 감사와 평안한 마음으로 난관을 지혜롭게 헤쳐 나가고, 자신의 존재 의미와 타인과 환경과의 관계성을 소중하게 생각하며, 삶을 창조하며 개척하는 것이라고 하면서, 삶의 치유를 향한 감정의학의 측면에서 대체의학적인 접근법들을 제시한다. 인간의 신체와 생리현상을 조절하는 '감정뇌'와 사고와 언어를 주관하는 '인지뇌'의 균형상태를 추구하는 것이다. 그는 '감정뇌'가 우리 안에 자가치유의 능력을 가지고 있다는 가정하에 EMDR을 ~~안구운동~~을 의한 신경과 감정의 통합(Servan-Schreiber, p. 246)으로 정의한다. EMDR을 통하여 인간의 다양한 관계의 갈등에서 나오는 감정의 상태를 잘 돌아보고 관계와 감정을 정화하고 새롭게 하는 자가치유 능력이 있는 '감정뇌'를 활성화시키면 내면의 균형을 회복·치유할 수 있게 된다고 역설한다. 그러한 맥락에서 그는 실제 말기 암선고를 받은 내담자의 복잡하고 장기간이 필요한 정신분석 심리치료의 과정을 EMDR을 사용하였을 때, 단기간에 그와 동일한 치료의 효과를 보았다.

다. EMDR의 실제

1) 아동을 위한 EMDR의 단계

EMDR은 아동상담의 새로운 접근법 중의 하나로서 그 치료 목표 중에는 자신의 선택과 의도에서 보다는 타의와 환경에 의해서 겪게 되는 아동기의 고통과 충격의 경험으로 인해서 생기는 정신적인 아픔, 즉 어렸을 때 겪은 외상(정신적 충격)으로 인한 고통을 치료하기 위한 것도 포함된다. 아동기에 예방하고 치료하지 못하면 상흔에 대한 반응들이 아동의 건강한 발달에 장기간에 걸쳐 심각한 훼손을 가져오고 그것이 평생 지속될 수도 있다. 또한 일반적인 약물치료나 상담 등의 정신치료의 경우 길게는 수년간 치료를 하지만 EMDR은 평균 6회(3회~8회)로 치료 기간이 비교적 매우 짧은 편이어서 발달상의 결정적인 시기를 놓치지 않고 적기에 주어지는 단기 치료의 효과적인 서비스는 아동과 보호자에게 에너지와 시간, 재정상 여러모로 부담을 줄여 준다고 볼 수 있다. 무엇보다 아동의 정보처리 적응기제는 성인의 것보다 더욱 빠르고 효과적으로 작용한다. 아동의 연상경로는 보다 확산적이고, 그 인지구조는 보다 단순하기 때문에 과정의 여러 단계를 도약할 수 있다고 본다.

다음은 아동상담을 위한 일반적인 EMDR의 8단계이다.

① **제1단계 : 내담자 히스토리와 치료 계획하기**

- 발달 히스토리 얻기
- Trauma 히스토리 얻기
- 현재 가족 혹은 심리적 환경 진단
- 탈감작(민감 소실)의 표적들 선정하기
- 부모와 보호자들에게 EMDR 설명하기

② **제2단계 : 준비**

- 아동과 치료적 관계 수립하기

- 아동의 관심사에 역점을 두어 다루기
- 안전 진행(안전지대) 수립하기

③ **제3단계 : 진단**

- 표적 이미지 얻기
- 부정적 인지 얻기
- 긍정적 인지 얻기
- 인지의 타당도 평가(VOC : Validity of Cognition)
- 표적 이미지와 연관된 감정들 얻기
- 감정적 장애의 평가 얻기(SUDS : Subjective Units of Disturbance Scale)
- 감정들과 관련된 신체적 감각들 얻기
- 신체적 감각들의 위치들 알기

④ **제4단계 : 탈감작(민감 소실)**

- SUDS의 수치가 0, 1이나 2로 떨어질 때까지 안구운동 (혹은 다른 형태의 반복적인 자극)을 사용하여 아동의 연상의 고리를 따라가기

⑤ **제5단계 : 장착**

- 표적 기억을 긍정적인 인지와 함께 묶고 안구운동 실시하기
- 만약 VOC가 7이면, 제6단계로 가기. 만약 VOC가 7 이하이면, SUDS가 0 그리고 VOC가 7에 도달할 때까지 이 단계를 더 진행하기

⑥ 제6단계 : 몸 스캔

- 아동에게 장착 요소들을 마음에 가지고 있으면서 몸의 감각들을 자세히 느끼기
- 관찰하여 보게 하기
- 긍정적 혹은 부정적 감각들 처리하기
- 일반적으로, 연령 9세 이상의 아동들이 몸 스캔을 끝까지 할 수 있다.
- 만약 아동이 몸 스캔을 이해하지 못할 때에는 아동이 안전하고 편안하게 느낄 때까지 안전지대에서 안구운동 실시하기

⑦ **제7단계 : 종결**

- 아동 혹은 부모와 함께 종결의 시점 알려 주기

⑧ **제8단계 : 재평가**

- 다음 세션의 시작 부분에서, 지난 세션에 대한 평이 진행되고 다음 활동의 과정 결정하기

참고로, 아동을 위한 EMDR의 8단계의 진행과정 중 시작 단계에서 가능한 세션의 표적들은 다음과 같다 .

① Trauma가 되는 사건들
② 악몽
③ 자기－존중감 표적들 (아동이 그 자신에 대해 좋게 느꼈던 사건들)
④ 자기－효능감 표적들 (아동이 무엇인가를 성취했음에 대해 좋게 느꼈던 사건들)
⑤ 과거에 있었던 행복한 사건들
⑥ 과거에 있었던 재미있던 사건들
⑦ 좋아하는 옷 입기
⑧ 미래에 아동이 하고 싶은 일
⑨ 미래에 아동을 행복하게 해줄 일
⑩ 과거에 있었던 특별한 생일
⑪ 과거에 있었던 특별한 크리스마스
⑫ 이상적인 생일 축하
⑬ 아동을 슬프게 만든 사건
⑭ 아동을 화나게 만든 사건
⑮ 아동을 무서워하게 만든 사건
⑯ 아동을 자책하게 만든 사건
⑰ 아동을 증오심을 갖게 만든 사건
⑱ 아동을 쓸모 없다고 느끼게 만든 사건
⑲ 아동에게 일어난 세 가지 최악의 사건들
⑳ 아동에게 일어난 세 가지 가장 행복했던 사건들
㉑ 아동에게 있는 최악의 감정
㉒ 아동에게 있는 최고의 감정

아동의 특성상 그들이 EMDR의 과정에서 특히 탈감작(민감 소실) 부분에서 성인과는 다른 양상을 보일 수 있다 그것은 보통 아동에게는 탈감작(민감 소실)시에 이상반응이 성인에 비하여 쉽게 일어나지 않고, 연상적인 연결고리들이 풍부하지 않으며, 채널이

짧고, 안구운동을 많이 요하지 않으며, 얼굴에 나타나는 감정적인 신호가 많지 않고, 5~20분 정도의 짧은 세션 시간이 적당하고, 구체적인 언어의 사용과 생각하기를 하며, 메타포(은유)를 많이 사용하지 않는 편이고, 영적인 이해가 성인에 비해 드물다고 볼 수 있고, 변화에 대해 민감하게 의식하지 않는 편이다.

2) EMDR과 놀이치료의 유사점과 차이점

다음은 EMDR과 놀이치료의 유사점이다.

① 고도의 안전감을 요한다.
② 아동의 페이스를 존중하며 세션의 진행을 서두르지 않는다.
③ 부모의 지지가 필요하다.
④ 매우 영향력이 크다.
⑤ 메타포와 연상을 사용한다.
⑥ 감정의 측면으로부터 사고의 측면으로 작용한다.
⑦ 자발적인 통찰을 끌어 낼 수 있다.
⑧ 분열적 장애들을 나타내 준다.
⑨ 가용성 있는 감각 데이터를 모두 사용한다.
⑩ 정신증이나 정신분열증의 아동에는 사용을 권장하지 않는다.
⑪ 아동의 자아를 보호하는 일을 한다.
⑫ 아동을 존중하고 그들이 원하는 장난감이나 상징들을 사용한다.
⑬ 무의식의 것들을 표층으로 떠오르게 한다.
⑭ 아동상담의 극도로 효과적인 접근법이다.
⑮ 적응적 해결의 유사한 치료 목표들을 가지고 있다.
⑯ 세션과 세션 사이에 그리고 보조 치료사로서의 부모들 간의 걸림돌이 증가될 수 있다.
⑰ 부모(성인)와의 기밀한 접촉을 요한다.
⑱ 세션마다 그 안에서 종결을 요한다.
⑲ 결과들이 행동치료적으로 측정될 수 있고 지속적인 상흔이나 어려움들의 영향을 강하게 받을 수 있다.
⑳ 아동의 경험과 그 효과에 초점을 맞춘다(타인에게 어떻게 보이는지가 아니다).
㉑ 초기 아동기 발달을 강조한다.

그리고 EMDR과 놀이치료의 차이점을 간략하게 정리하면 다음과 같다.

① EMDR이 좀 더 "교정적"이다.
② EMDR이 치료사의 의제를 더 수반한다.
③ EMDR이 더 빠를 수 있다.
④ 놀이치료는 아동이 치료의 방향을 제시한다.
⑤ 놀이치료의 메시지가 좀 더 장황할 수 있다.
⑥ 놀이치료는 좀 더 "몸이 전체적" 혹은 반응적인 상흔이나 경향들의 경험이다.
⑦ EMDR은 질문과 대답의 방식을 사용한다.
⑧ 놀이치료는 진술문을 더 사용한다.
⑨ 놀이치료는 좀 더 자연스럽고 더 '재미'있어 보인다.
⑩ 놀이실이 치료에 있어서 아동들을 참여하게 하는 동기를 제공한다. EMDR을 아동이 사용하게 하는데 더 힘이 든다.
⑪ 놀이치료는 주의력 집중 기간이 짧은 아동들을 더 쉽게 수용한다.
  · 몸 전체 통합
  · 경험적인 학습과 강화
  · 드라마틱한 삶의 무대 연습을 허용
  · 자연스러운 학습 방식

3) 아동을 위한 EMDR과 놀이치료의 통합 단계

아동을 위한 EMDR과 놀이치료의 통합은 주로 노턴의 경험적 놀이치료 모델(Experiential Play Therapy Model by Norton)의 단계적인 과정을 중심으로 EMDR을 시기적절하게 탄력적으로 사용한다.

(가) 제1단계

아동이 치료실에 처음 들어 온 순간부터 그 첫 번째 세션에 언어/비언어적인 표현을 사용하여 그 자신에 대한 많은 이야기를 할 것이다. 치료사는 보호자와 아동의 동의하에 녹음을 하거나 잘 기억해 두었다가 그 아동의 Mental Note를 만들어서 그들의 표면적인 문제와 관련된 은유나 암시를 얻어서 그 아동에게 제대로 반응해야 겉도는 관계가 되어버리지 않을 수 있다. 그러한 관찰 차원에서 반응을 계속하는 것이 그 아동과 소통하는 것이며 치료적인 관계를 안전하게 유지할 수 있다.

① 제1단계의 목표는 치료적 동맹을 맺는 것이다. 아동으로 하여금 치료사가 그곳에

그를 위하여 존재하며 아동이 그 길을 이끌어 갈 것을 알게 하면서 아동의 치료를 위하여 제휴한다.

② 아동을 위한 안전하고 예측가능한 환경을 수립하기 시작한다. 첫 세션에 아동의 부모나 보호자에게 놀이치료가 진행되는 동안 아동을 위한 EMDR의 사용이 있을 것을 설명한다.

③ 아동을 위한 EMDR과 놀이치료의 통합을 위한 “안전지대” 발견하기와 “안전지대” 장착하기. 치료사는 이동의 역기능적인 자료를 표적으로 다루기 전에, 아동이 사용 가능한 “안전지대”를 가지고 있음을 확인하여야 한다. 때로는 서두름 없는 EMDR이 “안전지대”로서 사용되거나, 아동 자신에 대한 긍정적인 인지들과 신념들 장착하기에 사용되어서 향후 아동이 겪는 치료의 모든 과정 동안에 필요한 보호를 제공한다.

(나) 제2단계

놀이치료 안에서의 EMDR 보호와 과정 쌓아가기를 위한 시험 단계로 어떻게 EMDR에 대한 아동의 저항을 저하시키거나 없앨 수 있는가의 시험 단계이다.

① 제2단계의 목표는 신뢰감을 형성하는 것이다. 치료사가 아동에게 초점을 맞추고 있는 것이고 그 아동의 바람직하지 못한 행동에 초점을 두고 있는 것이 아니라는 것을 보여줌으로써 생기는 치료 관계의 신뢰를 뜻한다. 치료사는 아동이 그의 감정들에 대한 충분한 이유를 가지고 있으며 아동은 단지 그 감정과 연결된 그의 행동만 바꿀 필요가 있는 것이라는 아동에 대한 전적인 믿음을 보여 준다.

② 치료사는 일반적인 아동은 EMDR을 하는 것 보다는 노는 것을 선호한다는 것을 깨닫고 두 번 째의 단계에서 아동이 치료사가 자기를 안전하게 지킬 수 있는 안전한 존재인가를 시험할 때 EMDR을 소개하는 것은 주의와 창의성을 요한다. 그러므로 EMDR의 접근법으로 놀이치료의 후반부에 가볍게 다루어 주는 것이 최선이고, EMDR의 개념에 저항하는 아동에게는 언제라도 그 아동이 관심이 있을 때 그 주제에 대해 이야기해 볼 수 있는 것임을 확실시하고 넘어가는 것이 좋다. 그러한 아동에게는 이상하게 느껴질 수 있는 EMDR을 조급하게 사용하려 하지 말고 그 아동이 좋아하는 놀이나 장난감을 마음껏 즐기게 하면서 그것으로부터 차차 저항을 줄이고 더욱 그 아동의 깊은 감정을 이해해 간다는 신뢰를 쌓는 것이 중요하다.

(다) 제3단계

제2단계의 보호를 위한 시험의 단계를 거쳐 아동이 치료의 작업하기/의존의 단계에 들어간다. 치료사는 이 지점에서 상흔을 더욱 직접적으로 표적으로 하거나 EMDR 처리과정을 위한 놀이와 직접적으로 관련되어 있는 표적들을 사용한다.

① 제3단계의 목표는 아동을 압도하고 있던 학대자나 사건의 힘을 빼기와 아동의 경험의 정당함을 인정해 주고 아동이 상흔을 남긴 사건의 경험을 다시 겪게 할 수 있는 환경을 허락함으로써 그 아동에게 힘을 부여하는 것이다.

② 모래, 물, 그림, 악기, 장난감 등을 사용하는 각종 놀이치료의 접근법은 아동의 말을 "놀이의 언어"로 바꾸는 데 도움이 되고 EMDR의 통합은 그 치료과정을 아동의 존재안으로 더욱 깊게 가져갈 수 있도록 돕는다.

③ EMDR이 아동의 상흔을 재경험하는 준비가 되었을 때 그의 해리 증상을 완화시키는 데 사용될 수 있다. 연령 7세 이상의 아동 EMDR을 사용하여 뒤로 물러나서 방해되는 사건과 사람과 연관된 부정적인 신념들과 감정들을 볼 수 있도록 가르치는 것이 그 아동 자신을 부정적인 것으로부터 분리할 수 있도록 돕는다. 지각한다는 것이 변할 수 있음을 배운다.

④ 이 단계에서 아동의 정서, 아동의 느낌들 혹은 신체 감각들에 대한 해석이 이루어질 수 있다.

⑤ 아래의 경우에는 EMDR을 사용하지 않는다.

- 아동이 필수적인 인격(자아의 힘) 혹은 그 자료에 대처하는 가족의 지지 자원을 가지지 못할 때
- 아동의 환경, 즉 가정생활이 위기상황에 있고 너무 압도적이어서 그 대처능력이 감소할 때
- 치료사로서 이 특정한 시간에 그 아동과 EMDR를 한다는 것이 불편할 때
- 치료사로서 아동의 해리 증상이 그 아동의 연속체의 끝까지 너무 멀리 움직였을지도 모른다는 소견이 있을 때
- 충분한 신뢰의 수준이 수립되지 못했을 때
- 아동의 고통/두려움의 수준이 견디기 어려운 것이거나, 그 감정적 고통/두려움에 대한 참을성이 낮을 때
- 아동이 발달적으로나 연령으로나 EMDR하기에 너무 어릴 때
- 애착이 안 되어 있어서 기본적인 신뢰가 전혀 발달되지 않았을 때 아동은 반복되는/중복되는 상흔들의 희생자이다.
- 표적들에 대한 어떠한 동의도 없을 때
- 전지대가 없거나 발견하지 못했을 때

(라) 제4단계

치료적 성장의 단계에 있어서의 EMDR의 활용 단계이다.

① 제4단계의 목표는 긍정적인/진정한 정체성과 존엄성을 다시 선포하는 것이다.
② 아동이 놀랍고 강력한 은유 등을 사용하여 제3단계인 작업 단계의 어려운 부분으로부터의 긍정적인 전환과 변혁의 신호를 보낸다.
③ 치료적 성장의 단계에 EMDR의 활용하는 것이 비교적 간단하고 아동과 치료사에게 즐거운 일이다. 안전지대가 바뀌었을 수도 있다. 새로운 목표들과 자기에 대한 좀 더 긍정적인 이미지들이 나타날 수도 있다. 과거 상흔의 사건들에 대한 다른 통찰들 혹은 관점들이 표층으로 떠오르고 긍정적인 신념들이 장착된다. 이것은 치료안에 있는 모든 사람에게 매우 보상적인 단계이다.

(마) 제5단계

치료의 종결단계는 아동이 힘을 부여받고, 그가 고통받았던 증상으로부터 놓임을 받으며, 즐거움과 발달적으로 적합함을 반영하는 놀이치료실 안에서의 적극적인 놀이 후에 종결의 개념이 알려져야 한다.

어떤 아동은 EMDR을 분리됨과 이별의 감정들을 처리하는 데에 사용하기를 원할 수도 있다. 아동에게 우리와 함께 한 시간과 아동의 이야기에 관하여 중요한 무엇인가를 상징하게 되는 것을 희망하며 "good-bye"선물을 주는 것도 하나의 안이다. 잠재적인 관계의 상실감의 처리를 돕는 EMDR의 활용은 마지막 세션 전에 하는 것이 좋다. 그의 마지막 세션에서는 마음껏 놀이를 하여서 다시금 통제의 느낌을 확신하고 아동이 자연스럽게 작별을 고하도록 한다.

내담자의 안전이 놀이치료와 EMDR 둘 다의 주된 우선순위이다. EMDR은 어떤 연령의 내담자와도 좋은 신뢰관계가 수립된 이 후에만 사용될 수 있다. 작업은 실제이거나 상상의 세계이거나 아니면 그 둘이 결합된 것이거나 내담자가 전적인 안전, 안심 그리고 편안함을 느끼는 하나의 "안전지대"의 수립과 함께 시작한다. 만약 아동에게 "안전지대"가 없을 때에는 놀이치료 과정이 방해 없이 그 아동에 의하여 "안전지대"가 만들어지고 받아들여질 때까지 계속될 것이다. "안전지대"에 있는 아동만이 EMDR의 처리과정에 임할 수 있다. 다른 이들에게 악몽, 나쁜 기억들, 기타 등을 치유하기 시작한다. 어떤 경우에는 긍정적인 신념들만이 아동의 정신세계에 "장착"된다. 때로는 놀이세션에 특별한 어려움을 느꼈던 아동에게 "안전지대"가 안정감과 중심을 부여하는 데 쓰일 수 있다.

CHAPTER 05

아동상담 과정

1. 접수면담

가. 전화 예약

아동과 부모가 상담기관과 처음 접촉하는 것은 전화나 인터넷 등을 통해서이다. 이러한 첫 접촉을 통해 아동과 부모가 필요로 하는 도움을 기관에서 줄 수 있는지를 먼저 판단한다. 기관에서 제공하는 서비스와 아동 및 부모가 필요로 하는 도움이 어느 정도 일치한다고 판단되면 접수면담을 예약하게 된다. 임상장면에서 볼 때 아동상담기관에 부모가 전화하기까지는 결코 쉬운 과정이 아님을 알 수 있다.

최근에는 인터넷의 보급으로 부모들이 아동상담에 관해 접할 수 있는 정보가 비교적 많기는 하지만 그래도 자신의 자녀가 상담을 필요로 한다는 사실을 쉽게 인정하기는 어려운 일이기 때문이다. 때문에 부모들은 전화 상담이나 인터넷 상담을 통해 자신의 자녀의 문제가 심각한 상태여서 상담을 필요로 하는 정도인지 알고 싶어한다. 전화 상담이나 인터넷 상담을 전문으로 하는 곳이라면 어느 정도 부모가 필요로 하는 정보를 줄 가능성이 높겠지만 면접 상담이 아닌 이러한 상담에는 여러 가지 위험요소가 있다.

첫째, 부모의 구두 보고만으로는 아동의 현재 심각성을 정확히 파악하기 어렵고 부모의 관찰과 판단이 충분한 것인지도 알 수 없으며, 부모의 주관적 판단이 개입될 가능성이 크다는 점이다.

둘째, 부정확하게 수집된 정보를 바탕으로 한 조언이나 정보는 아동에게 적절한 상담치료를 하지 않거나 부적절한 상담을 받게 할 수 있는 원인이 될 수 있다. 때문에 전화

상담의 경우 객관적 정보, 즉 성명, 연령, 성별, 개관적 증상, 연락처 등만을 수집하고 일정을 잡아 부모가 아동을 데리고 내원하도록 하는 것이 바람직하다. 만약 부모의 보고를 통한 대략의 정보가 기관에서 줄 수 있는 상담서비스와 일치하지 않는다고 판단되면 전문기관에 의뢰한다.

나. 부모 면담

서로 약속한 날에 부모와 아동이 방문을 하면 접수면담을 실시할 상담자가 기관과 자신을 간단히 소개하고 어떤 일정으로 접수면담이 진행될 것인가를 간략이 설명한다. 기관에 따라 접수면담의 순서나 방법이 약간 다를 수 있으나 아동과 부모를 별도로 면담하고 필요한 경우 부모와 아동의 상호작용 패턴이나 분리시의 반응 등을 보기 위해 부모와 아동을 함께 면담하는 시간을 갖기도 한다.

부모를 면담할 때에는 면담내용에 대해 비밀보장이 된다는 사실을 미리 알려 주어야 한다. 보통은 어머니가 아동과 함께 내원하는 경우가 많지만 최근 부모가 함께 오는 경우도 적지 않기 때문에 어머니와 아버지를 별도로 면담하는 시간이 필요하며 이런 경우에도 부부 간에도 비밀보장의 전제가 적용됨을 알려 주어야 한다.

부모를 함께 면담했을 때와 별도로 면담했을 때 얻을 수 있는 정보가 매우 다른 경우도 종종 있다. 비밀보장이 된다는 사실을 알지 못하는 경우에는 비난받거나 부정적으로 보일만한 정보들을 제공하지 않는 경우가 있다. 또한 부모와 자녀 사이의 비밀보장에 대해서도 어느 정도 언급하는 것이 필요하다.

특히 아동이 초등학교 고학년 이상이거나 저학년이라도 인지적으로 우수한 경우, 또는 부모와의 관계에 지나치게 의존적이고 민감한 경우에는 상담자와 부모 사이의 대화내용에 큰 관심을 갖고 그에 따라 반응하는 경향이 있기 때문에 그 또한 부모에게 알려줄 필요가 있다. 물론 아동학대의 발견 등 비밀보장의 책임을 다할 수 없는 경우에 대해서도 사전에 알려 주어야 한다.

부모를 면담하면서 상담자는 부모와 아동 중 누구를 내담자로 볼 것인가를 어느 정도 판단하는 노력을 기울여야 한다. 부모가 먼저 자신의 문제를 인정하고 함께 상담의 도움을 받겠다고 자청하는 경우도 있지만 대부분의 경우에는 내적으로는 자신 때문에 자녀에게 문제가 생긴 것은 아닐까 내심 걱정하고 있다하더라도 자신이 자녀에게 부정적 영향을 주어 문제가 발생했다는 것을 인정하기 꺼려하며 비난받을까봐 두려워하기 때문에 이런 부모에게 상담자가 직접적으로 부모의 문제를 지적하면 부모는 상담자에게 적대적으로 대하거나 방어적인 태도를 취하게 된다.

그렇게 되면 부모와 상담자 간에 신뢰로운 관계형성이 어렵게 되고 지속적인 상담으로 연결될 가능성이 줄어들며 상담으로 연결되었다 하더라도 부모의 문제를 포괄적으로 다루기가 어려워질 수 있다. 부모가 그런 성격적 특성을 갖고 있는 사람이라면 공개적으로는 아동을 내담자로 정하고 부모와 상담자가 공동의 노력을 해가는 공동상담자의 잠재적 역할을 부모에게 주는 것이 상담이 유지될 수 있는 방법이라고 할 수 있다.

부모가 먼저 자신의 문제를 인정하고 상담의 도움을 받기 희망하는 경우도 종종 있다. 그러나 그러한 경우에도 접수상담에서 지나치게 부모의 문제를 지적하는 것은 바람직하지 않으며 공감적인 태도를 보이는 것이 무엇보다 중요하다. 아동상담은 부모의 의사결정에 따라 상담의 지속여부가 결정되는 경우가 대부분이기 때문에 접수면담시에 부모와 상담자의 관계형성은 그 무엇보다 중요하다고 할 수 있다.

상담자는 부모를 면담하면서 부모에게도 개별적인 상담이 필요한 경우인지 또는 가족 전체가 상담이 필요한 경우인지를 어느 정도 평가해야 한다. 가족의 역기능이나 갈등적 관계, 또는 가족의 분위기로 인해 아동에게 문제가 발생한 경우에는 아동치료 뿐 아니라 가족 또는 부부관계에 개입하는 것이 필요하다. 그러한 측면에서 아동상담은 아동에게만 국한된 것이 아니라 매우 포괄적이고 전문성을 요하는 분야라 할 수 있다.

아동을 평가하는 방법과 기본적으로 동일한 방법이 부모 평가에도 적용된다. 즉, 비구조화된 면담을 통해 이루어진 체계적 관찰이 필요하다. 이 관찰자료는 매우 신뢰할 만한 것이기 때문에 면담시간 내내 의사소통을 촉진하는 노력이 필요하다. 처음에 상담자가 부모를 주도하지 않는 것이 중요하다. 처음에 부모를 개인으로 보고 임상장면의 내담자로서 부모를 관찰하며, 두 번째로는 관계에 초점을 맞추어야 한다. 그러기 위해서는 면담시간 내내 따듯하고 경청적이고 공감적인 태도를 취해야 한다.

1) 주호소 문제

부모가 상담기관에 오게 된 이유를 분명히 알 수 있는 질문을 통해 부모의 언급을 이끌어 내야 한다. 부모가 제시하는 모든 문제의 예를 요구하고 학교, 가정, 또래 등 모든 환경에서 문제가 어떻게 나타나는지 탐색한다.

각 문제가 정확히 언제 시작되었는지, 가족위기, 사고 등 촉발사건이 있었는지를 알아본다. 모든 발달 영역에 걸쳐 현재의 기능 정도와 촉발사건 이전의 기능 정도에 대해 자세히 알아야 한다. 또한 부모가 인지하지 못하는 가능한 촉발사건도 탐지해 내야 한다. 또한 부모와 가족이 아동의 문제에 어떻게 대처해 왔는지 그리고 문제가 아동과 가족의 환경에 얼마나 광범위하게 영향을 미치고 있는지도 알아야 한다. 또한 문제가 무엇인지에 상관없이 성인 및 또래와의 관계, 기분, 정서, 불안, 흥미도 알아야 하는 중요한 부분이다.

또한 앞으로 어떤 과정을 거쳐 평가과정이 이루어질 것인지에 대해서 설명해 주고 평가과정과 관련하여 부모가 동의하지 않는 부분이 있으면 충분히 이야기할 수 있는 시간을 주어야 한다. 이 때 부모와 힘겨루기를 피해야 한다.

2) 발달사 청취

아동의 생물학적, 신체적 영역에 대한 정보뿐 아니라 아동의 심리적 발달에 대한 정보를 얻어야 한다. 아동의 발달과정에 대해 말할 수 있는 부모들의 능력은 부모에 따라 매우 다르기 때문에 적절한 질문을 통해 청취해 나가야 한다. 부모를 통한 발달사 청취에서 반드시 탐색해야 할 부분들을 제시하면 다음과 같다.

발달경험의 전체적 패턴

① 초기 조절 패턴(예 : 냉담, 위축, 과민, 세상에 대한 관심), 리듬과 사이클 주기, 과대 및 과소한 감각반응, 대근육 협응

② 돌봄, 보호 경험

③ 수유 및 이유(모유, 인공유), 수면유형

④ 초기 애착의 적절성, 유형, 강도

⑤ 초기 구분 능력, 의도적 의사소통 능력

⑥ 초기의 조직화되고, 주장적이고, 근원적인 행동
(예 : 두 돌경에 아동이 연령에 적합한 게임과 행동으로 하는 상호작용에 관여할 수 있었는가? 단순히 울기보다 양육자의 손을 끌어다가 자신이 원하는 것을 보여 주었는가? 정서가 긍정적, 부정적 감정을 통합하면서 복잡하고 풍부했는가? 또는 한쪽 극단의 정서가 지배적이었는가?)

⑦ 2~3세까지 언어, 인칭대명사와 같은 인지 능력과 더불어 환타지로 나타나는 표상 능력

⑧ 3~4세 무렵 현실지남력 및 더 커진 자기보호 능력과 더불어 표상적 구분 능력이 나타났는가? 이러한 능력이 극단적인 반항심이나 충동통제의 결핍과 같은 초기의 마술적 사고나 퇴행적 경향성을 조직화할 수 있었는가?

⑨ 4~6세 무렵 3인 관계까지 관계패턴의 확장, 호기심과 흥미의 확장
(예 : 인간신체, 부모의 성 및 관계 차이에 대한)이 있었는가? 정서가 공감능력의 확장과 더불어 더 풍부해지고 복잡해졌는가?

⑩ 잠복기 아동이라면 자기통제와 조절, 도덕성 발달, 학교생활 및 학습 수행, 또래관계와 같은 잠복기 영역으로 진입했는지의 여부

⑪ 형제의 출생, 대소변 훈련, 최초의 분리경험, 의미 있는 분리나 상실(사망, 질병, 이혼), 특별한 가족경험(예 : 질병, 이사, 직업의 변화)
⑫ 양육자와의 관계 : 수동적이고 위축되었는지, 친밀하고 적극적이었는지, 애착이 일관적이었는지, 변동적이었는지
⑬ 아동이 성장해 가면서 맺은 형제자매 관계, 또래 관계, 부모와 맺은 관계 패턴
⑭ 정서적 질병을 포함한 아동의 주요 질병
⑮ 정서 및 충동 통제의 발달
⑯ 신체 및 신체과정에 대한 느낌, 성에 대한 감정과 생각, 성적 경험 등
⑰ 슬픔, 무력감, "포기", 사로잡힘, 자해, 자살에 관한 느낌
⑱ 정신과 약물사용 경험 유무
⑲ 학대, 방임의 경험 유무
⑳ 부모의 부부관계, 조부모를 포함한 확대가족과의 관계

다. 아동 면담

아동 면담에서 가장 중요한 평가방법은 관찰이며 관찰평가에서 가장 중요하게 고려할 사항은 아동의 발달단계에 따른 적합성을 고려한 관찰과 평가가 이루어져야 한다는 점이다. 예를 들어, 2～3세 아동과 초등학교 저학년 아동의 대 · 소근육 협응, 정서의 깊이, 상호작용 방식, 상황조망 능력 등 매우 현저하게 다르다고 할 수 있으며 또한 개인차가 존재한다. 아동 면담시에 중요하게 관찰해야 하는 부분을 제시하면 다음과 같다.

1) 대근육 협응

대근육 협응의 괴상함, 서투름, 떨림과 전체 흐름 그리고 근육틱, 자세, 걸음걸이, 균형의 비정상성 등이 있는지 관찰해야 하며 이는 예를 들어, 연필 쥐는 행동이나 계단 오르는 행동, 공던지기와 같은 구조화되지 않는 활동과정이나 검사과정에서 관찰할 수 있다.

2) 소근육 협응

그림그리기를 하는 모습이나 크기가 작은 놀잇감 다루는 것을 보면 알 수 있다.

3) 주의집중 시간

접수면접 시간 동안 주의가 쉽게 분산되고 지속시간이 짧은 것은 주의결핍장애 외에도 여러 가지 이유가 있을 수 있다. 그 이유에는 피로, 불안, 언어 문제 예를 들어, 주의력결핍 과잉행동장애(ADHD) 아동이라도 구조화된 일대일 장면에서는 주의집중이 이루어진다. 따라서 부모를 비롯한 가능한 많은 환경으로부터 정보를 수집하여 ADHD 진단여부를 결정해야 한다. 위에서 언급한 것처럼 기타 다양한 조건들, 즉 불안, 강력한 반항, 정신병, 조증 등도 면담시간에 과잉행동과 부산한 활동을 하게 할 수 있다.

4) 읽기, 쓰기, 말하기 장애

아동의 학업성취의 어려움을 평가하려면 이전에 어떤 형태로 교육을 받았고 학업성취도가 어떠했는지 등을 세심하게 살펴보아야 한다. 외국에서 살다오는 사례들이 요즘 증가하고 있기 때문에 그런 언어적 영향을 고려해야 하는 경우가 있으며 이 중 언어 문화권에 속한 아동에게는 교육에서 쓰였던 주언어가 무엇인지 그리고 그 언어로 이루어지는 아동과 부모 사이의 어떤 정도로 대화가 이루어졌는지 등을 알아야 한다.

ADHD나 혼란스런 행동이 학업을 방해하고 교실 적응을 어렵게 한다면 학습장애라고 진단할 수는 없지만 학습장애가 있다면 불안정하고 부적응적인 교실 행동을 나타나게 할 수 있다. 책읽기는 아동이 무엇에 대한 흥미와 환타지를 가지고 있는지 알 수 있는 정보를 준다.

일반적으로 읽기 수준은 지능과 상관관계가 있기 때문에 적절한 교육기회가 주어졌음에도 불구하고 평균 이하의 읽기 수준을 보인다면 그것의 가장 공통적 원인은 지능이 낮기 때문이라고 할 수 있다.

(가) 언 어

18개월경에 단어를 사용하지 못했거나 30~36개월경에 문장을 사용하지 못했지만 정상적인 옹아리를 한 아동, 지시를 이해하는 아동, 비언어적 단서와 몸짓을 이해할 수 있고 이에 반응하는 아동은 정상적으로 언어가 발달할 가능성이 있다. 그러나 위의 연령에서 지체되었거나 다른 형태의 의사소통 장애가 함께 나타나면 구체적인 평가가 필요하다.

(나) 지 능

지능은 전반적인 어휘, 반응성, 이해 수준이나 호기심 같은 부분들을 통해 대략적으로 파악할 수 있다. 지능이 현저히 낮은 경우에는 이러한 평가만으로도 지능저하를 쉽게 파악할 수 있으나 아동이 어리고 경계선적 지능인 경우에는 보다 세밀한 관찰한 평가가 요구된다.

(다) 기 억

아동들의 기억력을 알아보기 위해서는 숫자를 불러 주고 암기하는 방법을 사용해 볼 수 있으며 부모들의 보고를 통해서도 아동의 기억력을 어느 정도 파악할 수 있다. 보통 정상의 여덟 살 아동은 순서대로 5개, 뒤로 3개 정도의 숫자를 기억해 내며 10세의 아동은 앞으로 6개, 뒤로 4개 정도의 숫자를 기억해 낸다. 그러나 이러한 기억력이 기질적인 뇌기능에서 비롯되었는지 아니면 주의력 부족이나 불안으로 인한 것인지를 판단해야 한다.

(라) 사고와 지각

아동이 보이는 사고에 대한 평가는 주로 실제 사고내용과 사고의 형태, 흐름 및 조직이라는 두 개의 주요 차원에서 이루어진다.

사고내용상의 장애는 평범치 않은 신념(환상) 또는 지각(환각)의 형태로 이루어진다. 그 밖에 사건과 사물이 시간이나 공간적으로 서로 인과관계가 있다고 주장하는 발달적으로 부적절한 추론이나, 차이와 유사점을 구별하지 못하거나, 적절한 것과 부적절한 것을 구별하지 못하거나, 과도히 구체적인 것 등을 포함한 신조어와 특이한 논리 등이다.

사고흐름의 장애는 주로 강박적 느낌과 사고의 흐름이나 사고의 압박과 생각의 지리멸렬 같은 것들이다. 이런 것들은 아동으로 하여금 주관적으로 외계인, 통제 상실, 때로는 어떤 두려움으로 이런 것들을 경험할 수 있다.

(마) 환 각

정신병적 상태, 망상 등으로 인한 환각 외에도 스트레스나 종교문화적 이유로 환각이 생길 수도 있다. 심각한 스트레스 상태에 있는 어린 아동들과 억압, 투사, 대치의 방어기제를 갖고 있는 어린 아동들도 환각을 나타낼 수 있다. 이런 환각은 환타지와 현실 사이를 일시적으로 구분하지 못하는 퇴행현상의 일부로 나타난다. 지나친 자극이나 학대에 노출된 아동, 부모의 죽음 후 급격한 애도반응, 외상 후 스트레스 장애, 극심한 불안 등도 환각을 일으킬 수 있다.

(바) 환타지, 감정, 갈등

아동이 가지고 있는 환타지나, 감정, 갈등을 평가하기 위해 놀이내용, 꿈내용, 그림내용 등을 분석하거나 소원 등을 물어 볼 수 있다. 인물화 같은 그림그리기는 환타지 및 감정 뿐 아니라 지능 정도도 평가할 수 있는 기능을 갖고 있다.

(사) 정 서

아동을 상담할 때에는 아동이 보여주는 기분, 정서 범위 그리고 불안, 우울, 냉담, 죄책감 또는 분노와 같은 정서 중 우세한 것이 무엇인지를 세심히 관찰해야 한다. 아동의 언어내용, 얼굴표정 기타 비언어적 단서를 관찰할 뿐 아니라 우울, 자살사고나 행동, 불안에 관해 탐색해야 한다.

우울한 아동들은 "나는 할 수 없어요", "나는 그림을 잘 못 그려요"와 같은 낮은 자존감을 보여준다. 쉽게 피로를 느끼고, 흥미 및 즐거움을 상실한다. 죄책감, 집중력 부족, 수면, 식욕, 근육운동의 문제를 갖고 있다.

(아) 관 계

아동의 관계 측면에 대해서도 몇 가지 영역을 탐색해야 한다. 가족 안에서는 어떤 가족구성원들과 살고 있으며 누구와 가장 친하고 누구와 그렇지 않은지 알아야 한다. 또 어떤 구성원들 사이에 갈등이 존재하는지 등도 파악한다. 또래관계에 대해서는 누구와 친한지 또 누구와 친하지 않은지 등을 탐색하며 왕따나 소외를 당하는 아동이라면 아동 스스로 생각하는 원인이 무엇인지도 알아보아야 한다. 학교에서는 교사와의 관계도 탐색한다.

(자) 기 타

그 외에도 아동에 갖고 있는 성적 지향이나 로맨틱 감정, 공격성 등을 살펴보아야 한다. 공격성과 관련하여, 아동의 성격에 문제가 있는지, 분노의 대상이 누구인지, 어떤 식으로 공격성을 표현하는지, 공격성의 정도가 어느 정도인지, 타인이나 동물들을 잔인하게 다루거나 폭력적인 적이 있는지 등을 탐색한다. 또한 갈등에 대처하는 아동의 방어조직에 대해서도 탐색한다. 불안하거나 화나거나 좌절했을 때의 대처전략을 알아본다.

뿐만 아니라 아동에게 있는 특별한 재능이나 긍정적 특성, 학업성취, 현실감, 가족의 지지 등 아동이 갖고 있는 긍정적 속성 등도 살펴보아 그것이 아동의 회복에 도움이 되도록 한다.

2. 진단공식화

여러 가지 정보와 관찰 등을 토대로 아동에 대한 진단을 내려야 하는데 이를 진단공식화라 한다. 진단공식화를 통해 현재의 문제뿐 아니라 가능한 원인 그리고 장래의 대처전략에 대한 청사진을 얻을 수 있다. 따라서 진단공식화를 할 때는 신체적 요인, 환경 스트레스, 내적 갈등들이 아동 및 가족과 상호작용하는 독특한 방식 등을 통합적으로 보아야 한다.

진단공식화를 통해 진단명을 넘어 아동에 대한 충분하고 다차원적인 정보를 얻고 적절히 포괄적인 치료계획을 위한 건전한 기초를 만든다. 진단공식화는 아동에게 문제를 일으키고 문제를 유지하는 내적/외적 요인들 뿐 아니라 더 나아가 아동과 가족의 감정과 적응능력에 초점을 맞추면 치료에 도움을 받을 수 있다. 연령에 따른 관찰범주를 제시한 Greenspan(2003)의 예를 제시하면 다음과 같다.

가. 발달단계에 따른 진단적 관찰범주

관찰범주	0~1세
1. 신체기능 신경학적 기능, 감각적 기능, 운동통합 기능, 정신적·심리적 기능 및 중추신경계의 통합수준과 관계 있는 신체적 측면에 대한 관찰(예 : 대·소근육 협응, 지각·운동통합, 인지능력의 출현)	자극을 향해 고개들기, 물건잡기, 앉기, 돌아보기, 서고 걷기, 보다 분명한 발성, 1~2단어(예 : 엄마, 다다) 사용, 무생물 및 생물에 대한 단순한 원인 수단-결과 관계 이해 등 정상적 발달이정표. 4개월경에 이르러 내적 감각보다는 사회적 단서에 반응하는 능력의 출현, 연령에 적합한 모든 감각적인 것, 관심 있는 것에 시선 맞추기, 잡기, 집중하기 능력의 증진 및 감각영역에서 복잡한 정보를 처리하는 능력의 증진

2. 관계유형 특징적인 관계 맺기 또는 관계 맺지 않기(예 : 위축, 자폐) 유형, 2인 관계, 집단관계 형성 및 나누기 능력, 관계 맺기의 자기중심적 스타일	보호와 편안함에 대한 일반적 욕구, 세상에 대한 여러 감각적 흥미가 고도로 개별화되어감, 즐거운 개입, 주 양육자와의 상호작용적이고 애정 어린 관계
3. 전반적 기분이나 정서적 분위기 아동이 보여주는 주제뿐 아니라 구체적 정서에 대한 패턴은 다른 범주의 패턴처럼 연령에 따라 분명하게 정의하기는 어렵다.	매우 다양하다. 내적 상태(예 : 배고픔)와 밀접한 연관이 있으며 6개월경이 가까워지면서 사회적 단서(부모가 배고픈 아기를 미소짓게 할 수 있다), 내적인 편안함 및 세상과 주양육자에 대한 흥미와 즐거움이 증가한다.
4. 정서 다음 사항을 고려해야 한다. a. 정서의 범위와 다양성 : 아동이 보여주는 정서의 수 : 초기발달 단계 동안 정서의 범위는 제한적이고 협소하다. 나중에는 범위가 넓어진다. 또한 정서의 특징적 유형을 관찰해야 한다 : 분노, 질투, 화, 공감, 사랑 b. 정서표현의 깊이 : 표현된 정서의 신체적 특성(깊이가 얕은지 아니면 실제적인지 등) c. 정서구분 능력 : 특정한 감정 상태를 구별해 낼 수 있는 정도 d. 자극에 대한 정서의 강도 또는 정서조절 능력	세상에 대한 무관심과 흥미 사이의 다양성이 더욱 조직화되고 사회적 상호작용의 통제 하에 들어가게 된다. 즐거운 흥분과 불쾌한 투정의 구체적인 정서들이 즐거움, 투정, 염려의 형태로 더욱 분화되며 의존 즐거움, 주장성, 탐색, 분노, 두려움과 타협하는 제스처가 나타난다. 정서체계는 매우 다양하며 쉽게 상황에 좌우된다.
5. 불안과 두려움 아동이 언어로 두려움을 직접 표현하거나 놀이를 통해 간접적으로 표현하는 것을 관찰한다. 특히 불안은 놀이나 대화 도중에 주제발달의 혼란(disruption)에 의해 관찰될 수 있다. 불안의 수준은 불안에 이른 혼란과 주제 특성에 따라 구별할 수 있다(예 : 신체적 상처를 둘러싼 불안, 또는 상실의 두려움, 세상의 파괴 또는 내적 자기의 파편화와 같은 보다 전체적이고 분화되지 않은 유형).	불안은 일반적으로 전체적이고 비조직적이다. 기저의 염려는 파괴 그리고 발달하고 있는 자기와 세상의 상실과 같은 주제와 연관된 것들이다.
6. 주제표현 조직화되고 발달에 적합하며 풍부한 주제를 표현하는 능력을 포함한다. 아동이 얼마나 자신의 성격을 다른 사람에게 잘 의사소통하는가, 놀이를 통해 간접적으로 하는가 아니면 언어를 통해 직접적으로 하는가? 분명히 어떤 아동들은 세상에 대한 기본 신뢰	내적 단서와 연관된 행동은 간단한 사회적, 목적적, 인과적 행동의 근거로 발달하며(예 : 어머니가 미소 지으면 아기는 어머니로부터 비슷한 반응을 이끌어 내기 위해 손을 뻗는다) 간단한 상호 호혜적 또는 연속적 행동으로 발달한다. 생후 첫해 말엽으로 갈수록 조직화되고 호혜적인 상호작용 능력은 보다 복잡한 상호작용 고리로 발달한다(예 :

감 때문에 시기에 적절하게 그러한 능력을 발달시킨다. 자신의 내적 통제 능력에 대한 확신, 풍부한 감정 전달을 가능케 하고 자신감을 만족시키는 환타지. 반대로 어떤 아동들은 주제표 현이 비조직화되어 있다(또는 매우 제한되어 있고 파편화되어 있으며 충동적이다). 주제표현을 더욱 세분화시켜 제시하면 다음과 같다. a. 주제표현의 조직화 : 조직화된 사고와 유사한가 또는 파편화된 사고인가? b. 주제발달의 깊이와 풍부함 c. 연령에 적합한가 : 연령에 적합하고 전형적인 주제인가? d. 주제순서 : 순서는 연령에 따라 다르다.	손뻗기, 물건잡기, 엄마에게 물건주기). 사회적 상호작용은 즐거움, 탐색, 투정의 주제를 포함한다.

관찰범주	1~2세
1. 신체기능 신경학적 기능, 감각적 기능, 운동통합 기능, 정신적·심리적 기능 및 중추신경계의 통합수준과 관계 있는 신체적 측면에 대한 관찰(예 : 대·소근육 협응, 지각·운동통합, 인지능력의 출현)	협응이 서툴긴 하지만 걷기, 뛰기, 오르기 등의 행동은 정상발달의 기준. 소근육 협응 능력의 증가(예 : 긁적거리는 그림을 그릴 수 있다). 복잡한 제스처, 간단한 단어와 능력의 성장, 많은 사물에 이름을 붙이고 2개의 단어로 욕구를 표현하는 능력과 더불어 언어능력이 더욱 발달한다. 만 2세에서 3세 초입에 걸쳐 문장을 사용하게 된다. 과거의 것(원래의 것)으로부터 새로운 행동을 발달시키는 능력. 상징적 활동을 위한 능력(예 : 자기와 타인을 기술하는 단어사용)이 나타남. 다양한 집중과 자기조절 능력
2. 관계유형 특징적인 관계 맺기 또는 관계 맺지 않기(예 : 위축, 자폐), 2인 관계, 집단관계 형성 및 나누기 능력, 관계 맺기의 자기중심적 스타일	주양육자와의 2인 관계가 욕구충족(기본적 독립성), 개별성, 자율, 주도성의 출현 그리고 행동수준, 원하는 것을 얻기 위해 냉장고로 가는 걸음마기 아동의 자기조직 능력 사이에 균형을 이룬다.
3. 전반적 기분이나 정서적 분위기 아동이 보여주는 주제뿐 아니라 구체적 정서에 대한 패턴은 다른 범주의 패턴처럼 연령에 따라 분명하게 정의하기가 어렵다.	이따금 고집부리기가 나타난다. 욕구와 분리가 여전히 중요한 이슈이다.
4. 정서 다음 사항을 고려해야 한다. a. 정서의 범위와 다양성 : 아동이 보여주는	역시 다양하지만 더욱 조직화되고 오랫동안 안정된다. 안전감, 호기심, 탐색이 정서적 욕구, 매달리는 성향, 두려움, 염려보다 크다. 기본적인 기분이

정서의 수 : 초기발달단계 동안 정서의 범위는 제한적이고 협소하다. 나중에는 범위가 넓어진다. 또한 정서의 특징적 유형을 관찰해야 한다 : 분노, 질투, 화, 공감, 사랑 b. 정서표현의 깊이 : 표현된 정서의 신체적 특성(깊이가 얕은가 아니면 실제적인가 등) c. 정서구분 능력 : 특정한 감정 상태를 구별해 잴 수 있는 정도 d. 자극에 대한 정서의 강도 또는 정서조절 능력	나타나기 시작한다.
5. 불안과 두려움 아동이 언어로 두려움을 직접 표현하거나 놀이를 통해 간접적으로 표현하는 것을 관찰한다. 특히 불안은 놀이나 대화 도중에 주제발달의 혼란(disruption)에 의해 관찰될 수 있다. 불안의 수준은 불안에 이른 혼란과 주제 특성에 따라 구별할 수 있다(예 : 신체적 상처를 둘러싼 불안, 또는 상실의 두려움, 세상의 파괴 또는 내적 자기의 파편화와 같은 보다 전체적이고 분화되지 않은 유형).	정서는 더욱 분화된다. 흥분 어린 탐색, 주장적 즐거움, 발견의 기쁨이 관찰된다. 독립, 주장, 분노, 자기제한 설정에 대한 보다 복잡한 몸짓 타협이 가능하다. 사랑을 조직적으로 보여줄 수 있으며(예 : 뛰어 와서 안기기, 미소짓기, 부모에게 뽀뽀하기 – 모두 함께), 조직화된 고집 피우기(싫어)와 매달리는 욕구도 나타난다. 발견의 기분, 주도성, 사랑의 표현의 방향에 균형이 있어야 한다. 가족과의 편안함, 낯선이에 대한 염려가 더욱 발달한다. 사랑하는 양육자의 상실과 관련된 불안이 비조직화된 형태로 나타난다.
6. 주제표현 조직화되고 발달에 적합하며 풍부한 주제를 표현하는 능력을 포함한다. 아동이 얼마나 자신의 성격을 다른 사람에게 잘 의사소통하는가, 놀이를 통해 간접적으로 하는가 아니면 언어를 통해 직접적으로 하는가? 분명히 어떤 아동들은 세상에 대한 기본 신뢰감 때문에 시기에 적절하게 그러한 능력을 발달시킨다. 자신의 내적 통제 능력에 대한 확신, 풍부한 감정전달을 가능케 하고 자신감을 만족시키는 환타지. 반대로 어떤 아동들은 주제표현이 비조직화되어 있다(또는 매우 제한되어 있고 파편화되어 있으며 충동적이다). 주제표현을 더욱 세분화시켜 제시하면 다음과 같다. a. 주제표현의 조직화 : 조직화된 사고와 유사한가 또는 파편화된 사고인가? b. 주제발달의 깊이와 풍부함 c. 연령에 적합한가 : 연령에 적합하고 전형적인 주제인가? d. 주제순서 : 순서는 연령에 따라 다르다.	행동의 조직화 능력이 복잡한 인과관계로 발달한다.(예 : 엄마 손을 붙잡고 냉장고로 끌고가 엄마에게 먹고싶은 음식을 보여줌). 주도적 행동의 증가 뿐 아니라 행동적 수준에서의 주도성과 독창성이 증가한다. 행동적 수준에서 아동은 사랑, 호기심, 탐색과 저항, 분노, 고집, 질투심을 표현한다.- 모두 조직화된 방식으로 나타난다.(예 : 조직화된 순서로 아빠에게 달려가 안고 뽀뽀한다. 또는 돌아서서 장난감을 던지고 소리 지른다). 두 돌이 가까워지면서 사랑과 분노, 수동성과 적극성의 양극적인 주제들을 통합하는 능력이 나타난다(예 : 한 놀이에서 "인형이 나빠서 매를 맞고 그런 다음 안긴다). 또한 관계와 정서적 주제에서 표상적 또는 상징적 능력이 나타난다.

관찰범주	2～3세
1. 신체기능 신경학적 기능, 감각적 기능, 운동통합 기능, 정신적·심리적 기능 및 중추신경계의 통합수준과 관계 있는 신체적 측면에 대한 관찰(예 : 대·소근육 협응, 지각·운동통합, 인지능력의 출현)	대근육 활동의 협응 : 도움없이 뛰고 계단을 오르내릴 수 있다. 소근육 협응이 더욱 분화된다(예 : 원을 그릴 수 있고, 그릇을 잡을 수 있다. 구, 간단한 문장, 복잡한 제스처를 이해할 수 있다. 많은 물건의 이름을 알고, 사건을 설명하기 위해 인칭대명사와 문장을 사용하며 욕구를 알릴 수 있다. 광범위해진 환타지로 증명되는 바와 같이 상징능력이 확장된다(예 : 꿈, 두려움, 가장적 이야기와 사람들). 집중과 자기조절 능력이 아직 불안정하지만 개선된다.
2. 관계유형 특징적인 관계 맺기 또는 관계 맺지 않기(예 : 위축, 자폐), 2인 관계, 집단관계 형성 및 나누기 능력, 관계 맺기의 자기중심적 스타일	아직 2인관계적이고 욕구충족적이긴 하지만 관계는 표상적 또는 상징적 수준으로 조직화되며(즉, 사고, 기억 등의 측면에서 자기와 타인에 대한 지각이 출현한다) 환타지의 사용을 허용한다. 독립과 자율 사이의 균형이 이전보다 짧은 시간 동안 이루어진다. 힘겨루기와 고집피우기가 간헐적으로 관계패턴을 지배한다. 지배의 문제는 기본적 독립, 안전의 욕구, 분리의 두려움에까지 계속된다. 힘, 통제, 공격성, 관계에서의 다양한 유형의 즐거운 상호작용이 나타난다. 내적 이미지를 이제 사용할 수 있기 때문에 보다 복잡한 상호작용이 가능해진다(예 : 복잡한 게임에서 욕구를 나타내기 위해 언어나 인형을 사용한다).
3. 전반적 기분이나 정서적 분위기 아동이 보여주는 주제뿐 아니라 구체적 정서에 대한 패턴은 다른 범주의 패턴처럼 연령에 따라 분명하게 정하기 어렵다.	초기에는 상당히 변화무쌍하지만(예 : 우울하거나, 혼란스럽거나 안전한 탐색과 함께 우울하거나, 떠들거나, 매달리는 행동이 함께 나타남). 지배적이지는 않은 흥분, 고집피우기, 수동성, 매달리는 능력과 더불어 기본적 안전감과 낙관주의적이고 조직화된 패턴으로 안정되어 간다.
4. 정서 다음 사항을 고려해야 한다. a. 정서의 범위와 다양성 : 아동이 보여주는 정서의 수 : 초기발달단계 동안 정서의 범위는 제한적이고 협소하다. 나중에는 범위가 넓어진다. 또한 정서의 특징적 유형을 관찰해야 한다 : 분노, 질투, 화, 공감, 사랑	이제 정서는 더욱 "의미" 있어진다(표상적 또는 상징적 수준). 초기의 정서체계 불안정 이후(예 : 퇴행, 매달리는 분노와 의존) 전언어 및 초기언어 수준에서 표현된 사랑, 불행, 질투, 부러움과 같은 복잡한 정서와 더불어 정서체계가 더욱 조직화된다. 정서체계는 여전히 신체사건(예 : 피로, 배고픔)에 의해 쉽게 영향 받는다. 정서는 아직도 자기

b. 정서표현의 깊이 : 표현된 정서의 신체적 특성(깊이가 얕은가 아니면 실제적인가 등) c. 정서구분 능력 : 특정한 감정 상태를 구별해 낼 수 있는 정도 e. 자극에 대한 정서의 강도 또는 정서조절 능력	중심적 수준에 있다("나를 위해 그 안에 무엇이 있지 ? ").
5. 불안과 두려움 아동이 언어로 두려움을 직접 표현하거나 놀이를 통해 간접적으로 표현하는 것을 관찰한다. 특히 불안은 놀이나 대화 도중에 주제발달의 혼란(disruption)에 의해 관찰될 수 있다. 불안의 수준은 불안에 이른 혼란과 주제 특성에 따라 구별할 수 있다(예 : 신체적 상처를 둘러싼 불안, 또는 상실의 두려움, 세상의 파괴 또는 내적 자기의 파편화와 같은 보다 전체적이고 분화되지 않은 유형).	안정과 수용의 상실 뿐 아니라 사랑하고 의지하는 사람의 상실과 관련된 불안. 아직 조직화가 되어 있지는 않지만 불안을 더 잘 인내하고 정신적 이미지(환타지)의 변화를 통해 대처할 수 있게 된다(예 : "엄마가 돌아올거야. 엄마는 날 사랑해").
6. 주제표현 조직화되고 발달에 적합하며 풍부한 주제를 표현하는 능력을 포함한다. 아동이 얼마나 자신의 성격을 다른 사람에게 잘 의사소통하는가, 놀이를 통해 간접적으로 하는가 아니면 언어를 통해 직접적으로 하는가? 분명히 어떤 아동들은 세상에 대한 기본 신뢰감 때문에 시기에 적절하게 그러한 능력을 발달시킨다. 자신의 내적 통제 능력에 대한 확신, 풍부한 감정전달을 가능케 하고 자신감을 만족시키는 환타지. 반대로 어떤 아동들은 주제표현이 비조직화되어 있다(또는 매우 제한되어 있고 파편화되어 있으며 충동적이다). 주제표현을 더욱 세분화시켜 제시하면 다음과 같다. a. 주제표현의 조직화 : 조직화된 사고와 유사한가 또는 파편화된 사고인가? b. 주제발달의 깊이와 풍부함 c. 연령에 적합한가 : 연령에 적합하고 전형적인 주제인가? d. 주제순서 : 순서는 연령에 따라 다르다.	행동의 조직화는 1~2세 때와 비슷하며 상호작용의 고리가 훨씬 복잡해진다. 언어와 인칭대명사(나, 너 등)의 사용에서 증명되었듯이 상징적 또는 표상적 능력과 언어 및 행동을 통한 환타지의 정교화(예 : 아동이 인형을 가지고 놀고 있고 엄마는 다른 인형을 가지고 놀고 있다)가 나타난다. 조직화된 행동과는 대조적으로 상징적 의사소통은 서로 분리되어 보인다. 점차 경험의 정교화가 나타난다-"이거 할래"나 인형을 안아주는 가장놀이와 같은 단순한 반복주제가 힘, 즐거움, 의존, 두려움 등과 관련된 광범위한 주제로 발달한다. 이러한 주제들은 점차 복잡해진다(예 : 인형을 안고 뽀뽀해 주기). 주제에는 보고 들은 것의 반복, 새로운 상징능력으로 인한 무생물과 생물의 탐색, 정서적 상호작용을 위한 상징적 방법의 사용이 포함된다. 자기 정의의 시도-"통제"하에 두려는 시도, 힘겨루기, 고집피우기, 새로운 행동과 사고의 즐거운 발달을 통해-와 "내가 통제하고 있어"의 한 요소이긴 하지만 퇴행적 의존흥미(예 : 안기, 매달리기) 사이에 동요가 있다. 자기통제와 상징적 수준에서의 제한 및 구조에 대한 반응 능력이 개선된다. 힘의 주제(예 : 우주선, 강력한 영웅, 괴물과 괴물에 희생당한 척하는)에 대한 흥미가 3세가 되어 가면서 나타난다.

관찰범주	3～4세
1. 신체기능 신경학적 기능, 감각적 기능, 운동통합 기능, 정신적·심리적 기능 및 중추신경계의 통합수준과 관계 있는 신체적 측면에 대한 관찰(예 : 대·소근육 협응, 지각·운동통합, 인지능력의 출현)	대근육협응이 계속 개선된다. 아동은 뛰고, 점프하고, 정확하게 공을 던질 수 있다. 소근육협응도 계속 개선된다. 아동은 신발끈을 거의 맬 수 있고 원을 그릴 수 있으며 도구를 매우 잘 다룰 수 있다. 2개 이상의 생각이나 개념의 연결을 이해할 수 있다. "그러나", "왜냐하면" 등과 같은 단어를 사용하여 생각을 연결하면서 완전한 문장으로 말할 수 있으며 요구를 알릴 수 있다. 상징능력이 확장되고(예 : 인형을 통한 복잡한 놀이) 현실 지남력이 증가한다. 적절한 맥락과 지지를 통해 집중과 자기조절이 가능해진다.
2. 관계유형 특징적인 관계 맺기 또는 관계 맺지 않기(예 : 위축, 자폐), 2인 관계, 집단관계 형성 및 나누기 능력, 관계 맺기의 자기중심적 스타일	2인 관계가 감소하고 3인 이상의 더욱 복잡한 패턴(예 : 경쟁, 음모, 비밀, 두 사람이 한 사람에 대항함, 질투, 부러움)이 나타남에 따라 내용(언어, 상징적 방법)뿐 아니라 형태에 있어서도 관계패턴이 더욱 복잡해진다. 또래관계 능력도 증진된다. 안전감이 더 커진다. 분리와 내면에 "타인"에 대한 느낌을 전달할 수 있는 능력이 4세가 가까워지면서 상대적으로 발달한다. 분노와 기타 다른 강력한 감정들이 안전한 분리의 느낌을 손상시키지 않는다. 관계에서의 친밀감 능력(단순히 욕구충족이 아닌)도 더욱 충분히 발달한다.
3. 전반적 기분이나 정서적 분위기 아동이 보여주는 주제뿐 아니라 구체적 정서에 대한 패턴은 다른 범주의 패턴처럼 연령에 달라 분명하게 정의하기 어렵다.	기분이 더욱 안정되고 복잡한 감정을 조직화할 수 있다. 좌절에 대해 덜 극단적인 반응을 보인다(예 : 연기할 수 있다). 자기와 세상을 향한 기본적 태도가 조직화된 기분형태로 전달되는데, 이는 심리적, 신체적 자기에 대한 낙관적인 안전감을 나타내는 것이며 가족, 또래, 세상에 대한 흥분과 더불어 호기심 어린 광범위한 흥미를 나타낸다. 불안전감과 고집피우기가 감소한다.
4. 정서 다음 사항을 고려해야 한다. a. 정서의 범위와 다양성 : 아동이 보여주는 정서의 수 : 초기발달단계 동안 정서의 범위는 제한적이고 협소하다. 나중에는 범위가 넓어진다. 또한 정서의 특징적 유형을 관찰해야 한다. 분노, 질투, 화, 공감, 사랑	심리적 자기와 신체적 자기에 대한 자긍심과 기쁨이 더욱 증가한다. 힘에 대한 흥미가 증가한다 ; 수치심과 모욕에 대한 정서가 지배적이다. 질투와 부러움의 감정이 증가한다. 출현하고 있는 자기감에 대한 많은 정서적 상태를 보이면서 정서체계가 잘 조직화된다.

b. 정서표현의 깊이 : 표현된 정서의 신체적 특성(깊이가 얕은가 아니면 실제적인가 등) c. 정서구분 능력 : 특정한 감정 상태를 구별해 낼 수 있는 정도 d. 자극에 대한 정서의 강도 또는 정서조절 능력	
5. 불안과 두려움 아동이 언어로 두려움을 직접 표현하거나 놀이를 통해 간접적으로 표현하는 것을 관찰한다. 특히 불안은 놀이나 대화 도중에 주제발달의 혼란(disruption)에 의해 관찰될 수 있다. 불안의 수준은 불안에 이른 혼란과 주제 특성에 따라 구별할 수 있다(예 : 신체적 상처를 둘러싼 불안, 또는 상실의 두려움, 세상의 파괴 또는 내적 자기의 파편화와 같은 보다 전체적이고 분화되지 않은 유형)	사랑하는 사람의 인정의 상실과 신체적 부상에 대한 불안이 이따금 나타나지만 항상 그런 것은 아니다. 강도, 납치, 다치거나 또는 부모가 사라지거나 다칠 것이라는 여러 가지 두려움이 흔하게 일어나지만 "오직 꿈"이나 "현실이 아닌" 것으로 보통은 이해된다.
6. 주제표현 조직화되고 발달에 적합하며 풍부한 주제를 표현하는 능력을 포함한다. 아동이 얼마나 잘 자신의 성격을 다른 사람에게 의사소통하는가, 놀이를 통해 간접적으로 하는가 아니면 언어를 통해 직접적으로 하는가? 분명히 어떤 아동들은 세상에 대한 기본 신뢰감 때문에 시기에 적절하게 그러한 능력을 발달시킨다. 자신의 내적 통제 능력에 대한 확신, 풍부한 감정전달을 가능케 하고 자신감을 만족시키는 환타지. 반대로 어떤 아동들은 주제표현이 비조직화되어 있다(또는 매우 제한되어 있고 파편화되어 있으며 충동적이다). 주제표현을 더욱 세분화시켜 제시하면 다음과 같다. a. 주제표현의 조직화 : 조직화된 사고와 유사한가 또는 파편화된 사고인가? b. 주제발달의 깊이와 풍부함 c. 연령에 적합한가 : 연령에 적합하고 전형적인 주제인가? d. 주제순서 : 순서는 연령에 따라 다르다.	행동적 수준에서의 주제조직화가 더욱 풍요해지고 보다 복잡한 방식으로 나타난다. 그러나 상징적 수준에서 복잡한 주제들도 3세 때의 파편화와 비교해 더욱 조직화된다(예 : 환타지에 대한 조직화된 언어적 정교화가 꿈을 보고할 때도 가능해진다 : "괴물이 들어와서 나를 공격하려고 했지만 내가 괴물의 코를 때렸어요.", 상징놀이에서도 가능해진다 : 다양한 괴물들로부터 인형을 보호하기 위해 포트 건설하기, "티파티하기", 다양한 음식을 만들어 손님 대접하기). 이런 조직화된 주제와 파편화된 주제 사이에 이따금 동요가 있긴 하지만 풍부하고 조직화된 내적 삶이 존재하고 있음을 보여주는 것이다. 주제의 내용은 내적 환타지적 삶의 생산물이다. 현실지남력도 존재한다(예 : "그건 그냥 놀이예요"). 성향도 잠시 환타지에 의해 사라진다. 그런 영역에서 환타지는 오랜 기간 동안 현실을 지배할 수 있다. - 예를 들어, 잠자는 것에 대한 두려움, 공격성, 즐거움에서 파생된 힘 그리고 신체에 대한 흥미와 두려움이 발견감, 자긍심, 자기 및 타인에 대한 찬양, 수치심에 대한 염려와 함께 지배적으로 된다. 또한 안전, 사랑의 상실의 두려움과 분리, 힘겨루기, 통제에 대한 관심도 존재한다.

관찰범주	5～6세
1. 신체기능 신경학적 기능, 감각적 기능, 운동통합 기능, 정신적·심리적 기능 및 중추신경계의 통합수준과 관계 있는 신체적 측면에 대한 관찰(예 : 대·소근육협응, 지각·운동통합, 인지능력의 출현)	보다 정확한 던지기, 리드미컬한 점프, 차기(예 : 축구)에서 볼 수 있듯이 대근육 협응이 더욱 개선된다. 소근육 협응도 개선된다. 신발끈을 묶고, 글자를 쓰고, 원, 사각형, 삼각형을 그린다. 완전하고 복잡한 문장으로 말할 수 있다. 생각을 제시하는 능력이 나타난다. 여러 가지 생각과 물리적 실제의 여러 측면들 사이에 호혜적인 관계와 반대의 관계를 이해하고, 표현하고, 개념화하기 시작한다(길이에 따라 순서를 짓거나 분노나 욕심의 정도를 이해한다). 자기조절과 집중능력이 개선되지만 여전히 맥락과 지지에 좌우된다.
2. 관계유형 특징적인 관계 맺기 또는 관계 맺지 않기(예 : 위축, 자폐), 2인 관계, 집단관계 형성 및 나누기 능력, 관계 맺기의 자기중심적 스타일	음모, 경쟁, 동맹 등의 "드라마" 차원에 이루어지는 관계처럼 복잡한 3인 방식이 가족생활을 지배한다. 단순한 욕구충족과 2인 관계 패턴은 덜 지배적이 되고, 타인-또래, 교사-과 편안하게 관계하는 능력이 성장한다. 분리와 내적 안전에 대한 능력이 성장한다. 내적으로 "자기"와 "타인"을 전달하는 능력도 발달할 뿐 아니라 분리나 강한 정서에 의해 쉽게 손상되기도 한다.
3. 전반적 기분이나 정서적 분위기 아동이 보여주는 주제뿐 아니라 구체적 정서에 대한 패턴은 다른 범주의 패턴처럼 연령에 달라 분명하게 정의하기는 어렵다.	안정적이고 조직화된 기분은 표현력과 호기심이 특징이다. 정서가 다양하지만(예 : 두려움, 억압, 달가와하지 않음) 전체적으로 기분이 조직화되고 안정된다.
4. 정서 다음 사항을 고려해야 한다. a. 정서의 범위와 다양성 : 아동이 보여주는 정서의 수 : 초기발달단계 동안 정서의 범위는 제한적이고 협소하다. 나중에는 범위가 넓어진다. 또한 정서의 특징적 유형을 관찰해야한다. 분노, 질투, 화, 공감, 사랑 b. 정서표현의 깊이 : 표현된 정서의 신체적 특성(깊이가 얕은가 아니면 실제적인가 등) c. 정서구분능력 : 특정한 감정 상태를 구별해 낼 수 있는 정도 d. 자극에 대한 정서의 강도 또는 정서조절 능력	많은 개별 정서들이 비교적 안정패턴을 이룬다. 정서의 확장, 호기심, 자긍심, 신체자기의 발견과 가족패턴과 연관된 즐거운 흥분, 수줍음, 부끄러움, 질투심, 두려움, 부러움과의 균형, 수치심과 모욕감이 여전히 지배적이다. 공감과 사랑에 대한 능력이 발달하지만 경쟁심이나 질투심이 솟아오르면 쉽게 깨어지고 없어진다.

5. 불안과 두려움 아동이 언어로 두려움을 직접 표현하거나 놀이를 통해 간접적으로 표현하는 것을 관찰한다. 특히 불안은 놀이나 대화 도중에 주제발달의 혼란(disruption)에 의해 관찰될 수 있다. 불안의 수준은 불안에 이른 혼란과 주제 특성에 따라 구별할 수 있다(예 : 신체적 상처를 둘러싼 불안, 또는 상실의 두려움, 세상의 파괴 또는 내적 자기의 파편화와 같은 보다 전체적이고 분화되지 않은 유형)	신체부상, 존경, 사랑, 자존감의 상실과 관련된 불안과 공포가 있고 자존감은 극단적일 수 있다. 죄책감이 나타난다.
6. 주제표현 조직화되고 발달에 적합하며 풍부한 주제를 표현하는 능력을 포함한다. 아동이 얼마나 잘 자신의 성격을 다른 사람에게 의사소통하는가, 놀이를 통해 간접적으로 하는가 아니면 언어를 통해 직접적으로 하는가? 분명히 어떤 아동들은 세상에 대한 기본 신뢰감 때문에 시기에 적절하게 그러한 능력을 발달시킨다. 자신의 내적 통제 능력에 대한 확신, 풍부한 감정전달을 가능케 하고 자신감을 만족시키는 환타지. 반대로 어떤 아동들은 주제표현이 비 조직화되어 있다(또는 매우 제한되어 있고 파편화되어 있으며 충동적이다). 주제표현을 더욱 세분화시켜 제시하면 다음과 같다. a. 주제표현의 조직화 : 조직화된 사고와 유사한가 또는 파편화된 사고인가? b. 주제발달의 깊이와 풍부함 c. 연령에 적합한가 : 연령에 적합하고 전형적인 주제인가? d. 주제순서 : 순서는 연령에 따라 다르다.	이따금 파편화되기는 하지만 풍부하고, 조직화되며, 복잡하고, 상징적인 주제능력이 생긴다. 환타지로 쓸어버리는 능력이 있긴 하지만 현실지남력이 잘 만들어진다. 공포와 관련한 어떤 특정영역에서는 여러 번 예외지만, "그건 진짜가 아니예요." 주제의 내용은 세상의 주요 이슈에 대한 풍부하고 복잡한 흥미를 나타낸다 : 성별, 공격성, 힘, 호기심, 발견, 도덕성의 출현 등. 사랑, 즐거움, 공격성의 양극성이 나타나야 하며 복잡하고, 풍부한 주제(예 : 아동이 사랑스런 마음으로 동생을 처음으로 보살피는 놀이, 나중에 괴물을 공격하게 되고, 그런 다음 보복에 대해 염려하게 된다)로 통합되어야 한다. 처음으로 관계에서 삼각패턴이 주제표현으로 나타난다 – 버려짐을 가정, 누군가 다른 사람을 떠나고 싶은 바람, 삼각관계의 "다른" 사람을 제거해버리는 게임이나 환타지 등 힘과 자신의 몸에 대한 관심 그리고 타인의 몸과 그것을 비교하는 방법으로부터 약간의 이동이 일어나 다른 사람과 그들의 신체 그리고 "닫혀진 문 뒤에서" 일어나고 있는 일에 대한 진정한 호기심으로 옮겨간다. 신체부상에 대한 두려움은 사라진다. 비록 인정의 상실과 분리에 대한 초기의 두려움이 존재하지만, 자존감의 상실에 대한 두려움이 나타나기 시작한다(예 : "나는 나빠" 또는 "나는 잘 하는게 없어").
관찰범주	**7~8세**
1. 신체기능 신경학적 기능, 감각적 기능, 운동통합 기능, 정신적 · 심리적 기능 및 중추신경계의 통합수준과 관계 있는 신체적 측면에 대한 관찰(예 : 대 · 소근육협응, 지각 · 운동통합, 인지능력의 출현)	대근육 협응 발달이 더욱 진행된다. 아동은 이제 대부분의 활동을 할 수 있다. 뛰기, 점프하기, 미끄러지기, 던지기 등. 글씨를 정교하게 쓰고 그림을 구체적으로 그리는 등 소근육 협응도 개선된다. 상호관련 있는 생각과 개념을 이해하고 의사소통하는데 언어가 더욱 많이 사용된다. 세상에 대한

	느낌을 질서정연하게 만들기 위한 논리적 사고뿐 아니라 소망, 욕구, 환타지를 나타내는 데 언어를 사용한다. 대조적인 관계와 호혜적인 관계의 측면에서의 논리적 능력이 발달한다. 자기조절, 규칙 따르기, 집중하기와 같은 능력도 발달한다.
2. 관계유형 특징적인 관계 맺기 또는 관계 맺지 않기(예 : 위축, 자폐), 2인 관계, 집단관계 형성 및 나누기 능력, 관계 맺기의 자기중심적 스타일	가족 외부의 관계에 대한 흥미가 생겨나고 타인과 관계 맺는 패턴을 질서 있게 조직화하는 능력이 발달한다. 그러나 여전히 초기 패턴들이 존재한다(예 : 힘겨루기, 수동적 무기력, 가족음모, 경쟁, 삼각관계 등). "친구" 그리고 "가장 친한" 몇 명의 친구와 친밀하게 지내는 능력도 더욱 발달한다.
3. 전반적 기분이나 정서적 분위기 아동이 보여주는 주제뿐 아니라 구체적 정서에 대한 패턴은 다른 범주의 패턴처럼 연령에 달라 분명하게 정의 될 수 없는 것은 아니다.	또래집단, 가족, 교사와 같은 성인들의 지각에 기초한 자기, 타인, 그리고 세상에 대한 평가를 통해 안정적이고 조직화된 기분이 나타난다. 조직화되고 안정적이다.
4. 정서 다음 사항을 고려해야 한다. a. 정서의 범위와 다양성 : 아동이 보여주는 정서의 수 : 초기발달단계 동안 정서의 범위는 제한적이고 협소하다. 또한 정서의 특징적 유형을 관찰해야 한다 : 분노, 질투, 화, 공감, 사랑 b. 정서표현의 깊이 : 표현된 정서의 신체적 특성(깊이가 얕은가 아니면 실제적인가 등) c. 정서구분능력 : 특정한 감정 상태를 구별해 낼 수 있는 정도 d. 자극에 대한 정서의 강도 또는 정서조절 능력	위에서 기술한 확장되고 경쟁적인 정서가 실패와 모욕에 대한 두려움과 균형을 이루어 인정, 성공, 숙달에 대한 즐거움이 나타나고 작용한다. 수많은 정서들이 여전히 나타나긴 하지만 구체적 정서들은 덜 변화한다. 자신을 질서 있게 제자리에 있게 하려는 시도와 초기의 확장적이고 경쟁적 정서 사이에 약간의 불안정성이 존재한다. 여러 차례 초기의 부러움, 고집피우기, 자기중심적 욕구가 광범위하게 나타난다. 다른 사람에 대한 염려, 공감, 심지어 걱정도 증가한다.
5. 불안과 두려움 아동이 언어로 두려움을 직접 표현하거나 놀이를 통해 간접적으로 표현하는 것을 관찰한다. 특히 불안은 놀이나 대화 도중에 주제발달의 혼란(disruption)에 의해 관찰될 수 있다. 불안의 수준은 불안에 이른 혼란과 주제 특성에 딸라 구별할 수 있다(예 : 신체적 상처를 둘러싼 불안, 또는 상실의 두려움, 세상의 파괴 또는 내적 자기의 파편화와 같은 보다 전체적이고 분화되지 않은 유형).	불안이 이따금 나타나며 보통은 단서기능으로 작용하며 환타지의 변화나 의미의 변화를 통해 다루어진다(예 : 반동형성). 모욕이나, 수치, 존중의 상실, 불인정에 대한 두려움이 우세하다(예 "그 애들은 내가 축구를 잘 못한다고 생각해요", "모든 애들이 나를 미워해요"). 죄책감도 나타나지만 ("나는 나빠") 상황에 좌우된다.

6. 주제표현 조직화되고 발달에 적합하며 풍부한 주제를 표현하는 능력을 포함한다. 아동이 얼마나 잘 자신의 성격을 다른 사람에게 의사소통하는가, 놀이를 통해 간접적으로 하는 아니면 언어를 통해 직접적으로 하는가? 분명히 어떤 아동들은 세상에 대한 기본 신뢰감 때문에 시기에 적절하게 그러한 능력을 발달시킨다. 자신의 내적 통제 능력에 대한 확신, 풍부한 감정전달을 가능케 하고 자신감을 만족시키는 환타지, 반대로 어떤 아동들은 주제표현이 비조직화되어 있다(또는 매우 제한되어 있고 파편화되어 있으며 충동적이다). 주제표현을 더욱 세분화시켜 제시하면 다음과 같다. a. 주제표현의 조직화 : 조직화된 사고와 유사한가 또는 파편화된 사고인가? b. 주제발달의 깊이와 풍부함 c. 연령에 적합한가 : 연령에 적합하고 전형적인 주제인가? d. 주제순서 : 순서는 연령에 따라 다르다.	5~6세 때에 비해 풍부함과 범위의 측면에서 약간 덜한 풍부하고 조직화된 주제발달이 나타나지만 덜 파편화되고 더욱 조직화된 형태를 나타난다. 세상, 삼각관계, 음모, 인간신체, 닫혀진 문 뒤에서 일어나는 일 등의 다양한 공격주제(예 : 괴물, 공격)에 대한 흥미의 확장이 덜 강조된다. 이러한 흥미들을 담고 있는 것을 더 강조한다(예 : 문뒤에서 일어나는 일에 관심없어요. 보게 해 주세요. 그러면 내가 관심없다는 걸 보여줄게요). 양극성의 관점에서 통제의 주제를 향한 즐거운 추구로부터 약간의 변화가 있으나 여전히 균형이 존재한다. "역할"(나는 무엇인가－"축구선수" 등)에 관심이 더욱 커진다. 활동과 주장이 더욱 조절된다(예 : 자기를 조절하고 지시를 따른다). 이따금 수동적 복종이 나타난다. 도덕성의 개념이 나타나지만 아직 안정적이지 못하다. 규칙과 구조에 대한 관심이 나타난다. 또래집단에 대한 흥미가 상대적으로 커지고 가족과 어른에 대한 관심이 약간 감소한다.

관찰범주	9~10세
1. 신체기능 신경학적 기능, 감각적 기능, 운동통합 기능, 정신적·심리적 기능 및 중추신경계의 통합수준과 관계 있는 신체적 측면에 대한 관찰(예 : 대·소근육협응, 지각·운동통합, 인지능력의 출현)	더 커진 근육의 힘이 대근육 협응을 증진시킨다. 복잡한 활동능력과 더불어 모든 영역에서 점진적인 개선이 계속 이루어진다(예 : 야구, 축구, 테니스). 새로운 학습이 더욱 이루어진다. 글자를 유창하게 쓰고 물건을 잘 다루는 능력(예 : 드라이버 사용)과 더불어 소근육 협응도 개선된다. 이제 몇 가지 요소들 사이(예 : "내가 이것을 한 이유는 철수가 그것을 했기 때문이고 그가 그것을 한 이유는 그 영호가 시켰기 때문이다")의 감정이나 물리적 현실 그리고 보다 복잡한 반대의 호혜적 관계의 측면이 향상된다. 개선을 이해하기 위해 논리가 사용된다. 환타지를 지배하는 논리적 탐색의 경향성, 도덕성의 지속적 발달, 규칙과 순서에 대한 관심의 증가, 자기조절능력의 증가, 집중능력의 발달
2. 관계유형 특징적인 관계 맺기 또는 관계 맺지 않기(예 : 위축, 자폐), 2인 관계, 집단관계 형성 및 나누	또래관계의 중요성과 복잡성이 증가한다. 가족관계와 우정이 역할모델을 중심으로 조직화된다(예 : 단순화된 성인 스테레오 타입). 가족, 또래,

기 능력, 관계 맺기의 자기중심적 스타일	교사, 기타 성인 관계를 통합하고 즐기는 능력이 더 여유로와진다. 초기단계의 약간의 영향으로(예 : 삼각관계, 힘겨루기, 수동적 조종) 역할모델에 따라 동성부모와의 특별한 관계가 형성된다. 동성 및 이성 또래와의 특별한 관계 패턴과 함께 청소년기의 초기 관계 유형형태가 나타난다. 가족, 또래 친구와 장기적으로 관계 맺을 수 있는 능력("가장 친한 친구"를 포함하여)이 생겨난다. 10세 후반이 가까워지면 또래의 영향에 덜 동요하게 된다.
3. 전반적 기분이나 정서적 분위기 아동이 보여주는 주제뿐 아니라 구체적 정서에 대한 패턴은 다른 범주의 패턴처럼 연령에 달라 분명하게 정하기는 어렵다.	좌절, 복잡한 대인관계 등을 다루는 능력에서 알 수 있듯이 현실적 낙관주의 및 호기심의 측면에서 슬픔, 고집피우기, 수동적 무기력, 위축된 기분의 극복이 간헐적으로만 나타난다(예 : 적당한 스트레스 상황에서). 기분의 안정성, 깊이, 조직화가 더욱 진행된다.
4. 정서 다음 사항을 고려해야 한다. a. 정서의 범위와 다양성 : 아동이 보여주는 정서의 수 : 초기발달단계 동안 정서의 범위는 제한적이고 협소하다. 나중에는 범위가 넓어진다. 또한 정서의 특징적 유형을 관찰해야 한다 : 분노, 질투, 화, 공감, 사랑 b. 정서표현의 깊이 : 표현된 정서의 신체적 특성(깊이가 얕은가 아니면 실제적인가 등) c. 정서구분 능력 : 특정한 감정상태를 구별해 낼 수 있는 정도 d. 자극에 대한 정서의 강도 또는 정서 조절 능력	공감, 사랑, 연민, 나눔의 능력이 잘 발달하며 구체적인 규칙의 상황에서 슬픔과 상식을 견디는 능력이 발달한다. 죄책감과 내면화된 공포가 존재한다. 이면에는 욕망, 욕구들이 있다. 질투심이 있다. 성차이를 둘러싼 새로운 정서가 나타나기 시작(예 : 성적 주제에 대한 흥분과 부끄러움) 한다.
5. 불안과 두려움 아동이 언어로 두려움을 직접 표현하거나 놀이를 통해 간접적으로 표현하는 것을 관찰한다. 특히 불안은 놀이나 대화 도중에 주제발달의 혼란(disruption)에 의해 관찰될 수 있다. 불안의 수준은 불안에 이른 혼란과 주제 특성에 따라 구별할 수 있다(예 : 신체적 상처를 둘러싼 불안, 또는 상실의 두려움, 세상의 파괴 또는 내적 자기의 파편화와 같은 보다 전체적이고 분화되지 않은 유형).	내면화된 갈등과 관련된 불안이 일반적으로 찾아든다. 행동의 변화, 사건에 대한 해석 또는 의미와 환타지에서의 보다 세련된 변화(예 : 합리화)를 가지고 올 수 있다. 존중의 상실, 모욕, 수치심과 관련된 자존감 상실의 두려움이 여전히 존재한다. 자신의 죄책감에 대한 두려움이 더 강해진다("난 그것을 할 수 없어. 그걸하는 건 나쁜거야").

6. 주제표현 조직화되고 발달에 적합하며 풍부한 주제를 표현하는 능력을 포함한다. 아동이 얼마나 잘 자신의 성격을 다른 사람에게 의사소통하는가, 놀이를 통해 간접적으로 하는가 아니면 언어를 통해 직접적으로 하는가? 분명히 어떤 아동들은 세상에 대한 기본 신뢰감 때문에 시기에 적절하게 그러한 능력을 발달시킨다. 자신의 내적 통제 능력에 대한 확신, 풍부한 감정전달을 가능케 하고 자신감을 만족시키는 환타지. 반대로 어떤 아동들은 주제표현이 비 조직화되어 있다(또는 매우 제한되어 있고 파편화되어 있으며 충동적이다). 주제표현을 더욱 세분화시켜 제시하면 다음과 같다. a. 주제표현의 조직화 : 조직화된 사고와 유사한가 또는 파편화된 사고인가? b. 주제발달의 깊이와 풍부함 c. 연령에 적합한가 : 연령에 적합하고 전형적인 주제인가? d. 주제순서 : 순서는 연령에 따라 다르다.	주제능력이 더욱 조직화된다(예 : 경찰에게 잡힌 강도에 관한 이야기를 매우 조직적이고 구체적으로 할 수 있다). 성인역할을 흉내내는 축구게임이나 파티 이야기가 조직적이고 구체적으로 제시된다. 5~6세 시기의 정서적 풍부함과 복잡성은 통제, 규칙, 조직화 등의 높은 수준의 지배-복종을 둘러싼 주제로 관심이 옮겨간다. “역할”과 “장래에 어떤 사람이 될 것인가” 그리고 “내가 ”잘하는 것”, 남녀 사이의 차이에 대한 새로운 관심이 나타난다. 성, 또래 그리고 성인과 얘기하는 것에 관한(예 : 낄낄거리는 지저분한 농담) 다양한 관심이 청소년기에 생겨난다. 자존감 및 타인이 보는 자신에 관한 관심도 우세해진다. 내면의 도덕성이 구체적인 “흑백” 논리로 표현되지만 규칙을 깨는 것에 대한 합리화를 쉽게 한다. 사실의 옳고 그름에 관한 커진 관심은 규칙을 둘러싼 합리화 능력이 보다 세련되어진다. 그러나 자기통제와 지시를 따르는 능력도 잘 발달한다.

* 출처 : Greenspan, 2003, pp. 77-98.

나. 주제발달

아동을 평가할 때 항상 중요하게 고려해야 할 것은 아동이 보여주는 놀이의 주제이다. 주제를 평가할 때 몇 가지를 고려해야 하는데 특히 Greenspan(2003)은 이를 주제의 조직화, 주제의 풍부함과 깊이 그리고 주제의 전개 순서루 분류하였다. 주제를 살필 때는 연령에 적합한가를 무엇보다 중요하게 고려해야 한다. 여기서 주제라는 말은 놀이장면에서 아동이 보여주는 언어의 내용뿐 아니라 아동이 의사소통하는 모든 방식—제스처, 그림, 놀이, 기타 활동을 통한—을 말한다. 주제에 주의를 기울이면 아동이 경험하고 있는 특정한 갈등뿐 아니라 아동의 성격특성에 관해 많은 것을 알 수 있을 뿐 아니라 아동을 위한 적절한 치료과정을 어떤 전개해 나아가야 할지에 대한 단서도 얻을 수 있다.

다. 주제 조직화

주제의 조직화라는 것은 아동이 놀이를 통해 보여주는 주제들 간에 연관성을 말한다.

어른에게는 사고의 조직화라고 할 수 있는 부분이다. 성인과 아동이 다른 점은 아동에게는 발달단계에 따라 다른 것을 기대해야 한다는 것이다. 3세 아동의 경우 사고의 논리적 연결이 부분적으로 안 되는 것이 정상이다. 그러나 6~8세 아동에게는 주제들간 의 논리적 연결형성을 기대할 수 있다. 아동이 한 발달단계에서 다음 발달단계로 이행하는 과도기적 단계에는 주제의 조직화 정도를 알아내기가 쉽지 않다. 오이디푸스 시기에서 잠복기로 넘어가는 경우를 예로 들 수 있다.

주제의 조직화가 충분하지 못한 아동은 한 주제에서 다음 주제로 넘어갈 때 갑작스럽게 전혀 연관성이 없는 주제로 곧장 이행하는 경우가 많다. 예를 들어, 할아버지에 대한 화난 감정을 얘기하다가 갑자기 치료자에게 컴퓨터 게임 좋아하냐고 묻는다면 주제연결의 부재에 대한 궁금증을 갖지 않을 수 없다.

어떤 7살난 여자 아동은 혼자 말없이 아기인형에 우유를 먹이고 담요에 싸서 유모차에 앉힌 후 텐트 안으로 가지고 들어가 보살피다가 다시 텐트 밖으로 나온다. 그리고 나서 다시 말없이 아기를 데리고 마트에 가서 아기에 필요한 것들을 산 다음 다시 텐트 안으로 들어가 아기를 보살핀 다음 다시 나오는 놀이를 반복하였다. 놀이의 주제는 주로 양육과 관련된 것이며 아이와 놀기를 거부하고 혼자 놀도록 한 엄마로 인해 혼자 소리 없이 조용히 노는 것에 익숙해졌지만 그럼에도 불구하고 엄마의 관심을 사랑을 필요로 한다는 것을 텐트에 들어가는 행동을 통해 보여주었다. 아기 돌봄과 텐트에 들어가는 행동은 서로 연관된 행동으로서 아동이 놀이로 주제의 조직화 정도를 보여준 사례라고 할 수 있다.

라. 주제발달의 풍부함과 깊이

주제발달의 풍부함과 깊이는 아동에게 사고, 정서가 얼마나 풍부하며 성격적인 위축이나 경직 또는 신경증적인 위축이나 경직이 있는지를 평가하는 것이다(Greenspan, 2003). 아동이 들려주는 이야기가 파편화되었거나 피상적이거나 등장인물의 활동이나 이야기 줄거리에 깊이가 없거나 분노, 주장성, 심지어 공감이나 염려와 같은 인격의 다양한 측면을 둘러싼 것들을 억압한 결과의 안정성 등을 찾아내야 한다.

극도로 피상적인 아동들은 단 하나의 주제도 구체화시키지 못한다. 어른처럼 조직적으로 주제를 전개하지는 못하지만 최소한 2~3 개 정도의 주제가 등장하는데 그렇지 못한 경우라면 발달상에 문제가 심각하다고 할 수 있다. 분노나 적개심, 미움 등을 표현하려고 하다가도 불안을 일으키기 때문에 더 이상 들어가지 못하기 때문에 주제가 흩어져 버린다. 이런 아동에게 주제를 통한 깊은 정서표현을 기대하기는 어려운 것이다.

외디푸스 시기의 아이들에게서는 비교적 쉽게 주제의 풍부함을 관찰할 수 있고 발달단계상 환타지가 가장 방어없이 풍부하게 표현되는 단계이다. 그러나 잠복기로 들어가면서는 아동의 현실감과 방어로 인해 주제가 직접적으로 표현되지 않기 때문에 이전 단계에 비해서는 관찰하기가 어려운 측면이 있으나 조금만 더 시간을 갖고 기다린다면 잠복기 아동 역시 아동의 주제측면을 관찰할 수 있다. 잠복기 아동들은 환타지 놀이보다는 게임이라든가 공놀이라든가 보다 실생활을 반영하는 놀이를 하는 경향이 있다. 이런 비환타지적 놀이는 이런 아동의 활동에서 나타나는 아동의 태도나 유연성을 나타낸다.

마. 주제순서(thematic sequence)

아동의 놀이에서 놀이주제가 전개되는 순서를 보면 무엇이 아동이 힘들어하는 문제인지를 알 수 있다. 친밀함이나 분리에 대한 두려움인지, 신체손상에 대한 두려움인지, 형제간 경쟁으로 인한 갈등인지 등을 알 수 있다. 아동의 핵심문제를 보여주는 주제가 나타나는 아동은 두려움이나 불안을 느끼게 되는데 아동이 두려움이나 불안을 극복하는 정도에 따라 다시 그 주제로 돌아갈 수 있는가 아닌가가 결정된다. 초기 또는 갑작스럽게 드러난 주제가 주는 두려움이 불안은 강력한 것일 수 있다. 두려움이나 불안이 압도적인 경우에는 놀이실 밖으로 나가려고 하는 아동도 있다.

3. 심리평가

가. 심리검사

심리검사는 측정내용, 검사목적, 문항구성 형식, 측정방법, 실시방법, 작업내용 등에 따라 그 분류방법은 다양하다. 검사가 어떤 내용을 측정하려 하느냐 하는 측정내용에 따라서는, 능력을 측정하려고 하는 학력, 지능, 적성 등의 검사와 경향성을 측정하려고 하는 적응, 성격, 흥미, 자아개념, 태도, 가치관, 가정환경 등의 검사로 분류된다. 검사가 무엇을 측정하려고 하는가 하는 검사목적에 따라서는, 총점으로 결과의 개요를 판단하려고 하는 개관검사(survry test), 하위 요인별로 세분해서 결과를 판단하려고 하는 분석검사(analysis test), 또 분석검사와 같이 하위 요인별로 결과를 보면서 피검자의 능력이나 특성 가운데 강점과 약점 등을 판단하려고 하는 진단검사(diaguistic test)로 분류된다. 문항의 구성형식에 따라서는, 답안지에 필기도구를 사용해서 응답하는 지필검사와 실제로 동작이나 작업을 해 보이는 동작검사 또는 작업검사로 분류할 수 있다. 검사의 측정방법에 따라서는, 시간 제한을 가하는 속도검사(speed test)와 시간 제한 없이 답할 수 있도록 하는 역량검사(power test)로 분류된다. 검사의 실시방법에 따라서는 개인별로 실시하는 개별검사와 집단에서 실시하는 집단검사로 분류된다. 마지막으로 일정한 시간 내에 개인의 최대한의 능력을 측정하는 최대 작업검사와 개인의 일상적인 행동을 측정하는 전형적 작업검사로 분류된다.

1) 심리검사의 유형

심리검사는 측정되는 내용과 검사 제작방법에 따라 투사적 검사와 객관적 검사로 구별될 수 있다. 먼저 전반적인 심리검사 유형에 따른 장단점은 다음과 같다(박영숙, 1998).

(가) 투사적 검사

① 투사적 검사의 장점

㉮ **반응의 독특성** : 임상장면에서 보면 투사적 검사반응은 면담이나 행동관찰, 객관적 검사반응과 다르게 매우 독특한 반응을 제시해 주며, 이러한 반응으로 개인을 이해하는 데 매우 유용하다.

㉯ **방어적 반응의 어려움** : 반응과정에서 피검사자는 불분명하고 모호하고 신기한 검사자극에 부딪쳐서 적절한 방어를 하기가 어렵게 된다. 특히 객관적 검사와는 다르게 자극의 내용이 불분명하기 때문에 피검사자가 자신의 반응 내용을 검토하고 자신의 의도에 맞추어 방어적으로 반응하는 것이 어렵게 된다.

㉰ **반응의 풍부화** : 검사자극이 모호하고 검사지시 방법이 제한되어 있지 않기 때문에 개인의 반응이 다양하게 표현되며 이러한 반응의 다양성이 개인의 독특한 심리적 특성을 반영해 준다.

㉱ **무의식적 내용의 반응** : 실제 투사적 검사는 자극적 성질이 매우 강렬하여 평소에는 의식화되지 않던 사고나 감정이 자극되어, 전의식적이거나 무의식적인 심리적 특성이 반응될 수 있다.

② 투사적 검사의 단점

㉮ **검사의 신뢰도** : 투사적 검사는 신뢰도(검사자간 신뢰도, 반분신뢰도, 재검사신뢰도

등) 검증에 있어서 전반적으로 신뢰도가 부족하며, 특히 재검사신뢰도는 매우 낮게 평가되고 있다.

㉯ **검사의 타당도** : 대부분의 투사적 검사의 경우 타당도 검증이 매우 빈약하고 그 결과는 매우 부정적이다. 즉, 투사적 검사를 통해서 내려진 해석의 타당성은 대부분 객관적으로 입증되는 자료가 아닌 임상적인 증거를 근거로 하고 있다.

㉰ **반응에 대한 상황적 요인의 영향력** : 투사적 검사는 여러 상황적 요인에 의해 강한 영향을 받는 것으로 나타나고 있다. 예를 들면, 검사자의 인종, 성, 검사자의 태도, 검사자에 대한 피검자의 선입견 등이 검사반응에 강한 영향을 미친다는 것이다.

(나) 객관적 검사

① 객관적 검사의 장점

㉮ **검사실시의 간편성** : 객관적 검사는 시행과 채점, 해석의 간편성으로 인하여 임상가들에게 선호되는 경향이 있고, 검사에 따라 차이가 있지만 일반적으로 시행시간이 비교적 짧다는 장점도 있다.

㉯ **검사의 신뢰도 및 타당도** : 투사적 검사에 비해 검사제작 과정에서 신뢰도와 타당도 검증이 이루어지고 신뢰도와 타당도가 충분한 검사가 표준화되기 때문에 검사 신뢰도와 타당도가 높다는 장점이 있다.

㉰ **객관성의 증대** : 투사적 검사에 비해 검사자 변인이나 검사 상황변인에 따라 영향을 적게 받으며, 개인간 비교가 객관적으로 제시되며 객관성이 보장될 수 있다.

② 객관적 검사의 단점

㉮ **사회적 바람직성** : 문항의 내용이 사회적으로 바람직한 내용인가에 따라 문항에 대한 응답결과가 영향을 받는다. 피검자들은 문항내용이 표면적으로 드러나는 객관적 검사에서 바람직한 문항에 의해 긍정적으로 반응하는 경향이 있다. 다시 말하자면 내용에 따라 방어가 쉽게 일어날 수 있다는 것이다.

㉯ **반응 경향성** : 개인이 응답하는 방식에 있어서 일정한 흐름이 있어서 이러한 방식에 따라 결과가 영향을 받는다. 예를 들면, 긍정적으로 일관되게 응답하거나 아니면 부정적으로 일관되게 응답하는 개인의 경향이 있다. 이러한 경향성은 피검자의 순수한 반응에 오염변인으로 작용한다.

㉰ **문항 내용의 제한성** : 객관적 검사문항이 특성 중심적 문항에 머무르기 때문에 특정 상황에서의 특성－상황 상호작용 입장에서 성격기술이 어렵고 사태 변인을 고려하는 데 실패함으로써 검사 결과가 지나치게 단순화되는 경향이 있다. 또한

문항 내용으로 행동을 주로 다루는 한편 감정이나 신념을 문항으로 다루지 않는 경향이 있다.

③ **행동관찰을 통한 객관적 방법의 장점**

㉮ 이 방법은 그 목적이 피검자에게 알려지지 않기 때문에 실제 임상장면에서 적절하게 사용될 수 있다.

㉯ 질문지법에서와 같은 피검자의 반응 경향성이 방지될 수 있다.

㉰ 특히 신체반응 측정과 같은 방법은 성격의 횡문화적 연구에 널리 사용될 수 있다.

이상에서 유형별 심리검사에 따른 장단점을 살펴보았는데, 어떤 심리검사도 완벽한 상태는 아니며, 각각의 장단점을 지니고 있으므로 보완하거나 한계점을 고려해야 할 것이다. 그리고 투사적 검사와 객관적 검사를 동시에 사용함으로써 각 검사가 지니고 있는 단점을 보완할 수 있을 것이다.

2) 심리검사의 종류

아동의 심리검사는 아동뿐만 아니라 부모 혹은 교사를 대상으로 실시하는 평가도 포함된다. 아동의 문제는 아동 개인내적인 문제만이 아니라 가정에서의 부모-자녀 관계와 학교 적응문제와 관련되어 있기 때문이다(강문희 외, 2003; 강봉규, 2000; 김춘경, 2004; 박영숙, 1998; 최정윤, 2002).

(가) 지능검사

① **한국 웩슬러 유아 지능검사**

한국 웩슬러 유아 지능검사(Korean-Wechsler Preschool and Primary Scale of Intelligence : K-WPPSI)는 취학 전 아동 및 초등학교 저학년용으로 만들에서 만 3세에서 만 7세 3개월된 아동의 지능을 측정한다. K-WPPSI는 그 모체인 WPPSI 및 다른 웩슬러 검사들과 마찬가지로 지능을 가 영역별 능력이 개별적으로 존재하는 것이 아니라 다차원적인 속성을 가진 총체적인 지적 능력으로 보고 이들 능력을 측정하기 위하여 여러 하위검사와 다양한 과제들로 구성되었다.

한국형 K-WPPSI를 개발한 목적은 만 3세부터 7세 3개월 아동용 WPPSI-R의 규준을 한국실정에 맞추어 수정하여 기존의 유아 지능검사보다 더 어린 아동을 검사하려는 것이다. K-WPPSI는 다른 웩슬러 지능검사와 마찬가지로 동작성과 언어성 소검사들을 교대로 제시하고 과제의 성격을 이해시키기 위해 연습시행을 할 수 있게 하였으며, 아동의 흥미를 유지하기 위해 물건을 조작하는 과제를 포함하였다. 아동의 능력은 여러 차원으로 대부분의 WPPSI 소검사에 더 쉬운 문항과 더 어려운 문항을 추가하였다. 또한 일부 그림 문항에 색을 넣었고, 동작성 검사에서 모양 맞추기 등을 추가하였으며 좀 더 객관적이고 사용하기 쉽도록 채점 기준을 수정하였다. 또한 본 검사는 다른 웩슬러 검사와 같이, 연령에 관계없이 모든 아동에게 동일한 소검사를 실시한다. 따라서 연령과 능력 수준이 각기 다른 아동들의 지능을 측정하기 위하여 일부 소검사에서는 제한시간을 두거나, 나이 많은 아동들이 쉬운 문항을 너무 많이 풀게 되는 것을 피하기 위해 아동의 연령에 따라 시작점을 다르게 설정하였다. K-WPPSI는 교육, 치료, 연구 등을 위해 지능을 측정할 때와 특별한 교육이 필요한 아동을 발견하는 데 사용된다. K-WPPSI는 또한 시간 경과 후 수행의 변화와 어떤 처치의 효과를 측정하는 연구에서 사용된다. 이런 목적으로 사용될 때에는 아동의 수행이 이전 검사에 의해 영향을 받지 않을 만큼 검사간에 간격을 두어야 한다.

㉮ **검사에 적합한 대상** : K-WPPSI의 대상은 만 3세에서 만 7세 3개월된 아동이다. 그러나 어린 영재아동이나 나이가 많은 지체아동과 같은 경우에는 이 연령범위를 벗어나더라도 사용할 수 있다. 그러나 이 범위를 벗어나는 아동들에 대한 검사 결과는 지적 연령 추정 부분을 참조하여 해석해야 한다. K-WPPSI 검사의 사용이 부적절한 경우가 있다. 예를 들어, 시각 또는 청각 결함이 심한 아동과 뇌성마비와 같은 특별한 신체적 결함이 있는 아동에게 K-WPPSI를 일반아동과 같은 형식으로 실시하면 불합리한 결과가 나온다. 장애아 별로 K-WPPSI를 변형시켜 사용하고 정상집단과 비교할 수 있는 방법은 개발되어 있지 않으므로 장애아에게 K-WPPSI를 사용할 때에는 유의해야 한다.

㉯ **K-WPPSI의 구성** : K-WPPSI는 동작성 하위검사들과 언어성 하위검사들로 구성되어 있는데 동작성과 언어성 하위검사는 다음과 같다.

㉠ 동작성 검사—모양맞추기, 도형, 토막짜기, 미로 빠진 곳 찾기, 동물 짝짓기

㉡ 언어성 검사—상식, 이해, 산수, 어휘, 공통서, 문장

㉰ **하위검사의 내용**

㉠ 모양맞추기—모양맞추기 검사에서는 여러 조각을 나열하여 제시하고, 제한된 시간 안에 맞추게 한다. 이 하위검사에서는 다른 웩슬러 지능검사와 달리 그림 조각에 색을 넣는다.

㉡ 상식—상식 하위검사는 일상의 사건이나 물건에 대한 지식을 알아보기 위한 것이다. 언어능력이 떨어지는 유아를 위해 여러 개의 그림 중에서 하나를 지적하여 응답하면 되는 그림 문항들을 첨가하였다.

㉢ 도형—도형 하위검사는 두 가지 유형의 과제로 이루어져 있다. 특별히 K-WPPSI에만 있는 첫 번째 유형은 재인문항이다. 아동은 제시된 그림을 보면서 보기로 제시된 4개의 도형 중에서 제시 그림과 같은 도형을 지적해야 한다. 두 번째 유형에서는 WPPSI의 도형검사에서와 같이, 아동이 그림을 보고 따라 그리는 것이다.

㉣ 이해—이해 하위검사에서는 행동의 원인과 결과에 대한 자신의 생각을 구두로 표현해야 한다.

㉤ 토막짜기—토막짜기 검사에서는 제한된 시간 안에 두 가지 색깔로 된 토막들로 구성된 모양을 재구성해야 한다.

㉥ 산수—산수 하위검사는 기본적인 수개념에 대한 이해를 알아보기 위하여 그림문항으로 시작하여, 단순한 셈하기 과제, 그리고 마지막에는 보다 어려운 구두문제를 진행한다.

㉦ 미로—미로 하위검사는 제한된 시간 안에 점점 더 어려워지는 미로의 통로를 찾는 지필 검사이다. 매우 어린 아동에게 적합한 단순한 미로 문제들을 처음 부분에 추가하였다.

㉧ 어휘—어휘 하위검사는 그림의 어휘를 맞추는 쉬운 그림 문항을 추가하였다. 나머지 구두 문항에서는 구두로 제시된 단어들의 뜻을 구두로 대답한다.

㉨ 빠진 곳 찾기—일상적인 물건 그림에서 빠진 곳을 찾아내야 한다.

㉩ 공통성—공통성 하위검사는 세 부분으로 구성되어 있다. 첫 부분에서는 몇 개의 그림들 중에서 제시된 그림들과 같은 특징을 가진 것을 손가락으로 지적해야 한다. 두 번째 부분에서는 구두로 제시되는 주문장에서 가리키는 개념과 유사한 단어를 사용하여 문장을 완성해야 한다. 마지막 부분에서는 제시하는 두 단어의 공통점을 구두로 설명해야 한다.

㉪ 동물 짝짓기—동물 짝짓기와 문장은 상황에 따라 사용하는 보충검사이다. 동물 짝짓기 하위검사는 동물 그림 밑에 있는 구멍에 맞는 색의 원통막대를 끼우는 것이다. 정확성과 속도를 모두 고려하여 채점한다.

㉫ 문장—문장검사는 숫자 하위검사의 형식을 이용해 만들었는데, 숫자 대신에 문장을 사용한다. 검사자가 문장을 큰 소리로 읽어 주면 아동은 이를 그대로 따라 해야 한다.

② 한국 교육개발원 웩슬러 아동용 지능검사(KEDI-WISC)

한국아동용 웩슬러 지능검사(KEDI-WISC)는 웩슬러가 개발한 지능검사를 한국교육개발원이 우리 문화에 맞게 수정, 보완해서 표준화한 개별지능 검사이다. 이 검사는 지적 능력의 여러 가지 부분을 평가하며 일정한 상황을 만들어서 성격의 측면을 관찰할 수도 있다.

WISC는 표준화 작업이 매우 잘 이루어진 검사이며, 높은 신뢰도와 적절한 타당도를 가지고 있다.

웩슬러 지능검사는 지금까지 비네에 의해 제안되어 사용되었던 정신연령(mental age)의 개념 대신에, 지능지수를 각 연령 집단 내에서 개인의 상대적 위치로 표시하는 편차지능지수를 사용하며, 지능을 단일 능력이 아닌 여러 가지 능력—지적 능력과 동기, 또는 성격과 같은 비지적 요인—으로 구성된 포괄적 개념으로 보았고, 이 검사에서도 지능에 대한 웩슬러의 관점을 토대로 제작되었다.

㉮ **검사에 적합한 대상** : 본 검사도구는 5-15세를 대상으로 실시되는 개별지능 검사이다.

㉯ **KEDI-WISC의 장점** : 이 검사는 12개의 하위검사로 구성되어 있으며, 각각 6개 항목의 언어성 검사와 동작성검사로 나누어 측정하고, 지능검사의 결과는 전체 지능지수와 언어성 지능과 동작성 지능으로 제시된다. 웩슬러 지능검사의 결과에서 언어성 검사와 동작성 검사 점수의 차이는 아동의 진단적 이해에 중요한 정보를 제공해 준다. 일반적으로 언어성 지능과 동작성 지능 간의 차이는 문화적 차이, 교육적 차이와 아동의 성격과 같은 비지적 요인에서 기인하는 것으로 알려져 있는데, 교육적 · 문화적 혜택을 많이 받은 경우 동작성 지능에 비해 언어성 지능이 높게 나타난다. 또한 동작성 검사는 언어성 검사에 비해 감각운동적 요소와 불안, 우울과 같은 정서적 요소가 반영되기 때문에 두 지능지수의 차이는 아동의 지적 특성뿐 아니라 정의적 특성에 관한 이해에 도움이 된다.

㉰ **하위검사의 내용**

다음의 〈표 5－1〉은 KEDI-WISC의 하위검사 내용이다.

표 5-1 하위검사의 구성과 내용

언어성 검사	동작성 검사
① 상식	빠진 곳 찾기
② 공통성	차례 맞추기
③ 산수	토막짜기
④ 어휘	모양 맞추기
⑤ 이해	기호 쓰기
⑥ (숫자)	(미로)

③ K-ABC(Kaufman Assessment Battery for Children)

K-ABC(Kaufman Assessment Battery for Children)는 미국의 알라바마 대학교 교육 심리학과 교수인 Kaufman 부부가 2세 6개월~12세 5개월 아동의 지능과 습득도를 사정하기 위하여 만든 종합 지능검사이다. K-ABC로 측정되는 지능은 문제를 해결하고 정보를 처리하는 개인의 인지처리양식으로 정의된다. 이 정의는 각 정보처리 양식에 있어서 기능의 수준을 강조하며 신경심리학과 인지심리학 분야의 이론과 연구결과에 확고한 이론적 기초를 두고 있다.

㉮ **검사에 적합한 대상** : K-ABC는 지능(intelligence)과 습득도(achievement)를 측정하기 위해 개발된 개인지능검사이며 검사에 적합한 대상은 2세 6개월 ~12세 5개월까지의 정상아동 및 특수아동이다. 따라서 K-ABC는 취학 전 아동은 물론 초등학교 전학년에까지 실시될 수 있으며 학교는 물론 임상장면에서 사용될 수 있다. 검사실시에 소요되는 시간은 평균적으로 볼 때 취학 전 아동의 경우는 약 30분 정도 걸리고 초등학교 취학 아동의 경우에는 약 60분 정도가 소요된다.

㉯ **K-ABC의 구성** : K-ABC는 [순차처리척도], [동시처리척도], [인지처리과정종합척도=(순차처리＋동시처리)], 그리고 [습득도척도]의 4개의 하위척도로 구성되어 있으며 각 하위척도는 평균 100, 표준편차 15의 표준점수를 산출하도록 되어 있다. K-ABC의 하위검사 중 검사자가 팬터마임을 사용해서 실시하고 피검사자가 행동을 통해서 반응할 수 있는 하위검사만을 뽑아서 구성한 [비언어성척도]는 특히, 청력장애, 언어장애, 그리고 한국어를 하지 못하는 아동의 지적 기능을 측정하기 위해 사용할 수 있다.

㉰ **하위검사의 구성** : 한국판 K-ABC는 16개의 하위검사로 이루어져 있다. 그러나 실제로 아동에게 실시되는 하위검사의 수는 연령에 따라 달라지며 최대 13개 하위검사가 실시된다. 하위검사 중 어떤 것은 2세 6개월～12세 5개월 전 연령에 걸쳐 실시되기도 하고 어떤 하위검사는 일부 연령에만 실시되기도 한다. 연령에 따라 선택되는 검사의 종류도 다르고 검사의 수도 달라진다. 주로 아동의 관심, 행동, 취학 전 아동과 취학 아동의 인지발달 수준 등을 감안하여 실시할 하위검사가 선정되었고 적용 연령이 정해졌다. 아동의 발달적 요구를 감안하여 나이가 어린 아동일수록 실시되는 검사의 수도 적게 하고 실제 검사실시 시간도 짧게 하였다. 16개 하위검사의 일반적 실시방법과 각 하위검사의 실시 대상 연령은 아래와 같다. 그리고 [K-ABC 검사틀]과 [개별 검사결과 기록용지]는 각 연령수준마다 실시될 하위검사를 쉽게 파악할 수 있도록 만들어져 있다.

(나) 한국아동인성검사

한국아동인성검사(Korean Personality Inventory for Children : KPI-C)는 Wirt와

Broen(1958)이 처음 개발한 검사로 국내에서는 표준화작업을 거쳐 1997년 초판 발행되었다. 이 검사는 아동의 행동, 정서, 발달, 혹은 대인관계 등 다양한 영역에 대해 부모가 응답하도록 되어 있으며, 4개의 타당도 척도(? 척도, 검사－재검사 척도, L척도, F척도)와 11개의 임상척도로 구성되어 있다. 특히 임상척도는 언어발달(VDL), 운동발달(PDL), 불안(ANX), 우울(DEP), 신체화(SOM), 비행(DLQ), 과잉행동(HPR), 가족관계(FAM), 사회관계(SOC), 정신증(PSY), 자폐증 척도(AUT)로 구성되어 있어서, 아동을 매우 포괄적으로 평가할 수 있다. 이 검사는 아동을 잘 아는 성인의 보고를 통해 아동의 행동, 정서, 인지 등의 일반적인 심리 특성을 측정하는 검사다. 아동의 경우, 자신의 정서나 다른 심리상태에 대한 표현 능력이 제한되어 있으므로 보호자로부터 아동에 관한 포괄적인 정보를 얻는 것은 중요하다.

(다) 성격검사

아동의 성격을 검사하는 도구에는 다음과 같은 두 가지의 검사유형으로 나눌 수 있다. 먼저 스스로 자신의 상태를 보고하는 자기보고식(self-report)의 객관적 검사이고 다른 하나는 검사자에 의해 실시되는 과정에서 스스로 인식할 수 없었던 무의식적 내면이 투사되는 투사적 검사이다.

이러한 성격검사 도구로는 SCT, BGT, CAT, HTP검사, KFD, DAP 등이 있다.

① 문장완성검사(Sentence Completion Test : SCT)

문장완성검사((Sentence Completion Test : SCT)는 다수의 미완성 문장을 피검자가 자기 생각대로 완성하도록 하는 검사로, 단어연상검사의 변형으로 발전된 것이다. Galton의 자유연상검사로부터, 단어연상검사로 발전되었고, 이를 Kraepelin과 Jung의 임상적 연구를 토대로 Rapaport와 그의 동료들에 의하여 성격진단을 위한 유용한 투사법으로 확립되게 되었다. 이 단어연상검사로부터 문장완성검사가 발전하였다. 그 후 Ebbinghaus에 의해 다시 문장완성검사를를 더욱 발전시키게 되었고, 그 대표적인 검사가 WUSCT이다.

이 검사는 비교적 짧은 비완성문장을 제시하고 공백 부분을 연상하되, 자기 자신의 이야기로 자유롭게 써넣게 함으로써 하나의 문장으로 완성시키는 검사법이다.

문장완성검사(Sentence Completion Test)는 여러 가지 형식이 있으나 기본적 형식은 완성되지 않은 문장을 완성하는 것이다. 문장완성검사는 다른 검사들에 대한 부가적 내용을 제시해 줄 뿐 아니라 중요한 역동적 내용이 표현되며, 다른 검사들에 의해 표명된 역동적 내용을 확인해 줄 수 있는 매우 간단하면서도 유용한 검사다. 이 검사는 인격심층에 관한 평가방법으로서는 미흡한 점이 많지만, 여러 가지 면에서의 생활영역과 타인에 대한 태도, 의견 등의 비교적 인격의 표면층을 밝힐 수 있으므로 공포, 걱정, 야망 및 후회 등과 같은 요소가 밝혀지는 경우가 많다.

문장의 첫 부분을 제시하고 미완성된 뒷부분을 자유롭게 완성하도록 한다. 검사자가 관심있는 분야에 따라 관련된 어떤 문장의 일부를 주고 나머지를 작문하여 문장을 완성하게 하는 것으로 의식적 연상을 시키는 것이다. 이를 통하여 그 투사된 내용의 내면적 상태를 알 수 있다. 이 검사를 통해서 자신과 가족에 대한 태도, 주변사람들과의 관계, 미래와 과거에 대한 태도 등을 알 수 있습니다. 보통 25분 정도 소요되며 완성되지 않은 문장을 완성함으로 부모와의 갈등, 집안 문제, 대인관계 문제, 자아 존중감 등 자기 자신에 대한 제반 사항들에 대해 살펴볼 수 있으며 이를 통해 자신에게 도움을 줄 수 있는 방향으로 이끌어 갈 수 있다. 50여 개 문항의 미완성 문장을 완성시키도록 하는 것으로 이에 대한 반응내용을 분석하여 부친상, 모친상 및 자기 자신의 과거, 현재와 미래에 대한 자아상을 기초로 그 사람에게 중요한 문제를 파악하여 도움을 주려는 것이다.

문장완성검사에는 아동용 문장완성검사와 성인용 문장완성검사가 있어서 적절한 연령에 맞게 사용할 수 있다.

② **아동용 주제통각검사**(Child Apperception Test : CAT)

아동용 주제통각검사는 투사법 검사 혹은 주관적인 검사의 하나로 아동의 주요한 욕구와 갈등을 가족관계를 중심으로 이해하고자 할 때 유용한 검사이다. 10세 이전의 어린 아동을 대상으로 이들의 어머니와의 관계 및 아버지와의 형제-자매관계에서 가지고 있는 환상이나 역동성을 파악하기 위해 사람이 아닌 동물이 주인공으로 등장하고 검사자극은 매우 풍부한 자료를 제공한다.

한국판 아동용 회화통각검사(CAT)는 Bellark이 제작한 CAT 표준도판 10매와 보충도판 10매 중 등장인물이 우리 나라 아동에게 익숙하지 않은 것과 중복되는 것을 제외한 18매(표준도판 9매와 보충도판 9매)로 구성되어 있다. 경험의 폭이 넓을수록 통각도 풍부하고 다양해지리라고 가정할 수 있기 때문에, 아동의 이야기는 성인의 것보다 덜 복잡하고 비교적 직선적일 것이라고 기대할 수 있다. 그래서 자연히 CAT 도판들은 아동들의 성장과정에 관계되는 문제라든지 일상생활에 관련되는 문제들을 투사시킨 검사로, 도판들은 아동의 생활에 익숙한 장면들로 구성되어 있고, 이를 통해 대인관계, 사회적 상호작용, 동일시 같은 양식 등과 같은 아동의 보다 구체적인 문제들을 알아볼 수 있는 성격검사이다.

본 검사의 적합한 대상은 3세에서 10세 사이의 아동이다.

③ BGT(Bender Gesutalt Test)

만 5세 이상 아동부터 성인에게 모두 실시할 수 있는 검사로서 9개의 도형을 제시하고 베껴서 그리도록 하는 검사. 신경심리검사의 일종으로 뇌기능장애 여부를 판정할 수 있다. 이 검사는 1938년 L. Bender에 의해 형태심리학자인 Wertheimer가 그의 지각연구에서 사용하였던 기하학적 도형들 중에서 9매의 도형을 가려 내어 고안되었다. 형태심리학과 정신역동적인 이론을 종합해 구성된 이 검사는 주어진 도형을 검사받는 사람이 어떻게 지각하는지, 어떻게 다시 그려 내는지에 따라 그 사람의 성격을 추론해 내는 검 사 기법이다. 사물에 대한 지각과 이를 그려내는 운동기능에 관심을 가지며, 개인의 성격적 특징부터, 각종 정신병리적 징후, 뇌손상 여부에 대한 탐지까지 다양한 용도에 응용 가능한 검사이다. 검사받는 사람은 단지 주어진 도형을 그려내기만 하면 되기 때문에 다른 검사에 비해 심적 부담이 적고, 재미있는 특징을 가지고 있다. 성격검사쪽보다는 뇌기능상의 문제를 살펴보는데 더 적합한 검사라고 볼 수 있다(이상로 외 역, 1974).

시행방법은 아동에게 타이프용지 크기의 백지 한 장을 세로로 놓아 주고 보통 굵기의 연필을 준 다음, 9매의 도형을 각 카드의 고유번호 순으로 한 장씩 보여 주면서 보이는 대로 그리도록 지시해 준다. 이 검사는 시각－운동협응 능력과 관계가 있기 때문에, 흔히 뇌의 기질적 병변 여하를 밝혀 내는데 유용하며 또한 개인의 정서나 성격 양상에 대한 실마리를 찾는 투사적 검사로 사용될 수도 있다.

BGT는 심리검사를 종합적으로 실시할 경우 검사시행 절차에서 일반적으로 제일 먼저 시행하는 검사로, 이는 BGT가 피검자와 검사자 간의 래포형성에 도움이 되는 검사이기 때문이다.

BGT는 도형을 보고 이를 그대로 그리는 검사라는 점에서 피검자에게 심리적 부담도 덜하고 긴장을 해소하는 데도 효과적이며, 검사시험 과정에서 검사자는 피검자의 그림 그리는 방식이나 검사 행동을 잘 관찰하여 기록해 둠으로써 검사해석시 피검자의 행동의 의미나 특징을 보충적으로 활용할 수 있다. 현재 BGT는 신경심리적인 목적과 투사적인 목적 모두를 위하여 사용되고 있으며, 임상가들은 필요에 따라 각각의 입장에서 BGT 결과를 해석, 사용하고 있다.

본 검사의 적합한 대상은 만 5세 이상 아동부터 성인에게까지 실시가능하다.

④ **집－나무－사람검사**(Hous-Tree-Person Test)

1948년 Buck은 피험자에게 집, 나무, 사람을 그리게 하고 그 그림의 특징을 결정짓는 요인에 관해서 피험자에게 질문을 하는 H-T-P검사를 개발하였다. HTP검사는 피험자 자신과 환경에 대한 내면적 관점을 반영하기 때문에 아동 자신과 아동의 환경, 특히 가정생활과 가족관계에 대한 정보를 제공해 준다. 그림의 특성이 검사결과의 해석에 중요한 자료가 되며, 그림을 그리는 아동의 행동은 아동의 손동작, 민첩한 운동성, 비구조화된 검사에 직면했을 때의 태도, 과제를 수행하면서의 저항이나 열의, 의존적인 욕구, 충동성, 긴장, 불안정을 관찰할 수 있다. 또, HTP 검사는 개별검사로서 실시하고, 그림을 완성한 후에 여러 가지 질문을 행하여 피검자의 성격에 대한 많은 정보를 얻을 수 있다.

일종의 투사적 성격검사로서 평가자의 지시에 따라 아동이 흰 종이 위에 집과 나무와 사람을 그리게 되며, 그 그림에 대하여 솔직하고 자유롭게 설명하게 된다. 일반적으로 집은 개인 현실을 반영하고 나무는 개인적인 변화과정(내면화)을 반영하며 사람 그림은 자아의 기능을 나타낸다고 할 수 있다. 그림을 그릴 때 사람은 자신도 모르게 스스로 생각하고 있는 자기의 모습, 혹은 자기가 되고 싶은 모습을 드러내는 경향이 있으며, 우리 주위의 여러 가지 대상들 중에서도 '집', '나무', '사람'은 누구에게나 친숙하면서 한편으로는 상징성이 강한 대상이다. 따라서, 이 검사는 친숙한 소재를 통해 아동의 생각이나 내부의 욕구상태, 자아개념, 부모와의 관계나 가족관계, 현재 보이는 정서적 상태 등에 대하여 잘 알아볼 수 있다.

본검사의 적합한 대상은 지시를 이해할 수 있는 연령(5세이후)부터 가능하다.

⑤ **동작성가족화검사**(Kinetic Drawing Test : KFD)

동작성가족화는 1970년에 카프만에 의해 가족을 그리게 하는 가족화에 동작을 포함하여 그리도록 하는 검사로 개발되었다. 이 검사에는 가족구성원이 뭔가를 하고 있는 장면을 그리도록 함으로써 아동의 자아개념과 관련된 영역과 가족관계 면에서 아동의 감정을 표출하도록 하는 데 도움을 줄 수 있을 것이라는 가정에서 출발하였다. 아동은 가족화를 통해 자신의 가족에 대해 어떻게 느끼는지를 드러내는 데, 즉 가족 내에 아동에게 중요한 영향을 미친 사람은 누구이며, 심리적으로 가까운 사람은 누구인지, 부정적인 영향을 미친 사람에게 어떠한 감정을 가지고 있는지를 드러낸다. 동시에 가족화안에 동작이 들어감으로 해서 가족의 친밀감이나 정서적인 단절 그리고 가족 내의 역동성이 반영된다는 점이 동작성가족화검사의 특징이다.

동적 가족화는 주제통각검사와 유사한 점이 많으며, 일반적인 가족화가 가지는 상동적인 표현을 배제하고 있다. 그러므로 연령 순이나 사회적 지위 순으로 그리는 가족화의 단점을 보완하여 가족구성원에 대한 감정이나 태도를 투사하게 하는 것이다.

검사에 적합한 대상은 지시를 이해할 수 있는 연령부터는 모두 가능하다.

⑥ **인물화검사**(Draw-A-Person)

인물화검사(Draw-A-Person)는 1926년에 출판된 구다나프의 구다나프 인물화검사(12)가 그 출전으로 이후 펜실베니아 주립대학의 해리스(D. B. harris)박사가 1963년에 구다나프 회사와의 공동연구로 이루어 놓은 결과를 토대로 한국 아동에게 표준화한 것 Children's Drawings as Measures of Intellectual Maturity : A Revision and Extension of the Goodenough Draw-a-Man Test (N.Y. : Harcourt, Brace & amp; World Inc., 1963)이 소개되고 있다. 이 검사는 구다나프의 척도를 발전시킨 것으로 구다나프, 해리스의 Drawwing Test를 지본으로 하여 우리 나라에 맞도록 개정한 것이며 유아, 초등학교 아동 및 정신지체아, 특수학교 아동에게 적용할 수 있도록 하기 위하여 만들어진 지능검사이다. 인물화검사는 아동의 지적 수준을 조사하고 청각장애와 신경의 결함 등을 가진 아동을 연구하는 것이 목적이다. 특히 인물화검사에 의해 측정하는 개념은 지적 성숙, 임밀히 말해서 개념적 성숙이란 의미로 생각하는 것이 좋다. 이것은 아동이 인간의 모습에 대해서 갖고 있는 개념의 한 표본으로 보기 때문이다. 따라서 인물화에 의해 측정되는 지능은 선천적인 정신능력이기 보다 학습에 의해 측정되고 시간의 경과에 따라 반응이 풍부해진 지적 성숙을 의미하며 본 검사는 이런 지능을 측정하는 것을 그 목적으로 한다.

인물화검사는 남녀 3세에서 12세의 아동에게 적용이 가능하며 집단적 혹은 개별적으로도 사용이 가능하다. 검사 시간의 제한은 없으나 열심히 그리면 누구나 10분~30분 가량 걸리게 된다. 인물화검사의 내용은 아동에게 남자상, 여자상의 두 그림을 그리게 하여 각 채점 기준에 따라 채점하여 규준을 비추어 결과를 해석하는 것이라고 간단하게 말할 수 있을 것이다. 그림의 채점에 필요한 채점 기준은 남자 척도가 60점, 여자 척도가 60점으로서, 각 기준을 통과하는 수를 세어서 점수로 나타내어 지능을 측정하게 된다. 검사는 대개 집단적으로 일정한 지시로써 실시하게 되지만 개별적으로 실시할 수도 있다.

나. 발달평가 검사

(가) 사회성숙도 검사

사회성숙도 검사는 미국에서 Doll이 바인랜드 사회성숙척도(Vineland Social Maturity Scale)란 이름의 사회성숙도 검사를 1935년 4월에 처음으로 구성, 발표하였다. 그는 뒤이어 예비적인 요약판 실시 요강을 발표하였으며, 1936년에는 최초의 표준화된 개정 보고서를 내놓았고, 1947년에는 3판을 내놓았으며 1953년에는 보다 완전한 실시 요강과 실험적인 연구 논문을 발표하였다. 1964년에는 4판을, 그리고 1965년에는 5판을 내놓았다. 사회성이 적응행동에 미치는 영향이 크다는 것을 인식하고 적응행동을 측정하기 위해 개발된 것이다(김승국 · 김옥기, 1977).

한국판 사회성숙도 검사는 개인의 성장 또는 변화를 측정하고 혹은 치료나 교육을 위한 기초자료나 교육 후 향상을 측정하는 것으로 정신지체 여부나 그 정도를 판별하는데 이용될 수 있다. 이것은 미국의 Doll이 제작한 「바인랜드 사회성숙척도」 5판을 모체로 1977년에 김승국, 김옥기가 표준화한 것이다.

㉮ **검사에 적합한 대상** : 본 검사에 대상연령은 0~12세까지의 아동으로 실시대상은 아동의 어머니가 보고하게 되어 있다.

㉯ **하위검사의 내용** : 하위검사의 내용은 운동능력(locomotion), 자조능력(autonomy), 사회적 능력(socialization), 의사소통능력(communication)의 4개로 구성되어 있다(이상희, 2003).

(나) 포테이지 발달검사

포테이지 프로그램은 원래 학교 통합교육이 아주 큰 이슈였던 미국 위스컨신의 시골지역에서 장애가 있는 유치원 아동들에게 유치원 과정을 가르치기 위해 고안된 것이다. 모든 수업은 교실에서 하는 것이 아니라, 집에서 아동의 부모가 한다. 훈련받은 교사나 준전문교사가 매주 90분씩 각 가정을 방문하여 아동 각 개개인의 필요에 맞춰 최소한 3개 정도의 행동목표를 설정하여 실시하는 프로그램이었다. 현재 우리 나라에서는 조기교육실에서 아동의 수준을 체크하고 개별지도하기 위한 기초자료와 개개인의 발달변화도를 보기 위한 도구로 많이 사용되고 있다. 포테이지 아동발달지침서는 유아자극, 신변처리, 운동성, 사회성, 인지, 언어의 6개의 발달영역으로 구성되어 있다. 포테이지 아동발달지침서는 정신연령이 0~6세 사이에 있는 아동들을 위해 고안된 것이며, 발달적인 접근으로 구성되어 있으며, 교사, 부모장애아동 관련자들이 아동의 현재 수준을 파악하고, 이를 바탕으로 교육 목표를 설정할 수 있게 되어 있는데 관찰표를 사용하여 아동의 현재수준을 파악하고, 교육의 시작점을 결정하며, 지침카드를 사용하여 아동의 구체적인 프로그램을 계획한다. 이 지침서는 아동이 배워야 할 일련의 행동들을 목록으로 제시하며 지침카드를 바탕으로 교사는 아동의 필요와 능력에 맞추어 목표행동을 설정하고 그 목표가 어떤 기준과 조건에서 달성할 수 있는지에 관해서도 기술한다. 더불어 아동이 배워야 할 목표행동은 과제분석을 통해 보다 작은 단계로 나뉘어져 가르칠 수 있다.

4. 치료계획

치료계획이란 아동상담을 시작하기 바로 전 단계로 아동의 발달기능을 최대화시키기 위해 상담자가 최선의 방법을 선택하는 과정이다. 치료계획은 치료목적을 달성하는데 적절하게 도움을 줄 수 있는 치료중재에 대해 분석적이고 비판적인 사고의 힘을 길러줄 수 있는 가이드라인이 된다.

치료계획은 치료실 내에서의 계획과 치료실 밖에서의 계획으로 나눌 수 있다.

치료실 내에서의 계획에 있어서 고려해야 할 중요한 사항은 치료세션의 구조화 문제이다. 치료세션의 구조화란 아동에게 어느 정도의 자유를 줄 것인가와 상담자의 참여 정도를 통해 결정되며, 비구조화, 반구조화, 구조화로 구분할 수 있다. 비구조화된 세션(unstructured session)은 상담과정의 모든 것을 아동이 결정하도록 하는 것이다. 반구조화된 세션(semi-structured session)은 아동과 상담자가 반반의 결정권을 갖는다. 구조화된 세션(structured session)는 상담자가 전적으로 상담과정의 결정권을 갖는것을 말한다.

치료실 밖에 대한 계획은 치료실 내에서의 치료적 노력의 효과에 영향을 미치는 중요한 부분이다. 우선 아동의 환경 가운데 가장 심각하게 영향을 미치고 있는 요인을 알아낸다. 현재의 증상을 유발시키고 있는 요인을 제거하거나 변화시키기 위한 노력이 포함된다. 뿐만 아니라 변화를 위한 지지적인 자원요소를 찾아내어 적극 활용하는 활동도 포함시켜야 한다.

치료계획은 심리평가 등의 사정(Assessment) 자료를 기초해서 다음과 같은 구체적인 여섯단계를 거쳐서 세운다(Arthur E.,Jongsma, Jr., L. Mark Peterson & William P. Mclnnis, 2000, 강위영 · 송영혜 역, 2005).

가. 1단계-문제의 선정

심리평가와 아동의 부모, 그 밖의 다른 가족 구성원들로부터 얻은 정보를 이용하여 아동의 현재 문제를 찾아내는 단계이다. 아동의 인지 · 정서 · 행동 · 사회 · 언어 등의 발달수준이 어느 정도인지를 정확하게 묘사하고 치료계획 설정 시 참고해야 한다. 효과적으로 치료계획을 세우려면 문제를 몇 개만 선택해야 하는데, 너무 많은 문제를 선정하면 치료의 방향성을 상실할 우려가 있다. 그러므로 내담 아동의 문제의 우선순위를 고려해서 치료계획에서 다루어질 문제를 선정하는 것이 중요하며 내담아동이나 부모의 의견을 포함시키는 것이 중요하다.

나. 2단계-문제의 정의

2단계는 1단계에서 선정된 각각의 문제가 특정 내담 아동에게 어떻게 나타나는 가를 구체적으로 정의하는 단계이다. 문제를 정의할 때에는 DSM-Ⅳ 나 ICD와 같은 진단준거를 참조할 수 있다. 문제의 정의는 아동의 구체적인 행동상의 정의로 진술되어야 한다.

다. 3단계-목적의 설정

내담아동의 문제나 어려움을 파악한 후에는 현재 어려움을 지속하게 하는 요인을 제거하고 최적의 기능을 발휘하도록 도울 수 있는 목적을 설정한다. 목적은 폭넓게 세울 수 있으며, 치료의 결과에 대한 바람직한 긍정적인 결과를 시사하는 일반적인 장기목표일 수 있다.

라. 4단계-목표의 구성

장기목표인 목적과 달리 4단계에서의 목표는 단기목표로서, 행동적으로 측정가능한 언어로 진술되어야 한다. 그러므로 목표를 구성할 때에는 애매모호하거나 주관적이어서는 안된다. 각각의 목표는 광범위한 목적을 달성하는 단계로 개발되어야 한다. 그러므로 본질적으로 목표들이 수행되었을 때 목적이 달성되는 연속적인 단계라고 볼 수 있다. 각각의 문제마다 최소한 두 개의 목표가 있어야 되지만, 상담자가 필요한 만큼의 목표를 구성할 수 있다.

마. 5단계-치료개입의 구성

치료 개입은 내담 아동의 문제를 해결하고 목표를 달성하기 위해 치료자가 구성한 치료적 중재를 의미한다. 치료 개입은 내담아동의 욕구 및 치료자의 충분한 치료개입방법 등을 토대로 선택해야 한다. 아동을 위한 치료개입에는 놀이치료, 미술치료, 음악치료, 모래놀이치료 등이 있으며 아동에게 가장 적합한 치료개입 방법을 선택해서 구성해야 한다.

바. 6단계-진단결정

적절한 진단은 내담 아동에 관한 충분한 임상적 평가 자료에 기초해서 결정한다. 치료사는 내담 아동의 행동적·인지적·정서적·대인관계와 관련한 평가 자료의 진단 준거에 따라 최종 진단을 결정한다. 정확한 사정에 따른 진단은 치료를 보다 효과적으로 계획하는데에 도움이 된다.

5. 초기단계

초기단계는 상담이 시작되는 단계로서 상담의 분위기와 방향을 설정하고 상담효과를 결정하는데 가장 중요한 단계이다. 또한 초기단계는 부모와 아동 그리고 상담자에게 있어서 모두 탐색의 단계이다. 아동은 상담자와 라포(Rapport)가 아직 형성되지 않은 시기이므로 상담자와 상담실을 탐색하게 된다. 따라서 치료초기에는 아동과 라포 형성에 중점을 두어 아동이 안전감을 느끼도록 수용적인 자세를 취한다. 상담자는 어떤 모양으로 표출되든지 간에 아동의 감정을 반영해 주고 동기부여를 해 주며 아동에게 위협이 될 수 있는 깊은 해석은 하지 않는게 좋다. 또한 치료실에서 지켜야 할 기본규칙을 알려주고 필요에 따라 약간의 통제를 하기도 한다.

치료초기에 아동은 불안이나 긴장을 보이는 경우가 많으므로 상담자는 어떻게 해서든지 아동과 관계를 맺으려고 성급하게 시도하기보다는 아동의 마음을 읽어 주면서 서서히 안정될 때까지 기다리는 것이 좋다.

초기단계에서 아동은 지금까지 경험하지 못한 자유롭고 보호된 세계로 들어서게 된다. 아동상담에 의뢰되기까지 아동 대부분은 자신에 대한 부정적이고 거부적인 반응에 상처를 입고 마음의 문을 닫고 있는 상태일 것이다. 상담자와의 관계는 아동의 온갖 부정적인 감정이 비난이나 비판 없이 수용되고 아동의 행동과 언어에 전적으로 상담자의 관심이 집중되는 아주 행복하고 즐거운 경험으로 시작되어야 한다. 상담자는 아동의 생각, 감정, 태도를 받아들이는 과정을 통하여 아동의 세계에 들어간다.

아동이 완전히 수용되는 가운데 아동 자신의 모든 것을 이 순간에 표현하고 경험할 수 있는 시간과 장소, 관계가 수용되는 경우는 흔한 일이 아니다. 이것이 바로 아동만의 시간과 공간 경험을 만들어 주는 것이다.

상담자는 아동의 성장이 점진적으로 이루어지도록 하고 성장을 강요하거나 서둘러서는 안 된다는 사실을 알고 있어야 한다. 아동상담의 초기는 아동이 마음의 긴장을 풀고 강제적이지 않고 자연스럽게 변화되어야 하며 특별한 관계를 형성하기 시작한다. 일단 아동과의 접촉이 이런 식으로 이루어지게 되면 라포가 형성되기 시작한다.

다음은 초기단계에서 상담자가 아동과의 라포형성을 위해 갖추어야 할 바람직한 태도이다.

① 상담자는 아동에게 안전한 분위기를 제공하고 아동의 세계를 이해하고 수용해야 하며, 아동의 정서세계를 표현하도록 격려해야 한다.
② 아동에게 온정적이고 허용적인 태도를 보여주어야 한다.
③ 아동 스스로 결정하도록 해야 한다.
④ 아동에게 책임감과 자기조절감을 경험할 수 있는 기회를 제공해 주어야 한다.

6. 중기단계

치료초기단계에서 중기단계로 넘어가는 시기는 아동의 인식, 지각, 저항, 자발적 참여 등에 따라 다양하다. 자발적 참여가 높고 저항이 적은 아동의 경우에는 두 세번의 상담으로 초기단계를 마치는 경우가 있으나, 저항이 강한 아동은 한 달 이상 초기 단계에서 머물러 있을 수도 있다.

치료초기에 다소 어색했던 상담자와의 관계는 치료중기에 접어들면서 서로 신뢰할 수 있는 라포를 형성하게 된다. 그러나 라포가 형성되기 시작하면서 아동은 일시적으로 거부적 · 부정적 반응을 보이고 치료 전과 같은 수준으로 행동문제를 표출하는 경우가 많기 때문에 상담자나 부모는 아동이 다시 나빠졌다고 오해하거나 당황하게 될 수 있다. 이러한 일시적인 퇴행현상은 아동의 행동이 변화되는 과정에서 빚어지는 일종의 '저항'과 같은 것으로서 상담자는 이러한 현상에 당황하지 않고 치료가 순조롭게 이루어지는 신호로 받아들여 원래대로 치료계획을 진행시켜야 한다. 이러한 과정을 거쳐 아동들은 아동상담실에 어느 정도 적응이 되어 행동이 활발해지고 상담자와 라포가 형성되어 상담실을 편안한 장소로 느끼면서 자신의 내재되어 있는 억압된 부분들을 표출하기 시작한다.

치료중기에 아동은 상담실에 오는 것을 아주 좋아하게 되며 상담자에 대한 애정과 호감을 껴안는다든가 달려 와서 안기는 등과 같이 표현하게 되는 것이 보통이다. 아동상담실은 아동에게 아주 즐겁고 좋은 장소라고 인식하게 된다. 부모 역시 아동을 다루고 훈육하는 것에 자신을 갖게 되고 아동에 대한 감정과 평가가 긍정적으로 바뀌기 시작한다.

치료중기는 치료의 대부분을 차지하는 가장 긴 기간으로 성장과 신뢰, 훈습의 단계를 거친다. 이 단계에서 아동은 현재 부모와의 관계에서 부족했던 부분을 보완하고 긍정적인 감정과 성취의 경험을 쌓아가면서 자신감을 회복시켜 간다. 또한 아동도 자신의 과거에 일어났던 충격적인 사건들을 반복하고 재구성하는 가운데 해석을 할 수 있게 되고 문제를 해결해 나가면서 성장하게 된다.

구체적으로는 치료가 진행됨에 따라 자아수용의 증가, 반복적인 활동의 감소, 공포의 극복, 죄책감의 감소, 공격성의 감소, 자기표현과 자기조절의 증가, 긍정적인 정서표출의 증가 등이 나타난다.

7. 말기단계

상담이 진행됨에 따라 아동의 주된 문제들은 사라지는 반면에 이전에 큰 문제들에 가려져 문제라고 인식하지 못했던 사소한 문제들이 부모들의 새로운 관심사로 떠오르게 되고 부모들은 이러한 문제까지 해결해 주기를 바라게 되는 경우가 많다.

그러나 상담의 종결은 초기면접 때 설정했던 상담목표가 어느 정도 달성되었다고 평가되었을 때 결정하게 된다. 상담자는 부모에게 초기에 부모와 함께 설정했던 상담 목표들을 보여주고 그것들이 달성되었음을 확인해야 한다. 또한 부모들이 자녀를 훈육하는 문제는 자녀가 성장할 때까지 계속적으로 날마다 부딪혀야 하는 문제이므로 그 동안 받은 부모교육과 상담으로 충분히 대처해 나갈 수 있음을 설명해 주어야 한다. 한편 아동에게 이 시기는 현실생활에서의 적응이 촉진되고 문제행동이 사라지기 시작하며 아동상담실에 대한 매력을 잃어가는 시기이다. 아동상담실을 그렇게 좋아하던 아동은 차츰 아동상담실에 오는 것에 흥미를 잃기 시작한다. 상담종결 4주 전쯤 종결에 대한 계획을 부모에게 이야기해 주고 상담을 종결하기 직전에는 상담횟수를 2주에 1회 정도로 줄이고 조심스럽게 아동의 상태를 지켜보아야 한다. 상담자는 이 시간 동안 아동이 제대로 잘 적응하고 있는지 신중하게 평가해야 하며 상담목표가 확실하게 달성되었다고 느낄 때 상담을 종료한다.

아동상담에서는 아동상담자의 이론적 배경에 따라 상담목표가 달라지고 상담목표에 따라 종결을 고려하는 시기가 달라지지만 상담의 종결을 중요시하는 점은 동일하다. 상담을 시작할 때 보인 증세의 유무는 종결을 결정할 때 중요한 근거가 된다. 상담자는 아동의 문제에 잘 접근하여 성공적으로 자신의 일을 끝내고 그 자리를 떠나는 역할을 하는 사람(Spiegel, 1989)이다.

종결을 하기 위해서는 언제 어떻게 종결할 것인가의 문제가 있다. 아동상담의 종결은 면접 때 발견되었던 문제에 따라 설정된 아동상담 목표들이 성취되었을 때 시작한다.

상담이 시작된 이후에 상담목표가 변화될 수 있고 상담계획 때 세운 가설이 잘못 되었을 수도 있기 때문에 쉽지 않다. 또한 상담목표는 아동이 아동상담이 실시되는 동안에 새로운 발달단계에 들어가면 상담목표가 바뀔 수 있다.

가. 상담목표의 재검토

상담을 종결할 시점이라고 생각되며 상담초기에 설정한 상담목표가 어느 정도 달성되었는가를 재검토해야 하며, 경우에 따라 새로 상담목표가 있다면 그것 역시 어느 정도 달성했는가를 재검토해야 한다.

많은 경우 부모는 첫 면접 때보다 상담자와 래포가 형성되었을 때보다 심각한 문제를 고백할 수 있다. 부모는 아동의 문제행동 때문에 당장 고통받는 상황에서 벗어나고 싶어하고 따라서 상담자와 함께 상담목표를 설정할 때 눈에 띄는 현저한 행동들에 대해서만 이야기할 수 있다. 그런데 상담목표가 달성되어감에 따라 보다 심각한 증상을 뒤에 제기하는 경우가 많다. 이 경우 상담자는 상담목표를 조정해야 하며 새로운 상담계획을 다시 만들고 상담을 재시작해야 한다. 많은 상담자에게는 익숙한 것이므로 상담자는 상담목표의 재설정이나 상담계획의 재작성을 종결시점에서 새로 시작할 수도 있다. 즉 언제 종결하느냐 하는 문제는 상담목표의 재검토 후에 결정해야 한다.

나. 종결 작업

일단 종결하기로 결정하면 부모가 아닌 상담자 자신이 아동에게 종결을 하겠다는 사실을 알려야 하지만 우선 부모가 종결의 결정을 번복할 만한 사항이 있는지를 살펴야 한다 (Spiegel, 1989).

상담목표가 달성되었을 때 종결 작업은 아동상담 횟수를 줄여가는 식으로 서서히 실시하는 것이 바람직하다. 1주에 1회 실시하던 아동상담을 2주에 1회로 줄여 나가면서 아동과 부모는 종결에 대한 준비를 할 수 있고 상담자의 도움 없이 잘 지낼 수 있다는 것을 알 수 있다.

한편, 상담목표가 도달되지 않아서 다른 상담자에게 의뢰할 때에도 종결 날짜를 명백히 하는 것이 바람직하다. 이 경우 상담을 종결하는 것에 대해 아동이 상담이 실패했다고 생각하지는 않는지, 또 상담자가 자신을 거부했다고 생각하지는 않는지, 상담자는 어떻게 해야 하는지를 미리 생각해 두어야 한다. 상담자는 아동이 나름대로 성공을 거두었으며 상담자와의 작업을 우호적으로 끝냈다는 것을 느끼게 하는 것이 중요하다.

아동의 입장에서 보면 아동이 특히 어려운 시점에 상담이 시작되므로 아동들은 상담자를 신뢰하게 되고 상담자에게 의존한다. 상담자에 대해 좋은 감정을 느끼게 되는 시점에서 상담자와의 관계가 끝나게 되므로 아동에 따라서는 분리의 감정이 쉽게 받아들여지지 않으며 상실감이나 유기되었다는 느낌, 분노의 감정이 들기 쉽다(Spiegel, 1989). 이러한 문제를 피하기 위해 상담자는 종결하기 전에 관계를 잘 고려해야 한다. 효과적인 종결은 아동의 현실적 이해수준과 연관된다. 상담자는 아동이 상담자를 친구나 부모, 동료가 아니라 함께 아동상담의 목표를 달성하기 위한 목표 지향적 측면에서 협력자로 이해할 수 있도록 도와야 한다.

그러므로 아동상담에서 종결 작업은 특히 중요하다. 상담자는 아동의 수준에서 받아들일 수 있도록 고안된 방법을 사용하여야 종결과정을 가져야 한다. 아동이라고 일방적으로 부모와 상담자의 합의로 결정하는 것은 옳지 못하다. 아동이 종료를 거부한다면 그만한 이유가 있다고 본다. 상담이 잘된 경우에는 아동도 자연스럽게 종료를 받아들이므로 그 이유를 살펴보아야 한다. 아동에게 준비가 안 된 상태에서 종료를 서두르는 것은 아닌지 탐색해 볼 필요가 있다.

아동이 어릴 때에는 4회 정도 전에 종료를 알리고 아동의 종결까지의 남은 횟수만큼의 막대사탕 등을 준비하여 상담 시간이 끝날 때마다 사탕을 한 개씩 가져가 마지막 사탕을 가져가는 날은 종료라는 의미를 확실히 알게 하는 방법을 사용하기도 한다. 나이가 든 아동에게는 앞으로 몇 회 후에 종료할 것이라는 것을 계약하는 계약서를 작성한다. 또한 한번 올 때마다 한번씩 사인하여 남은 횟수를 상담자와 아동이 동시에 확인하는 방법을 사용하기도 한다. 어떤 방법이든 아동이 종료를 알기 쉽게 납득할 수 있는 방법이면 된다.

또한 무엇보다 상담자는 종결시 앞으로 어려움을 느낄 수 있는 상황에 대해 이야기를 충분히 나누고 또다시 힘든 일이 일어날 때 어떻게 해결할 수 있는지 등에 대해 다루어야 한다. 상담자와의 이별을 또 다른 상처로 느끼는 단계라면 명함을 준다거나 연락 가능한 주소나 연락처를 주어 곤란한 상황에서 힘이 되어 줄 수 있다는 확신을 주고 종료를 한다.

특히 아동의 경우에는 어른과 달라 상담이 종료된 후에도 발달 단계마다 어려움을 겪게 되는 상황이 생길 수 있으므로 언제라도 힘들면 다시 만날 수 있다는 확신을 부모에게도 주어야 한다. 실제로 아동상담의 경우에는 추후상담이 많이 진행되며 또 다른 문제에 부딪혀 다시 상담이 시작되는 일도 많다. 그러나 처음 상담 기간동안 아동이 문제를 극복하고 성장할 수 있는 기반이 어느 정도 마련되었으므로 그 기간은 처음 상담 기간보다는 길지 않은 것이 보통이다.

PART 02

아동상담의 실제

Contents

CHAPTER 06

아동기 우울아동 상담

1. 정 의

우울은 불안과 더불어 적응에 어려움을 겪는 사람들이 나타내는 일반적인 정서 경험으로, 실생활에서 '슬프다, 불행하다, 기가 죽었다, 침울하다 또는 우울하다'는 언어 표현들로 가벼운 우울을 설명하고 있다(정은주, 2001). 우울이라는 용어는 Bleuler에 의하여 처음 사용된 것으로 슬픈 감정의 정도가 심하고 오래되어서 병적으로 된 상태라고 정의 내리고, 사소한 일도 중대한 것으로 생각하고 계속 걱정하는 마음이며 답답하거나 기운이 개운하지 않는 기질로 침울함, 의기소침함, 부진함 등 기분이나 느낌, 사고 행동의 저조한 상태를 일컫는다(오명희, 2003). Cantwell(1990)은 정신의학분야에서 우울이라는 용어를 사용할 때 우울증상, 우울증후군 그리고 우울장애 등으로 구분하여 사용해야 함을 주장하였다. 그에 따르면 우울증상은 개인의 정서변화를 말하는 것이고, 우울증후군은 정서적 변화뿐만 아니라 정신운동영역에서의 변화와 인지변화 그리고 동기의 변화가 포함되는 것이다. 또한 이러한 우울증후군이 어느 정도 지속적이고 기능적 장애를 유발하면 우울장애로 정의하고 있다(정은주, 2001).

어린아이들에서의 우울은 조기에 발견되지 못하기 때문에 치료적 도움을 받지 못하는 경우가 많다. 어른들은 우울한 것이 어떤 상태인줄 알기 때문에 우울하다고 표현할 수 있지만 아이들의 경우 대부분 그러한 감정을 말로 표현하기는 매우 힘들다. 마치 심한 난시이면서도 세상이 워낙 그렇게 보이는 것이지 눈에 이상이 있다는 사실을 아이 자신이 발견하기 힘든 것과 마찬가지일 것이다.

'아동기 우울증'은 다양한 증상들로 구성된 하나의 증후군(syndrome)이다. 아동기 우울증에 대한 논란은 20세기 초부터 지금까지 계속되어 오고 있다. 그러나 1960년대 중반 이전까지의 우울에 대한 많은 연구들에서 아동들은 우울을 경험할 수 없거나, 성인에게서 볼 수 있는 우울은 존재하지 않는 것으로 보고하였다. 이는 아동들에게는 적절한 초자아의 발달이 존재하지 않는다거나, 오랜 기간 슬픔, 분노 등의 고통스러운 영향들을 견뎌낼 수 없다(Rie, 1966)는 가설에 연유한 것이다. 연구자나 임상가들은 일반적으로 아동과 청소년들도 성인과 마찬가지로 우울증상을 경험한다는 것에는 동의하였으나, 독립된 하나의 장애로서 아동기 우울증이 존재하는지에 대해서는 이견을 보여 왔기 때문이다. 그러나, 1971년 유럽의 소아정신과 의사들의 모임(the Union of European Pedopsychiatrists)에서 "우울은 소아, 청소년 정신장애의 많은 부분을 차지하는 중요한 질환이다"라고 공표하고, 1975년에 미국의 NIMH(the National Institute of Mental Health)에서도 소아 우울증에 대한 관심을 보이기 시작하여 이에 관한 연구를 활발히 전개하여 소아, 청소년에게도 우울증이 있다는 사실을 인정하게 되었다. 또한 많은 수의 소아정신과 내원 아동이 우울증상을 보인다는 임상보고가 나타나고(Cantwell, 1983), 아동도 성인과 유사한 우울증상을 보인다는 주장이 제기되면서(Carlson & Kashani, 1988; Puig-Antich, Marx, Greenhill & Chambers, 1978), 아동과 성인 모두 동일한 진단준거가 사용될 수 있다는 견해가 제시되었다. 즉, 아동 우울의 정의와 분류(Carlson & Cantwell, 1982), 평가(Kovacs, 1981; Kazdin & Petti; 1982)에 대한 관심 있는 연구들은 아동에게도 우울이 실재한다는 사실들을 검증하였으며, Glaser(1967)는 성인의 우울증상과 동등한 의미를 지닌 증상들이 아동들에게 표현될 수 있다고 보았다.

이러한 견해에 따라 DSM-III(1984)에서는 아동 및 청소년들에게도 성인 우울증의 진단기준을 그대로 적용하였고, 그 후 DSM-III-R(1987)과 DSM-IV(1994)에서도 주요 우울증(major depression) 진단기준에 아동과 청소년들은 우울한 기분 대신 짜증(irritable mood)을 보일 수 있다고 명시하면서 아동의 우울에 대한 임상적인 보고의 타당성이 인정되어 공식적으로 아동기에도 우울이 존재함이 받아들여졌다(진소영, 2001).

DSM-III에서는 우울증의 필수증상은 유아, 소아청소년, 성인이 같지만 부수증상은 차이가 있는 것으로 보았다. 사춘기 이전의 아동들은 분리불안이 있을 수 있고, 매달림, 학교공포나 죽음에 대한 두려움을 보일 수 있음을 명시하였고, 청소년기에는 반사회적 행동, 가출, 그리고 누구도 자신을 이해하고 인정하지 못한다는 생각, 안절부절, 불평불만, 공격성을 보일 수 있다고 했다(염숙경, 2002).

이처럼 아동기에서도 우울이 나타나며 우울로 진단된 아동의 수가 예상보다 상당히 많음을 여러 연구를 통해 알 수 있으며(김옥환, 1993), 아동기에 발생하는 여러 장애 가운데 우울이 불안장애와 행동장애와 같은 다른 정신적 장애를 함께 가져올 확률이 가장 높은 것으로 나타났다(Brady & Kendall, 1992; Angold & Costello, 1993;

Hammen & Compas, 1994). 이러한 통계는 아동기 우울의 존재와 위험성을 재확인시켜 주고 있다.

2. 원 인

가. 심리적 소인

정신분석학적 이론에 따라 우울의 기전에 관한 여러 가지 설명을 하고 있는데, 내부의 적개심이 상대방을 향하지 못하고 자기를 향하게 되면 자신을 비난하고 스스로를 비하시키며 죄책감에 빠지게 된다는 것이다. 즉 무력감, 절망감, 자신감 저하 등의 상태로 이어져 우울 상태가 지속되게 된다. 이러한 동기가 되는 것으로 사랑의 상실을 이야기한다. 자신을 사랑해 주던 사람이 갑자기 없어지는 경우, 예를 들어 나이 차이가 적은 동생이 태어남으로써 외가에 가 있게 되어 엄마를 볼 수 없게 되었다거나, 오랫동안 길러 주던 일하는 아줌마가 갑자기 바뀌었다든가, 부모가 별거나 이혼을 하여 엄마와 헤어지게 되는 등이 있으며 그런 특별한 계기가 없더라도 항상 사랑이 부족한 경우도 사랑의 상실이라 할 수 있겠다. 즉, 엄마 자신이 우울하거나 집안에 걱정이 많아 아이의 마음을 충분히 살피지 못하면 아이는 사랑받는다는 느낌을 갖기 힘들다. 이렇게 사랑이 결여되었거나 상실될 때 처음엔 화도 내고 짜증도 부리면서 잃어버린 사랑을 회복하기 위한 항의의 시기가 있으나 시간이 흘러도 충분한 사랑이 다시 주어지지 않을 경우 절망상태로 빠져 단념하게 된다. 결국 자신이 사랑받기를 갈망하던 대상으로부터 정서적으로 완전한 분리를 경험하게 되며 이러한 과정 동안 생겨나는 것이 우울이라 할 수 있다.

아직 독립하여 생활할 수 없는 18세 미만의 아동, 청소년들은 부모의 깊은 사랑이 절대적인 역할을 하기 때문에 동생을 본 후 부모의 사랑이 동생에게만 주어진다고 느껴지거나 공부를 못해 부모가 자신을 더 이상 인정해 주지 않는다고 생각될 때, 금방 우울에 빠지곤 한다. 그러나 사랑이 되돌아 왔다고 느껴지면 아이들의 우울은 어른과는 달리 좀더 빠르고 완전히 소멸될 수 있다. 부모가 아이를 병원에 데리고 와 평가받는 동안에 벌써 차츰 얼굴이 밝아지고 행동이 활발해지는 등의 반응을 보이는 경우까지도 있다. 아이는 부모가 자신을 병원에 데려 가기로 한 때부터 아이에 대한 관심과 사랑의 시작이라는 것을 자신도 모르게 감지하기 때문이다.

나. 유전적 소인

우울증에 있어서 유전적으로 타고나는 원인의 중요성을 입증하는 데, 쌍생아 연구들을 통해 살펴보면 일란성 쌍생아가 함께 우울증에 걸린 경우가 76%인데 반해 이란성 쌍생아는 19%에 불과했다. 또한 일란성 쌍생아를 멀리 떼어 다른 환경에서 키웠을 경우 둘 다 우울에 빠진 경우가 67%였다. 이러한 결과들이 비슷한 환경 요건 속에서도 우울증에 발병하는 경우와 발병하지 않는 경우의 차이점을 설명해 줄 수 있다.

부모가 우울증이 있는 경우 그 자녀에게 우울증이 많이 생기는 것은 이미 널리 알려져 있으나 이는 단지 환경적으로 집안 분위기가 우울해서 만이 아니라 선천적으로 유전인자를 타고 나기 때문이라는 가계 연구가 활발하다. 이러한 경우 내인성 우울, 즉 외부요인에 의한 것이 아니라 자기 자신이 원인을 가지고 있는 우울의 경우를 말한다.

다. 생화학적 소인

70~80년대 동안 신경전달 물질에 관한 연구가 매우 활발하여 우울증에서도 많은 연구가 시행되었다. nor-adrenaline과 serotonin계열의 이상이 우울을 유발한다는 가설이 가장 타당성 있게 제시되고 있으나 아직 이를 뒷받침할 만한 뚜렷하고 일관성 있는 연구결과는 부족한 형편이다(이혜련, 1998).

이 외에 아동들이 우울해질 수 있는 원인으로 다음과 같은 몇 가지를 들 수 있다.

라. 상실의 경험

부모나 애정을 느꼈던 조부모의 사망, 하다못해 사랑하는 애완동물의 죽음도 아이들에게는 큰 상실의 경험이 될 수 있다. 그뿐 아니라, 이사를 감으로써 정들었던 동네 친구들과 헤어지게 되는 것도 일종의 상실로 볼 수 있다. 아이의 입장에서는 동생이 태어나 부모의 관심과 정성이 동생에게 향해지는 것도 부모의 사랑을 잃는 것으로 느껴질 수 있다. 이러한 상황에서 보이는 일시적인 우울은 삶에서 일어나는 상실에 대해 정상적으로 보이는 애도 반응일 수 있다. 이런 경우, 새로운 친구를 사귐으로써 이전의 상실감을 보상하고, 부모의 사랑을 동생과 나누는 경험을 통해 자기중심성을 극복하고 타인을 배려하고 이해하는 법을 배울 수 있다. 그러나 이러한 우울한 반응이 정상적인 수준을 넘어섰을 때에는 우울장애(depressive disorder)로 발전될 수 있다(염숙경, 2002).

마. 부모의 부적절한 양육행동

부모의 부적절한 양육행동은 아이에게 무능함을 느끼게 하거나 사랑받을 만한 가치가 없는 사람과 같은 부정적인 신념을 가지게 할 수 있다. 특히 유아나 아동에게 있어 부모는 거의 세상의 전부나 다름없는 존재이다. 그런데 언어적 학대에 해당하는 "너는 도대체 왜 이렇게 못하니", "너는 제대로 하는 게 뭐가 있니", "밥 먹을 가치도 없다"는 등 아이의 자존감을 손상시키는 말을 부모가 자주 한다거나, 일관적이지 못하고 차별적인 태도를 보여주는 것이 가장 흔한 예이다. 우리 엄마 아빠가 나를 이렇게 못났다고 야단치시는데 하물며 다른 사람들이 나를 사랑하리라는 것은 기대할 수가 없다는 생각이 내면화된다. 따라서 부모와의 관계에서 반복적으로 느끼게 되는 낮은 자존감, 무능력감, 무가치감은 만성적이고 성격적인 우울로 발전하게 된다.

바. 학습부진

학습부진으로 인해 또래에게 환영받지 못하고 따돌림을 받거나 친구관계가 원만하지 못한 경우에도 우울해질 수 있으며, 이것 역시 부모와 밀접한 관계가 있다. 부모가 공부를 잘해야만 아동의 가치를 인정할 때, 자녀들은 내가 공부를 잘하지 못하면 우리 엄마, 아빠가 나를 사랑하지 않을 것이라는 막연한 불안감을 느끼게 되므로 학업이 부진하면 우울해질 수밖에 없다. 반면에 자신의 가치가 조건 없이 부모에게 수용되고 사랑받는 아이들은 세상 사람들에 대한 호의적이고 긍정적인 기대를 하기 때문에, 다른 아이들에게도 자연스럽고 스스럼없는 태도로 다가가고 쉽게 어울릴 수 있다. 또한 그러한 편안한 태도가 또래에게 호감을 주기 때문에 더 환영받을 수 있고, 사회적으로 쉽게 적응할 수 있다.

부모에게 비판과 처벌을 많이 받거나 공부를 잘할 경우에만 조건적으로 인정과 수용을 받아온 아이들은 상대방을 많이 의식하고 자신의 상태를 늘 점검하게 되어 매우 예민하고,

조심스러워하고 다른 사람들에게 선뜻 다가가지 못하고 쭈뼛대게 마련이다. 남이 나를 좋아해 준다는 확신이 들지 않으면, 혹시 거절당하지나 않을까 하는 두려움 때문에 다가가기 어렵고, 그러한 태도가 또래에게 호감을 주지 못하게 된다. 친구들이 호의적이지 않은 태도를 보이면 "역시 애들이 나를 싫어한다."라고 단정해 버리기 때문에 더욱 위축되어 외톨이가 되는 악순환을 겪게 된다고 한다(신민섭, 2006).

3. 진단과 유병률

가. 진 단

소아기 우울증의 연구에서는 발달단계, 증상의 정도, 원인에 따라 우울증을 분류하였는데, Glaser(1967)는 유아나 초기 아동기의 우울증은 박탈에 대한 반응이며 결과적으로 발달의 지연을 초래할 수도 있고, 후기 아동기나 청소년은 비행, 반항, 무단결석 및 가출의 양상을 보인다고 하였다. Cytryn과 Mcknew(1972)는 우울증을 가면성 우울증, 급성 우울증, 만성 우울증으로 구분하였는데, 가면성 우울증은 심각한 가족 내 병리와 관련이 있고, 급성 우울증은 발병 전 적응이 좋았던 아동에서 발생하며 가족 내 병리가 적었다고 한다. 만성 우울증은 부모도 만성 우울증이며 아동의 발병 전 적응이 나빴다고 보고하였다.

DSM(Diagnostic and Statisticial Manual of Mental Disorders) 진단은 우울한 아동은 지속적인 슬픈 감정과 무기력, 자기비난과 죄책감, 사회적 위축, 초조감, 불면증 등과 같은 우울증후군을 갖는다고 봄으로 성인을 위한 진단을 아동을 평가하고 진단하는데 똑같이 사용하고 있다. DSM-IV에서는 주요 우울장애, 기분부전장애, 기타 우울장애로 분류하였고 ICD-10에서는 우울적 삽화(경미, 중증도, 심한 정도), 반복적 우울 삽화 및 기분부전장애로 분류하고 있다.

소아는 불안과 우울이 공존할 수 있으며, 부모가 우울증이나 불안장애를 가진 경우에는 우울증상이 있는 아동에게서 불안장애가 발병할 가능성이 그렇지 않은 경우보다 더 높다고 한다(Weissman, 1984).

아동기 우울장애를 세 가지로 진단 범주로 분류하면, 주요 우울증, 기분부전장애, 그리고 달리 분류되지 않는 우울장애로 다음과 같이 설명하고 있다(오수성 외, 2002).

1) 주요 우울증

아동들의 주요 우울증 증후군은 현저하고 지속적인 불쾌 기분 또는 무쾌감 증상의 특징을 보인다. 섭식장애와 비정상적인 체중증가나 감소, 수면장애, 정신운동 지연이나 초조, 무쾌감증이나 일상적인 활동에 대한 흥미의 감소, 피로, 부정적인 자기평가나 지나친 죄책감, 주의집중 곤란, 죽음에 대한 반복적인 사고, 자살관념, 혹은 자살행동 등과 같은 증상들 중 4개 또는 그 이상의 증상이 적어도 2주 이상 거의 매일 존재해야만 한다.

2) 기분부전장애

때로 소우울증(minor depression)이나 신경증적 우울증(neurotic depression)으로 불리는 기분부전장애는 본질적으로 주요 우울증과 유사하지만, 증상들이 덜 심각하고 지속기간이 짧다. 이 기간 동안 수면장애, 피로, 부정적인 자기평가, 학업수행의 저하, 집중력 저하, 사회적 위축 무쾌감증, 자극과민성 혹은 양육자에 대한 분노 표현, 칭찬이나 보상에 대해 즐거운 반응을 보이지 못함, 중간 정도의 정신운동 지연, 무망감이나 자기연민, 과도한 울음, 죽음이나 자살에 대한 반복적인 사고 등과 같은 증상들 가운데 적어도 두 가지가 존재해야만 한다.

3) 달리 분류되지 않은 우울장애

우울증상을 보이지만 주요 우울증이나 기분부전장애의 진단기준을 충족시키지 못하고 어떤 조증 행동을 보이지 않는 아동들이 받는 진단이며, 기분부전장애 증상을 보이지만 증상이 없는 기간이 몇 달 이상 지속되는 아동의 경우에 내려진다. 만성적으로 낮은 수준의 슬픔을 가지고 있는 아동들이나 정신병적 특징은 없지만 뚜렷하고 지속적인 주요 우울증 삽화를 보이는 정신분열증, 잔류형의 아동들이 포함된다.

〈DSM-IV의 주요 우울증 진단기준〉

(1) 다음 증상 가운데 5개 또는 그 이상 증상이 연속 2주 기간 동안 지속되며, 이러한 상태가 이전 기능으로부터의 변화를 나타내는 경우 : 위의 증상 가운데 적어도 하나는 ① 우울한 기분이거나 ② 흥미나 즐거움의 상실이어야 한다.

- 하루의 대부분, 거의 매일 지속되는 우울한 기분이 주관적인 보고(슬프거나 공허하다고 느낀다)

나 객관적인 관찰(울 것처럼 보인다)에서 드러난다. 소아와 청소년의 경우는 과민한 기분으로 나타나기도 한다.

- 모든 또는 거의 모든 일상 활동에 대한 흥미나 즐거움이 하루의 대부분 또는 거의 매일같이 뚜렷하게 저하되어 있을 경우(주관적인 설명이나 타인에 의한 관찰에서 드러난다)
- 체중조절을 하고 있지 않은 상태에서 의미 있는 체중감소나 체중증가, 거의 매일 나타나는 식욕감소나 증가가 있을 때
- 거의 매일 나타나는 불면이나 과다수면
- 거의 매일 나타나는 정신운동성 초조나 지체(주관적인 좌불안석 또는 처진 느낌이 타인에 의해서도 관찰 가능하다)
- 거의 매일 피로나 활력 상실
- 거의 매일 무가치감 또는 과도하거나 부적절한 죄책감을 느낌
- 거의 매일 나타나는 사고력이나 집중력이 감소 또는 우유부단함
- 반복되는 죽음에 대한 생각, 특정한 계획 없이 반복되는 자살생각 또는 자살기도나 자살수행에 대한 특정계획

(2) 증상이 혼재성 삽화의 기준을 충족시키지 않는다.

(3) 증상이 사회적, 직업적, 기타 중요한 기능 영역에서 임상적으로 심각한 고통이나 장애를 일으킨다.

(4) 증상이 물질(약물남용, 투약)이나 일반적인 의학적 상태의 직접적인 생리적 효과로 인한 것이 아니다.

(5) 증상이 사별에 의해 잘 설명되지 않는다. 즉, 사랑하는 사람의 상실 후에 증상이 2개월 이상 지속되거나, 현저한 기능장애, 무가치감에 대한 병적 집착, 자살 생각, 정신증적 증상이나 정신성 운동지체가 특징적으로 나타날 경우에만 이 장애의 진단이 내려진다.

나. 유병률

아동기 우울증의 유병률은 연구에 따라 다소 상이한 결과를 나타내고 있는데(Kachani & Simonds, 1979), 이러한 결과는 연구에 사용된 진단기준과 평가방법이 달랐기 때문이다(Angold, 1988). 90년대 들어서는 DSM-III와 DSM-IV에 근거한 진단을 하면서 진단기준에 대한 합의가 이루어졌으나, 연구 대상군에 따른 차이(Fleming & Offord, 1990), 정보원(아동 및 보호자)에 따른 차이와 같은 방법론적인 문제들을 여전히 나타난다(Verhulst & Koot, 1992).

Carlson과 Cantwell(1980)은 의뢰되는 아동의 60%가 우울증상을 보이며, 49%가 우울증을, 28%가 정서장애를 지니고 있다는 것을 발견하였다. 유사하게, Kolvin 등(1991)은 아동 정신과에 내원 한 아동의 세 명 중 한 명은 유의미한 수준의 우울 증상을 보고하며,

네 명 중 한 명은 주요 우울증으로 진단된다고 보고하였다. 최근 10년간의 연구결과들에 따르면, 아동의 0.4~2.5%, 청소년의 0.4~8.3%에 이르는 우울증의 유병률이 보고되고 있다(Anderson & McGee, 1994; Fleming & Offord 1990; Kashani, Beck & Hoeper, 1987; Lewinshon et al., 1986, 1993, 1994). 또한 청소년기 우울장애(MDD)의 평생유병률(life time rate)은 성인기의 평생유병률과 유사한 15~20% 정도로 추정되고 있어 성인기 우울증이 청소년기에 시작됨을 시사하고 있다(Kessler, McGonagle & Zhao, 1994; Lewinshohn et al., 1986, 1993).

아동 우울의 발병률에 관한 연구를 살펴보면 임상적 모집단 뿐 아니라 정상적 모집단 아동에게도 우울이 나타난다고 보고되고 있다. Rutter(1986) 등이 10세에서 11세 아동을 대상으로 한 여구에서는 정상 아동 중 13%가 우울한 기분을 보였고, 우울한 아동은 14세에서 15세경에 재평가한 결과 연구 대상의 4%가 불행과 우울의 느낌을, 20%는 자기 멸시를, 6~7%는 자살 충동이 있었음을 보고하였다(강경미, 1994). 또한 3000명 이상의 초등학교 3, 4, 5학년 정상 아동에게 또래 평가 방법을 통하여 조사한 결과 5.2%가 심한 우울증을 보이고 있음을 보고하였다(Lefkowiz, 1985; Tesiny, 1985).

우리 나라의 경우, 소아는 약 4%, 청소년은 약 8%가 우울증으로 고통받고 있다고 추정된다. 나이가 들어감에 따라 우울증은 대체로 증가하는 양상이며 청소년기에는 더욱 급증하는 데 우리 나라에서는 나이가 많아질수록 제반문제가 급증하는 양상을 보였으며 이는 행동 문제보다는 정서적인 문제의 증가와 더욱 연관되어 있는 것으로 나타났다. 이런 심각한 현상은 교육 제도의 문제, 열악한 교육환경, 부모들의 지나친 성적 위주의 평가, 이를 조장하는 사회 제도 등이 청소년의 우울을 더욱 심화시키는 것으로 생각된다. 남녀 성비는 어른의 경우, 남자에 비해 여자가 거의 두 배 정도 더 많은 것으로 되어 있으나 소아의 경우엔 남녀가 비슷하거나 오히려 남아에서 좀더 많이 나타난다(이혜련, 1993)고 한다. 더불어, 정신건강기관에 의뢰된 많은 수의 아동들이 우울증상을 지니고 있다는 연구도 많이 보고되고 있다.

이상과 같이 아동들은 달리 분류할 수는 없지만 기분 불안 상태에서부터 기분부전 장애, 주요 우울장애 등 다양한 측면에서 심리적 부적응 상태를 겪는 것을 알 수 있다. 이러한 다양한 측면으로부터 야기되는 심리적 제약은 성장기 아동들의 행복을 훼손하기도 하지만 때로는 적절한 긴장 상태를 유지함으로써, 정신적으로 성숙하는 기반이 되기도 한다. 그러나 앞의 주요 우울장애의 경우, 이에 적절히 대응하지 못한다면 아동들에게 치명상을 가하여 독립된 인격체로 성장하는데 큰 제약 요인이 될 수밖에 없다.

다. 아동 및 청소년 우울증의 예후 및 결과

청소년기 우울증이 성인기에 미치는 영향과 관련해서 연구자들은 이후의 사회적 문제나 장애(Kandel & Davis, 1986; Garber, Kriss, Hoch & Lindgolm, 1988)와 인지적 발달의 손상(Kovac & Gordon, 1991)이 나타남을 보고하고 있으나, 이것이 초기 우울증의 결과인지 혹은 원인인지는 확실치 않다. 우울증 삽화가 나타나는 동안, 우울증을 지닌 아동과 청소년들은 학업수행과 다른 사람들과의 관계에서 손상을 나타낸다(Ansranoe & Ben-Mier, 1988; Hammen, 1990; Rao, Ryan & Birmaher, 1995; Storbe & Carlson, 1993; Williamson et al., 1995).

장기종단 연구들은 이러한 심리 사회적인 와해가 이 장애의 후유증일 수도 있고 전조일 수도 있음을 시사하고 있다. 우울증과 독립적으로, 중복장애를 함께 보이는 정신과적 장애, 역기능적인 가족 관계, 낮은 사회 경제 수준, 스트레스 생활사건과 같은 변인이 우울한 환자의 심리 사회적인 기능에 영향을 주므로 우울증의 치료와 병행하여 이러한 문제도 함께 다루어야 한다(Asarnow et al., 1994; Marton & Korenblum, Kutcher, Stein, Kenny & Pakes, 1989; McCauley & Myers, 1992; Warner et al., 1995). 아동 및 청소년기에 발병된 우울증상의 경우 후기 청소년기와 성인기에 이르러 자살행동, 타살생각, 흡연, 알코올 및 다른 약물에의 남용 등의 위험요인이 더 높은 것으로 밝혀졌다(Deykin, Buka & Zeenal, 1992; Kansel & Davis, 1986). 일반적으로 주요 우울증을 지닌 아동 및 청소년은 정상통제 집단에 속한 아동 및 청소년에 비해 4~5년 앞서 약물 및 알코올 중독이 발병하는 것으로 나타나는 데, 이러한 결과는 우울한 청소년들을 조기에 개입하고 치료함으로써 약물 및 알코올 남용을 예방할 수 있다는 것을 시사하고 있다.

장기종단 연구결과, 비록 우울증상이 회복되었을지라도 이전에 우울증상을 경험했던 아동과 청소년을 우울하지 않았던 아동 및 청소년에 비해 우울증, 대인관계에서의 손상, 흡연 및 약물 의존, 신체화 증상 등을 더 많이 나타난다고 보고되고 있다(Kandel & Davies, 1986; Kovacs et al., 1994; Nolen-Hoelkesema, Girgus & Seligman, 1992; Puig-Antich et al., 1993; Rao, Ryan & Birmaher, 1995; Rohde et al., 1994; Storber et al., 1993).

또한 우울한 아동들은 자살행동의 위험성이 크다(Andrew & Lewinsohn, 1992). Harrington, Furdge, Rutter, Pickles와 Hills(1990)의 추후 연구에서 우울한 집단에서는 모두 3명이 자연사가 아닌 죽음으로 사망하였고, 2명이 자살로 사망하였다. Rao 등(1995)의 우울한 아동과 청소년에 대한 장기종단 연구결과 204명 중 7명이 자살하였다고 보고하였다. 우울한 아동과 청소년을 대상으로 하여 그들의 어떤 변인이 이후의 자살행동과 높은 상관을 보이는지를 밝힌 연구들은 적으나, 이전의 자살시도 경력이 있는 경우,

무망감을 지닌 경우, 약물남용과 분노 등의 다른 중복된 문제를 지니고 있는 경우, 구체적인 자살방법에 접근이 용이한 경우, 사회적 지지가 부족한 경우, 성격장애, 정서장애와 관련된 가족력이 있는 경우, 가족폭력의 경험이 있는 경우에 더 높은 자살률을 나타내는 것으로 보여진다(Pfeffer, Klerman, Hurt, Kakurma, Peskin & Siefker, 1993; Brent et al., 1987, 1993; Fergusson & Lynskey, 1995; Kovacs et al., 1993; Lewinsohn et al., 1994, 1995; Shaffer et al., 1996). 특히 이러한 청소년 자살률은 1950년대에 비해 80년대 이후 4배가 증가하였으며, 이 연령집단 전체 사망률의 약 12%가 자살로 사망하였다(Brent, Pepper & Goldstein, 1988; Lewinshon et al., 1993). 이와 같이 청소년의 자살시도는 계속 증가해 왔으며, 1년 유병율과 평생유병률이 각각 1.7~5.9%와 3.0~7.1%로 보고되고 있어(Center for Disease Control, 1994; Fergusson & Lynskey, 1995; Lewinsohn et al., 1993), 우울증을 지닌 아동과 청소년을 대상으로 정확한 자살 가능성에 대한 평가와 조기 개입이 필요함을 시사하고 있다.

우울한 아동과 청소년의 추후 연구에서 이들이 성인이 되었을 때 여전히 높은 정신과적 장애를 나타낸다는 연구 결과가 보고되고 있다(Strober & Calson, 1993; Kandel & Davis, 1986; Garber, Kriss & Lindholm, 1988). 청소년을 대상으로 자기보고 질문지를 실시했던 연구에서, 이 때 우울증상을 보였던 청소년들은 초기 성인기에도 여전히 우울증상을 나타낼 가능성이 높음을 보고하고 있으며(Kandel & Davis, 1986), 우울한 장애를 지니고 있는 청소년들이 이후의 주요한 정서적 어려움을 겪을 위험성이 더 크다는 결과가 제기되고 있다(Strober & Carlson, 1993; Garber et al., 1988).

청소년기부터 조사를 시작해 성인기까지 계속 진행해 온 Rao 등의 연구결과(1995)와 일련의 종단 연구들에서도(Garber et al., 1988; Harrington et al., 1990; King & Pitman, 1970), 아동기 우울증 환자들의 약 60~70%가 다시 재발하여 성인기까지 우울증이 지속되는 경향이 있다는 결과가 제시되고 있다. Zeitlin(1986)은 아동과 청소년기에 소아정신과에 입원한 경력이 있고 성인기가 되어 다시 동일 병원에 재입원하게 된 이들을 대상으로 한 연구를 통해 우울증이 상당히 지속적임을 보고하고 있다. 이처럼 아동과 청소년기에 우울증을 경험한 이들은 통제집단과 비교해 성인기에 우울증을 겪을 가능성이 높고, 정신과적 서비스를 받거나 약물을 사용하는 비율도 유의미하게 높음을 알 수 있다.

4. 임상특징

아동 및 청소년기에 발병한 주요 우울증의 경우 전반적인 임상 특징은 정신장애의 진단 및 통계편람 제4판 DSM-IV(American Psychiatric Association, 1994)에 제시된 성인기 주요 우울증의 특징과 유사하지만, 멜랑콜리아, 정신증, 자살시도가 많이 동반되는 성인기 우울증과는 달리(Roberts, Lewinsohn, & Seely, 1995; Ryan, Puig-Antich, & Ambrosini, 1987), 어린 아동들에게는 분리불안, 공포증, 신체적인 불편감, 행동적인 문제들이 더욱 빈번하게 나타난다(Carlson & Kashani, 1988; Kovin, Barrett & Bhate, 1991; Mitchell, McCauley, Burle & Mass, 1988; Ryan et al., 1987). 그리고 정신병적 우울증의 경우 청소년과 성인은 망상을 많이 보이는데 비해 아동은 환청을 더 많이 보이며, 이는 아동이 인지적으로 미성숙하기 때문에 나타나는 것이다(Ryan et al., 1987). 또한 기분부전장애의 경우에도 아동들의 경우에는 사랑받지 못함, 분노, 자기 패배감, 신체적인 불편감, 불안감, 말 안 들음과 같은 성인기와는 다소 다른 증상들이 나타난다는 것이 보고되고 있다(Kovacs, Krol & Voti, 1994a). 또한 DSM 기준과는 달리 기분부전장애를 가진 아동들의 경우에도 멜랑콜리한 증상이 거의 나타내지 않는다(Kovace et al., 1994).

Kovac과 Beck(1977)은 아동기 우울증은 성인기 우울증과 핵심적인 증상은 유사하나, 아동만 경험하는 증상이 있음을 제시하므로 아동기 우울증을 구별해야 한다는 것을 주장하였다. 특히 이러한 관점은 발달이 우울증의 표현에 영향을 끼치며, 발달의 영향을 무시하는 것은 아동을 작은 어른으로 취급한다고 하였다(Phillips, Draguns & Barlett, 1975). 또한 임상에서 오랫동안 우울성향의 아동들을 관찰한 결과들을 종합하여 외현적 특징을 요약하면 질문에 우물쭈물 답하며, 자신의 의사를 불분명하게 표현하고, 구석진 곳이나 남의 뒤에 자기 몸을 가리는 행동을 보인다. 또 무표정한 얼굴로 억지로 자신의 일을 처리하므로 답답함을 느끼게 하기도 한다. 이렇게 일상적인 학교 장면에서 우울성향 아동들이 보이는 소심함, 무력감에 의한 조용한 태도, 또래들과의 협동성 부족으로 인한 소외된 행동들이 자칫 내향적 성격으로 오인되거나 교사의 말을 잘 듣는 아동으로 오해될 여지가 다분히 있다는 점이다. 그러나 우울성향 아동은 우울을 감소시킬 수 있는 능력이나 대처 기술, 적극성이 없기 때문에 문제를 해결하지 못하고 정서적 갈등과 어려움 속에서 힘든 생활을 지속하고 있기에 우울성향의 발전과 그에 따른 적극적 처치가 절실히 요구된다고 할 수 있다.

유치원 시기의 아동들은 매우 슬퍼 보이고 곧잘 눈물을 흘리는데 눈에 반짝임이 없어지며 말이 별로 없고 행동도 느리며 배가 아프다는 등의 신체증상을 많이 호소하면서 키도, 몸무게도, 잘 자라지 않는다. 이 시기에 발명하면 대부분 의사소통이 가능하므로 유아기에 비해 진단을 내리기는 다소 쉬워진다 하겠다.

초등학교에 다니는 어린이의 경우, 풀이 죽어 있고 잘 울며 집중력이 떨어져 학교 성적이 저조하고 어른이 되어 무엇이 되고 싶다는 희망사항이 없으며 두통, 복통 등의 신체 증상을 많이 호소하나 소아과에 가면 "아무 이상이 없다"거나 "신경성"이라는 이야기를 듣게 된다. 이 기간 내에도 나이에 따라 조금씩 다른 양상을 보인다는 연구도 있는데, 1, 2학년 경에는 불행감, 슬픈 감정, 무력감 등의 정서적인 증세가 주로 나타나며 3, 4학년 정도엔 사랑받지 못하고 불공평하다는 느낌과 함께 한시도 안정되지 못한 상태가 되어 얼핏 보기에 부산하고 집중력이 없는 주의력결핍 과잉행동장애와 혼돈하기 쉽다. 요즈음은 신체적 · 정신적 발달이 빨라 5, 6학년이 되면 벌써 사춘기적 변화가 일어난 아이들이 많이 있는데 이 시기엔 우울한 기분으로 나타나는 증세 외에 인지적인 면이 함께 나타나므로 자신이 형편없는 존재이며, 부모에게 미안하다는 생각이 들기도 하므로 심한 죄책감에 빠지는 경우도 있고 자존심이 많이 손상되어 열등감 속에 생활하게 된다.

청소년기가 되면 우울장애는 급증하는데 특히 여학생들에게 우울이 더 많아 성인의 남녀 성비와 차츰 유사해져 간다. 그 원인에 대해서는 여러 가지 이론이 많은데 호르몬 변화 등의 생물학적 원인과 남성 우위의 사회를 실감하게 되면서 겪게 되는 심리적 갈등 등의 사회적 원인 등이 중요하다. 이 시기의 우울은 앞날에 대한 희망이 전혀 없는 듯 보여 심한 좌절과 함께 미래에 대한 두려움이 앞서기 때문에 자살을 시도하는 경우가 많다. 외국에서의 보고를 보면 10세 이전에 비해 10~14세의 자살률은 100배나 증가하고 15~19세에는 이의 10배가 더 증가하므로 이 시기에 자살률은 최고조에 달한다는 것이다. 또한 청소년기의 우울은 약물중독이나 품행장애로 번져 반사회적 성격을 형성할 수 있으므로 적절한 조치가 조기에 내려져야만 한다(이혜련, 1993).

이상과 같이 우울한 아이들이 보이는 행동문제를 '우울증과 등가'(depressive equivalent)증상, 혹은 '가면 쓴 우울증'(masked depression)이라고 한다. 이것은 내면의 우울증이 외현적인 행동으로 가려졌다는 의미이다. 아동, 청소년들이 좌절하거나 우울할 때 부정적인 감정과 생각에서 벗어나기 위해 밤새 컴퓨터 게임을 해서 아침에 일어나지 못하고 학교가기를 거부하거나, 친구들과 몰려다니면서 담배 피고, 술을 마시고, 가출을 하는 등 비행을 보일 수 있는데, 부모들은 아이가 보이는 그러한 문제행동이 도저히 우울증상이라고는 생각하기 어렵다. 따라서 초반에 버릇을 고쳐야 한다고 호되게 처벌하거나 비난과 욕설을 퍼붓기도 하는데, 그러면 그럴수록 아이들은 자존심에 더 상처를 받게 되어 자기-무가치감이 더 심화되고, 자포자기적인 일탈행동이 더 강화될 수 있다(신민섭, 2006).

5. 치료방법

부모님들이 "예전에는 착하고 부모님 말씀 잘 듣던 아이가 언젠가부터 달라졌다거나 못된 친구들과 어울리더니 집에서 돈을 몰래 집어가거나 가출을 한다." 등과 같은 문제를 호소하는 경우, 그런 아이들에게 심리검사를 실시하고 면담을 통해 진단을 해 보면 우울증에 해당되는 경우가 많다. 따라서 자녀들이 문제행동을 보일 때, 버릇이 나쁘다, 못된 아이다라고 성급하게 판단하고 처벌하기 전에, 혹시 요즈음 우리 아이가 우울해질 만한 일은 없었는지, 아이가 왜 이런 행동을 보이게 되었는지 그 원인에 대해 먼저 이해해 보려는 따뜻한 태도와 시각을 가져야 한다.

우울증 치료에서 아동, 청소년기에는 우울증이 겉으로는 서로 다른 양상으로 나타날 수 있고, 우울증을 보이게 된 원인도 다 다를 수 있으므로, 각각의 사례에 맞는 치료적 도움이 필요하다. 내면에 누적되어 있는 정서적 고통이나 어려움은 놀이치료나 미술치료 등을 통해 자연스럽게 표현되고 완화될 수 있고, 부모나 치료자로부터 무조건적으로 수용되고 인정받으며 안정된 애착관계를 재형성하는 경험을 통해 자신에 대한 긍정적인 생각과 태도가 내면화되어 자기-가치감이 고양될 수 있다. 또 언어적 표현 능력이 발달된 청소년들에게는 대화를 통한 상담치료도 가능하다. 부모가 자녀에게 너무 엄격하기보다는 자녀의 정서적 어려움을 수용해 주고, 자녀가 부모에게 무엇보다도 소중한 존재라는 느낌을 가질 수 있도록 해 주어야 한다. 우울증상이 심한 경우에는 심리치료와 더불어 약물치료가 필요하다.

아동은 아직 발달이 진행 중에 있으므로, 여러 가지 부정적인 경험으로 인해 우울증상을 보인다고 할지라도 발달 과정에서 다른 것이 대신 채워지거나 충족될 때 마음의 상처가 아물고 보상될 수 있는 유연성과 탄력성이 어른들보다 훨씬 많다는 점에서 좀 더 희망적이다. 부모의 이혼이나 사별과 같은 불가피한 상황에서 유발되는 상실감은 충분히 애도하고 과거의 일로 떠나보낼 수 있게 도와 주고, 그 허전함을 앞으로 다른 관계를 발달시키거나 즐거운 활동과 성취 경험을 통해서 채울 수 있게 해 주어야 한다. 이러한 것들을 통해서 우울한 아동들은 정서적 어려움을 극복하고 그 동안 잠겨 있었던 자신의 잠재능력을 더욱 발휘할 수 있게 된다. 부모는 아이들이 건강하게 성장하도록 도와 주는 역할을 해야 한다.

아동, 청소년들의 우울은 부모와의 관계, 부모의 잘못된 양육태도나 양육행동, 부모 자신의 정신병리에서 유발되는 경우가 많으므로, 부모에 대한 적절한 교육과 가족구성원에 대한 치료적 개입이 반드시 필요하다. 또한 품행 문제를 보이는 아동이나 청소년들이 느끼는 우울감은 권위적 대상에 대한 적대감과 좌절감 때문에 생긴 분노감이 자기 내부로 향해진 경우도 많으므로, 정서적 어려움을 함께 다루어 주는 치료적 작업이 효과적이다. 아동이 어릴 경우에는 놀이치료를 통해 정서적 어려움을 다루어 주고, 자신의 감정과 생각을 언어화할 수 있는 나이와 지적 수준에 이르면 상담을 통한 심리치료와 가족 치료를 병행하면 효과적이다. "문제 아이는 없다. 다만 문제 있는 부모가 있을 뿐이다."라는 말을 한번쯤은 진지하게 생각해 볼 일이다(신민섭, 강수정, 2006).

가. 놀이치료

유치원 이하의 어린이들이 우울장애일 경우 자신의 생각이나 감정을 언어로 충분히 표현하기는 힘들다. 그러나 여러 가지 놀이를 통해서 자연스럽게 자신을 표현하는 것이 가능하다. 물론 우울이 심한 경우엔 놀이치료 초기에 매우 위축되어 있거나 모든 일에 의욕이 없어 여기 저기 기웃거리거나 매우 단순한 조작놀이 장난감을 만지작거리는 정도로 놀이에 대한 관심도 낮고 수준도 어리다. 그러나 치료자와의 관계가 형성되고 위축되어 있던 마음이 조금씩 풀어지면서 차츰 좋아하는 장난감이 생겨나게 된다. 보드라운 동물인형에 애착을 보이는 아이도 있고 한 가족이 등장하는 인형 집을 항상 선택하는 아이도 있다. 텐트 속에서 오순도순 치료자와 좀더 긴밀한 관계를 즐기는 아이가 있는가 하면 여러 동물들로 구성되는 동물원 놀이나 마을 풍경을 꾸며내기도 한다. 이러한 과정이 이루어지도록 적절한 유도를 하는 데에는 치료자의 놀이 기술이 필요하다. 하지만 놀이 속에 자신의 감정과 생각들을 쏟아놓는 아이를 면밀히 관찰하고 그 의미를 파악하여 이에 대한 올바른 대응을 해 줌으로써 아이 스스로 자신의 속마음을 파악해 나갈 수 있도록 돕는데 정신치료에 관한 깊은 이해와 오랜 경험이 필수적이다. 놀이는 대부분 할 수 있지만 실제 그 속에서 치료적 작업을 해나가는 것은 매우 전문적인 일이다. 어른들도 친구나 주변 사람들에게 하소연을 하고 울기도 하며 스트레스나 고민은 해소될 수 있다. 그러나 이것을 정신치료라고 말하지 않는다. 신경증적인 깊은 우울이 있는 경우 결코 이런 방법으로 해결되지 못한다. 이와 마찬가지로 아이와 즐겁게 놀아주기만 한다고 하여 놀이치료가 결코 아니다.

성인의 경우도 몇 년씩 우울증으로 고생하다 보면 폐인처럼 변하는데 아이들은 현재 자라나고 있는 단계이므로 우울로 인해 키도, 몸무게도, 자신감도, 정서적 표현 능력도, 사회성도, 지적 능력도, 학습도 뒤떨어지게 되며 평생 동안 미치는 영향이 성인에 비해 훨씬 지대하다. 놀이치료를 피아노나 미술학원 보내는 것과 마찬가지로 아이의 특별활동 정도로 생각하는 부모들이 간혹 있는데 이러한 인식을 가지고 아이의 우울증을 다루려 한다면 결코 해결할 수 없으리라 생각된다.

놀이치료실에서는 아이의 누적된 적개심, 분노, 열등감, 사랑받고 싶은 욕구 등이 자연스럽게 표출될 수 있어야 하며 이러한 환경 마련을 위해 첫 번째 필요한 것이 어른의 정신치료와 마찬가지로 절대적인 비밀보장이다. 놀이치료 초기에 부모에게 이에 관한 안내를 하지만 그래도 치료실에서 아이가 무엇을 하고 놀았나에만 관심이 많은 부모는 치료를 마치고 나오는 아이에게 "뭐하고 놀았니? 무슨 얘기했어?" 등의 질문을 다그쳐

묻는 경우가 있다. 이 때 대부분의 아이들은 당황하게 되며 대답을 회피해 버리거나 짜증을 내는데 이는 아이에게 자기만의 공간과 시간을 마련해 준 놀이치료 원래의 효과를 완전히 상실케 만든다. 즉 잘 치료받고 나온 효과를 일순간에 부모가 무효로 만들어 버리는 것이다.

엄마와 아이가 각각 정신치료를 병행하는 경우도 드물지 않고 나중엔 아빠의 이해나 도움도 필요하고 아직 우울증은 아니지만 다소 불건강한 형제들도 함께 보기 위해 가족치료를 실시하기도 한다.

나. 약물치료

성인의 우울과 좀 더 유사한 양상을 띠는 청소년들 중에는 항우울제에 대한 반응이 좋은 경우도 많다. 물론 약의 용량을 서서히 증량시켜야 하고 약효나 부작용이 나타나는 것도 세밀히 살펴야 하므로 소아 정신과 의사의 지시 없이 약물을 함부로 복용하는 것은 절대 피해야 한다. 항우울의 효과는 특히 느리게 나타나 적어도 3주 이상이 걸리므로 보호자나 아동을 충분히 이해시켜 주는 것이 필요하다. 대개 소아에게서는 반드시 약물치료가 필요하다고 생각되는 경우에만 6주 정도 시도해 보고 항우울 효과가 없으면 약물치료는 중단해야 한다. 때론 치료 초기에, 병원을 다닌다는 자체가 부모의 태도 변화를 일으키거나 아이 역시 자기에게 관심이 쏠린다고 느껴져 아이의 우울증세를 일시적으로 경감시키기도 하므로 약물의 효과인지 환경 변화에 의한 것인지 세밀하게 살펴보아야 한다. 의사도 아동의 상태를 세심히 살펴 약을 지어 주어야 하지만 보호자 역시 의사의 지시를 철저히 따르는 자세가 반드시 필요한 것이다.

대부분 3~6개월 내에 아이가 밝아지고 하고 싶어하는 일도 많이 늘어났다는 부모님의 보고를 듣게 되지만 엄마의 우울이나 가족 내의 누적된 갈등, 우울로 인한 학습부진, 대인관계에서의 자신감 등을 회복하는 데에는 좀더 시간이 필요한 경우가 많다. 그러나 성인에 비해서는 부모와 치료자의 적절한 도움으로 아이 본연의 모습 그대로의 건강한 자아상을 되찾는 작업이 좀더 빠르고 수월하다. 따라서 소아, 청소년의 우울증은 조기 발견이 매우 중요한데 아이들에게도 우울증이 있을 수 있다는 사실부터 어른들이 깊이 인식하여야만 이를 빨리 발견할 수 있다(이혜련. 1993).

CHAPTER 07

주의력결핍 과잉행동장애 아동상담

1. 정 의

주의력결핍 과잉행동장애(ADHD; Attention Deficit with Hyperactivity Disorder)에 대한 개념은 현재의 DSM-IV의 정의에 이르기까지 오랫동안 아동정신병리 분야에서 논란의 대상이 되어 왔으며 장애에 대한 명명이나 기술도 변화되어 왔다.

1900년대 초기부터 충동적이고 과다행동을 보이는 문제를 가진 아동들이 발견되었으며 이런 증상을 과잉활동증상(hyperactive syndrome)이라고 명명했다. 1930~50년대까지 이 증상의 신경학적 원인론이 연구되면서 1950년대에 뚜렷한 신경학적 손상을 보이지 않는 질환군을 미소대뇌기능장애(MBD)란 이름으로 부르게 되었다. 1960년대에 들어와서는 증상의 이질성이 인식되면서 연구의 초점이 과잉활동에서 인지로 전환되고 과잉활동은 주의(attention)의 기본적 결함 때문에 발생한다고 생각하게 되었다. 따라서 DSM-III에서는 과잉활동을 수반하지 않는 주의력결핍과 과잉활동을 수반한 주의력결핍을 나누어 각기 주의력결핍장애(ADD)와 주의력결핍 과잉운동장애(ADHD)로 불렀다. DSM-III-R에서는 ADHD란 단일명으로 단순화했고, DSM-IV에서는 우세한 증상이 무엇이냐에 따라 주의력결핍 유형, 과잉운동과 충동성 유형, 혼재형으로 나누었다(이춘재 외 역, 1998).

정신장애의 진단 및 통계편람 제4판(DSM-IV; Diagnostic and Statistical Manual of Mental Disorders, fourth edition)의 의학적인 진단기준에 따르면, 주의력결핍 과잉행동장애는 당면한 과제에 주의를 기울이거나 주의를 지속함에 있어서 제한된 능력을 보이며(부주의, inattention), 어떤 일을 심사숙고하여 조직적으로 처리하지 못하거나 목적 없이 행동하며(충동성, impulsivity), 활동의 양이 같은 연령대의 또래나 주어진 과제에 비해 과도함(과잉행동, hyperactivity)을 특성으로 하는 장애이다. 즉, 주의력결핍 과잉행동장애란 지속적인 주의집중력, 실행기능, 조직적 사고능력에서의 결손과 행동억제 결함으로 인해 학습능력의 저하 및 행동문제를 나타내는 장애로, 산만함과 짧은 집중시간은 일차적 문제이고, 과잉행동과 충동성이 수반되는 장애로서 아동기에 가장 빈발하는 장애이다.

일반적으로 ADHD 아동은 자신과 자신의 행동을 모니터링, 계획, 조절하는데 어려움이 있으며, 다른 사람을 방해하고 차례를 기다리지 못하여 심사숙고해서 결정하는 일을 어려워하고, 정해진 시간과 방법에 따라 과제를 완수하지 못하는 것으로 알려져 있다(Barkley, 1991; Mercugliano, Power & Blum, 1999). ADHD 아동들은 충동적 성향으로 인해 결과를 생각하고 행동해야 할 때나 규칙을 지키는 것이 어려우며, 때로는 자신과 타인에게 위협이 되기도 한다(APA, 2000). 또한 ADHD 아동은 매우 활동 수준이 높고 침착하지 못하며 안절부절못하며 가만히 있지 못하고 가능한 결과에 대해 생각 없이 매우 충동적인 행동을 한다(정종진, 2003).

ADHD 증후들은 신경학적으로 자기통제의 결함과 탈억제에 기인하는 데(Barkley, 1998), 과잉행동 및 충동성과 관련된 탈억제의 문제는 3~4세경, 부주의 문제는 5~7세경 나타나며(Mash & Barkley, 1997), 대부분 7세 이전에 발병하는 것으로 보고되고 있다(APA, 2000; Barkley, 1998).

2. 원 인

이 장애가 선천적이며 신경생물학적 원인으로부터 기인한다는 것에는 누구나 동의하나 구체적인 발병요인은 밝히지 못하고 있다(김순혜, 2004).

대부분의 경우 ADHD 아동의 주의력결핍 과잉행동－충동성에 관한 특정한 원인은 알려지지 않고 있다. 많은 사람들이 ADHD를 신경학에 기초한 장애로 생각하지만, ADHD의 행동 징후에 대한 뇌손상과 기능장애 간의 명백하고 일관된 증거는 없다(National Institute of Health Consensus Statement, 1998). 그러나 진단에서 유전적 요소에 관한 증거는 늘어나고 있는데(Edelbrock, Rende, Plomin & Thompson, 1995), 유전학은 ADHD 진단을 결정하는 데 있어 어떤 위험이나 회복 요소, 환경적 영향, 즉 삶의 경험과 관련된 내용을 제공한다(Goldstein & Goldstein, 1998).

ADHD는 유전적 장애와 질병의 영역과 폭넓게 관련되어 있는데, 예를 들면 취약성 X증후군, 터너증후군, 윌리엄증후군을 가진 개인은 종종 주의력과 충동성에 문제를 가지고 있다. ADHD 징후는 또한 치명적인 알코올증후군, 납에 의한 중독, 태어나기 전 코카인에 대해 노출된 것 등과 관련되어 있기도 하다.

신경학적 연구들에서는 ADHD 아동의 뇌구조 및 생화학적 반응의 차이를 지적하는데, 이 생화학적 반응 이상은 ADHD 아동의 행동결함과 과잉행동의 원인으로 간주된다. 그러나 ADHD로 진단된 아동의 뇌구조는 일반 아동의 뇌구조와 그다지 다르지 않다.

이처럼 ADHD의 원인은 아직 잘 드러나지 않고 있는데, ADHD 아동들의 유사한 행동 패턴은 완전히 다른 요소에 의해 야기될 수도 있다(Goldstein & Goldstein, 1998; Gresham, 2002; Maag & Reid, 1994)고 한다. 다른 상황이나 환경에서의 일시적 요소가 아동의 주의력결핍과 과잉행동에 영향을 줄 수도 있다는 것이나, 일시적 요소에 대한 이해는 효과가 오래 지속되는 최적의 중재를 위해 꼭 필요한 것이다(김진호, 박재국 외, 2006).

가. 신경생물학적 원인

많은 학자들은 ADHD가 선천적이며 신경생물학적인 원인에 의해 생긴다고 본다. ADHD 아동의 뇌의 기본 구조는 손상되지 않은 것처럼 보이나 뇌기능에 있어서 미세한 기능장애가 있는 것으로 보인다. 실제 뇌염이나 사고로 대뇌손상을 입은 사람에게서 주의문제와 과잉행동이 나타났으나 이런 장애가 있는 대부분의 아동들에게서 대뇌 손상이 확인되지 않은 미세 대뇌손상이 있다고 가정되었다. 이외에도 신경 화학적 연구에서는 도파민(dopamine)과 노르에피네프린(norepinephine)의 결핍이 이러한 장애를 유발하는 것으로 나타났으며, 다른 신경전달 물질에 대한 연구도 계속 이루어지고 있다(임혜수, 1996).

나. 아동의 기질과 모의 양육행동

아동은 생후 몇 주부터 분명히 나타나는 개인적인 성격 특성이나 기질을 타고난다. 처음부터 평온하고 여유 있는 아동이 있는 반면에 또 다른 아이들은 더 열정적이고 강렬한 기질을 나타낸다. 또 어떤 아동들은 식사, 수면, 배변과 같은 예측 가능한 일에 쉽게 적응을 하지만 어떤 아동들은 그들의 습관이 매우 불규칙적이며 규칙적인 일을 잘 수행하지 못한다. 다루기 어려운 아동의 행동은 부모가 자녀를 대하는 방법에도 영향을 미친다. 많은 과잉행동 아동의 부모들은 아동의 문제행동을 다루는 수단으로 지나치게 통제적이고 부정적이며, 명령과 금지를 많이 한다고 보고하고 있다(신현권, 2000). 이러한 양육행동이 반드시 과잉행동장애를 가져온다고는 볼 수 없지만, 많은 과잉행동 아동의 어머니에게서 이런 양육행동이 나타나는 것은 사실이다. 또한 영아기까지 과잉행동장애의 증후가 두드러지지 않았던 아동들에게서 유아기부터 과잉행동장애가 나타나는 것은 어머니의 양육행동이나 가정의 심리적 분위기 등이 영향을 미친 것으로 볼 수 있고, 이러한 경우 아동상담의 주요 대상이 된다.

다. 출생과정의 문제

Hartsough와 Lambert(1985)는 과잉행동 아동 300명과 일반아동 190명의 조사를 통해 임신 기간 중 산모의 건강이 좋지 않았을 때, 산모의 나이가 20세 이하였을 때, 첫 임신이었을 때, 임신중독증이었을 때, 난산이었거나 출산시 태아가 머리나 기타 장애를 입었을 때, 과숙아였을 때 과잉행동 아동이 더 많이 태어났다고 하였다. 그 외 임신기간 중 산모의 알코올 남용, 심한 흡연, 테라토겐(teratogen)의 복용 등도 과잉행동 아동의 출생 가능성을 높여 준다고 하였다.

이처럼 임신시 태아의 상태와 주의력결핍 과잉행동장애의 상관관계를 밝힌 연구는 많은데, 임산부의 영양 부족, 임신기간 중 흡연, 지나친 스트레스, 감염 등이 영향을 미치며 조산아, 저체중아 혹은 난산으로 두부손상을 입은 경우에도 나타나는 것으로 보고되고 있다(김순혜, 2004).

라. 생활환경의 영향

아동의 발육 중인 신경계에 대한 손상은 출생 전 뿐만 아니라 출생 후에도 발생할 수 있다. 납중독을 한 예로 들 수 있는데, 납은 납 제련 공장의 폐기물뿐 아니라 페인트, 장난감, 음식물 포장지, 유연 휘발유, 자동차 배기가스 등에 포함되어 있다. 이 외에도 식품 첨가물, 소금에 절인 식품과 많은 양의 설탕 섭취, 식품의 알레르기 반응이 과잉행동의 원인들 중 하나로 제시되어 오고 있으나 이에 대한 과학적 근거는 미약한 편이다.

한편 잦은 이사, 심한 스트레스 등도 과잉행동장애의 출현과 관계가 깊은 것으로 나타났다.

마. 유 전

Bellak(1984)은 아동이 심한 과잉행동장애라면 부모가 과잉행동 아동이었을 가능성이 매우 높다고 하였다. 실제 환자의 30~40%는 부모나 형제 중에 ADHD를 함께 가지고 있는 것으로 보고되고 있다. 이를 뒷받침해 주는 몇 가지 증거는 ADHD의 형제자매들도 다른 아동에 비해 ADHD 증상을 갖는 경우가 많고, ADHD 쌍생아의 경우 그 위험성이 가장 높다고 한다. 이 장애를 가진 쌍생아의 경우 다른 쌍둥이 형제도 ADHD를 같이 나타내는 비율이 이란성보다 일란성 쌍생아에서 훨씬 높다는 것이며 양자연구(adoption study)에서 보면 ADHD를 가지고 있는 경우가 많다는 것이다(이숙, 정미자 외, 2004).

한편 출생순위, 형제 수, 부모의 나이, 교육수준, 경제력 등의 환경적 요인에 관한 연구에서는 ADHD와 뚜렷한 연관 없는 것으로 밝혀졌으며 단지 ADHD가 있을 때 이를 나타내는 양상에 있어서는 아이가 자라난 환경, 즉 부모나 선생님의 훈육 방법이나 정서적인 관계 등이 영향을 미치는 것으로 드러났다.

3. 진단과 유병률

가. 진 단

주의력결핍 과잉행동장애는 정신장애 진단 및 통계편람(DSM-IV)(미국정신의학회, 2000)의 준거에 따라 진단되고 있다. ADHD의 필수 증상은 또래에 비해 부주의 및 과잉행동-충동성이 더 자주, 그리고 심하게 지속된다는 점이다. ADHD로 진단되려면 여섯 개 이상의 부주의 증상과 혹은 여섯 개 이상의 과잉행동-충동성 증상이 적어도 6개월 이상 지속되어야 한다.

ADHD는 과잉행동-충동성이 우세한 유형(hyperactive-impulsive type), 부주의가 우세한 유형(inattentive type), 과잉행동, 충동성, 부주의 모두가 우세한 유형의 세 가지로 분류된다. 부주의, 과잉행동, 충동성의 세 가지 진단규준들 중 적어도 두 가지 이상에 해당되는 특징들이 7세 이전에 나타나서 6개월 이상 지속될 때 주의력결핍 과잉행동장애로 진단한다(American Psychiatric Association, 1994).

의사들은 징후의 다양성을 나타내는 ADHD의 하위유형 세 개 중 하나를 진단하게 되는데, 즉 주의력결핍 및 과잉행동장애 복합형, 현저한 주의력결핍 형태, 현저한 과잉행동-충동성 형태 중 하나이다. ADHD의 약 절반이 복합형으로 진단되며, 30%가 현저한 주의력결핍 형태, 20%가 현저한 과잉행동-충동성 형태도 나타난다(Lahey et al., 1994).

ADHD 진단준거는 매우 다양하고 주관적이기 때문에 의사에 따라 진단이 달라질 수 있다. 부모들은 ADHD라는 진단이 내려지기까지 여러 의사들에게 자녀를 데리고 다니는 '의사 찾아다니기(physician shopping)'에 몰두한다(Reid, Maag, & Vasa, 1994). Goodman과 Poillion(1992)은 48개의 논문과 전문가가 저술한 ADHD에 관한 책들을 개관한 결과 ADHD의 69개의 특성과 38개의 원인을 발견하였는 데, 그들은 ADD가 '어떤 기능장애 혹은 문제(Any Dysfunction or Difficulty)'의 첫 글자를 딴 것이라고 주장한다.

유아기에는 임상적으로 ADHD에 대한 정확한 진단을 내리기가 상당히 어려운 것으로 알려져 있다. 그 이유는 ADHD와 연관된 많은 문제들이 정상적인 유・아동기의 특징이기도 하며, 때때로 다른 행동장애나 심리적 발달장애와 중복되어(Platzman et al., 1992) 이를 명확히 분리하여 ADHD로 진단을 내리는 것이 어렵기 때문이다. 유아기 자녀를 둔 부모들 대부분은 자녀가 주의력이 없고 지나치게 활동적이라고 생각하는데 이는 산만하고 자신만의 세계에 몰입하는 행동들이 모든 유아에게 일시적으로 나타나는 공통적 행동이기 때문이다(이상복, 이상훈, 이효신, 1996). 따라서 정상적 산만함이나 활달함을 가진 유아들이 ADHD로 오해되기도 하므로 무엇보다 증상이 유지된 기간이 6개월 이상 지속되는지(DSM-IV 기준) 여부를 살피는 것이 중요하다. ADHD는 그 증상이 환경, 양육자, 과제 복합성에 따라 다양한 양상으로 나타난다(Barkley, 1990). 그래서 연구자들은 ADHD의 진단의 유용성과 타당성에 회의를 갖기도 한다.

일반적으로 ADHD의 평가는 유아, 부모, 교사와의 면담 및 행동평가 척도, 검사의 결과들을 기초로 한 임상가의 진단에 의해 이루어진다(Mercugliano, Power & Balum, 1999). 이 때 진단의 오류를 줄이고 정확성을 높일 수 있는 방법은 부모 및 각 분야의 전문가로 이루어진 팀에 의한 다각적 평가이다(August, Ostrander & Bloomquist, 1992; Barkley, 1990). 교사는 교실 내에서 임상적으로 의의가 있을 만한 상황에 있는 유아들을 매일 관찰함으로써 중요한 자료 제공자가 될 수 있으므로 전문가 팀의 중요한 일원이 될 수 있다. ADHD의 문제행동 특성들은 일상적 기술을 강하게 요구하는 학교환경 속에서 더욱 드러나게 되기 때문에(Pelham et al., 1992; Schwean et al., 1993) 교육

현장에서 직접적으로 유아를 관찰하는 교사의 정보는 진단에 있어 매우 결정적 역할을 한다.

〈DSM-Ⅳ의 주의력결핍 과잉행동장애 진단준거〉

A. (1)이거나 (2)

1. 주의력결핍에 관한 다음 증상 가운데 6가지(또는 그 이상) 증상이 적어도 6개월 동안 부적응적이고 발달수준에 맞지 않는 정도로 지속되는 경우

주의력결핍

a. 세부적인 면에 꼼꼼하게 주의를 기울이지 못하거나 학교, 직장 혹은 기타 활동에서 부주의로 인한 실수를 자주한다.
b. 과제나 놀이 활동에 지속적으로 집중하는 데 어려움을 보인다.
c. 다른 사람이 말할 때 듣지 않는 것처럼 보인다.
d. 지시를 끝까지 따르지 못하고, 학교나 직장에서 임무를 완수하지 못한다(반항적인 행동 때문이거나 지시를 이해하지 못해서가 아님).
e. 과제나 활동을 조직하는 데 어려움을 겪는다.
f. 지속적인 정신적 노력을 요구하는 과제(학업이나 숙제)를 하지 않으려 하거나 피하고 싫어한다.
g. 과제나 활동에 필요한 물건(장난감, 학습과제, 연필, 책, 도구)을 자주 잃어버린다.
h. 외부자극에 의해 쉽게 산만해진다.
i. 일상적인 활동을 자주 잊어버린다.

2. 과잉행동-충동성 증상 중 6가지(또는 그 이상) 증상이 적어도 6개월 동안 부적응적이고 발달 수준에 맞지 않는 정도로 지속되는 경우

과잉행동

a. 손이나 발을 가만히 두지 못하거나 의자에서 꼼지락거린다.
b. 흔히 앉아 있도록 요구되는 교실이나 상황에서 자리를 자주 이탈한다.
c. 상황에 부적절하게 지나치게 뛰어다니거나 기어오른다(청소년 혹은 성인의 경우에는 안절부절못하는 주관적 감정으로 제하될 수 있음).
d. 조용히 놀지 못하거나 여가활동에 참여하지 못한다.
e. 끊임없이 움직이거나 마치 무엇인가에 쫓기는 것처럼 행동한다.
f. 지나치게 말을 많이 한다.

충동성

g. 질문치 끝나기도 전에 성급하게 대답한다.
h. 차례를 기다리지 못한다.
i. 다른 사람의 일에 자주 참견하고 간섭한다(대화나 게임에 끼어듦).

B. 장애를 일으키는 일부 과잉행동-충동성 혹은 주의력결핍 증상이 7세 이전에 발생되어야

함
C. 증상으로 인한 장애가 두 개 이상의 장면(학교나 집)에서 나타나야 함
D. 사회적, 학업적, 직업적 기능에서 임상적으로 유의미한 손상의 증거가 있어야 함
E. 이 증상들은 전반적 발달장애, 정신분열증 혹은 기타 정신과적 장애로 인해 단독으로 나타나지 않고 다른 정신장애(예 : 기분장애, 불안장애, 해리성 장애, 인격장애)로 설명할 수 없어야 함

진단에 필요한 기준
ADHD, 부주의 우세형 : 6개월 동안 기준 A1을 충족시키지만 A2를 충족시키지 못할 경우
ADHD, 과잉행동-충동성 우세형 : 6개월 동안 기준 A2를 충족시키지만 A1을 충족시키지 못할 경우
ADHD, 복합형 : 기준 A1과 A2 둘 다를 6개월 동안 충족시킬 경우

ADHD는 부모가 매우 활동적이고 쉽게 안절부절못하며 충동적이고 주의가 산만한 아이와 달리, 다른 형제자매를 행복하고 조용하며 잘 적응되게 성공적으로 양육한 안정된 가정에서 가장 신뢰롭게 진단된다. 또한 ADHD의 진단은 형식적인 심리검사의 결과와 함께 부모와 교사가 가정과 학교에서 아동의 행동을 관찰한 결과를 보고한 자료가 기초가 된다.

나. 유병률

국내에서 유아교육기관에 다니고 있는 유아를 대상으로 한 연구를 보면 약 2~5.1%(박명화, 2001; 안미경, 2000; 조수철, 1999)에서 ADHD가 발견되었으며, 초등학교의 경우 평균 2~7.6%에서 발견되고 있다(조수철, 신윤오, 1994; 김자윤, 안동현, 이양희, 1999). 보건사회연구원에서 1995년 서울시내 4개 초등학교 1, 2, 3학년 재학생 2,899명을 대상으로 행동문제 아동을 조사한 바에 의하면 8.6%인 249명이 주의력결핍, 산만성 행동문제를 지닌 것으로 나타났다(이상복, 이상훈, 이효신, 1996).

그리고 APA(2000)에 의하면 ADHD는 아동기 인구의 약 3~7%의 유병률을 나타내는 것으로 보고되었으나, 연구에 따라서는 10~15% 정도로 높게 보고된 경우들도 있고(Baravbasz & Barabasz, 1996; Barkley, 1990; Landau & McAninch, 1993), 증상이 경미한 아동을 포함하면 17%까지도 이른다고 보고되기도 하였다(Barbaresi et al., 2002; Noaln, Gadow & Sprafkin, 2001). 이렇게 유아 및 아동들에게서 ADHD의 유병률이 다양하게 나타나는 이유는 ADHD가 하나의 분리된 장애 범주로 분류되어 있지 않고(이소현, 2003), 유아 및 아동기의 정상적인 행동 특성들이 ADHD의 증후와 혼동되는 경우가

많아 정확한 ADHD 유병률 산출이 어렵기 때문이다.

성비에 따른 유병률은 일반 인구 조사와 병원 조사에서 다소 차이를 보이는 데, 일반 인구의 경우 남녀 차이가 2.5 : 1에서 5.1 : 1로 보고되어 대략 남아가 여아에 비해 3배 정도 흔한 것으로 조사되었다. 하지만 임상군을 대상으로 한 조사에서는 2 : 1내지 10 : 1까지도 차이가 나는데 대략 6~9배 정도 남아에게서 높은 비율로 보고되었다(Barkley 1991; Wicks-Nelson & Israel, 1992). 박명화(2001)가 유아교육기관에 통합되어 있는 ADHD 유아에 대해 조사한 연구에서는 남아 대 여아의 비율이 4 : 2.1로 남아의 비율이 높았으며, 첫째 아동이 가장 많은 것으로 나타났고, 조수철, 신윤오(1994)의 연구에서는 남녀 성비가 5 : 2로 나타났다. 미국에서는 남녀 간의 유병률이 3 : 1에서 9 : 1까지 차이가 있는 것으로 조사되었다(APA, 2000).

Hartung과 동료들(2002)의 연구에서는 임상적으로 의뢰된 3~7세 유아 127명을 대상으로 조사해 본 결과, 여아가 22명, 남아가 105명이었으며, 이들의 교사들은 ADHD 남아가 같은 ADHD 여아에 비해 더 부주의하고 과잉행동-충동성 수준이 높다고 보고하였다. 특히, 유아교육기관에서는 더욱 ADHD 증후가 심하게 나타나는 경향이 있음을 밝히고 있다. 남아에게서 ADHD의 유병률이 높게 나타나는 이유는 남아에게 더 공격적이거나 반사회적인 문제 행동이 많이 나타나며 기능의 저하가 심각하기 때문에 병원을 방문할 가능성이 높아지기 때문인 것으로 추정된다(Barkley, 1991).

이상과 같이 유병률에 대한 다양한 연구결과들을 종합해 볼 때, 유아교육기관의 각 학급에는 대부분 한두 명 이상의 ADHD 유아가 있을 것으로 예상할 수 있으며, 그 비율은 점차 증가 추세에 있는 것으로 조사되어(Barabasz & Barabasz, 1996) 유아교육 현장에서 ADHD 유아에 대한 관심 및 개입의 필요성도 증가되고 있다.

미국의 ADHD 출현율은 학령기 아동의 3~5%이며(미국정신의학회, 2000), 소아과 의사들이 수행한 무선표집 연구에서 전체 초등학교 학생의 약 5.3%는 ADHD로 진단받았다(Wolraich, et al., 1990). 이러한 수치는 일반학급에서 ADHD로 진단되거나 ADHD에 수반되는 문제들을 나타내는 아동들이 한 명 내지 두 명이 있다는 것을 시사한다. 연방정부가 ADHD 학생을 기타 건강장애 범주로 규정한 이래 각 주에 의해 보고된 자료에서 보면, ADHD 아동의 수가 매우 증가하고 있음을 알 수 있다(김진호, 박재국 외, 2006). 몇몇 주는 1997~1998년과 1998~1999년 사이에 기타 건강장애 범주 아래에서 서비스를 받은 아동 수에 20%의 증가가 있었다고 보고한다(미국 교육부, 2000). 국가적으로 기타 건강장애 범주 아래에서 서비스를 받는 아동의 수는 1992~1993년에 63,982명에서 2003~2003년에 449,093명으로 증가하였다(미국 교육부, 2004). 또한 남아가 여아보다 세 배에서 열 배 더 많게 ADHD로 진단되는 경향이 있으며, 어릴수록 더 높은 비율을 나타낸다(미국정신의학회, 2000; Barkley, 1998).

다. 주의력결핍 과잉행동장애 아동의 예후 및 결과

주의력결핍 과잉행동장애 아동의 수면 연구에서 밝혀진 것은 과잉운동장애아는 정상아에 비해 잠자는 동안에도 운동량이 많다는 사실이다. 심지어 태내에서의 운동량도 더 많았다고 이야기하는 어머니들도 있다. 갓난아기 때부터 식사, 수면 등이 불규칙하고 까다로워 매우 예민한 아이라고 생각했던 경우도 드물지 않다. ADHD는 선천적으로 미세한 뇌기능이 문제일 가능성이 높으므로 태내 또는 생후 직후부터 문제를 나타낼 수 있으며 의식하지 못하는 수면 중에도 그 증세가 드러날 수도 있다.

어머니들이 더욱 힘들어지는 때는 아장아장 걸으면서 정상 아이들도 활동량이 급격히 늘어나는 돌이 지난 이후이다. 이 때에는 신기하고 궁금한 것이 수없이 많아 집안 구석구석을 들춰 보고, 뒤져 보고, 올라가 보고, 만져 보고 해야 한다. 집안 뿐 아니라 바깥세상 구경도 하고 싶어 문만 열리면 튀어 나가려 하고 밖에 내놓으면 뒤도 안돌아보고 멀리 멀리 달아나려 한다. 엄마가 아이를 따라 잡기 힘들고 잃어버릴 위험도 있어 집안에 가두어 두면 더욱 난리가 난다. 높은 데서 뛰어내리고 구르고 곧잘 야단맞게 되고 많이 다치게 되며 밖에서는 교통사고 등의 커다란 위험도 따르게 된다. 장난감을 가지고 놀 때조차 차분히 앉아 있지 못하고 항상 서두르므로 제대로 구멍에 맞추어 끼우거나 쌓지 못하여 장난감을 가지고 노는 재미를 스스로 느끼지 못한다. 따라서 의미 없이 장난감 상자를 엎거나 흩으러 놓기만 할 뿐 무엇 하나 제대로 끝마치지 못한다. 또래 친구들을 좋아하면서도 이것저것 간섭이 많고 충동적으로 행동하므로 자주 싸우게 되어 같이 놀려하는 친구들이 없고 차츰 또래들로부터 소외되게 된다. 친척이나 동네 아줌마들에게서도 자주 지적을 받게 되므로 스스로 나쁜 아이라는 자기인식이 심어져 정말 버릇없는 아이처럼 더욱 행동하게 되므로 악순환의 고리가 생겨난다. 유치원이나 학교에 입학한 후에는 더욱더 주어진 규칙에 따라 행동하기 어렵고 해야 할 과제를 끝내지 못하며 교실 분위기를 흐려 놓게 되므로 친구들 앞에서 늘 주의를 듣게 된다. 따라서 그 반에서 공인된 장난꾸러기 또는 문제아 취급을 받게 되며 인지적인 발달 역시 집중력 부족으로 남들보다 조금씩 뒤지게 되므로 때론 바로라는 놀림을 받기도 한다(이혜련, 1993).

일반적으로 ADHD는 학령전기 혹은 학령기 아동에게서 가장 많이 관찰되는 행동장애이며 약 70~80%가 만 4세 이전에 발병되는 것으로 보고되고 있다(김붕년, 조수철, 1997). 홍강의 등(1996)의 조사에 의하면 주의집중을 못하고 산만하다는 아동들이 전체의 50% 이상, 그 중에서 '자주/많이' 내지 '매우 자주' 산만하다고 보고된 아동이 남아의 15.1%, 여아의 7.6%에 달했다. 많은 연구들은 ADHD 아동이 학업이나 사회적 과업 중 주의를 유지하고 충동적 행동을 억제하는 데 어려움이 있었다는 결과를 보고하였다(Douglas, 1983; Henker & Whalen, 1980).

ADHD 아동들은 적절한 사회적 행동 학습의 결여, 학교에서의 학습문제, 가족과 동료 관계의 빈약 등과 같은 결과를 초래하기 쉽다. ADHD 아동은 대부분 친구도 없고 주변사람에게 자주 지적을 받게 되므로 '나는 나쁜 아이'라는 부정적 자아상을 갖게 되어 정말 나쁜 아이처럼 행동하는 악순환의 고리가 생겨난다. 유치원이나 학교에 입학한 후 주어진 규칙에 따라 행동하기 어렵고 해야 할 과제를 끝내지 못하여 교실 분위기를 흐려 놓게 되며 인지발달 역시 집중력의 결함으로 조금씩 뒤지게 된다(김순혜, 2004).

교실 내에서도 ADHD 학생들은 교사와의 관계가 악화되며, 친구들과도 정상적인 관계를 형성하기 어렵다. 특히 과중한 학업 요구 및 일방적인 수업 방식으로 인해 ADHD 학생들은 쉽게 문제아로 낙인찍히고 본인 또한 자신의 역량을 충분히 발휘하지 않고 학업에 대한 흥미를 갖기 어렵다. 자존감이 낮아서 여러 가지 문제행동을 일으키고 사회적 고립감을 느끼게 된다(강위영, 1999).

ADHD는 나이가 더해 갈수록 증상이 점점 내면화되고 고착되고 그 과정에서 주위 사람들은 더욱 적대감만 가지게 되어 아동과 주위 사람들의 관계가 악화되기 쉽다. 부모 또한 이러한 아동을 어떻게 지도해야 하는지 그리고 발달과 관련하여 어떻게 교육적으로 또는 치료적으로 접근해야 하는가에 대한 이해가 부족한 상태이다(홍재영, 1998).

Barkley와 Cunningham(1979)의 연구 결과에 의하면 ADHD 아동의 어머니는 자녀와의 상호작용에서 점차 부정적이고 지배적으로 되며, 동시에 자녀의 긍정적인 행동에 덜 반응하게 된다(서경희, 윤점룡, 윤치현, 이상복, 이상훈, 이효신, 1999). 또한 ADHD는 일상생활에서 부모 혹은 교사에 의해 일괄적이지 못하고, 훈육이나 질서가 부족하며, 긍정적인 기대를 받지 못할 때, 부주의, 충동성, 과잉행동 등 파괴적인 행동을 보일 가능성이 높다는 것에 대부분의 사람들이 동의하고 있다(김하정, 1998). 그러나 ADHD를 가진 아동은 또래들보다 훨씬 더 심각한 행동문제를 발달시킬 가능성이 크지만 반드시 그런 것은 아니다. 즉, 주의문제(attentional problems)와 행동장애가 꽤 높은 상관계가 있다 하더라도, 주의문제(ADD, ADHD)가 학업 곤란으로 이끌지만 반드시 행동문제를 야기하는 것은 아니며, 또한 행동장애가 행동문제를 이끌지만 반드시 학업 곤란을 야기하는 것은 아니라는 점을 나타내 주고 있다(정종진, 2003).

아동의 부적응적인 행동이 드러나게 되는 것은 최초로 접하게 되는 구조적인 환경인 유아교육기관에서이다. 즉, 모여 앉기, 과제 수행하기, 다른 유아와 상호작용하기, 교사의 지시 따르기 등이 요구될 때 ADHD 유아는 어려움을 가지게 되어 교사와 또래로부터 부정적인 반응을 이끌어 낸다. 교사는 침착하지 못하고, 자리에 앉아 있지 못하고 말이 많고, 방해가 되며 교사와 칠판 대신 교실을 둘러 보고, 두목행세를 하거나 일관적이지 못한 수행을 한다고 생각한다(Grynkewich, 1996). 이로 인하여 많은 교사들은 이 유아들의 지도에 어려움을 겪고 있다. 유아기는 또래와의 놀이를 통해 사회성 기술을 발달시키는 시기인데 ADHD 유아들은 주의집중 결함이나 충동성 때문에 이런 상호작용의 기회를 상실하게 되고 이로 인해 또래관계에 있어서도 심각한 문제를 가진다(Weiss & Hechtman, 1993).

ADHD 아동은 사회성 문제와 또래거부에 대한 경험을 한다. 또래들은 자주 ADHD 아동에 대해 부정적으로 반응하는데 이러한 이유는 그들이 끼어들거나 방해하는 사회적 행동 때문이다. 이처럼 적절하지 못한 사회적 행동들로 인해 종종 ADHD 아동들은 따돌림을 받게 되고 또래로부터 괴롭힘을 당하는 경우도 있다. 불행하게도 따돌림을 당한 많은 ADHD 아동들은 초등학교에 올라간다 해도 또래들에게 수용되지 않은 채 남아 있게 된다.

Anita(1985)는 유치원에서 적응하지 못한 아동을 3년간 종단 연구한 결과 유치원에서 적응하지 못한 아동은 초등학교에 들어가서도 여전히 부적응 상태로 남아 있다고 보고하였다(김정민, 1999). 따라서 학령기 이전의 행동문제는 학령기까지 연결되는 것을 알 수 있다.

송영혜(1996)는 ADHD 아동이 자신의 감정을 적절하게 다루는 능력이 부족하여 또래나 주변 타인들과 긍정적인 관계를 형성하지 못함으로써 부적응 행동이나 반사회적 행동 등 문제 행동을 많이 유발한다고 하였다. 이러한 행동 특성은 가정에서나 교육기관 내에서 거의 수용되지 않으며, 일반적으로 부적인 강화는 문제행동을 완화시키기보다는 그 강화에 대한 분노와 자기의 욕구좌절에 대한 부적응적 반응만을 증가시키게 된다. 따라서 부모나 교사가 ADHD 아동을 지도할 때 ADHD 아동이 나타내는 공격성과 적대감을 인내하고 수용하는 것이 매우 어렵다. 그러므로 ADHD 아동의 부모는 갈등 상황을 겪은 후에 심한 무력감, 죄책감, 분노, 우울감, 등을 경험하게 된다(오경자, 1990)고 한다.

ADHD 아동은 사회성 문제와 적응 문제를 많이 나타내는 데, Kenneth(1998)에 의하면, ADHD 유아의 사회적 기술 평가 연구에서 ADHD 유아는 정상 집단에 비해 사회적인 기술이 유의하게 부족하다고 하였다. 특히 사회적인 행동기술, 중요한 사회적인 기대를 따르려는 능력에 있어서 정상 집단에 비해 5~6배 만큼 더 낮은 것으로 나타났다. 즉, 쉽게 흥분하거나 좌절하여 언어적, 신체적 공격을 가하고 일탈행동, 반항적 행동, 적대적 행동을 하게 되며, 충동을 억제하지 못하여 다른 유아의 생각을 수용하지 못하므로 또래나 다른 아동들과 사이좋게 지내기 어렵다(강위영 외, 2001). 즉, 사회적 기술 부족, 자기중심성, 행동의 결과에 대해 복종하지 못하는 것, 낮은 또래 수용성, 방해하거나 공격하는 행동 때문에 또래에게 거부당한다. 놀이나 사회적 흥미의 미숙, 정서적 미성숙과 기분문제, 낮은 좌절 인내력, 낮은 자존심, 사회적 단서에 대한 부적절한 인식, 자기인식의 부족

등을 나타낸다. 이렇게 ADHD 아동의 50~80%는 대인관계에 어려움을 가지고 있고(윤치현, 1996), 또래관계에 있어서도 심각한 문제를 가지고 있으므로 ADHD 아동에게 문제가 되는 사회적 기술을 향상시키기 위한 노력이 요구된다.

75%의 ADHD 아동이 지속적으로 공격성이나 도전적 태도 등의 행동문제를 보이며, 의사소통, 학습, 산만성, 기억기능의 이상으로 인한 학업성취의 저하로 학교적응이 곤란하다. 이로 인해 반사회적 행동을 하거나 우울하며, 자기 패배적이며 자기 처벌적인 행동을 보인다. 또한 ADHD 아동의 30%가 학습장애를 동반하고 있다.

ADHD는 청소년기나 성인기까지 지속되거나 사춘기 정도에 호전되거나, 과잉행동은 호전되나 주의력 장애와 충동조절 장애는 남아 있는 경우 등 다양하다. 과잉행동이 가장 먼저 호전되는 증상이고 산만성(주의집중력 결여)은 마지막까지 남아 있는 증상이다. 12세 전에는 증상의 소멸이 잘 호전되지 않고 12~20세경에 호전이 이루어진다. 그 경우 후유증 없이 만족스런 대인관계를 가지는 청소년이나 성인이 되는 경우가 많다. 그러나 많은 경우 특정한 부분에 대해서만 호전이 이루어지고 반사회적 성격이나 다른 성격장애나 정서장애로 남게 되고 학습장애가 계속되는 경우가 많다.

15~20%가 성인기까지 ADHD 증상이 유지되나. 대개 과잉행동은 호전되나 충동적이고 사고내기 쉬운 경향은 남아 있게 된다. ADHD 증상이 청소년기까지 유지되면 품행장애(conduct disorder)의 위험이 높고 약 50%의 품행장애가 성인기의 반사회적 성격장애(antisocial personality)가 되며, ADHD와 품행장애는 약물관련 장애의 위험률도 높다.

예후는 품행장애의 정도와 가족 내에 위험한 요소가 있느냐가 중요하다. 따라서 가능한 조기에 가족의 기능을 증진시켜 아동의 공격성을 감소시킴으로써 예후를 호전시킬 수 있다(염숙경, 2002).

4. 임상특징

가. 증 상

ADHD의 개념은 지금까지 계속 변화와 혼란을 거듭해 왔으나 과잉행동, 주의집중력 저하, 주의 산만, 충동성, 반항, 학습 문제 등과 같은 몇 가지 증상들은 전문가들이 공통적으로 인정하는 핵심 증상이다. 이 중에서도 특히 과잉행동, 부주의, 충동성은 가장 핵심적인 증상으로 간주되고 있다. ADHD에서 나타나는 주요 증상들은 다음과 같다.

1) 과잉행동(hyperactivity)

DSM-IV에서는 ADHD의 일차적 증상이 과잉행동에서 부주의로 변화되었지만 과잉행동은 여전히 핵심 증상의 하나이다(APA, 2000). 끊임없이 몸을 움직이는 과잉행동은 ADHD를 가장 잘 나타내는 특징이다. 서주은(2005)에 의하면, ADHD 아동의 부모들은 가만히 있지를 않는다거나 마치 모터가 달린 것 같다, 그리고 지나치게 기어오른다고 호소하며, 교사들은 자리를 벗어나 돌아다니며, 팔다리를 가만히 두지 않고 흔들어 대거나, 쓸데없이 소리를 낸다고 하였다. 이러한 과잉행동은 나이가 들면서 대근육 운동에서 소근육 운동으로, 외적 행동에서 내적 행동으로 변화하는 경향이 있다. 학령전기 아동에게는 나대고 돌아다니는 대근육 활동이 문제가 되지만, 학령기가 되면 말하기, 다른 아이 집적거리기, 연필 입에 물기와 같은 행동 문제로 변화되어 나타난다. 그러나 청소년기가 되면 이 같은 과잉행동은 상당한 호전을 보여 대부분 크게 문제가 되지 않는다(Mercugliano, Power & Blum, 1999).

2) 부주의(inattention)

Green과 Chee(1997)는 ADHD 아동들이 과제를 완수하기에 충분한 시간 동안 주의집중하지 못하고 인내하면서 노력을 기울이는 능력에 결함이 있다고 하였으며, 김옥정(1998)은 이러한 행동 때문에 늘 부모나 교사로부터 집중하지 못한다거나 과제를 해내지 못한다는 지적을 받는다고 하였다. 특히, 길고 단조롭고 그룹 지향적인 활동이나 반복적 과제에서 주의집중을 지속하는데 어려움이 있는 것으로 나타났는데(Barkley, 1998; Frick & Lahey, 1991), 이렇게 지속적인 주의력을 요하는 과제에 실패하는 이유는 ADHD 아동들이 한 가지 과제를 완수하기 전에 더 흥미 있는 자극에 주의를 돌리기 때문이다(Pennington, 1991).

집중성(intensive), 지속성(sustained), 선택성(selective), 통제성(control) 등 네 가지 측면이 결합되어 작용하는 정보처리 과정인 주의력은, ADHD 아동에게서 각각의 측면이 장애로 나타날 수 있다(Taylor, 1995). 어린 아동은 원래 주의력을 지속하기 힘들어 하며, 무시해야 하는 자극에도 주의가 쉽게 산만해진다. 이러한 특성이 과도하게 나타남으로써 기능의 저하를 일으킬 때 바로 문제가 발생한다. 따라서 혼자 하는 과제나 심부름과 같은 재미 없고, 지루하고 반복적인 과제 수행에서 더욱 두드러져, 학령기가 되면 학업 부진과 이차적인 동기 저하를 유발하기 쉽다(Barkley, 1990).

3) 충동성(impulsivity)

충동성이란 특정 장면에서 반응을 제지할 수 없는 것으로서, 문제 상황에서 항상 충동적으로 반응하고, 사려성이 없고 부정확하게 문제를 해결하는 반응을 말한다(Barkley, 1990).

과잉행동은 부주의와는 구별되지만 충동성과는 구별되지 않는다. 즉, 충동성을 지닌 아동들은 교실에서 교사의 지시를 끝까지 기다리지 않고 재빨리 반응하는 것으로 나타나는데, 그 결과 부주의한 실수를 초래하는 수가 많다. 또 경우에 따라 부정적이고 파괴적인, 혹은 위험한 결과를 초래할 수도 있으며, 자주 불필요한 위험한 행동을 하기도 한다(김옥정, 1998; Green & Chee, 1997).

결과적으로 ADHD에서 나타나는 충동성 특징으로 인해 ADHD 아동은 잘 다치거나, 물건을 잘 망가뜨리고, 게임이나 일상생활에서 차례를 기다리는데 문제를 일으킨다.

4) 그 외의 증상들

ADHD는 핵심 증상인 부주의, 과잉행동 및 충동성 이 외에도 학습문제, 언어발달 문제, 정서 및 품행 문제, 다양한 신경학적 문제를 동반하는 것으로 알려져 있다.

ADHD 아동은 주의산만으로 인해 기억하는데 문제가 생긴다. 김미경, 안동현과 이양희(1996)에 의하면 ADHD 아동은 장·단기기억 및 실행 능력에 있어 정상집단에 비해 낮은 능력을 보여 주어 학습능력의 저하를 예상하였는 데, ADHD 아동에게서 학습장애의 동반 정도는 연구자마다 10~90%까지 차이가 있기는 하지만, 적어도 20% 내외로 보고되고 있다. August와 Garfinkel의 연구(1990)에 의하면 ADHD 아동 중 39%에서 읽기장애가 동시에 발견되었고, Gantwell과 Baker(1991)의 연구에 따르면 미국에서 ADHD 남자 아동의 표본 중 약 75%에서 읽기와 쓰기, 산수에서 학습부진을 보이는 것으로 나타나 ADHD와 학습문제는 매우 상관이 높은 것으로 나타났다.

일반적으로 ADHD 아동들에서 심각한 언어 지연은 발견되지 않으나, 김미경, 안동현과 이양희(1996)는 ADHD 임상군에서 39%가 언어문제가 동반된다고 보고하면서, 특히 지각-언어검사에서 다른 하위척도와 달리 특히 청각기억이 64.3%의 높은 비율로 결함을 보인다고 하였다. 이 하위척도는 나중에 시각운동, 시각구성 하위척도와 함께 언어 표현은 물론 읽기 학습능력과도 관련이 높은 것으로 추정된다.

또한 ADHD 아동에게서 정서 및 품행관련 공존질병 문제는 매우 흔하게 나타난다.

조수철과 신윤오(1994)는 소아정신과에 입원 중인 ADHD 환아들이 평균 2.7개의 공존질병을 갖는다고 보고하였으며, 홍강의 등(1996)은 외래 ADHD 환자의 48.8%가 공존질병을 갖는다고 하였다. 밝혀진 공존질병은 특정 발달장애(11.6%), 품행장애(9.3%), 반항장애(7%), 불안장애(7%), 야뇨증(4.7%), 정신지체(4.7%)의 순서로 나타났으며, 김미경, 안동현과 이양희(1996)는 전체 26명의 대상 아동 중 반항장애(23%), 품행장애(8%), 분리불안 및 과잉불안장애(16%) 등이 동반되었음을 보고하였다.

그 외 신체 및 신경학적 이상들로서 시각, 운동조절 기능, 잦은 질병, 야뇨증, 수면문제 등이 보고되었으며 그 원인으로 임신중독증, 과숙아, 태아 호흡곤란 등이 제기되기도 하였으나 아직 확인되지 않았으며(Mercugliano, Power & Blum, 1999), 김미경, 안동현과 이양의(1996)는 그 외에 만 3세 이전에 과잉행동(92%), 발달상 다소 지연(89%), 식사 문제(46%) 등을 보고하였다.

나. ADHD 아동의 발달 단계별 특징

ADHD의 어린 아동이 보이는 과잉행동의 조기 특성을 정확히 인식하기 위해서는 각 연령별에 따른 행동을 이해하는 것이 필요하며, ADHD 아동의 발달 단계별 특징은 다음과 같다.

1) 영아기

영아기에는 ADHD 장애의 뚜렷한 증상이 드러나기 보다는 기질에 반영되어 특정한 행태를 보인다. 물론 이런 현상만을 가지고 ADHD를 예측하는 것은 매우 위험하다. 일부 ADHD의 어머니들은 태내기에서부터 움직임이 매우 달랐음을 보고하기도 하지만 사실상 영아기의 특성을 신뢰할 만하게 밝히기는 연구방법상 매우 어려운 일이다(조수철, 1990).

2세 이전에 나타나는 ADHD의 구체적인 증상은 식사나 수면, 배설과 같은 생리적인 습관이 매우 불규칙하고, 예측이 불가능하며, 같은 또래의 유아보다 수면시간이 적고 울거나 보채는 시간이 많다(류문화, 1996)는 것이다. 서경희 등(1990)은 ADHD의 특성에 대하여 초기 영아기(출생~6개월), 후기 영아기(6~18개월), 걸음마기(19~36개월), 유아기(3~5세)로 나누어 설명하였다. 초기 영아기의 ADHD 특성으로는 불규칙하거나 까다로운 수면, 과민성, 과도한 울음과 복통, 수유상의 어려움, 건강 문제, 만족스럽지 못한 유대관계를 나타낸다. 후기 영아기에는 침대에서 발을 구르고, 과다하게 흔들며, 나와서 기어오르는 등 보통 이상의 행동과 기기, 앉기, 서기, 걷기, 달리기 등의 신체적 기술과 언어발달이 지나치게 빠르거나 혹은 늦게 발달한다. 또한 변화에 대한 적응력이 낮으며, 수면상의 어려움을 가지는 특징을 보인다.

ADHD에 대한 영아기 특징 연구는 기질연구에 초점이 맞추어져 왔으며, 이에 관련하여 조수철 등(1993)은 영아의 기질적 특징을 분석한 결과, ADHD 장애군은 통제군과 비교하여 전체점수에서 의미 있는 차이를 보였고, 기질의 하위요인 중 활동수준, 주기성, 적응성, 반응강도, 주의 지속성, 감각역치 등에서 의미 있는 차이를 나타냈다고 보고하고 있다(이효신, 2000).

2) 유아기

3세에서 5세의 유아들은 성인에 비해 매우 활동적이고 상당히 충동적인 것이 일반적 현상이다. 또 때때로 지시를 잘 따르지 못하거나 자신의 과제를 일관성 있게 끝마치지 못한다 해도 그리 놀라운 일은 아니다. 이것은 영 · 유아기 때 행동의 정도가 평균에서 심하게 일탈되는 경우가 아니라면 발달 과정에서 겪게 되는 특성으로 나타날 수 있기 때문이다. 따라서 이 시기의 발달 단계에 있는 ADHD 아동을 일반아동과 구분하는 것은 아주 어려운 일이다.

그러나 유아가 3~4세경이 되면 ADHD 특성은 눈으로 확인될 만큼 뚜렷하게 나타나는데, 일반적으로 부정적인 기분을 갖기 쉽고, 생각 없이 행동하며 쉽게 지루해 하고, 일상의 반복적인 일에 부정적으로 반응한다(김혜련, 2001).

류문화(1996)에 의하면 ADHD는 유아기에도 행동적으로 높은 수준의 과잉행동이 계속 나타나는 데 걷지 않고 달리는 성급함, 어떤 일을 하는데 빈번하게 나타나고 신경질적이며 부모의 요구에 따르지 않는 어려움이 있다. 강위영과 공마리아(1998)는 3~5세 사이에 ADHD 유아들에게서 관찰될 수 있는 증후들로, 먼저 신체적인 증후로 위장병을 들 수 있는데 배가 아프다고 자주 호소하며, 대 · 소근육 활동에서의 협응력이 부족하다. 또 유치원의 단체생활에서 성가신 일을 자주 일으키며, 자신의 자리를 떠나서 돌아다니고, 교사가 지시하는 것이 아닌 다른 것을 하기 좋아하므로 많은 주의와 관리를 요구하게 된다고 보고하고 있다.

이처럼 ADHD 유아는 과다행동을 자주 보이며 앉아서 주의를 기울이는 일에 어려움이 있고 자기 순서가 아님에도 불쑥 말을 하는가 하면 친구들과 교사에게 부적합하고 실례되는 말을 자주 한다. 친구들과 상호작용을 하기 시작하면서 친구들의 일을 방해함으로써 괴롭히는 경우도 잦은 편이다. 또한, 항상 무엇인가를 만지고 있으며 물건을 집어던지고 결코 만족할 줄 모르며 한 가지 물건에 오래 붙어 있지 못하기 때문에 늘 감시가 필요하다.

3) 학령기

학령기에 이르면, 자기통제, 과제 지향, 적절하거나 부적절한 행동의 관찰, 그리고 가족과 또래에 대한 행동의 표준이 충분히 명백하기 때문에 정상행동의 다양성과 ADHD의 차이는 더 분명해진다(Cambell, 1990).

ADHD에 대한 의뢰는 유아기부터 시작되지만, 초등학교 저학년이 되어서야 진단을 의뢰하는 경우가 대부분이다. 왜냐하면 더 이상 ADHD 아동의 여러 문제행동이 귀엽거나 어리다는 이유로 용납되지 못하기 때문이다. 즉, 유아교육기관에서 허용되던 행동들이 더 이상 허용되지 않기 때문에 ADHD 아동의 문제가 극적으로 부각된다는 것이다. 원래 없던 증상이 나타나는 것은 아니며, 초등학교에 진학하면서 ADHD 아동의 특성으로 인해 학교에서의 행동과 학업성취에서 있어서 성공적이지 못하기 때문이다(김혜련, 2001). 지능이 높은 ADHD 아동들은 3학년 정도까지는 큰 문제없이 지나는 경우도 있지만, 고학년부터는 교과과정이 단순한 과제에서 높은 단계로 이행하기 때문에 어려움이 두드러지고, 학교생활의 어려움과 문제를 겪게 된다.

학령기 아동들은 학교에서 지켜야 할 규칙이 명백해지고, 뚜렷한 목적이 있는 행동을 요구받기 때문에 객관적으로 확인이 가능할 만큼 ADHD의 특성이 뚜렷하게 나타난다. 즉, 이 아동들은 학업 성적이 나쁜 편이고 또래와의 상호작용에서 문제를 일으키며 교사가 요구하는 여러 가지 규칙 및 과제 완수에 있어서 문제를 야기한다. 또한 학령기에는 유아기에 극심하였던 과잉행동-충동 우세형 특성이 어느 정도 감소되는 경향을 보이는 반면, 부주의 특성은 유아기와 같이 지속적으로 나타난다(Barkley, 1996). 더불어 ADHD 아동의 40~70%가 적대적 반항장애를 동반하게 되는데(Barkley, 1990), 이러한 경우 거짓말이나 공격성을 특징적으로 나타내고 독립성, 사회관계, 신뢰감, 책임감 등을 획득하는데 어려움을 가지게 된다(Barkley, 1996).

4) 청소년기

청소년기가 되면 과잉행동이 감소하며 부주의와 충동성 조절 능력이 향상됨에도 불구하고 ADHD 청소년은 친구관계, 이성관계, 신체적인 변화에 따라 대처해 가야 하며 궁극적으로 독립과 주체성 확립이라는 청소년기의 발달과제에 직면하게 된다. 이에 따라 우울감, 낮은 자존감, 성공에 대한 불안, 졸업에 대한 걱정들이 커진다. 25~35%의 ADHD 청소년은 반사회적 행동 또는 행동장애를 보이고, 후기 청소년기가 되면 ADHD의 50%는 알코올, 담배, 약물 같은 물질을 과다복용하게 된다. 또한 ADHD 청소년은 정상 청소년에 비해 학업성취에서 심각한 문제를 보여 진학실패나 유급, 퇴학을 당하며, 수학, 읽기, 쓰기에서 학업성취가 매우 낮게 나타난다(Feehan, 1993). 교실 내에서 ADHD 학생들은 교사와의 관계도 악화되며, 친구들과도 정상적인 관계를 형성하기 어렵다. 특히 과중한 학업 요구 및 일방적인 수업 방식으로 인해 ADHD 학생들은 쉽게 문제아로 낙인찍히고 본인 또한 자신의 역량을 충분히 발휘하지 않고 학업에 대한 흥미를 갖기 어렵다. 자존감이 낮아서 여러 가지 문제행동을 일으키고 사회적 고립감을 느끼게 된다(강위영, 1999).

다. ADHD 아동의 인지, 행동 및 정서적 특징

Lowenthal과 Lerner(1995)에 의하면 주의결핍 과잉행동의 문제는 아동의 삶의 모든 영역에 영향을 미치며, 그러한 행동들은 날마다 그들 주위 모든 환경(가정, 학교 및 또래와의 관계)에서 명백하게 나타난다고 하였다(김정민, 1999). Israel과 Nelson(1991)은 과잉행동 아동의 일차적인 문제로 지나친 주의력결핍과 충동성을, 이차적인 문제로는 학업 실패와 사회적 문제를 지적하였고, ADHD 아동은 발달 단계에 비추어 부적절한 과잉행동, 주의집중장애 그리고 행동 및 인지적인 측면에서 충동성을 보이는 것이 특징이라고 하였다. ADHD를 크게 인지적, 행동적, 정서적 영역으로 구분하여 살펴보면 다음과 같다.

첫째, 인지적 측면에서 ADHD의 특성은 주의집중 기간이 매우 짧은 것으로, 과제에 주의를 기울이지 못하고 어떤 활동에서 다른 활동으로 쉽게 바꾸는 경향이 있다(한은혜, 1992). 인지적 측면과 관련하여 수행된 연구결과들은 어려운 과제를 수행하는 상황에서 노력을 더 들이고, 과제를 지연시키거나 아예 포기해 버리는 반응 양식을 드러내 보이며, 과제와 관련된 부정적 정서나 심한 좌절감을 보고한다는 것을 입증하였다(김소라, 1995). 또한 Barkley(1990)의 연구에서 ADHD 유아들 대부분이 정상적인 지능을 가지고 있는 것으로 미루어 보아 이들은 인지기능의 문제라고 하기보다는 상황에 적용하는데 어려움을 겪는 것으로 보았으며, 지능과 과잉행동 및 충동성 간의 부적 상관을 보고한 연구에서는 지능이 높은 ADHD 유아일수록 증상을 덜 나타냈다. 그러므로 ADHD 유아의 인지능력은 정상 유아와 크게 차이가 나지 않는 것으로 볼 수 있다.

둘째, 행동적 측면에서 이들에게 나타나는 특성은 지나친 활동성(hyperactivity)과 충동성(impulsivity)이다(하은혜, 1992). ADHD를 조기에 발견할 수 있는 실마리를 찾을 수 있는데 회고적 보고를 통했을 때 3세 이전인 영아기에 이미 심하게 울거나 자극에 관민반응, 기질적으로 까다로운 기질을 보인다(윤치현, 1996).

Pelham과 Bender(1982)는 ADHD 유아 26명과 정상 유아 26명을 자유놀이와 구조화된 놀이시간 동안을 관찰하면서 일어나는 행동을 평가했다. 자유놀이 상황에서는 어떠한 차이도 관찰되지 않았지만, 구조화된 놀이 상황에서는 ADHD 유아가 일어나거나 가버리는 행동의 비율이 더 높게 나타났다(박은영, 2001).

ADHD 유아는 충동적으로 불쑥 말하고, 또래들과 장난을 심하게 치거나, 정해진 시간에 과제를 해결하지 못하는 경우가 많다. 또 다른 유아에 비해서 교사의 관심을 지속적으로 요구하며, 교실이나 운동장에서 질서를 지키지 않고, 먼저 가려고 하는 등의 위험한 행동을 한다. 또 생각 없이 행동하고, 즐거운 활동을 하고 있을 때 중단하기 어려우며, 어떤 일을 기다리기가 어렵고 질문이 끝나기도 전에 불쑥 대답하고 남의 대화를 방해하곤 한다(윤치현, 1996).

셋째, 정서적인 특징으로는 인지행동, 사회성 등의 특성으로 인하여 자주 곤란을 경험하고 실패를 경험하므로 유아교육기관이나 가정에서 노출되는 실패의 사이클을 어떻게 회피하는가에 관심을 두게 되고 자존감이 낮게 되며 우울증을 수반하기도 한다. ADHD 유아는 쉽게 흥분하고 좌절하므로 기분의 변화를 예측하기 힘들고 외부의 자극에 대해 산만하게 반응하며 주의집중 시간이 짧고 성미가 급하고 지나치게 잘 흥분하는 특성을 가지고 있다(Barkley, 1998).

5. 치료방법

주의력결핍 과잉행동장애의 치료법으로는 우선 아동을 직접 대상으로 하는 약물치료 방법과 인지적 행동수정 방법이 있고, 아동의 부모를 교육하여 부모로 하여금 아동을 치료케 하는 간접치료인 부모교육 방법이 있다. 진단을 통해 일반적으로 증상이 심하지 않은 경우에는 약물치료 없이 환경조절이나 부모교육, 행동수정 방법 등을 우선 시행하고, 증상이 심한 경우에는 약물치료를 병행하게 된다(이숙, 정미자 외, 2004). 다시 말해서, ADHD 아동들을 위해서는 약물치료, 인지행동치료, 부모교육이나 교사교육과 같은 교육적 접근 및 놀이치료 등의 기법들을 사용할 수 있다. 그러나 이 기법들 중 어느 한 가지 기법의 적용만으로는 문제해결이 어려울 때가 많으므로 통합치료기법이 동원되어야 한다(염숙경, 2002).

가. 약물치료

선천성의 신경 생물학적 이상이 있는 질병이므로 이에 적절한 약물을 사용하는 것이 가장 우선되어야 하는데, 아동이 의사나 상담자에 의해서 주의력결핍 장애를 가진 것으로 진단되면 각성제, 항우울제, 항발작제와 같은 약물 사용이 검토되는 것이 보통이다. ADHD를 위한 약물 사용은 매우 활동적이고 주의가 산만하여 충동적이고 일정하지 않은 행동을 점차적으로 조용하고 안정된 행동으로 변화시키는 데에 엄청난 효과를 가져올 수 있다.

ADHD 아동에 대한 약물 사용이 어느 정도로 이루어져야 하는가에 대해서는 오랫동안 논쟁거리가 되어 왔고 아직도 약간의 논쟁이 있다. 특히 각성제 약물치료는 강한 논란을 불러일으킨 문제이나 미국에서는 ADHD 아동의 치료약으로 흥분제가 가장 널리 쓰이고 있다. 이 약을 복용한 ADHD 아동은 주의력이 증가되고, 충동성과 활동수준이 감소했는데, 효과는 빨리 나타나지만 몇 시간 지속되지 않으므로 하루에 2~3회 복용해야 한다고 한다. 그러나 이 약이 효과가 없는 ADHD 아동도 있다. 즉, ADHD 아동의 약 20~30%는 각성제를 복용해도 효과가 없거나 불면증이나 식욕부진증과 같은 생물학적 부작용의 가능성이 있다는 것이다(이숙, 정미자 외, 2004).

그러나 여러 상담자들의 의견을 살펴보면, 우선 가정과 학교에서 행동관리 전략을 일관되게 사용하고, 그럼에도 불구하고 여전히 학습과 사회적 발달에 유해한 영향을 미치는 행동을 계속 보이거나 행동 관리 전략으로 적절하게 관리될 수 있는 아이라면 그 때 약물 치료가 신중히 고려되는 것이 바람직하다고 한다. 다루기 힘든 아이의 행동에 적절히 대처하고 행동 관리 전략을 효과적이고 일관되게 사용하는 부모의 능력이 때때로 아동이 약물치료를 받아야 할 것인지의 여부를 결정짓는 데 중요한 요인이 된다(정종진, 2003).

ADHD 특효약이라 할 만큼 널리 사용되는 약물은 중추신경각성제(CNS stimulants)로, 3세 이상에서는 덱스트로암페타민(destroamphetamine)이 효과적이며 6세 이상이면 메칠페니데이트(merhylphenidate)가 효과적이라고 한다. 그러나 틱 장애나 심장병, 자폐증이 있는 경우에는 사용에 주의를 요한다. 과잉운동 수준이 높거나 주의집중 검사에서 점수가 낮을 때, 불안증이 없을 때, 신경발달학적 지연이 없을 때, 가족력이 없을 때 효과가 좋다. 고학년의 경우 phemoline에 대한 효과도 좋은 것으로 알려져 있다(염숙경, 2002).

우리 나라에서는 몇 년 전부터 약물이 널리 사용되기 시작하였다. 미국에선 학령기 아동의 약 1%가 ADHD의 치료를 위해 약물을 복용하고 있는 반면 영국에선 정신과 클리닉에서도 매우 드물게 약물 사용을 하고 있다. 이것은 진단기준의 엄격함 때문이여 뚜렷하게 선천성의 신경 생물학적 이상으로 증세가 발현되었다고 판단될 경우에만 영국에서는 약물치료를 하므로 그 치료 효과가 좀 더 높긴 하지만 미국의 경우에도 약 75%에서 효과가 있는 것으로 보고되었다.

약물치료를 시작하기 전에 보호자와 충분한 논의가 이루어져야 하며 장기적으로 약을 복용해야 하는 아동 스스로가 납득할 수 있도록 아동의 언어로 적절한 설명을 해 주어야 한다.

교사와 부모와 자극적인 약물을 복용한 아동에 대한 좋은 결과를 보고할지라도, 약물 복용 후 일반적인 증상은 불면증, 식욕의 감소, 두통, 체중 감소, 짜증을 나타내기도 한다. 이러한 증상은 약물을 줄여서 복용할 때 통제될 수도 있다(Goldstein & Goldstein, 1998). 또 다른 부작용으로는 식욕부진과 불면이 나타날 수 있다. 대개 약을 복용한 아침 시간에 식욕이 떨어져 식사를 제대로 못하는 경우가 있지만 약효가 없어지는 저녁 식사 때에는 충분한 식사를 할 수 있으므로 어머니가 조금만 신경을 써 주면 신체 건강이나 발달에는 지장을 초래하지 않는다. 그러나 대부분 약효가 줄어드는 시간에 집에 오게 되어 어머니는 여전히 부산한 모습의 아이를 보게 됨으로 점심 약을 어머니가 일부러 늦게 복용시키는 경우 불면증이 오는 수가 있다. 또한 아동이 처방된 대로 약을 복용하지 않거나 규칙적으로 복용하지 않고, 한 번에 너무 많은 약을 복용한다거나 하는 등의 또 다른 문제가 보고되고 있다(Hancock, 1996; Wood & Zabel, 2001).

주의해야 할 또 다른 사항으로는 아동이 눈을 깜빡이거나 코를 찡긋거리는 등의 틱을 나타낸 일이 없는지 또는 부계나 모계에 틱 장애 환자가 있는지 반드시 물어 보아야 한다. 이 경우에는 메칠페니데이트를 쓸 수 없으며 만일 사용 중에라도 틱이 나타나면 즉시 중단하거나 다른 약물로 교체해야 되므로 늘 보호자의 세심한 관찰이 필요하다. 즉, 약물을 복용하기 전부터 적절한 용량을 결정할 때까지 주기적으로 보호자와 담임선생님에게 과잉운동 척도표에 아동의 행동을 표시하도록 하여 가정과 학교에서의 아이의 변화 양상을 병원에서도 쉽게 가늠할 수 있도록 하며 이에 따라 약물 복용량이나 그 외 치료 방향이 수정 · 보완될 수 있다.

이 밖에도 우울과 주의력결핍 과잉행동장애가 함께 나타나는 경우 데시프라민(desipramine)이라는 항우울제를 쓰거나 파괴적 행동이 수반되는 경우 뇌파 검사의 과정을 거쳐 테그레톨(tegretol)이라는 항경련제를 씀으로써 부산한 행동도 줄여 줄 수 있다(이혜련, 1994).

나. 인지행동치료

인지행동치료는 일상생활에서 아동이 문제행동을 일으킬 때 아동 스스로 이러한 행동을 조절할 수 있도록 돕는 치료로 약물과 병행하여 사용하기도 한다. 아동의 부적절한 행동을 수정하기 위해 강화나 보상 같은 여러 기법이 사용되며, 효과성을 높이기 위해서는 부모가 함께 개입하여 가정에서도 치료센터와 비슷한 환경을 만들어 주는 것이 효과적이다. 예를 들어, 학습 계획지키기, 준비물 챙기기 등의 습관을 만들어 가도록 여러 가지 행동치료기법을 이용하여 도와 준다.

ADHD 아동은 대부분 부주의로 인한 실수를 저지르기 때문에 인지행동 훈련 프로그램은 신중히 작업을 점검하고 어떤 실수라도 교정하도록 하는 데 강조점을 두는 것이 좋다. 우선은 퍼즐이나 미로 찾기, 여러 가지 모양 그리기와 같은 과업을 훈련시킨 후 아동이 배운 것들을 학교의 수업이나 사회상황에서 적용하도록 가르친다(김동성 역, 1999).

ADHD의 증상을 감소시키는데 인지행동수정 방법을 많이 사용하는 데, 인지행동수정이란 학습을 위한 인지전략 훈련에 중점을 두고 아동의 문제에 대한 일상적인 반응 형태를 변화시키는 것을 시도하거나 상태를 통제하도록 훈련시킴으로써 학습상태를 변화시키는 것을 시도하는 것을 말한다. 인지적 행동수정 접근에서 아동은 자아통제를 받고 즉각적인 반응을 하지 않도록 하는 것인데, 예를 들면 많은 ADHD 아동들의 일상적인 반응은 산만하며 즉흥적이고 충분히 생각하는 일이 없어 충동적이다. ADHD 아동들은 이러한 충동성과 더불어 전략상의 결함을 갖고 있다. 이들은 정상아동들이 학습을 증진시키기 위해 사용하는 특정 종류의 학습전략을 자발적으로 사용하거나 만들어 내지 못한다. 따라서 특정의 내용을 가르치는 것이 아니라 아동에게 특수한 전략을 교수하고 학습하는 방법을 가르치도록 하는 것이다. 부모와 교사가 이상과 같은 인지행동수정 훈련을 받고 가정과 학교에서 실시하면 ADHD 아동들에게 많은 도움을 줄 수 있다.

ADHD 아동의 치료목표인 자기조절 능력을 향상시키기 위해서 자기 강화, 자기 지시법이 사용된다. 자기 강화는 바람직한 행동을 하면 강화물과 교환할 수 있는 점수를 스스로 매기게 하는 것을 말하고, 자기 지시법은 아동들이 과제에 집중하는 데 도움이 되도록 자기 자신을 가르치는 말을 하면서 행동하도록 훈련하는 것이다. 수동적이거나 학습된 무력감이라고도 표현할 수 있는 ADHD 아동들의 반응 형태나 태도 대신에 강도 있는 주의집중과 더불어 능동적인 학습태도를 갖게 해 주어야 한다. 특히 중요한 것은 아동이 갖고 있는 인지구조의 변경이다. 아동은 스스로 학습에서의 무력감을 갖고 있거나 잦은 실패로 인하여 '난 할 수 없어요'라는 말을 자주 한다. 따라서 스스로의 성취감도 가질 수 있고 자신감 및 '나는 할 수 있다'라는 자신에 대한 인지구조의 변경(생각하는 법)이 함께 되어야 한다(이혜련, 1994). 이러한 방법들을 실행할 때 강화물을 사용하는 데, 강화물은 간단할수록 좋다. 긍정적 강화물은 행동관리 프로그램에서 가장 효과적인 도구로 얼마나 신중히 강화물을 선택하여 사용하느냐 하는 것이 프로그램의 성패를 결정할 수도 있다. 예를 들면, 만족할 만한 행동을 하였을 때 그 즉시 아동이 원하는 것을 사 주는 대신, 평소에 갖고 싶어하는 물건이나 하고자 하는 것에 대한 사용권이나 스티커 모으기 등을 주는 것이다. 또한 ADHD 아동은 일을 지겨워하는 경향이 있고 다른 아동보다 더 빨리 싫증을 느끼기 때문에 강화물을 다양하게 사용하고 칭찬을 많이 해 주어야 한다. 잘못한 행동을 할 때에는 적극적으로 개입하는 것이 더 효과적이며, 아동의 행동을 억제하는 것이 매우 어렵기 때문에 적절한 대안을 제시하는 것이 더 좋다. 그리고 상과 벌에 관한 예측 가능한 구조를 만들어 줌으로써 불안을 경감시켜 줄 수도 있다(염숙경, 2002).

다. 교육적 치료방법

ADHA 장애를 가지고 있는 대부분의 아동들은 학습장애 혹은 학습부진 때문에 치료를 받고자 하는 경우가 많다. 따라서 아동이 학교생활에 잘 적응할 수 있도록 주의집중 시간 증진, 선택적 주의집중 증진, 개별지도, 학습 진도와 난이도의 변경, 학급 재배치 등의 방법을 사용해 아동의 문제를 돕는 것이 좋다(이혜련, 1994).

대부분의 주의력결핍 과잉행동장애 아동들은 학습문제를 안고 있으며, 학습장애 아동들 또한 주의집중의 문제를 갖고 있다. 왜냐하면 주의집중은 과제학습에 기본이 되기 때문이다. 아동들이 학습하기 위해서는 과제학습에 관련된 요구사항에 주의를 집중하고 초점을 맞추어야 하는데 주의집중의 문제로 인하여 교사의 지시를 따르지 못하거나 방향을 잡지 못하거나 학습을 수동적 혹은 비효율적으로 하거나 배운 내용을 숙달하지 못하여 학습의 효과를 떨어뜨리며, 학교에서 진보하지 못하는 경우가 많다. 아동이 학습을 할 때 필요한 일반적인 주의집중의 요구는 선택적 주의집중, 주의집중 행동의 지속, 주의집중의 이동 및 일련의 제시사항에 대한 주의집중 등 4가지로 구분지을 수 있다.

새로운 과제를 학습할 때 아동은 관련 자극에 초점을 맞추고 무관한 자극을 선별해 내야 한다. 선택 후 아동은 이 과제를 성취하기 위하여 주어진 기간 동안 주의집중을 지속시켜야 하며 이는 과제의 곤란성, 아동의 조건 및 아동의 수준과 관심에 영향을 받는다. 또한 과제를 학습할 때 아동들은 한 가지 과제에서 다른 과제로 주의를 이동시키도록 요구받고 있다. 눈으로 또 귀로 아동은 시간적으로나 공간적으로 적절한 자극에 주의를 기울이면서 이동시켜야 한다. 마지막으로 여러 가지 과제학습은 한 가지가 아닌 여러 가지 지시를 일렬로 제시하면서 아동에게 연속적인 과제를 수행해 나가도록 요구하고 있다.

〈주의집중 개선책〉

다음의 내용은 학습에서 주의집중으로 인하여 어려움을 갖고 있는 학령기 ADHD 아동이나 학습장애 아동의 주의집중 개선을 위해 도움을 줄 수 있는 몇 가지 치료 교육방법을 나타낸 것이다(이혜련, 1994).

1 선택적 주의집중 개선하기

① 중요한 자극을 과제 전에 미리 말해 주거나 자극의 수나 복잡성을 줄여서 산만함을 줄이고 주의집중을 요하는 과제에 시각적인 연관성을 주어 강도를 높인다.

② 새롭거나 이상한 것을 소개하거나 자신의 감각적 단서와 가진 경험들을 관련시켜 봄으로써 필요한 과제에 주의를 집중시킬 수 있다.
(가정에서는 부모가 아동에게 구체적인 지시를 제공해서 아동이 따라갈 수 있어야 한다. '우선 문제를 신중하게 쳐다 보아라, 이 점을 기억해라, 세 가지의 이유를 찾아보아라, 답을 써라, 각 질문에 대답해라' 등과 같이 지침을 제공한다. 때로는 단어를 일렬로 불러 주고 특정의 관련된 단어가 나올 때마다 손뼉을 치도록 하는 등의 훈련을 하여 특정 과제를 선택하여 주의를 기울이는 능력을 향상시킨다.)

2 주의집중 지속시간 늘리기

① 아동이 성취해야 할 과제의 정확한 설명을 주어 과제들을 하위과제로 세분화시켜 전체 과제를 완성하도록 한다.

② 시계를 사용하여 자신의 활동시간을 스스로 측정하게 한다.

③ 과제에 소비하는 시간을 강화와 함께 점진적으로 증가시켜 아동으로 하여금 성취감을 찾고 주의집중을 지속시킬 수 있도록 한다.
(과제에 대한 전체 시간을 60초 → 5분 → 10분 등 매일 도표로 그려 아동들이 주의집중 시간을 증가하도록 자극)

3 주의집중 이동 개선하기

한번에 한 가지씩만을 요구하고 다음 자극에 대한 주의를 이끌어 냄으로써 주의집중을 이동할 수 있는 시간을 허용하며 강화를 통하여 점차 빨라질 수 있도록 한다.

4 연속적 주의집중력 개선하기

① 간단한 과제로부터 시작하여 점차 여러 가지 연속 항목을 증가시켜 주거나 한 문제를 풀어서 해결하는 것에서부터 다섯 문제를 계속 풀 수 있도록 증가시킬 수 있다.

② 연속 과제를 그룹으로 묶어 집단으로 주의를 기울이는 것을 훈련하거나 언어적 시연 또는

시각적 영상 등의 기억력 증진을 위한 훈련을 통하여 연속 과제에 주의를 기우릴 수 있게 한다.
③ 일련의 행동들을 순서대로 기억하여 시행하게 한다.
(주먹 쥐고→손바닥 펴고→책상 두드린다.)

〈교육적 치료시 주의사항〉

① 집에서 부모가 아동을 대할 때에 한계를 두어 생활의 틀을 잡도록 하여야 한다.
(식사시 차분하게 끝까지 앉아 식사를 끝내도록 하며 돌아다니거나 텔레비전 같은 주위의 다른 것에 눈을 돌리지 않도록 도움을 주어야 한다.)
② 인내심을 갖고 대하여야 한다. 부모 스스로 불안해하거나 조급함을 갖고 안달하여 빨리하는 지시를 하지 않도록 한다.
③ 아이들과 논쟁하거나 다투지 않도록 한다. 이것은 아동과의 관계형성을 나쁘게 하는 악순환의 고리를 만들게 되며, 부모가 아동을 통제하는 능력을 잃게 되는 결과를 낳는다.
④ 오래 앉아 있는 과제보다는 변화를 주는 과제로, 짧은 활동을 자주 바꾸어 주고, 어떤 학습이든지 연계할 때에 미적거리거나 기다리는 시간이 없도록 한다.
⑤ 천천히 행동하도록 하거나, 천천히 또는 이름을 자주 불러 상기되도록 한다.
⑥ 주의집중 행동에 보상될 수 있는 강화를 준다. 강화시 물질적인 강화물의 선정이나 계획이 철저하게 짜여져 이루어져야 한다.
(아동이 좋아하는 것으로 물리적 강화, 사회적 강화를 병행)
⑦ 심부름이나 활동적인 행동을 가끔 시켜서 아동으로 하여금 신체적 활동을 허락한다.
⑧ 아동이 한 번에 한 가지씩을 할 수 있도록 지시하며, 어떤 활동이든지 수행 중에 방해될 요소들은 가급적 삼가도록 한다(컴퓨터나 텔레비전을 틀어 놓지 않는다.).
⑨ 음식물 조절에 신경 쓴다. 알레르기를 일으키거나 사탕, 초콜릿, 청량음료 등과 같은 카페인, 인공색소가 첨가되어 있는 인스턴트 식품들을 먹지 않도록 다른 먹을거리를 마련해 준다.
⑩ 학교 숙제나 집에서의 과제 양을 줄여서 아동이 처음부터 부담을 갖거나 지루해 하지 않도록 30분 과제하고 10분 쉰다든가 하는 시간표 운영이 필요하다.

라. 부모상담과 가족치료

1) 부모상담

ADHD 아동의 부모들은 여러 명의 아동을 기르는 것만큼 힘이 든다고 호소한다. 이 아동들은 다른 아이들의 몇 배 만큼 활동량이 많고 충동적이어서 문제를 몇 배나 더 일으키게 된다. 좋은 말로 타일러도 보고 아이 스스로 조절하려 노력도 해 보지만 의지만으로 조절할 수 없는 병이므로 아무 소용이 없다. 이런 문제로 부모-자녀 관계가 악화되게 된다. 따라서 병원을 찾을 무렵엔 모자 관계가 아니라 원수처럼 되어서 온다.

어려선 어머니와의 사이만 나빴지만 나이가 들면서 어머니가 지쳐 포기하고 제 2선으로 물러앉게 되면 아버지가 아이를 떠맡게 되므로 아버지와의 사이마저 악화되어 부모 누구에게서도 사랑을 받지 못하는 가정 내에서 소외된 아이가 된다. 게다가 동생은 주의력결핍 과잉행동장애가 없는 경우 늘 비교의 대상이 되어 동생보다 못한 형이라는 낙인이 찍히므로 동생도 형을 싫어하고 내심 무시하게 됨으로 형제간에 위계질서도 깨진 상태인 경우가 많다. 그러므로 부모상담을 통해 이 장애의 특성과 아이를 다루는 방법을 교육시키는 것이 필요하다. 매주 1회씩 45~50분간 실시되는 부모와의 면담을 통해 ADHD에 관한 자세한 설명이나 아동을 다루는 방법을 교육시키며 집안에서 행동 수정을 하거나 학교와 가정이 연계하여 학교에서도 자신의 행동을 조절할 수 있도록 부모가 돕도록 할 수 있다(김순혜, 2004).

2) 가족치료

전체 가족이 참여하는 가족치료에서는 가족구성원들 간의 악화된 관계를 인식하고 이를 재조정하기 위한 기법들이 활용될 수 있다. 가족치료에서는 가족간의 악화된 관계를 충분히 인식하고 이를 재조정하기 위한 여러 기법들을 통해 근본적인 원인이 우선 해결되어야 함은 물론이다. 때로 장기적으로 약물을 복용해야 한다는 사실을 받아드리기 힘든 부모의 경우 약물치료 없이 부모만 와서 면담을 하기 원하지만 이러한 방법들은 보조적 역할 밖에 할 수 없다는 사실을 실제 깨우치게 되면 뒤 늦게 약물치료를 받아들이게 된다.

반면 약을 과신하는 부모는 약만 먹으면 됐지 가족치료 따위는 시간 낭비, 돈 낭비라고 생각하는 경우도 있으나 이미 악화될 대로 악화된 부모－자녀 관계를 해결해 주지 않으면 약물의 효과도 극히 제한적일 수밖에 없고 아이는 자꾸 나쁜 아이로의 길을 가게 된다는 사실을 알려 주어야 한다(이혜련, 1994).

CHAPTER 08

인터넷 및 게임 중독 아동상담

1. 정 의

게임의 역사는 오래되었지만 게임 중독이라는 현상이 사회적 이슈로 떠오른 것은 인터넷을 기반으로 한 온라인 게임이 등장하면서부터이다. 그러므로 여기에서는 게임과 인터넷 중독에 대한 개념적 정의를 하고자 한다.

가. 중독의 개념

중독에 대한 백과사전적 정의에 따르면 '생체가 어떤 독성에 의해 기능장애를 일으키는 것'이라고 정의되어 있다. 세계보건기구(World Health Organization; WHO)는 중독을 '자연 혹은 인공적인 약물의 반복적인 사용으로 야기되는 일시적 혹은 만성적인 중독 상태'라고 규정하고 있다(Corsini. 1994). 일반적으로 중독이란 어떤 특정한 활동에 지나치게 몰입을 함으로써 자신 스스로 쾌락적 만족감을 얻기 위해 반복되는 행위를 말한다. 즉 정상적 생활이 제공해 주지 못하는 과도한 쾌락을 주는 중독물질 없이는 기능할 수 없는 어떤 특별한 경험에의 의존이라 할 수 있다(서문영, 2005). 더 나아가 의학적인 측면에서 중독이란 계속해서 해오던 어떤 것들을 중단하게 되면 심한 감정적, 정신적, 심리적 반응을 초래할 정도로 어떤 물질이나 습관, 행위에 통제 불가능할 정도로 의존하는 것을 말한다(조정민, 2005).

그 동안 대부분 중독이라는 개념은 주로 의학적 용어로 사용되었으며 그 대상이 약물 등의 물질이 신체에 일으키는 위험 증상에 국한되어 사용되어 왔다. 그러나 최근에는 중독 의학을 연구하는 학자들에 의해 중독의 개념을 신체의 위험 증상 뿐만 아니라 문제행동을 일으키는 모든 대상에 확대하여 사용하고 있다. 즉, 약물이나 화학 물질 뿐만 아니라 과도한 특정 행위에 대한 집착이나 이 행위를 하고자 하는 충동조절의 문제에 의해서도 중독되는 현상이 나타나는 것을 포함하여 사용하기 시작하면서 그 개념이 확장되었다. 예를 들어, 병적 도박(pathological gambling), 방화광(pyromania), 도벽광(kleptomania), 폭식(overeating), 사랑(love relationship), 구매광(pathlolgic buying), 성적 강박(sexual compulsion), 섹스(sex), 식이, 쇼핑, 운동 등의 의존적인 장애도 특정 행동상의 중독으로 개념화되었다(유영재, 2005).

행동적 중독은 시대가 변함에 따라 다양한 유형으로 변화되면서 영상매체나 기술의 발달과 관련된 영역까지도 확장되어 기술 중독(technological addiction)의 분류도 생겨났다. TV, 테크놀로지(technology), 리빅스큐브(rubiks cube), 인터넷, 그리고 컴퓨터를 기반으로 하는 게임 등이 여기에 속하는데, 이런 기술 중독은 다시 수동적 중독과 능동적 중독으로 나눌 수 있다. TV나 비디오, 그리고 영화를 보는 등의 행위와 관련된 것을 수동적 행동중독으로, 상호작용적인 면이 있는 컴퓨터를 기반으로 하는 게임이나 인터넷과 관련된 것은 능동적 행동중독으로 구분된다(Griffiths, 1999). 행동적 중독도 약물 등과 같은 물질에 의한 중독과 거의 유사하게 의존성(dependence), 기분변화(mood modification), 내성(tolerance), 금단(withdrawal symptom), 갈등(conflict), 그리고 재발(relapse)과 같은 특징을 보인다(Griffiths, 1999).

이상과 같은 중독은 인간에게 내성과 금단증상을 생기게 하고, 또 중독을 중단하게 되면 심한 감정적, 심리적, 정신적 반응을 초래해 인간의 정상적인 행동이나 습관을 통제 불가능한 상태로 되게 한다. 중독자들은 이러한 병리적 현상 때문에 다시 중독에 몰입하게 되고, 결국에는 지각, 각성, 사고력, 주의력, 대인관계, 판단력 등의 장애에 이르게 된다.

이처럼 중독의 개념은 시대의 변천에 따라 그 폭과 유형이 다양해지면서 점차 기술, 행동의 영역까지 그 범위가 확장되고 있으며, 최근 대두되고 있는 인터넷 혹은 컴퓨터 중독, 컴퓨터 게임 중독, 통신 중독, 음란물 사이트 중독 등은 사회현상에 의해 야기되는 새로운 중독 증상으로 인정되고 있다(이소영, 2000).

나. 인터넷 및 게임 중독의 개념

1) 인터넷 중독의 개념

최근 중독의 개념은 단순한 물질사용의 범위에서 탈피하여 보다 광범위한 행동양상에까지 적용되고 있으며, 이러한 중독의 개념이 인터넷을 사용하는 문제까지 확산되고 있는 추세이다. 어떤 학자들은 이런 현상을 인터넷 중독 장애라고 명명하고 있으며, 이 외에도 컴퓨터 중독, 가상 중독, 웹 중독, 넷 중독, 온라인 중독, 가상공간 중독, 인터넷 증후군, 병적인 인터넷 사용 등 여러 가지 용어를 사용하고 있다(이명순, 2005). 그리고 1996년도에는 컴퓨터를 통한 인터넷 중독이라는 개념까지 등장하게 되었다(Suler, 1996).

1980년대 이후 컴퓨터의 발전과 보급으로 인해 '컴퓨터 중독'이라는 용어가 새로이 등장하게 되었고, 1990년대 이후 인터넷의 급속한 발전으로 인해 '인터넷 중독'이라는 용어가 등장하게 되었다. 인터넷 사용의 지나친 몰입과 이로 인한 중독의 심각성으로 사회적인 문제가 크게 확대되면서 1995년 이후 인터넷 중독에 대한 연구가 시작되었고 최근 들어 전 세계적으로 많은 연구가 시행되어 오고 있다.

Goldberg(1996)가 인터넷 중독(IAD : Internet Addition Disorder)이라는 용어를 처음 제안했는데, 그는 이를 '병리적이고 강박적인 인터넷 사용'이라고 정의하고 있다(김선우, 2002). 그 이후 인터넷 중독장애(internet addiction disorder; IAD), 인터넷 증후군(internet syndrome), 웨바홀리즘(webaholism), 가상 중독(virtual addiction), 병리적 인터넷 사용(pathological internet use; PIU), 강박적 인터넷 장애(compulsive internet disorder), 컴퓨터 및 가상공간 중독(computer and cyberspace addiction), 인터넷 의존(internet dependence; ID), 문제적 인터넷 사용(problematic internet use), 인터넷 남용(internet abuse), 인터넷 관련 질환(internet-related disorders) 등 다양한 용어로 지칭되고 있다(권재환, 2005).

Davis(2001)는 인터넷을 사용하는 형태에 따라 인터넷 중독을 구분해야 한다고 주장하면서, 첫째, 온라인 게임, 도박, 경매, 주식거래, 사이버 섹스 등 특정한 기능에 의존하는 인터넷 중독을 '특정 병리적 인터넷 사용(specific pathological internet use; SPIU)', 둘째, 특정한 목적이 없이 인터넷상에서 오랜 시간 보내는 것을 '일반 병리적 인터넷 사용(generalized pathological internet use; GPIU)'으로 구분하였다. 어기준(2000)과 하지현(2000)은 우리 나라에서 가장 문제가 되고 있는 인터넷 중독의 하위유형은 게임 중독, 통신 중독, 음란물 중독으로 보았다(권재환, 2005).

인터넷 중독이 알코올이나 약물에서처럼 생리적으로 중독되지 않는다는 점에서 동일한 관점으로 보아서는 안 된다는 입장도 있지만, 게임 및 인터넷 중독과 약물 중독의 유사점으로서 자기 통제력 결핍, 행복감 추구, 사용량의 증가, 일상생활에서의 역기능 초래, 감정 조절 능력의 부족, 낮은 자존감, 현실 적응력의 저하 등을 들고 있다(남영옥, 2002).

이처럼 인터넷 중독은 인터넷으로 인한 대표적인 부작용이자 병리적이고 강박적인 게임 및 인터넷 사용을 일컫는 용어로서, 아직은 중독이라는 것에 대해 명백히 학문적으로 정의된 것은 없으나 인터넷 중독에 대한 학자들의 입장은 세 가지 관점으로 나누고 있으며, 다음과 같이 설명하고 있다.

첫째, 미국 피츠버그 대학의 Young(1996)이 대표적으로, 과도한 인터넷 사용을 중독으로 규정하고, 이에 대한 활발한 연구를 하고 있다. 그는 인터넷 중독을 도박증상과 유사한 특성을 가지는 것으로 이해하였으며, 인터넷 중독을 보이기 쉬운 일부 특성으로 '낮은 자아 존중감', '지루함', '사회적 지지 결핍' 등을 지적하고 있다. Griffity(1996)도 인터넷 중독을 특정 행동에 대한 중독으로 보고 다양한 특정 행동을 통해서 중독이 발생할 수 있음을 지적했다(서문영, 2005).

둘째, 미국 라이더 대학의 Suler(1996)가 대표적인 지나친 인터넷 사용을 하나의 독립된 중독장애로 보기보다는 과도한 컴퓨터 사용의 일종으로 간주하는 입장이다. 사실 인터넷 중독이라 하여도 인터넷만을 사용하는 것은 드물며 이는 다양한 컴퓨터의 사용목적 중 하나일 수 있다. 또한 인터넷 사용이라는 것이 한두 가지에만 머무르는 것이 아니고 다양한 활동을 포함하고 있기 때문에 인터넷 중독이라는 것이 과연 어떠한 활동에 중독되는 것을 일컫는가 하는 문제도 발생하게 된다(서문영, 2005).

셋째, 인터넷 중독이 세간의 관심을 끌고 있는 것도 사실이고 정도가 심한 인터넷 사용이 다양한 문제를 일으키고는 있으나 더 많은 연구가 이루어져야 한다는 조심스러운 입장이다(송명준, 권정혜, 2000).

현재까지는 인터넷 중독에 대한 심리학적, 정신과적으로 공식적 진단준거는 나와 있지 않지만, Young은 인터넷 중독자들이 계속 늘어가고 있다는 점을 감안하여 게임 및 인터넷 중독을 독립적인 정신질환으로 규정해야 한다고 주장하고 있다(황상민, 2001).

이상의 내용을 종합해 보면 인터넷 중독이란 게임이나 인터넷 사용에 대한 금단과 내성을 지니고 있으며, 이로 인해 일상생활의 장애가 유발되는 것을 말한다고 정리할 수 있겠다.

2) 게임 중독의 개념

인터넷이 확산되기 이전에도 수많은 종류의 게임들이 있었으나 게임 중독이라는 현상이 사회적으로 큰 파장을 일으킨 것은 인터넷이 확산된 이후의 일이라고 할 수 있다. 실제로 인터넷 중독자들이 비중독자들보다 게임을 훨씬 많이 사용하고 있다는 김진숙, 최수미, 강진구(2000)의 연구결과와 인터넷 중독의 유형 중 게임 중독이 가장 많은 비율을 차지한다는 오현화(2002)의 연구, 인터넷 이용시간이 길수록, 인터넷을 정보보다 통신 용도로 통신보다는 오락 용도로 이용할 때 중독에 빠질 가능성이 높다는 윤영민(2000)의 연구들이 보고되고 있다.

인터넷이 대중화되기 이전의 게임 관련 연구들은 주로 비디오 게임을 중심으로 이루어졌으며, 온라인 게임은 이미 현대 대중문화의 중요한 현상으로 자리잡고 있음에도 불구하고 이것에 대한 연구는 아직 초기단계이다. 우리 나라에서 인터넷 사용 서비스가 시작된지 불과 10년 밖에 되지 않았고 온라인 게임이 대중화된 것은 인터넷 대중화 이후의 일이기 때문에 연구 방법론에 있어서도 컴퓨터나 인터넷과 관련된 연구를 기반으로 그 연구의 방법론들을 차용하여 진행되는 부분이 많다. 인터넷이 대중화됨으로써 인터넷을 기반으로 한 게임 뿐만 아니라 기존의 아케이드 게임이나 비디오 게임들도 인터넷 환경으로 통합되는 추세이기 때문에 게임 중독에 대한 연구도 인터넷 중독의 연장선상에서 이루어져 왔다(김신희, 2002).

게임 중독에 관한 기존의 연구들은 주로 Young의 인터넷 중독 척도를 바탕으로 장시간의 이용, 네 가지 중독독성(금단, 집착, 조절능력 상실, 지속적 사용)의 발현, 사회생활에 있어서 결정적 장애 초래를 게임 중독의 중요한 측정 요소로 꼽고 이들 세 가지 요소들과 개인의 심리적, 인구사회학적 속성이 선형적인 인과관계를 형성하면서 사회적 문제가 되고 있다고 가정하고 있다(김홍천, 2003).

국내의 연구들에서 정의 내리고 있는 게임 중독의 개념을 살펴보면, 어기준(2000)은 게임 중독이란 게임이 자신의 생활에 큰 비중을 차지하고 있으며, 목적에 의한 행위로서의 사용이 아니라 그 자체가 하나의 습관으로 자리잡고 있으며, 게임에 대한 통제력을 상실하여 게임에 대한 자제를 인식하면서도 자신의 의지대로 통제하지 못하는 상태라고 제시하였고, 김신희(2002)는 부정적인 결과가 초래되는 데도 불구하고 게임 이용을 지속하게 되고 현실과 가상세계의 구분이 모호하며, 결과적으로 심리적, 사회적, 기타 기능상의 부적응을 초래하는 것으로 정의 내리고 있다. 김홍천(2003)은 게임 중독이란 게임을 함으로써 게임에 강박적으로 의존하게 되고, 해로운 것을 자각함에도 불구하고 내성이 생겨 지속적으로 이용시간이 늘어나며, 게임을 그만두었을 때는 금단증상까지도 나타나고 이로 인해 일상적 생활, 학업 및 직업 생활, 사회적 관계 형성 및 인간관계에 있어 정상적 상태를 유지하지 못하는 상태 등으로 정의하고 있다.

이상과 같은 기존의 정의들을 토대로 정의 내리면, 게임 중독이란 정상적인 생활을 영위하는데 지장을 초래할 정도로 게임에 강박적으로 의존하고, 내성이 생기고 조절능력을 상실하여 금단증상까지 나타나서 이로 인하여 일상생활에 부적응을 초래하는 현상을 말한다(김미현, 2005).

2. 원 인

가. 인터넷 중독의 원인

인터넷 중독의 원인은 학자들마다 여러 가지 이론을 밝히고 있는데 크게 세 가지 측면에서 설명되고 있다. 인터넷 자체의 속성이 인터넷 중독을 야기한다는 입장과 인터넷에 중독되는 사람들이 특정한 성격 특성을 가지고 있다는 입장 그리고 인터넷을 중독으로 사용하게 만드는 환경적 요인 등이다. 이를 구체적으로 살펴보면 다음과 같다(송명준, 2000).

1) 인터넷 자체의 속성

먼저, King(1996), Young(1997, 1998), 그리고 Greenfield(1999) 등은 인터넷 중독의 원인을 주로 인터넷 자체의 영향력에서 찾았다. King(1996)은 새롭고 다양한 사람들과의 만남, 타인의 상호작용이나 생각, 그리고 감정을 쉽게 훔쳐 볼 수 있게 됨으로써 개인이 현실에서 얻을 수 없는 극히 개인적인 정보를 위험 없이 쉽게 얻을 수 있으며, 이것이 강화인자로 작용해서 인터넷에 빠져들게 된다고 보았다. Young(1997, 1998)은 인터넷 중독의 원인으로 사회적 지지, 성적 만족, 새로운 인격의 창출, 숨은 성격의 발현, 인정과 영향력을 들었는데 이것으로 현실이 충족시켜 주지 못하는 욕구를 인터넷이 충족시켜 주기 때문에 사람들이 인터넷 중독에 빠지는 것으로 보았다. 또한 두 가지 ACE모델을 통해서도 인터넷 중독에 빠지게 되는 요인을 설명하였는 데, 하나는 익명성(Anonymity), 편리성(Convenience), 현실탈출(Escape)이고, 다른 하나는 접근가능성(Accessibility), 통제감(Control), 흥미감(Excite)이다. 이 두 모델은 내용이 중복되는 부분도 있으나 인터넷 자체가 가지고 있는 중독적 속성을 잘 반영하고 있다.

Greenfield(1999)는 온라인을 통해 실시한 가상중독조사(virtual addiction survey)를 바탕으로 인터넷 중독의 요인을 탐색한 결과, 다른 인터넷 사용자와의 강한 친밀감(intense intimacy), 인터넷에 몰입하게 됨으로써 겪게 되는 시간개념의 상실(timelessness), 그리고 통제력의 상실(felling out of control)등이 개인이 인터넷에 빠지게 되는 요인이라고 보았다. 결국 인터넷에 빠지게 만드는 인터넷 자체의 주요 영향력은 다음과 같이 정리될 수 있다(King, 1996; Young, 1997, 1998).

첫째, 인터넷상에서의 익명성이다. 이것은 인터넷의 가장 큰 특징이라고도 할 수 있는데, 인터넷상에서는 자신의 신분을 밝히지 않고 익명으로 얼마든지 자신의 생각을 자유롭게 표현할 수 있고 원하는 것을 찾아볼 수 있다. 상대방에게 무슨 이야기를 해도 내가 누구인지 모르기 때문에 더욱 자유로울 수 있다. 특히 사회적으로 제재가 되는 분야에 대해서도 마음대로 자신이 원하는 일을 할 수 있는데 이런 점은 인터넷의 부작용 중의 하나이기도 하다.

둘째, 인터넷이 주는 편리성과 접근가능성이다. 인터넷과 접속이 가능한 컴퓨터만 있으면 언제 어디서든지 많은 정보와 자료들을 손쉽게 찾아볼 수 있고 많은 일들을 해결할 수 있게 되었다. 이와 같은 인터넷의 편리함과 접근가능성은 사람들로 하여금 더욱 인터넷에 빠져들게 만든다.

셋째, 인터넷을 통한 현실탈출이다. 인터넷 공간은 일상생활에서 많은 스트레스를 받고 있는 현대인들에게 현실세계와는 다른 도피처를 제공해 줌으로써 현실의 문제를 잊게 해 주고 마음의 안식처를 제공해 준다. 그러나 이런 현실탈출은 일시적인 것으로서, 인터넷에 접속해 있는 동안에는 만족감을 느끼지만 현실로 돌아오면 여전히 해결되지 않은 문제들이 남아 있음을 깨닫게 된다.

넷째, 인터넷을 통해 느끼는 통제감 및 영향력 행사이다. 인터넷은 단순히 수동적인 반응만 하는 것이 아니라 사용자가 상황을 통제할 수 있는 기회를 제공해 준다. 예컨대, 온라인게임은 사용자가 주인공이 되어 게임 스토리를 주도할 수도 있고 게임 내의 레벨이 올라가면 다른 사람들에게 인정과 존경을 받기도 한다. 이러한 통제감과 영향력의 행사는 인터넷에 더욱 빠져들게 만드는 요인이 된다.

다섯째, 인터넷의 유희성이다. '정보의 바다'라고 불리는 인터넷은 많은 흥밋거리들이 있다. 특히 인터넷을 이용한 게임은 혼자서 즐기는 게임들과는 달리 여러 사람과 함께 하는 게임들이 대부분이다. 사람을 대상으로 대결을 벌이기 때문에 경쟁심이 증가하고 자신감을 갖게 되며, 실제로 보이지 않는 상대방과의 게임에서 승리했을 때의 쾌감은 청소년들이 인터넷에 빠져드는 가장 강력한 원인 중의 하나라고 볼 수 있다.

여섯째, 인터넷을 통해 얻는 사회적 지지와 인정이다. 청소년들은 실제 생활에서 얻지 못하는 사회적 지지와 인정을 인터넷을 통해 얻을 수 있다. 인터넷을 통한 사회적 지지와 인정은 실제 생활에서 받는 것보다 훨씬 따뜻하게 느껴진다. 특히 대인공포증이나 수줍음이 많은 사람의 경우 직접 얼굴을 대하지 않고 머릿속으로 한 번 더 생각한 뒤 자신의 의사를 밝힐 수 있기 때문에 대인관계를 좀더 원활히 할 수 있고 자신과 비슷한 고민을 가진 사람과 대화함으로써 지지를 받을 수도 있다.

일곱째, 인터넷상에서 새로운 인격의 창출이다. 인터넷에서는 새로운 나를 만들 수 있다. 자신이 원하는 이상형의 모습도 만들 수 있고 자신과 다른 성별을 가진 사람으로 행세할 수도 있다. 그렇게 함으로써 다양한 성격의 자신을 만들 수 있지만 그것으로 인하여 실제의 자신과 가상의 자신이 혼동될 수도 있는 부작용도 있다.

여덟째, 인터넷을 통한 성적 만족이다. 인터넷에 등록된 음란 사이트에 접속하여 자료를 찾아볼 수도 있고 오프라인에서는 할 수 없는 이야기들을 음란채팅을 통해 거침없이 이야기할 수도 있다.

2) 인터넷에 중독된 사람들의 특성

인터넷 자체가 가지고 있는 영향력 뿐만 아니라 개인의 심리적 특성도 인터넷에 중독되게 만드는 중요한 원인이다. 인터넷 중독에 잘 빠지는 사람들 중에는 특히 환상적 사고에 취약한 사람들이 많으며, 정상인에 비해 훨씬 더 많은 정신병리가 존재한다(Rauschenberger, 1995). 인터넷 중독은 이전의 중독적 성격으로 고생을 하던 사람이나 강박적 성격장애로 고생을 할 수 있는 사람에게 발생할 가능성이 높으며(Fearing, 1996), 자기 현실의 좌절을 경험한 사람들도 인터넷에 잘 빠지게 된다(Suler, 1996).

Young(1998)은 인터넷에 잘 빠져드는 사람들의 특성을 이미 심각한 정서적 문제나 자아존중감이 낮은 사람, 이전에 중독경험이 있었던 사람, 자신의 정체감에 불만이 있는 사람 등이라고 하였다. Young과 Rodgers(1997b)는 인터넷 중독자들은 자기 의존적이고, 독립된 활동에 강한 선호를 보이며, 자신의 사회적 활동을 극히 제한하는 경향이 있다고 하였다. 또한 이들은 매우 예민하고 과도하게 경제적이며 매우 자기 방어적이기 때문에 처음 접하는 면대면 상황에서 자신이 위협을 느끼고 타인을 신뢰하는데 어려움을 겪는다. 이들의 성격은 인터넷에서의 익명의 상호작용에 강하게 끌리게 되고 현실에서보다 인터넷상에서 보다 쉽게 대화를 나눌 수 있게 된다.

이상과 같은 연구들을 통해 밝혀진 인터넷 중독에 빠지기 쉬운 개인의 심리적 특성으로는 Young(1996a, 1999)이 인터넷 중독을 중독물질이 포함되지 않은 충동조절장애라고 정의하고 자아존중감이 낮아서 거부에 대한 두려움이 큰 사람이 인터넷을 사용할 가능성이 높고 중독 가능성도 높다고 한 바와 같이 충동성(Shapira et al., 2000; Treuer, Rure, 2001)이나 낮은 자아존중감(Armstrong, Phillips & Sailing, 2000; Young, 1996a, 1999)이 가장 많이 거론되고 있는 특성이다. 다음으로 공격성(Griffiths, 1999; Suler, 1998), 낮은 자기통제력(이계원, 2001; 정민희, 2003), 우울증(Kraut et al., 1998; Young & Rodgers, 1997a), 고독감(Ajayi, 1995; Kraut et al., 1998; Morahan-Martin & Schumacher, 2000; Young & Rodgers, 1998b), 사회적 고립과 위축(Ajayi, 1995; Griffiths, 1997, 2000, Kraut et al., 1998; Sanders et al., 2000; Turkle, 1996; Young & Rodgers, 1997b), 자기효능감(이계원, 2001; 조영란, 2003), 스트레서 대처(정민희,

2003) 등이 선행연구들을 통하여 확인되었다.

3) 환경적 요인

환경적 요인도 인터넷 중독의 원인이라고 할 수 있다. 환경적 특성과 인터넷 중독의 관계에 대한 내용들을 살펴보면 다음과 같다.

Young(1998)은 가족 내에서 인터넷 중독증 환자로 진단되는 것은 인터넷과 강박적인 청소년이 관련되지만, 진짜 문제는 바로 가족 내에 있다고 하였다. 인터넷 중독자들은 부모로부터 이해받지 못하고 사랑받지 못하는 것에 대한 탈출구로서 인터넷에 빠질 가능성이 많으며, 인터넷은 그들이 속하는 특별한 공간, 즉 제2의 가정이고 현실의 가정보다 더 매력적인 곳이 된다. 그들은 인터넷 안에서 더 자유롭고 사랑받으며 이해 받는다고 느낀다는 것이다.

이해영과 박부진(2000)은 연구를 통해, 인터넷 이용이 좋은 가족관계를 유지해 온 가족에게는 일부 긍정적인 영향을 미칠 수도 있으나 원만하지 못한 가족관계를 유지해 온 가족에게는 부정적인 영향을 미칠 수 있다고 하였다. 즉, 현실적인 가족관계가 원만하고 사회성이 조장될 수 있는 환경의 사람들에게는 긍정적인 영향을, 사회적으로 고립된 환경에 있는 사람들에게는 사이버 세계에서의 교류에 집착하여 중독을 유발할 수 있는 부정적인 영향을 주게 된다는 것이다.

(가) 가정환경 요인

부모의 양육태도(김지형, 2002; 박정은, 2001; 오현화, 2002; 윤지영, 2001; 이계원, 2001; 정진태, 2003; 조춘범, 2001), 부모의 감독 및 통제(윤영민, 2000; 오현화, 2002; 이시형 등, 2000; 조춘범, 2001), 인터넷에 대한 부모의 태도(김혜원, 2001), 부모-자녀 의사소통(이시형 등, 2000; 정경란, 2001; 정민희, 2002; Kraut et al., 1998), 부모-자녀 신뢰감(윤영민, 2001), 부모의 자녀에 대한 관심 및 부모와의 갈등(임은미, 이숙영, 2002; 조춘범, 2001), 가족의 지지(김혜원, 2001; 조영란, 2003), 가족간의 불화(정경란, 2001) 등이 인터넷 중독과 관련된 가정환경 요인이다.

(나) 학교환경 및 또래집단 요인

교사의 태도(윤영민, 2000), 교사의 통제(조춘범, 2001), 또래 및 친구와의 관계(왕지선, 2001; 이시형 등, 2000; 정민희, 2003), 또래집단의 태도 및 영향(윤영민, 2000),

또래 및 친구의 지지(조영란, 2003) 등이 인터넷 중독과 관련된 학교환경 및 또래집단 요인이다.

결과적으로 인터넷에 중독되어 자신 뿐만 아니라 사회적인 문제를 일으키는 상황까지 이르는 데에는 인터넷 자체가 가지고 있는 특성, 개인의 심리적 특성, 그리고 사회적 환경 요인들이 복합적으로 작용한다고 생각할 수 있겠다.

나. 게임 중독의 원인

아직까지 게임 중독의 원인에 대해 구체적으로 설명하는 이론은 없지만, 대체로 게임 자체가 가지고 있는 중독적 특성, 중독에 빠지기 쉬운 게임 이용자의 심리적 특성, 그리고 게임 이용자의 환경적 특성으로 나누어 볼 수 있겠다(권재환, 2005).

1) 게임 자체의 중독적 특성

사람들이 게임을 즐기는 이유는 우선 재미가 있기 때문이라고 할 수 있는데, 이러한 게임의 재미라는 특성에 직접적인 영향을 미치고 있다는 것이다. 여기서 말하는 게임의 특성이란 첫째, 게임 스토리와 캐릭터, 게임구성의 창의성과 안정성 정도를 나타내는 게임의 구성, 둘째, 시각적이고 창작적인 게임 환경이 실제에 가까운 정도를 나타내는 게임의 생동감, 셋째, 게임 조작의 다양성과 용이성 정도를 나타내는 게임의 상호작용성(interactivity)을 말한다(최원준, 2000). 특히 상호작용성은 TV나 라디오 등과 같은 기존의 매체들과 게임이 구분되는 가장 큰 특징이라고 할 수 있다.

온라인 게임이 다른 컴퓨터 게임과 구분짓는 특징은 가상세계, 성장과 경쟁, 그리고 강력한 게임 공동체를 가지고 있다는 것이다. 게임의 가상 세계에서 다른 게임 이용자들과의 상호작용을 통해 인간관계나 사회적 관계의 형성이 가능하고, 가상의 세계에서 살아가기 위해 자신의 캐릭터를 성장시켜 나가고 그 과정에서 다른 게임 이용자와 경쟁과 협동의 관계가 형성된다. 그리고 자신을 성장시켜 나가고 다른 게임 이용자와의 경쟁에서 안전하게 자신을 지키기 위해서 강력한 게임 공동체에 소속되어 공동체 성원으로서 게임에 참여하여 사회적 관계와 유대를 형성하게 된다(김홍천, 2003). 이 공동체는 힘든 일을 함께 함으로써 게임상에서 더 강해지고 그 과정에서 집단에의 소속감, 유대감을 느끼게 하는 요소라고 할 수 있다(남궁명선, 2002).

아동・청소년들은 같은 게임을 즐긴다는 것 하나만으로도 서로 강한 동료의식과 소속감을 느끼게 된다. 이전의 게임은 단순히 스트레스 해소용으로 오락을 위한 도구정도였으나, 요즈음의 게임은 재미뿐만 아니라 청소년들의 다양한 욕구를 충족시켜줄 수 있게 되었다. 인터넷이 대중화되기 이전에는 사회적으로 큰 이슈가 되지 않았던 게임 중독이라는 현상이 최근에 들어 주목을 받게 된 이유는 인터넷을 기반으로 한 게임이 그만큼 게임을 하는 사람의 욕구를 잘 충족시키고 있기 때문이라고 볼 수 있다. 따라서 게임 이용자의 욕구를 중심으로 게임 중독 현상을 이해할 필요가 있겠다.

첫 번째로, 대부분의 게임 중독 원인에 대한 연구들은 마약이나 도박과 같은 다른 중독적 증상과 마찬가지로 중독의 대상을 통해 현실에서는 만족시키지 못하는 욕구를 충족시킬 수 있기 때문에 사람들이 게임에 중독 된다는 입장인 Suler(1996)의 욕구실현이론을 인용하고 있다. King(1996)도 게임이 인간의 '의사소통욕구'와 '관음증적 욕구'를 충족시켜준다고 하였는데, 이것은 온라인 게임의 익명성에 기반을 둔 것이다. 즉, 사람들은 게임 상에서 수많은 종류의 사회적 관계형성의 장을 만들고 이런 연결망을 통해 강력한 소속감을 느끼고, 서로 정보를 교환하며, 의사소통을 통한 사회적 교류의 폭을 넓혀나간다. 또한 온라인의 익명성을 기반으로 하여 인간의 본능적 욕구인 관음증적 욕구를 해결할 수 있다는 것이다. 이와 같이 사람들은 게임을 통하여 현실세계에서 이루지 못하는 여러 가지 욕구를 얻는 대리만족을 경험할 수 있기 때문에 게임에 빠져들게 된다는 것이다.

두 번째, 사람들이 게임을 하는 중요한 이유로 몰입을 들 수 있는데, Csikszentmihalyi(1990)는 게임을 통해 몰입을 경험하기 때문이라고 하였으며 몰입이란 사람이 전체적으로 관여되어 행동할 때, 느끼는 푹 빠진 감정(holistic sensation)이라고 정의하고, 어떤 활동을 할 때 경험하는 최적 경험의 과정이라고 하였다. 또 Lutz와 Guiry(1994)는 몰입을 높은 수준의 기술과 통제, 높은 수준의 도전과 환기, 집중된 관심에 의해 결정되며, 상호작용성과 원격 존재감(tele-presence)에 의해 증가되는 것이라고 하였다. 다시 말해서, 몰입이란 어떤 활동에 집중했을 때 일어나는 최적의 심리상태라고 할 수 있으며, 게임을 통하여 몰입을 경험하게 되면 다시 그런 경험을 하고 싶게 되고 점점 게임에 빠져들게 되는 것이다.

세 번째로, 황상민과 장근영(2003)이 제시한 게임 이용자들의 보상경험을 들 수 있는데, 레벨과 아이템이라는 게임의 도구를 통해서 중독집단의 사람들은 게임 내의 아이템 취득과 레벨 향상을 통해 다른 사람으로부터 인정과 관심을 받을 수 있고, 자신의 능력과 재력을 다른 사람들에게 과시할 수 있는 보상경험을 학습한다는 것이다. 그러나 높은 레벨로 올라갈수록 아이템 취득과 레벨 향상을 위해 더 많은 시간을 게임에 투자해야 하고, 게임 이용자는 이러한 보상 경험을 증가시키기 위해 게임에 더 몰두하게 된다는 것이다. 즉, 게임 중독은 게임하는 사람의 심리적 욕구가 게임 내의 경험을 통해 보상을 받음으로써 게임에 몰두하도록 조건화된다는 것이다.

이와 같이 게임은 사람들에게 즐거움을 주고, 여러 가지 욕구를 충족시켜 주며, 게임을 통해 몰입을 경험할 수 있게 해 주고, 일상생활에 지친 사람들에게 현실로부터 도피할 수 있게 해준다. 이처럼 게임의 속성은 사람들로 하여금 게임에 빠져들게 만든다(권진환, 2005).

2) 게임 이용자의 심리적 특성

인터넷 및 게임 중독에 관한 연구들이 최근 들어 활발하게 이루어지고 있는데 대개는 인터넷이나 게임 중독자들의 심리적 특성에 관한 연구들이 주를 이룬다. 게임 자체가 가지고 있는 중독성이 게임 중독에 이르게 하는 중요한 원인이지만 모든 게임 이용자가 중독이 되는 것은 아니다. 이는 게임 자체가 가지고 있는 중독성 이 외에도 게임 이용자의 심리적 특성이 게임 중독에 중요한 영향을 미치기 때문이다.

ADHD 아동 및 청소년들이 게임에 흔히 중독되기 쉽다고 하는데(김현수, 2001), 이는 게임이 가지고 있는 끊임없는 각성과 주의력 이동(attention shift)이라는 현상을 게임이 만족시켜 주기 때문이다. 주의력을 유지하기 어려운 사람들에게는 지속적으로 자극적인 신호와 메시지가 전달되어야만 하는데, 게임은 무수히 많은 장면과 시도 때도 없이 알 수 없는 공격, 그리고 적들의 출현으로 인해 과도하게 각성된 상태를 장기간 유지해야만 재미있게 진행될 수 있다. 다른 어떤 매체나 미디어도 이런 지속적인 자극을 전달할 수 없기 때문에 게임은 이런 ADHD 아동 및 청소년들을 컴퓨터와 인터넷 앞에 묶어두게 할 수 있는 힘이 있는 것이다(조해연, 2001).

게임 중독에 빠지기 쉬운 개인의 심리적 특성으로서 충동성(Egli & Meyers, 1984; Griffiths, 1991), 낮은 자아존중감(Roe & Muijs, 1998), 공격성(Buchman, 1996; Colwell & Payne, 2000; Domminick, 1984; Marion, 1983, Schutte, 1988; Silvern, Willians, & Countermine, 1983), 낮은 자기통제력(김경화, 2002; 김종원, 조옥귀, 2002; 오대연, 2002), 고독감(김경화, 2002, 이형초, 2001; 정경아, 2001), 우울증(김경화, 2002, 김유정, 2002), 사회적 고립과 위축(이유경, 2002), 자기개념의 불일치(김유정, 2002) 등으로 나타났다.

그러나 개인의 심리적 특성과 게임 중독의 관계에 대한 또 다른 연구들을 살펴보면 위의 내용과는 다른 결과를 보이는 원인들도 있는데, 예를 들어, 인터넷이나 게임의 사용이 오히려 외로움이나 고독감을 감소시킨다는 주장도 있다(Katz & Aspden, 1997; Parks & Roberts, 1998).

3) 게임 이용자의 환경적 특성

아동 및 청소년들은 다양한 환경에 의해서 영향을 받는데 그 중에서 아동 및 청소년들의 인터넷과 게임 중독에 가장 많은 영향을 주는 환경적 요인으로는 가정환경, 학교환경, 또래 및 친구집단을 들 수 있다.

김유정(2002)은 게임을 중독적으로 사용하는 아동 및 청소년들의 심리사회적 취약성 요인을 설명하면 심리적 요인으로는 우울, 자기개념 불일치, 공격성, 충동성으로 선정하였고, 환경적 요인으로는 부모의 양육태도, 부모와 함께 사는지 여부, 부모의 직업 유무로 선정하여 분석한 결과, 게임몰입에 있어서는 심리적 변인과 환경적 변인이 비슷하게 게임몰입을 설명하는 반면, 게임 중독에 있어서는 환경적 변인의 설명력이 거의 없었다고 결론을 내리고, 추후 연구에서 환경적 변인을 보다 잘 측정할 수 있는 질문지를 이용하여 게임 중독에 미치는 심리적 변인과 환경적 변인의 차별적 영향을 재검증해 볼 필요가 있음을 시사했다.

방희정과 조아미(2003)는 게임 중독과 관련된 가정환경 요인으로 부모의 양육태도를 제시했고, 김경화(2002), 김종원과 조옥귀(2002), 정경아(2001) 등은 부모의 감독 및 통제를, 김종원과 조옥귀(2002), 유승호(2001)는 게임에 대한 부모의 태도를, 김경화(2002)는 부모의 간섭 및 강요를, 이유경(2002)은 가족관계 등을 제시하였다.

게임 중독과 관련된 학교환경 및 또래집단 요인으로 이해경(2002), 조아미와 방희정(2003)은 교사의 지지를, 김성중(2000), 김종원과 조옥귀(2002)는 또래집단의 태도 및 영향을, 이유경(2002), 이희경(2003)은 또래 및 친구와의 관계 등을 제시하였다.

이와 같이 게임 중독은 단일요인으로는 설명하기 어려우며 다양한 요인들의 상호작용으로 볼 수 있다. 따라서 게임 중독을 치료하고 예방하기 위해서는 게임에 빠지기 쉬운 개인의 심리적 특성뿐만 아니라 가정 및 학교의 심리적 환경 특성이 게임 중독에 미치는 영향력을 종합적으로 살펴봐야 한다(권재환, 2005).

3. 진 단

가. 진 단

현재 인터넷과 게임 중독의 정의와 진단체계가 확실히 수립되지 않아 학자들마다 다소 의견이 다르지만, 인터넷과 게임 중독자들은 알코올이나 도박 중독자들과 비슷하게 강박적 사용과 집착, 내성, 금단, 조절불능, 일상생활의 부적응과 같은 다양한 증상들을 나타내게 된다는 것에는 거의 일치된 견해를 보인다(김청택 등, 2002).

중독기준에 대해서 Young, Goldberg, Greenfield, Brenner 등이 제시하였는데, Young과 Greenfield는 진단기준을 설정함에 있어서 DSM-IV의 병적 도박 기준을 사용하였고, Goldberg와 Brenner는 이와는 달리 물질남용 장애의 기준을 사용하였다(박정은, 2001).

1) 인터넷 중독에 대한 진단

Goldberg(1996)는 DSM-IV의 물질남용의 기준을 준거로 하여 최초로 인터넷 중독 장애(Internet Addiction Disorder : IAD)라는 용어와 진단준거를 제시하였는데, 다음과 같은 증상들을 인터넷 중독의 진단준거로 하였다. 첫째, 더 많은 시간을 인터넷에서 소모해야 만족을 얻을 수 있는 것을 의미하는 내성(tolerance), 둘째, 사용해 오던 인터넷 사용을 중지하거나 감소시킨 경우에 나타나는 정신운동성 초조(psycho-motor agitation), 불안(anxiety), 인터넷에서 무슨 일이 일어나고 있을 것 같은 강박적 사고인 금단(withdrawal), 셋째, 인터넷 사용의 빈도 및 시간이 더 길어지는 갈망(craving), 넷째, 사회적 · 직업적 또는 다른 기능상의 중요한 영역에서 장애 또는 고통을 유발하는 경우 등이다. 한편 Griffiths(1998)는 인터넷 중독의 핵심 진단준거로 Goldberg(1996)가 제시한 네 가지 기준에 돌출행동(salience)과 재발(relapse)을 추가시켰다(권재환, 2005).

〈Goldberg의 인터넷 중독 진단기준 Ⅰ〉

Goldberg는 적어도 12개월 동안 아래에 제시한 내용 중 최소한 3가지 이상의 항목이 1년 이상 지속되면 인터넷 중독에 해당한다고 보았다.

A. 내성
1. 인터넷을 사용하면 할수록 만족을 얻게 되는 시간이 점차 늘어날 경우
2. 인터넷을 이전과 동일한 시간만큼 하는데도 불구하고 효과가 저하되는 경우

B. 금단
1. 특징적 금단 증후
1) 장기간의 인터넷 사용을 중지 혹은 감소한 경우
2) 1)의 발생 후 수일에서 한 달 사이에 다음 중 두 항목 이상이 발생할 때
(1) 정신운동성 초조

(2) 불안
(3) 강박적 사고(인터넷 사용에 대한 생각과 관련된)
(4) 환상 혹은 꿈(인터넷 사용과 관련된)
(5) 수의적 혹은 불수의적으로 자판 두드리는 행위와 유사한 행동
3) 2)의 일들로 인해 사회적 혹은 직업적 그 밖의 중요한 부분에서의 고통이나 지장을 유발할 때
2. 금단 증상을 완하, 회피하기 위해 인터넷 혹은 유사한 통신만을 사용하는 행동을 할 경우
3. 생각했던 것보다 더 자주, 길게 인터넷을 사용하는 경우
4. 인터넷 사용을 줄이거나 조절하려는 욕구가 지속적으로 있었거나 혹은 그 시도에 성공하지 못하는 경우
5. 상당량의 시간을 인터넷 사용과 관련된 행동에 소비하는 경우
6. 중요한 사회, 직업, 혹은 여가활동이 인터넷 사용을 위해 포기되거나 감소되는 경우
7. 인터넷 사용에 의해 유발되거나 악화되고, 지속적이거나 반복적인 신체적, 사회적, 직업적, 심리적 문제를 갖고 있음에도 불구하고 인터넷 사용을 계속하는 경우

Goldberg는 이후 자신의 진단기준과 병적 장애 명칭을 수정하였는 데 병적 컴퓨터 사용 장애(Pathological Computer Use Disorder)라 지칭하고, 인터넷 과다 사용에서 오는 불편감이나 직업, 학업, 사회, 일이나 가족과 관련하여 재정적, 심리적, 생리적 기능의 저하 중 하나 이상이 나타날 때를 진단기준으로 사용했으며, 이것을 다음과 같이 간략화 하였다.

〈Goldberg의 인터넷 중독 진단기준 II〉

병적 컴퓨터 사용 장애란 사람들이 정도 이상으로 컴퓨터를 지나치게 이용하여 생기는 장애를 말한다.
① 병적 컴퓨터 사용으로 인해 어떤 장애를 일으킬 때
② 병적 컴퓨터 사용으로 인해 신체적, 심리적, 대인 관계적, 결혼생활, 경제적, 사회적 기능에 손해나 지장이 생길 경우

Young(1996)도 DSM-IV의 병리적 도박(pathological gambling)의 진단기준을 준거로 하여 인터넷 중독 진단기준으로 사용하였는데, 첫째, 인터넷에 대한 강박적 사고, 둘째, 내성과 금단, 의도한 것 이상의 과도한 인터넷 사용, 셋째, 지속적인 욕구, 넷째, 다른 활동에서의 흥미 감소, 다섯째, 과도한 인터넷 사용으로 인한 부정적인 결과에 대한 무지 등이 그것이다. 또한 그는 다른 문제행동과의 유사성을 통해 인터넷의 중독성에 대하여 지적하였는데, 흡연, 알코올 중독 등 약물중독과 그 외에 강박적 쇼핑이나 도박 등 문제행동들이 학업적, 사회적, 재정적, 및 직업적 생활을 명백하게 방해하는 것과 마찬가지로 인터넷 중독도 그러한 중독 양상을 띤다고 보았다. 그리고 강박적 쇼핑이나

도박 등 문제행동에서 나타나는 중독성을 행동적 성향(behavior-oriented) 중독증이라고 보고, 행동적 성향 중독자들은 그들이 하고 있는 행동과 그들이 그것을 할 때 경험하는 감정에 중독된다고 보았다. 이러한 것이 바로 인터넷 중독증이 작용하는 방식이라는 것이다. 또한 인터넷은 중독에 빠져들기에 충분할 만큼 강력하며, 일상생활을 파멸로 이끌 만큼 위력적이라고 하였다. 그는 수많은 인터넷 중독자들과의 상담과 심리치료를 통하여 인터넷 중독이 가상공간의 비현실적인 관계로 인하여 가정파탄을 초래하고, 억제할 수 없는 사용은 학업문제를 일으키며, 업무시간의 과다한 인터넷 사용으로 직장에서 상사와 문제를 일으켜 퇴직까지 당하게 되는 등 생활의 모든 영역에서 본인은 물론 주위사람들에게 폐해를 끼치게 된다고 주장하였다(Young, 1999).

Young은 아래에 제시한 내용에서 5개 이상이 해당된다면 인터넷 중독일 가능성이 높다고 기준을 마련하고 있다.

〈Young의 인터넷 중독 진단기준〉

① 장시간 온라인에 접속해야 적성이 풀린다.
② 통신에 접속하지 않은 상태에서 금단증상에 호소한다.
③ 의도했던 것보다 자주 또는 오랫동안 접속, 인터넷상에서 장시간을 소모한다.
④ 통신접속을 줄이려 했으나 실패한다.
⑤ 온라인 접속시간을 늘리기 위한 시도(수업시간을 빼먹는다거나, 인터넷 접속을 위해서 잠자리에 늦게 들거나 일찍 일어남)를 한다.
⑥ 사회생활, 직장생활 또는 취미활동에 흥미를 상실한다.
⑦ 인터넷 사용 때문에 여러 가지 문제가 생겼거나, 더 나빠졌어도(직장, 학교, 재정 또는 가족문제 등) 인터넷을 계속 사용한다.
⑧ 인터넷을 사용하지 않을 때에도 빨리 접속해 보고 싶은 마음에 사로잡힌다. 일이나 휴가 때문에 통신을 못하면 초조하고 불안하다.

그러나 현재까지는 인터넷에 대한 명백한 진단기준은 아직 없으며 중독사례가 보고된 바는 있으나 하나의 장애로 규정되기에는 미흡한 점이 많고 중독의 증상 비율이 지나치게 과장된 점이 있다고 보는 것이 사실이다(이계원, 2001).

2) 게임 중독에 대한 진단

인터넷 중독에 대한 일관되고 정확한 진단준거가 마련되지 않은 실정에서 인터넷 중독의 한 분야인 게임 중독에 대한 진단준거를 설정하기는 매우 어렵다. 지금까지의 연구들은 게임 중독과 유사한 도박중독의 진단준거를 이용하여 게임 중독이라는 개념의 타당성을 밝혀 왔는데, Griffiths와 Hunt(1998)는 DSM-III-R의 병리적 도박의 준거를 사용하여 컴퓨터 게임에 대한 의존성을 평가하였고, Fisher(1994)도 도박중독척도로 비디오 게임 중독을 측정하여 신뢰도와 타당도가 있음을 밝혔다. 그러나 게임 중독을 측정할 수 있는 공식적인 진단준거는 아직까진 없다고 하겠다. 지금까지의 연구들은 인터넷 중독의 기준에 '게임'이라는 용어를 대입하여 같은 규준을 삼아 연구하고 있다(오대연, 2002; 이소영, 2000). 게임 중독에 관한 대부분의 연구들은(김경화, 2002; 김종원, 조옥귀, 2002; 이소영, 2000; 이희경, 2003; 정경란, 2001; 정경아, 2001; 조해연, 2001 등) 게임 중독을 측정하기 위하여 Young의 인터넷 중독 척도를 게임 중독에 맞게 수정하여 사용했다. 그러다 최근 이형초(2001)와 김유정(2002)은 우리 나라 청소년들이 가지는 인터넷 게임 중독 행동의 특성을 반영한 인터넷 게임 중독 진단척도를 개발하였다. 이형초(2001)의 척도는 학업태도의 저하, 부적응행동, 부정적인 정서경험, 심리적 몰입 및 집착, 대인관계 문제의 5가지 요인 구조로 나타냈으며, 김유정(2002)의 척도는 현실 검증력, 강박적 집착, 내성과 통제력의 상실, 신체적 문제, 학업문제, 대인관계 문제의 6가지 요인 구조로 나타냈다.

〈게임 중독의 진단기준〉

다음과 같은 증상이 반복되거나 점차 심화될 경우 부모님들은 한번쯤 아동의 게임 중독을 의심해 봐야 한다.

- 한번 시작한 게임을 그만 두지 못하고, 더 많은 시간을 게임에 빠져 보내려고 한다.
- 게임으로 인해 가족이나 친구와 마찰이 생겼다.
- 게임을 하지 못할 경우 우울하거나 초조해지며 공허감을 느끼게 된다.
- 게임을 하기 위해 가족이나 다른 사람에게 거짓말을 한다.
- 게임을 하느라 학업 수행이 저하되고, 수면시간이 줄어들었다.

이상과 같이 인터넷 및 게임 중독의 진단기준을 종합해 보면 크게 인터넷 및 게임 중독을 측정할 수 있는 개념은 다음 네 가지 특징을 갖는다. 즉 인터넷 및 게임 중독이란 인터넷이나 게임을 사용하고자 하는 '강박적 집착', 인터넷 및 게임 등 온라인에 접속하면 자신의 의지와 상관없이 장시간 사용하게 되는 '조절불능', 해로운 결과가 있으리라는 것을 알면서도 계속 사용하게 되는 '강박적인 사용', 그리고 이러한 부정적 증상들에 대한 '자각 및 주위의 염려' 등의 특징을 갖는다고 할 수 있다(유승호, 2001). 그러나 단지 인터넷과 게임을 많이 한다고 해서 인터넷 및 게임 중독이라고 단정지을 수는 없다. 즉, 인터넷이나 게임과 관련된 직종에 종사하거나 학업이나 업무에 필요한 정보를 얻거나 수행하기 위해 장시간 인터넷을 사용하거나 게임을 하는 것을 중독이라고 할 수는 없다는 것이다. Young(1997)은 인터넷과 게임의 모든 요인들이 중독성을 띠는 것은 아니라고 주장하였는데, 인터넷 및 게임 중독은 분명히 존재하는 현상이지만 인터넷이나 게임 그 자체가 중독적이라기보다는 인터넷이나 게임에서 제공되는 일부 특정 서비스의 특징이 중독적 이용을 유발시킨다는 것이다. 그리고 Griffiths(1999)는 정보검색, 전자우편, 파일 전송, 채팅, 게임 등 인터넷의 하유요인들 중에서 채팅이나 게임이 다른 요인들보다 중독성을 가지고 있다고 제시하였다.

이처럼 인터넷 및 게임을 많이 사용하는 것과 관련된 모든 문제를 인터넷 중독이라고 하나의 범주로 분류하는 것은 문제가 있다. 인터넷 및 게임 중독은 인터넷이나 게임을 과다하고 반복적으로 이용함으로 인해 내성이나 금단증상을 비롯한 현실생활에서 부정적인 결과가 드러나는 경우에만 해당한다고 할 수 있다(Young, 1999).

결국 인터넷 및 게임 중독이라는 용어는 대체로 병리적이고 강박적인 인터넷과 게임 사용을 의미하고 있으나 아직까지는 일관된 진단준거를 내리지 못하고 있다. 현대 정신의학에서는 인터넷 및 게임 중독증을 공식적으로 사용하고 있지는 않지만, 인터넷과 게임으로 인해 나타나는 부정적인 연구결과들이 많이 밝혀지고 있고, 약물중독과 마찬가지로 금단현상, 내성, 현실생활의 어려움 등의 특징을 보이기 때문에 최근에는 일반적인 용어로 받아들여지고 있는 추세이다. 그리고 중독장애라기보다는 충동조절장애(impulse-control disorder)나 강박장애(obsessive-compulsive disorder)로 분류하는 경향이 강하다(김현수, 2001). 다시 말해서, 인터넷 및 게임 중독에 대해 학자마다 다른 가설들로 설명하고 있어서 아직 체계적이고 통합적인 자료는 없으나 앞으로 개정될 DSM-V에는 가상현실장애(cyber disorder)라는 새로운 장애유형으로 들어가게 될 것이라는 의견이 지배적이다(Zenhausen, 1995).

나. 아동·청소년 인터넷 및 게임 중독의 예후 및 결과

초등학생이 인터넷과 게임을 하면서 수백만 원의 비용을 소비하여 어머니의 꾸지람을 듣고 자살했다는 뉴스처럼, 최근에 인터넷과 게임 중독과 관련된 각종 기사와 TV 시사 프로그램을 자주 접하게 된다. 이렇듯 인터넷 및 게임 중독은 현재 우리 주변에서 빈번히 접하게 되는 심각한 사회문제 중의 하나이다. 2005년 국가 청소년위원회가 발표한 '청소년의 컴퓨터 사용실태' 연구 결과에 따르면 하루 평균 컴퓨터 사용시간이 429분, 하루 평균 게임 사용시간이 386분, 하루 평균 정보검색 사용시간이 28분이라는 놀라운 결과를 볼 수가 있었다(조선일보, 2006).

Egli와 Meyets(1984)는 게임을 하는 청소년들을 인터뷰한 결과, 이들 중 13%가 충동적인 행동을 보이고 있음을 밝혀냈고, McClure와 Mears(1984)는 고등학생을 대상으로 연구한 결과 26%가 게임을 하기 위해 식사비의 일부나 전부를 사용하는 것으로 나타났다. Griffiths(1991)는 게임 중독을 충동적인 행동을 하게 하고, 다른 사람에 대한 흥미를 상실시키며, 다른 중독 현상들과도 관련되고, 게임을 그만두려고 하면 신체적 · 심리적 증상이 나타나는 또 다른 형태의 충동적 중독이라고 정의하였다. Brenner(1997)는 DSM-IV의 물질남용 장애의 진단준거와 유사한 IRABI(internet-related additive behavior inventory)라는 질문지를 사용하여 563명의 자료를 분석하였는 데, 그 결과 55%가 내성을 경험하고 있었으며, 28%가 금단증상을, 22%가 갈망을 경험하는 것으로 나타났다. 이들 중 대부분은 남성이었으며, 전반적인 생활영역에서 부정적인 결과를 초래하였으며 가장 문제가 되는 것은 시간관리 능력이었다.

Anderson(1999)은 대학생들의 인터넷 사용이 사회적, 학업적인 영역에 미치는 효과 연구시 인터넷 중독의 기준을 두 가지 방법으로 분류하였는 데, 첫째는 인터넷 이용시간으로 분류하였고, 둘째는 DSM-IV의 물질사용 장애의 진단준거를 기초로 분류하였다. 인터넷 이용시간을 기초로 하루에 400분 이상인 피험자를 고위험집단으로 분류한 결과, 학업성취, 새로운 사람을 만나는 횟수, 과외활동에 참여하는 정도, 수면패턴, 실제 대인관계 등의 다섯 가지 영역 중에서 수면패턴에서만 저위험집단과 차이를 나타냈다.

그러나 진단준거를 기초로 고위험집단을 분류한 결과 학업성취, 새로운 사람을 만나는 횟수, 수면패턴의 세 가지 영역에서 차이를 보여 인터넷 중독이 사회적인 역할 및 학업수행에 영향을 미친다는 것을 밝혔다. 또한 인터넷 중독의 분류에서 이용시간과 더불어 중독에 따른 부정적인 요인도 함께 고려해야 한다고 주장하였다. Suler(1999)는 인터넷 중독에는 '매스컴에 의해 과장된 인터넷 중독', 일부 사람들의 '일시적인 중독', 소수의 '진짜 인터넷 중독'이 있다고 인터넷 중독에 대한 조심스러운 입장을 밝히면서 인터넷 중독이 타당한 진단적 가치를 지니기 위해서는 더 많은 연구가 뒷받침되어야 한다고 주장하였다.

Shaffer, Hall과 Bilt(2000)도 인터넷 중독은 기분장애나 불안장애, 충동조절장애, 식이장애나 물질 섭취장애 등과의 연관성이 분명하게 정립되지 않았으므로 보다 신중하고 엄격한 연구들이 필요하다고 하였다. 그리고 Mitchell(2000)도 인터넷의 강박적 사용이 정신적 위험을 가져오는 요인이지만, 온라인 조사를 통한 연구에서 국제질병분류법 제10판(international classification of disease; ICD-10)의 중독증후군 기준에 적합한 사람은 809명의 인터넷 사용자 중 2.47%인 20명에 불과했다는 결과를 제시하였다(김수연, 2003).

Shapira 등(2000)은 문제성 인터넷 사용자 20명을 대상으로 한 연구에서 대상자의 100%가 DSM-IV의 달리 분류되지 않은 충동조절장애를 만족시킨다고 보고하였으며, 이들은 인터넷에 연결되기 전에 긴장과 각성이 증가하는 것을 느끼고 이러한 긴장과 각성은 고통스러우나 저항이 불가능하며 인터넷이 연결되었을 때 비로소 긴장이 해소되고 즐거워진다는 결과를 밝혔다. Treuer, Fabian과 Furedi(2001)의 충동조절장애 유병률을 조사한 바에 의하면 92%는 인터넷이 없는 세상은 공허하고 지루한 세계라고 생각했으며, 82%가 인터넷 연결이 끊겼을 때 온라인 상태가 되기를 원했고, 81%는 인터넷이 지연되면 예민해지며, 77%가 인터넷 사용에 대한 백일몽을 가지고 있고, 71%는 인터넷 사용이 중단되면 공격적인 행동을 한다고 보고하여 인터넷 중독이 단일한 독립질환이라기보다는 충동조절장애의 한 아형인 것으로 보인다고 결론을 내렸다(권진환, 2005).

4. 임상특징

가. 인터넷 중독의 임상특징

많은 인터넷 사용자들은 매일 몇 시간씩 전자우편이나 웹 서핑(web surfing)을 하는데 시간을 보내고 있고, 이들 중에는 실제 생활을 손상시키는 경우도 있으며(O'Reilly, 1996), 인터넷에서 과도한 시간을 보내거나 진정한 실제관계를 피상적인 가상적 관계로 대치시키는 인터넷 중독은 심각한 심리적 고통이나 기능적 손상을 동반한다(Stein, 1997).

Rauschenberger(1995)에 의하면 인터넷 중독에 잘 빠지는 사람들 중에는 특히 환상적 사고에 취약한 사람들이 많으며, 정상인에 비해 훨씬 더 많은 정신병리가 존재한다. 인터넷 중독은 이전의 중독적 성격으로 고생을 하던 사람이나 강박적 성격장애로 고생을 할 수 있는 사람에게 발생할 가능성이 높으며(Fearing, 1996), 자기 현실의 좌절을 경험한 사람들도 인터넷에 잘 빠지게 된다(Suler, 1996).

Young(1998)은 인터넷에 잘 빠져드는 사람들의 특성을 이미 심각한 정서적 문제나 자아존중감이 낮은 사람, 이전에 중독경험이 있었던 사람, 자신의 정체감에 불만이 있는 사람 등이라고 하였다. Young과 Rodgers(1997)는 인터넷 중독자들은 자기 의존적이고, 독립된 활동에 강한 선호를 보이며, 자신의 사회적 활동을 극히 제한하는 경향이 있다고 하였다. 또한 인터넷 중독자들은 매우 예민하고 매우 자기 방어적이기 때문에 처음 접하는 대면 상황에서 스스로 위협을 느끼고 타인을 신뢰하는데 어려움을 겪는다고 하였다. 이들은 인터넷에서 익명의 상호작용에 강하게 끌리게 되고 현실에서보다 인터넷상에서 보다 쉽게 대화를 나눌 수 있게 된다.

인터넷 중독은 중독적 행동양식에 따라서 몇 가지로 구분할 수 있는데, Young(1998)은 사이버섹스중독(cyber-sexual addiction), 사이버관계중독(cyber-relationship addiction), 인터넷강박증(net compulsions), 정보과부하(information overload), 컴퓨터 중독(computer addiction) 등의 하위 요인들을 포함하는 포괄적인 개념으로 보았다.

첫째, 사이버섹스중독은 사이버상에서 성적인 욕구를 충족시키려는 목적으로 섹스와 관련된 내용을 찾기 위해 온라인 포르노그라피에서 자료를 검색하거나 다운로드하고 거래하는 데 몰두하거나 성인 대화방이나 사이트를 집중적으로 사용하는 것을 말한다.

둘째, 사이버관계중독은 온라인상에서 사회적인 관계를 유지하려고 몰입하는 것으로 때로는 현실세계의 가족이나 친구보다 온라인상에서 알게 된 사람들을 더 중요하게 생각하며, 채팅이나 게임을 통하여 심리적인 지원 및 친밀감을 얻기 위해 몰두하게 되는 것이다.

셋째, 인터넷 강박증은 충동적으로 온라인 도박, 온라인 쇼핑, 온라인 경매를 하거나 강박적으로 온라인 매매를 하는 것을 말한다.

넷째, 정보과부하는 정보에 과다하게 몰입하는 유형으로 충동적으로 웹 서핑을 하거나 자료검색을 하는 것을 말한다. 마지막으로, 컴퓨터 중독은 강박적으로 컴퓨터 게임이나 컴퓨터 프로그램을 짜는 활동에 몰입하는 것을 말한다.

〈아동 및 청소년을 대상을 한 인터넷 중독의 주요 증상〉

① 꼭 해야 할 일이 없으면 거의 모든 시간을 인터넷을 한다.
② 해야 할 일이 있는데도 인터넷을 그만들 수 없다.
③ 인터넷을 한 후 해야 할 일이나 물건을 잃어버리는 등 건망증이 늘었다.
④ 인터넷 때문에 시험을 망친 적이 있다.
⑤ 컴퓨터를 켠 후에 제일 먼저 인터넷을 한다.
⑥ 인터넷을 하지 못하면 짜증이 나거나 화가 난다.
⑦ 다른 사람들이 같이 있어도 인터넷 생각이 많이 난다.
⑧ 인터넷 때문에 가족들과 다툰 적이 많다.
⑨ 인터넷을 하느라 약속을 취소하거나 시간을 어긴 적이 많다.
⑩ 인터넷을 하는 도중에 방해를 받으면 과도하게 화가 난다.
⑪ 자신의 존재가 현실 생활보다 인터넷상에서 더 유능하게 느껴진다.
⑫ 인터넷을 하는 동안은 모든 근심 걱정이 사라진다.
⑬ 인터넷을 하느라 식사를 거른 적이 많다.
⑭ 인터넷 시간을 줄여 보려 노력하지만 번번이 실패한다.

* 출처 : 한국가족사회복지학회, 2000.

나. 게임 중독의 임상특징

Peele와 Brodsky(1991)에 의하면 사람들은 대부분 자신의 삶에 만족감이 없거나 타인과의 친밀함이나 유대관계가 없을 때, 또 자기 확신이 없거나 희망이 상실되었을 때 중독에 빠진다. 우리 나라의 아동 및 청소년들은 공부 특히 대학입시로 인하여 가족이나 친구들과의 교류는 물론이고 건전한 놀이문화와 여가활동이 많이 부족하다. 밤늦은 시간까지 하루의 대부분을 학교에서 보내면서 과중한 공부에 억눌려 살고 있기 때문에 일상에 지친 몸과 마음, 학업에 대한 스트레스를 해소하기 위해서 쉽게 게임에 빠져들게 된다. 게임 중독에 빠진 아동 및 청소년들은 매일 많은 시간을 게임에 몰입하며, 게임을 하기 위해서는 며칠 밤을 샐 정도로 게임에 몰두하여 정상적인 일상생활을 하지 못하고, 심한 경우는 학교를 무단결석하거나 이탈하여 게임을 하기도 한다. 그리고 게임에 중독이 되면 지나친 경쟁을 유발하게 되고, 게임의 폭력성에 노출되어 범죄를 유발하기도 한다. 또한 대인관계 기술의 빈약을 초래하게 되며 그 시기에 배워야 할 많은 것들을 놓치게 되며 결정적으로 신체건강에 아주 해롭다는 것이다.

그러나 이미 게임은 하나의 문화적 도구로 정착되어 가고 있을 만큼 매우 중요한 여가생활의 하나가 되었고, 특히 오늘날 대부분의 아동 및 청소년들은 게임을 삶의 일부분으로까지 받아들이고 있기 때문에 게임에 중독적 속성이 있다고 해서 이를 무조건 하지 못하게 할 수는 없는 일이다. 다만 게임의 속성을 이해하고 아동 및 청소년 스스로 절제할 수 있는 방향을 유도해 나가는 것이 필요하다. 그리고 한편으로는 게임 중독을 진단할 수 있는 정확한 준거를 마련하여 게임 중독을 예방하고, 중독에 빠진 사람들에 대한 적절한 치료적 개입이 필요하다. 그러기 위해서는 게임 중독에 대한 정확한 진단과 게임 중독자들의 특성에 대한 구체적인 이해가 선행되어야 할 것이다.

5. 치료방법

인터넷 및 게임 중독의 치료는 인터넷 및 게임 중독증이 다른 병에 동반된 증상인 경우 원 질환을 치료하는 방법과 인터넷 및 게임 중독증만 있는 경우 다양하게 치료할 수 있는 방법이 있다.

국민건강보험공단 일산병원 정신과 김영기 교수가 “인터넷 및 게임 중독에 대한 예방교육을 아동기부터 시행하는 것이 게임 중독의 가능성을 줄이는 가장 빠른 길"이라고 강조하듯이, 인터넷 및 게임 중독에 대한 행위를 정확히 인식하고, 자기 통제력을 높이며, 여가활동 및 시간 관리 능력을 고양시키는 것 등이 게임 중독의 예방을 위한 핵심사항이다. 그러나 인터넷 및 게임 중독이 예방되지 않고 질환으로 진단될 경우, 소아정신과에서의 치료는 가족교육과 개인치료, 그리고 재발방지 및 사회적응의 단계로 진행된다.

가. 가족교육

가족교육은 소아 인터넷 및 게임 중독에서 매우 중요한 부분으로, 아동의 인터넷 및 게임 사용에 대한 교육 지침과 중독 유형에 대한 대처 방법 등을 교육하게 되며, 아울러 아동과 부모 간의 긍정적 상호작용을 늘리는 방법에 대해서도 함께 토론하게 된다.

나. 개인치료

개인치료는 아동이 중독되어 있는 인터넷이나 게임에 따라 다르게 접근하게 되는데, 정신치료와 분노조절, 사회기술 훈련, 인지행동치료 등이 여기에 포함된다.

이 외에 때로는 여행과 입원처럼 인위적인 격리가 필요할 때도 있으며, 친구, 가족, 종교에서와 같은 다양한 사람들을 만나거나 약물치료를 병행할 수도 있다. 핵심적인 사안으로는 인터넷 및 게임 중독에 빠진 아동의 정서적 욕구를 찾아내서 해결해 주는 것이 가장 중요하며, 인터넷이나 게임을 중단하는 것 자체가 목표가 아니라 잃어버린 현실생활의 의미를 찾아주는 것이 목표라는 것이다(조선일보, 2006).

최근에는 인터넷 및 게임 중독증의 치료를 위해 인지·행동적 접근법을 사용하는데, 인지·행동적 접근법은 먼저, 인터넷 사용의 패턴을 평가하고, 시간관리기법과 장·단점 분석과 같은 자기 관리적 접근을 교육한다. 이 때 자기 관리기법이 실패하고 주변의 대인관계에 지속적으로 영향을 미칠 때에는 개인치료, 집단치료 및 가족치료를 도입하여 치료한다. 현재 상당수의 인터넷 및 게임 중독자에 대한 접근이 온라인상에서 상담을 통해 이루어지고 있는데 이러한 온라인 상담치료에 대해서는 논란이 많다. 이것은 또 다른 형태의 온라인 중독 습관의 하나라고 평가되기 때문이다(김현수, 2000).

인터넷 및 게임 중독 예방(대한청소년정신의학회, 2006)

1. 약속하기(promise)
   - 게임 및 인터넷하는 요일 정하기 : 예, 매주 수요일, 토요일에 2일만 게임하기
   - 게임 및 인터넷하는 시간 정하기 : 게임 및 인터넷 하기로 한 요일에 하루 2시간만 하기
   - 할 수 있는 게임 및 인터넷 종류(장르) 정하기 : Cash 등으로 아이템을 구입해야 게임이나 인터넷을 할 수 있는 종류의 RPG 게임과 캐릭터를 칼이나 총을 이용해서 죽이는 게임, 다른 사람을 때리거나 죽여야 레벨을 올릴 수 있는 종류의 폭력적인 게임은 하지 않기
   - 컴퓨터 게임 및 인터넷 사용 기록장 기록하기
   - 게임이나 인터넷을 하지 않는 시간의 대체 활동 정하기 : 친구들과 공차기, 독서하기

2. 약속한 것을 실천하기(keep)
   - 내가 정한 약속은 가족 모두가 알도록 알려 주고, 컴퓨터 앞에서 볼 수 있는 위치에 기록하여 부착해 놓는다.
   - 약속을 지키지 못했을 경우에는 반드시 벌칙이 주어진다(한번에 한 주 또는 한 달 동안 온라인 게임 금지하기 등)
   - Keep이 잘 되었을 경우, 적절한 보상에 대한 약속을 한다.(부모님, 선생님)

3. 반복적인 훈련하기(commitment)
   - 함께 약속을 이행할 친구들을 만든다.
   - 지속적인 헌신을 통해 약속을 수정해 간다.

1) 인터넷 및 게임 중독에서 벗어나기 위한 수칙

① 인터넷이나 게임을 하는 시간 자체를 점차 줄여야 한다.
② 대화식의 게임하는 시간을 점차 줄여야 한다.
③ 폭력적인 게임에서 폭력적이지 않은 게임으로 게임 항목을 점차 바꾸어야 한다.
④ 게임을 컴퓨터상에서 점차 지워나가야 한다.
⑤ 게임하는 시간과 정보 검색하는 시간을 5 : 5로 조정해 나가기 시작한다.
⑥ 인터넷 및 게임 동호회 나가는 것을 중단한다.
⑦ 게임에서의 지위는 현실에서의 지위가 아님을 인식해 나가야 한다.
⑧ 게임에서의 지위보다 현실에서의 운동, 문화, 취미, 성적 활동을 통해 지위가 높아져 나가도록 한다.

* 출처 : 청년의사 인터넷 중독 치료센터

2) 인터넷 및 게임 중독 예방 및 치료 전문기관

- 인터넷 중독예방상담센터 : www.internetaddiction.or.kr
- 청년 의사 인터넷 중독치료센터 : netmentalhealth.fromdoctor.com
- 인터넷 중독온라인상담센터 : www.psyber119.com
- 사이버중독정보센터 : www.cyadic.or.kr
- 내 마음 고쳐 상담실 : www.mamdoctor.com
- 한국청소년상담원 : www.kyci.or.kr
- 울산광역시 동구 청소년상담실 : www.friend5279.or.kr
- 서울특별시 청소년종합상담실 : www.teen1318.or.kr
- 청소년 세계 : www.youth.co.kr

CHAPTER 09

학대피해 아동상담

1. 정 의

가. 아동학대의 개념

아동학대(child abuse)는 학자들마다 다양하게 정의 내리고 있으며, 시대와 문화적 배경에 따라 서로 다른 기준과 범위를 가지고 사용되어 왔으므로 한마디로 정의 내리기는 쉽지 않다. 그러나 오늘날은 그 동안 축적된 연구 성과를 바탕으로 학대행동의 의도성 유무, 학대로 인한 가시적인 발달적 손상 유무 및 손상 부위, 학대의 빈도와 지속성 여부 등의 몇 가지 기준(Besharov, 1990; 이소희, 김영희, 윤재정, 이용복, 최진원, 박은희, 1999)에 따라서 크게 협의의 의미와 광의의 의미로 구분하여 정의 내리고 있다.

협의의 개념은 학대의 범위를 신체적 학대로 제한하고 있는데, Kempe 등(1962)은 아동학대를 '부모나 양육자의 행위 또는 태만으로 인하여 초래되는 비우발적인 신체적 상처'라고 정의하였고 피학대아동증후군(The Battered Child Syndrome)이라는 용어를 사용하여 아동학대를 신체적 학대에 국한시켰다. 광의의 개념은 아동학대를 학대와 방임을 구분하지 않고 광의의 아동학대에 방임을 포함시키고 있다. Gil(1971)은 아동학대를 '아동의 평등한 권리와 자유를 박탈하거나 아동의 적절한 발달을 저해하는 행위나 방임상태, 그리고 개인이나 제도, 사회의 행위나 태만'으로 정의하고 있다. 학대에 방임을 포함시켜 정의할 때, 아동의 권리를 보호하고 예방적 개입을 지지할 수 있다는 면에서 보다 바람직한 정의라고 볼 수 있다.

또 세계보건기구(WHO)에서는 아동학대를 '아동의 양육에 책임을 지고 있거나, 신뢰관계에 있거나 권위를 가진 사람에 의한 모든 형태의 신체적 정서적 가혹한 처사, 성학대, 방임 또는 보호의 태만 및 상업적이거나 다른 형태의 착취로서 그 결과 아동의 건강, 생존, 발달 및 존엄성에 실제적인 해를 끼치거나 그러한 가능성을 초래한 것'으로 정의하고 있어서, 아동에게 가해진 실제적인 해 이외에 잠재적인 해까지 포함하는 보다 포괄적인 정의를 제시하고 있다(안재진, 2002).

우리 나라에서도 2000년에 개정된 아동복지법에 아동학대에 대한 정의와 금지유형을 명확히 하고 있는데, 그 내용에는 아동의 신체에 손상을 주는 학대행위, 성적 수치심을 주는 성희롱, 성폭행 등의 학대행위, 정신건강 및 발달에 해를 끼치는 정서적 학대행위와 함께 자신의 보호·감독을 받는 아동을 유기하거나 의식주를 포함한 기본적 보호, 양육 및 치료를 소홀히 하는 방임행위가 학대에 포함됨을 명시하고 있다(보건복지부, 2000). 이것은 아동학대나 방임을 가정 내의 문제나 혹은 부모가 자기 자식을 어떻게 하든 제삼자가 상관할 바 아니라는 개념에서 벗어나 사회나 국가도 아동권리 증진 및 아동양육 문제에 적극적으로 개입하겠다는 방향으로 변화되기 시작한 것이다(장화정, 2004).

이렇듯 1979년 세계아동의 해를 시작으로 범세계적으로 아동에 대한 시각이 전환의 계기를 필두로, 아동학대에 관한 개념의 정의가 다양하고 점차 구체적이고 포괄적인 내용을 담고 있으며, 아동복지에 대한 사회적 관심 또한 높아지기 시작하였다. 이것은 아동학대가 시대와 공간을 초월하여 우리 사회에 존재해 왔음을 드러내는 것이다. 아동학대는 과거 가정 내 문제로 은폐되어 왔다가 수많은 아동들이 가정 내에서 신체적, 정서적, 성적 학대와 방임 등으로 고통을 받고 있다는 사례들이 매스컴을 통해 드러나기 시작하면서 그에 따라 보호받지 못하고 있던 아동학대에 대한 낮은 인식의 변화와 아동보호에 대한 사회적 개입의 필요성이 지적되기 시작하였다. 특히 아동에게 치명적인 심리적, 신체적 발달의 장해를 초래하는 아동학대는 더 이상 가정 내 문제로 방치할 수만은 없다는 사회적인 각성이 일어나고 있다.

나. 아동학대의 유형

1) 방임(neglect)

방임은 부모나 보호자 및 기타 아동의 복지에 책임이 있는 사람이 고의적, 반복적으로 아동양육 및 보호를 소홀히 함으로써 아동의 건강과 복지를 해치거나 정상적인 발달을 저해할 수 있는 모든 행위를 말하며, 음식, 위생, 난방, 의복, 안전주의 등 아동의 안전과 행복을 위해 필수적인 여건들을 제공하지 않고 제대로 보살피지 않는 행위를 말한다. 방임은 신체적 방임, 교육적 방임, 정서적 방임 및 유기로 구분될 수 있다. 먼저, 신체적 방임은 아동에게 의식주를 제공하지 않거나(양적으로 충분하지 않고 양질의 영양소가 결핍된 음식을 먹임) 필수적인 의료조치를 취하지 않으며, 날씨와 계절에 맞지 않는 옷과 더러운 옷을 입게 하거나 씻지 않아 불결하고, 부적절하고 비위행적이며 위험한 주거환경에서 생활하도록 내버려 두는 행위로서 가장 빈번히 발생하는 방임의 형태이다. 교육적 방임은 아동에게 교육의 기회를 제공하지 않거나 무단결석을 허용하는 것, 학교 준비물을 챙겨주지 않는 것, 특별한 교육적 욕구를 소홀히 하는 것 등이 포함되며, 아동에게 무신경하여 마음에 상처를 입히거나 불안, 위축, 산만, 분노 등의 정서를 조장하여 정서발달을 위협하는 상태가 정서적 방임에 해당된다. 성적 방임은 부모나 성인의 성관계나 또는 그러한 내용을 담은 책이나 전파매체 등을 아동에게 그대로 노출하는 것이고, 의료적 방임을 아동에게 필요한 의료적 처치를 하지 않는 것, 예방 접종이 필요한 아동에게 예방접종을 실시하지 않는 것 등을 말한다. 마지막으로 유기는 아동을 고의적으로 버리는 것으로 방임의 극단적인 형태이다(이순형, 2004). 이러한 방임의 장기적인 후유증은 성장 실패, 신체적 손상 및 생리기능의 변화, 지능 및 자아기능의 손상, 감정조절 기능의 저하, 자기 개념손상, 애착형성의 붕괴, 충동조절 능력의 저하와 또래관계의 문제, 학교 부적응, 정신 병리와 같이 나타난다(안동현, 2000).

2) 신체적 학대(physical abuse)

신체학대는 보호자를 포함한 성인이 아동에게 우발적 사고가 아닌 상황에서 고의적으로 신체손상을 입히거나 또는 신체손상을 입도록 한 모든 행위를 말한다. 구체적으로 구타나 폭력에 의한 멍, 화상, 찢김, 골절, 장기파열, 기능의 손상, 물건을 던지는 행위, 떠밀고 움켜잡는 행위, 뺨을 때리는 행위, 물건을 사용하여 때리거나 위협하는 행위, 발로 차거나 물어뜯고 주먹으로 치는 행위, 두들겨 패는 행위, 칼 등의 흉기로 위협을 하거나 저해하는 행위 등이 포함된다. 신체적 학대는 한 번 사건으로 발생하거나 오랜 세월을 두고 지속적으로 발생할 수 있다.

아동학대와 부모의 신체적 체벌 사이의 명확한 구분은 힘들며 문화에 따라 허용 정도가 다른데, 우리나라에서는 훈육의 이름으로 거의 대부분의 체벌을 허용하는 경향이 있어 왔다(안동현, 1994). 그러나 비록 부모나 보호자가 훈육을 목적으로 한다고 하여도 아동에게 신체적인 손상을 입히는 체벌은 학대에 포함된다.

3) 정서적 학대(emotional abuse)

다른 학대 유형에 비해 정서적 학대는 정의를 내리기가 매우 어려운데, 정서적 학대는 정신적 학대 혹은 심리적 학대라고도 불리며, 아동의 심리와 정서에 폭력을 가하는 것을 말한다. 즉, 아동에게 협박을 가하고, 언어적 공격을 일삼고, 정서적 위협, 경멸, 모욕감, 수치심을 주거나 감금이나 억제 등의 가학적 행위, 아동의 인격이나 감정, 기분을 심하게 무시하고 모욕하는 행위, 좁은 공간에 장시간 혼자 가두어 놓는 행위, 원망적, 거부적 적대적 또는 경멸하는 언어적 폭력행위 등이 포함된다(고성혜, 1992; 주영희, 1984). 또한 부모의 편애로 인해 차별을 받거나 부모의 화풀이 대상이 되는 경우도 정서적 학대에 포함된다(Burnett, 1993). 이 정서적 학대 유형은 눈에 뜨지 않는 사적 공간인 가정 내에서 발생하는 부모의 태도와 관련된 유형이기 때문에 학대에 관한 보고 중 가장 취약한 유형이다. 고성혜(1992)는 정서적 학대의 결과가 아동에게 미치는 영향은 즉시 외적으로 드러나지 않으나, 그 중요성과 심각성에 비해 상대적으로 미흡하게 연구되어 있다고 보고함으로써 정서적 학대 연구의 필요성을 부각시키고 있다.

4) 성적 학대(sexual abuse)

성적 학대란 성인이 자신의 성적인 충족을 위해 미성숙한 아동과 함께 하는 모든 성적 행위를 말하는데, 성인이 아동에게 자신의 성기나 신체를 접촉하도록 하거나 아동의 성기를 만지는 행위, 아동의 옷을 강제로 벗기거나 키스를 하는 행위, 아동 앞에서 옷을 벗으며 자신의 성기를 만지는 행위, 아동매춘이나 매매를 하는 행위 등을 말한다.

2. 원 인

가. 아동 개인적 원인

Gil(1971)은 아동학대를 유발할 수 있는 아동 개인의 특성을 연령, 성, 부모의 출산 희망 여부, 문제아동, 형제관계 등을 제시하고 있으며, Gelles(1973)는 원하지 않는 아동,

질병을 가진 아동, 지체아동 및 생활훈련이 잘 되지 않는 아동 등을 제시하고 있다(곽영숙, 홍강의, 1987). Belsky(1993)는 아동의 연령, 성별, 신체적, 정신지체를 포함한 정신적 장애, 성격이나 기질, 저체중아, 임신 및 출생에서의 문제, 질병 등을 아동 개인 특성으로 들고 있다.

아동 개인적인 원인에 대해 자세히 살펴보면 다음과 같다.

첫째, 아동의 연령이다. 어린 아동은 아동학대를 표현할 수 있는 능력이 부족하고 부모의 학대에 저항할 수 없는 의존적 상태에 놓여 있기 때문에 아동학대를 경험할 가능성이 높다. 또한 아동이 성장함에 따라 부모는 아동에 대한 훈육방식을 체벌에서 언어적 방법을 통해 해결하기 때문에 어린 연령의 아동이 일반적으로 신체학대를 경험할 가능성이 높다. 안동현과 홍강의(1987)의 연구에서는 학대아동의 연령층은 다양하지만 심한 손상의 경우는 25세 미만이며, 그 중에서도 1세 미만이 가장 많다고 보고하고 있다. 또 보건복지부(2002)에 따르면 우리 나라 전국 아동학대 현황보고서에 따르면 초등학교 시기인 만 6-11세 사이의 아동들이 가장 많이 학대를 받는 것으로 조사되었는데 특히 9~11세의 아동이 25.3%로 가장 높은 비율을 차지하였고, 6~8세 아동이 24.4%, 12~14세 아동이 17.3%, 3~6세 아동이 16.1%의 순서로 11세 이하의 아동이 피해아동 전체의 74.5%를 차지하여 초등학교 이하의 아동들이 무기력하게 학대상황에 방치되고 있는 것을 알 수 있다.

둘째, 성별 요인으로 아동의 성과 학대와의 관계에서 일반적인 결과를 얻기는 어렵지만, 남자 아동의 경우 가계계승자라는 관점에서 보호받기도 하지만(곽영숙, 홍강의, 1987), 강하게 키우겠다는 신념 하에 지나친 훈육이 학대를 일으키기도 한다. 성 학대의 경우는 대부분의 피해 아동이 여자 아동이다. 2002년 한해 전국아동학대예방센터에 신고된 피해 아동의 남녀 비율은 남아가 53.8%, 여아가 46.2%로 남아에 대한 학대비율이 다소 높게 나타났다.

셋째, 장애 및 질병이다. Faller(1981)는 심신장애 아동이나 고질적인 질병을 가지고 있는 아동은 방임 및 학대받기 쉽다고 하였다. 아동이 만성적 질병이나 장기적인 신체적 질병, 정신지체와 같은 문제를 갖고 있어서 부모의 보살핌을 일반 아동보다 훨씬 더 많이 필요로 할 때 부모는 아동을 보살피는 동안 스트레스를 해소하지 못하여 아동을 학대할 가능성이 높게 된다(Krahn, Thom, Sokoloff, Hylton, & Steinberg, 2000; 노충래, 2002). 즉 장애아동을 장기적으로 돌보아야 하는 부모는 심리적, 사회적 자원과 같은 자신의 대처자원이 소모될 가능성이 많아 궁극적으로는 아동을 돌보는 데 한계를 느끼게 되며 이로 인한 스트레스를 장애아동에게 해소하여 부정적인 상호작용을 경험하게 한다. 또 Browne과 Saqe(1988)는 아동의 지능과 언어능력 및 기억력이 낮고 운동발달 능력도 지체되어 전반적으로 사회적 성취도가 낮은 아동도 학대받기 쉽다고 하였다

(이소희, 1989).

넷째, 아동의 성격 기질문제나 행동문제 요인이다. 아동의 울음, 떼쓰기, 먹지 않기, 오줌 싸기와 같은 행동 및 발달상의 특징은 학대를 유발하는 요인으로 작용하게 되어 양육자로 하여금 혐오감을 갖게 하거나, 혐오감을 불러일으켜서 아동을 학대하게 된다(주영희, 1984). 이러한 아동의 부모는 종종 아동의 행동문제를 다루는 데 있어 체벌을 가하는 경우가 많고 부모의 권위를 내세워 아동을 처벌하는 경향이 강하다.

우리 나라의 아동학대예방센터에 접수된 피학대 아동의 특성 중 가출, 도벽, 주의산만, 거짓말 등의 행동문제를 가진 아동이 35.1%, 정서문제, 학습 문제 등 그 외의 문제를 가진 아동이 62.3%로 나타났다(보건복지부, 2002). 그러나 아동이 가지고 있는 문제행동이 학대의 유발요인인지 학대의 결과요인인지를 파악하기 위해서는 역기능적인 가정이나 부모의 양육태도로 인해 발생한 문제일 가능성에 대해서도 고려하는 좀더 신중한 판단이 요구된다. 또한 Brown et al.(1998)과 노충래(2002)에 의하면, 아동이 성격적인 문제나 기질적인 문제를 가지고 있는 경우 부모와의 관계 속에서 갈등을 경험하게 되고 훈육과정에서 아동학대를 경험하게 되며, 부모가 아동의 잘못을 체벌과 같은 폭력적인 방법으로 다루는 것을 경험한 아동은 타인과의 상호작용하는 방법으로 학대나 폭력적인 방법을 사용하게 되는 결과를 초래하기도 한다(Wolfe & Wekerle, 1993).

나. 아동학대 행위자 원인

Gil(1971)은 학대 행위자의 주요 특성으로 부모의 연령, 성, 교육 정도, 취업 유무, 양육 경험 등을 제시하고 있으며, Kempe와 Helfer(1972) 등은 부모의 정서상태, 성격 및 과거력을 들고 있다. 또 Belsky(1993) 등은 학대 부모의 특성으로 성별, 건강상태, 정신질환의 유무, 약물남용의 유무, 이전의 학대받은 경험, 가정폭력의 경험, 부모의 경직된 양육태도 및 신념 등을 지적하고 있다. 아동을 학대하는 사람들의 요인을 구체적으로 살펴보면 다음과 같다.

첫째, 학대 행위자의 성별의 문제로, 부모 중 누가 더 많은 학대를 하는지는 명확하지 않지만, 김광일, 고복자(1987)의 연구에서는 어머니에 의한 학대가 많았는데(76.9%), 이것은 어머니가 집에서 자녀와 함께 보내는 시간이 많음에 따라 아동의 양육에 더 많이 관여하기 때문인 것으로 선행연구에서 밝히고 있다(김보애, 2001). 그러나 안동현, 홍강의(1987)의 연구에서는 아버지에 의한 경우가(41.2%) 어머니에 의한 경우(26.8%)보다 더 높게 나타나고 심한 손상의 경우는 빈도에 상관없이 아버지에 의해 일어나는 것으로 보고되고 있다. 2002년 전국아동학대예방센터에 접수된 학대행위자 중 남자가 65.4%

여자가 32.9%로 나타나 아버지가 더 많은 학대를 하는 것으로 조사되고 있다(보건복지부, 2002).

둘째, 아동학대 행위자의 연령으로 학대 행위자의 연령은 20~30대 낮은 연령에 집중되어 있다(Faller, 1981). 부모의 낮은 연령과 아동학대와의 관계는 부모의 정신적인 미성숙과 양육경험의 부재에서 비롯된다고 볼 수 있는데, 부모가 나이가 어릴수록 학력 수준이 낮고, 자녀 양육 기술이 미숙하며 아동발달에 대한 이해나 인내심이 결핍될 가능성이 높아 아동학대가 발생할 가능성이 높다.

셋째, 약물이나 알코올 남용, 정신질환을 가진 부모는 아동을 학대할 높은 위험을 갖고 있다. 이들은 약물이나 알코올로 인해 분노나 충동을 조절하지 못하고 폭력적인 행동을 나타내게 된다(Cooper, S. F. Leach, C., Storer, D & Tonge, W. L., 1977). 또 정신분열증, 우울증 등의 정신적 결함을 가진 학대부모는 소수로 보고되고 있지만 이러한 부모의 아동은 학대받을 가능성이 높다. 이러한 부모들은 자녀와 애착관계를 형성하지 못하고 아동을 착취하며 아동을 학대하는 것에 대해 가책조차 느끼지 않는다. 특히 망상을 가진 부모들일 경우 망상이 아동과 관련될 경우엔 학대의 위험이 더욱 높다(김효정, 1992).

넷째, 이전의 학대받은 경험, 가정폭력의 경험이 있는 부모가 아동학대의 요인을 가지고 있다. Belsky(1993)는 가해자가 어린 시절 학대를 경험하여 이를 학습하게 되면 자신의 아동에게 학대를 가할 위험 가능성이 높다고 보고하고 있다. 많은 학대 부모들은 자신의 아동기 경험을 바탕으로 부적절한 양육 태도를 형성하는 데 아동기의 박탈감이나 학대경험은 자신의 양육패턴에 영향을 주어 학대행동을 반복할 수 있고, 부정적인 아동기 경험이 성격형성에 영향을 미칠 수도 있다(Fraiberg, 1980).

다섯째, 부모의 성격 기질문제가 아동학대를 유발하게 된다. 학대부모가 갖는 성격적 특성은 내・외적 통제감이나 분노조절 능력이 결여되었거나 자긍심이 낮은 경우, 우울증이 있는 경우, 사회성 기술이 부족한 경우, 그리고 스트레스 관리 능력이 부족한 경우 등도 아동학대 발생가능성을 높이는 요인이다. 학대부모는 부모로서 요구되는 과업에 심각한 어려움을 경험하게 되고 도리어 아동에 의해 보살펴지기를 기대하거나 아동이 의존적일 때 적절히 대응하지 못하고 학대를 하게 된다(김효정, 1992).

여섯째, 경직된 양육태도 및 신념을 가진 학대 행위자들은 아동의 다양한 요구에 적절히 대응하지 못하고 부모 자신의 경직된 신념을 자녀에게 강요하게 되어 부모-자녀관계의 갈등을 증가시켜 아동학대를 유발하게 된다. 부모는 자녀의 불순종적인 태도를 반항 혹은 문제행동으로 여겨 체벌로 다스리려 하고 이러한 훈육과정에서 학대로 이어질 가능성이 매우 크다.

다. 가족환경 원인

아동학대가 발생하는 가족의 특성을 살펴보면 폐쇄된 가정, 부모의 약물남용, 가정폭력, 부모간의 마찰, 가정 내의 부정적 사건의 연속, 낮은 수입, 가족의 지역사회 활동 및 종교 활동 참여 결여 등을 들 수 있다.

아동학대의 가족환경적인 요인에 대해 구체적으로 살펴보면, 첫째, 가족이 가까운 친인척 및 이웃주민과 왕래가 적고 지역사회 활동 및 종교 활동에 참여가 없으면 아동학대 사실이 쉽게 파악되지 않으며 피학대 아동의 신체적 증거를 감출 수 있는 시간도 생기게 된다. 둘째, 가정 내의 부정적 사건이 발생하면 부모의 스트레스가 높아지게 되어 아동학대가 발생할 가능성이 높다. 셋째, 어렸을 때부터 부모와 떨어져 있다가 재결합한 아동과 부모는 아동과 부모 간의 애착이 결여되어 있거나 미약하게 되고 성격이나 세대 차로 인한 갈등이 발생하게 되어 아동학대로 이어질 가능성이 높다. 넷째, 사회 환경 속에서 경제적 위기는 곧 실업과 가족의 생계수단 결핍, 가족 내의 스트레스 증가 등으로 이어지게 되어 아동학대의 가능성을 높이게 된다. 즉, 가족의 낮은 수입은 가족원의 기본적 욕구 충족이 결여되기 때문에 가족 내에 스트레스를 높이게 하고 이로 인해 가족갈등 및 학대가 높아지게 된다. 다섯째, 부모의 실업, 저소득층을 위한 가족복지서비스의 결여, 사회적 억압 및 차별, 체벌에 대한 허용적인 태도를 취하는 문화적, 사회적 특성 등은 아동학대를 부추기는 요인이 된다. 마지막으로, 저소득층이 밀집되어 사회적 자원이 결여되어 있고 지역사회가 불안정하며, 아동양육의 부담이 큰 취약지역에서는 전체적인 삶의 질이 떨어지고 여러 가지 정신질환 발생가능성이 높으며, 아동학대의 가능성이 높다. 특히 취약지구에서의 여러 악조건적인 상황이 개인의 위험요인과 결부될 경우 아동학대의 가능성은 매우 높고 상대적으로 보호요인의 장점이 감소하는 점을 감안할 때 지역사회가 아동학대에 미치는 영향이 크다고 할 수 있다(Coulton, Korbin, & Su, 1999).

3. 진 단

가. 진 단

한국복지재단 아동학대 신고상담센터에서 제시하고 있는 학대받은 아동은 다음과 같은 절차를 밟는다.

1) 신체검진

학대받았다고 의심되는 모든 아동에게는 전반적인 신체검사를 실시하여야 한다. 검사의 목적은 의료검사를 요구하는 질환이나 상태를 파악하고 학대 증거를 문서화하며, 아동이나 부모에게 아동이 곧 괜찮아질 것이라는 사실을 확인시키기 위함이다. 아동이 처음 왔을 때 문진시 이루어지는 신체검진과 함께 이루어져야 하며, 친절한 태도로 위하여야 한다. 아동의 동의 없이 행동하지 말아야 하며, 억제하거나 강요하지 말아야 한다. 그리고 무엇보다도 아동이 편안함을 느끼도록 충분한 시간을 가지고 진행해야 한다.

의료인의 아동학대 예방을 위한 일반적인 유의사항은 다음과 같다.

① 아동학대 전문가가 아니거나, 기관에 아동학대에 관한 전문가가 근무하지 않더라도 다음의 최소한의 조치가 이루어져야 한다.
- 간단한 의학적 평가와 치료, 의무기록 작성 후, 아동학대 예방 및 상담기관이나 다른 전문적인 보건의료기관에 의뢰하는 것이 중요하다.
- 아동과 접촉하게 되는 기관 내 모든 보건의료인은 아동을 정서적, 신체적으로 보호하기 위한 주의사항을 교육받아야 한다.

② 일차 건강관리를 담당하는 기관에서는 무엇보다도 아동학대에 관한 관심의 확대와 예방정책을 추진하는 것이 중요한 역할이다.

③ 특히 종합병원 이상의 기관에서는 아동의 신체 상해에 대한 치료뿐만 아니라 종합적으로 아동문제를 검토하고 다른 전문가들과 함께 중재하도록 병원 내의 체계를 구축해야 한다.
- 어느 영역의 전문가가 아동의 건강과 복지를 위한 종합 계획과 조정을 핵심적으로 담당해야 하는가를 사전에 규정한 지침이 마련되어야 한다.
- 아동을 보호하기 위하여 가능한 한 아동학대 전문가가 아동과 면담을 해야 하며, 치료계획을 세워야 한다.
- 응급실에서는 아동학대 환자를 접하게 되었을 때, 기본 지침을 마련하여 기본적인 응급처치와 대처방법을 모든 직원이 숙지하도록 교육하여야 한다(미국에서는 병원응급실에 오는 5세 이하의 아동의 15% 정도가 학대아동으로 추정하고 있다).

④ 무엇보다 중요한 것은 아동을 보호하는 것이 일차적인 목표가 되어야 한다.

2) 사 진

학대받은 아동의 사진은 증거물로 매우 유용한데, 가능하다면 의료적 치료가 시행되기 전에 보호자와 아동의 동의를 구하고 사진을 찍는다. 칼라필름을 사용하고 가능하다면 사진에 여러 색깔뿐만 아니라 흰색과 검정색도 표식지를 함께 찍는다. 여러 각도에서 사진을 찍어 두는 것이 좋으며, 상처의 크기를 도식화하기 위해 동전이나 자와 같은 기준이 되는 물체를 함께 찍는다. 그리고 사진에는 반드시 얼굴이 포함되어야 한다. 모든 사진 안에 아동의 이름, 날짜, 상처의 위치, 사진사의 이름, 기타 사항을 정확하게 표현한다. 마지막으로 표준 색깔을 이용하여야 함을 명심해야 한다.

3) 방사선 검사

X-ray와 같은 방사선 검사는 상처를 진단하는데 중요하게 이용된다. 학대를 받은 아동을 진단할 수 있는 기술을 지닌 방사선 학자들은 학대를 받은 아동을 진단할 수 있도록 지식과 기술을 발전시켜야 하고 학대여부가 명확하게 판단하기 어려운 경우를 상담해 주어야 한다.

4) 면 담

학대가 의심되는 경우, 의료인은 아동의 자세한 과거력을 조사해 보아야 하며 가능하다면 양육자의 과거력도 참고해야 한다. 이러한 과거력 수집은 끊임없이 위협받아 왔던 위험요인을 발견하는 데 도움을 줄 수 있다. 학대시에도 외상에 대한 변명이 그럴 듯하게 설명되어지므로, 조금이라도 의심스러우면 언제나 신고를 하여야 한다. 만약 가능하다면, 아동을 개별적으로 면담하는 것이 좋다. 가정환경을 이야기할 때 면담자는 아동의 걱정에 주의를 기울여야 하며 아동의 발달 단계에 맞추어 면담을 실시해야 한다. 면담이 반복되더라도 의료인이 결정을 내리는 데 도움이 될만한 기본 정보를 수집하여야 한다. 어린 아동과 이야기할 때 면담자는 아동의 눈높이에서 이야기를 하는 것이 가장 좋다. 처음에 "어떻게 왔느냐?"라고 질문하는 것이 "왜 왔니?"라고 질문하는 것보다 훨씬 생산적이다. 그 지역에 아동학대 예방 및 상담기관이 있을 때 가능하면 처음 시작할 때부터 면담에 함께 참여하도록 하는 것이 좋다. 심각한 학대의 경우 부모는 아동과 함께 도망갈 수도 있기 때문에 부모에게 면담을 통보하기 전에 신고했던 사람과 접촉해 보는 것이 현명하다.

무엇보다도 가장 중요한 일차적인 관심은 아동을 보호하는 것이 되어야 한다.

(가) 아동면담

아동면담을 하기 전에 다른 사람들로부터 적절한 정보를 얻기 위해 노력해야 한다. 예를 들어, 학대에 대한 세부사항(날짜, 정확한 시각, 장소, 일련의 사건, 사람들의 존재유무, 의료처치를 받기 전까지의 시간)과 구체적인 사회적 과거력(아동이 거주하는 곳, 거주기간, 다른 가족구성원, 가족에게 유리한 지원체계)을 알아보아야 한다.

① 아동과 면담시 유의사항

- 아동의 맞은편 책상에 앉지 말고 아동 가까이에 앉아서 눈높이를 맞추라.
- 친밀한 공감대를 형성하려고 노력하라.
- 아이를 돌보아 왔던 사람이 동석하지 않은 상태로 면담을 하라.
- 가장 경험 많은 전문가가 아동을 면담하라.
- 아동에게 질문을 한 또 다른 사람이 있는지 알아보라.
- 아동 발달단계에 적합한 언어로 면담의 목적을 설명하라.
- 상황을 이야기하는데 아동이 사용하는 용어와 단어를 사용하라.
- 질문에 대답할 수 있는지를 아동에게 물어 보라.
- 만일 긴급피난이 필요하다고 생각되면 아동에게 집을 떠나야 하는 이유를 조심스럽게 설명하라.
- 불명확한 단어나 용어는 아동에게 충분히 설명하게 하라.
- 아동에게 상황이 더욱 어려워질 수도 있다는 사실을 주지시키고, 아동 본인에게는 잘못이 없음을 강조하라.

② 아동과 면담시 하지 말아야 할 것

- 아동에게 면담자가 원하는 대답을 암시하는 행동을 하지 말라.
- 아동이 사용하는 단어를 비판하는 행동을 하지 말라.
- 아동으로 하여금 그 상황에 죄의식을 느끼도록 암시하는 행동을 하지 말라.
- 아동에게 신경 쓰지 않고 모르는 사람에게 맡기는 행동을 하지 말라.
- 아동이나 그 상황에 대하여 놀라움이나 두려움을 보이지 말라.
- 아동에게 보상을 제공하지 말라.

(나) 아동양육자 면담

비록 쉬운 일은 아니지만 가족과 친근하게 접근을 유지하는 것이 면담 과정을 용이하게 하는데 도움이 될 수 있다. 양육자가 어린 시절 학대받았을 경우나 잊혀지지 않는 상처를 지니고 있는 경우 의료인이 진단 내리는데 필요한 질문자체에 저항감을 가지고 있을 수도 있다. 더군다나 저항감은 폭력이 일어나고 있는 가정 특히, 어머니가 학대를 받은 가정에서 일어나기 쉽다. 아동기에 학대받은 경험이 있는 양육자는 조사과정에서 과거의 아픈 경험을 상기시키기가 쉽다. 따라서 의료인은 양육자의 태도에 민감하게 대처해야 한다.

① 양육자 면담시 유의사항

- 모든 사실이 알려질 때까지 선불리 판단을 내리지 말라.
- 이유를 설명해 주어라.
- 의심되는 학대의 사례를 보고해야 하는 의료인의 법적 책임을 알려 주어라.
- "제가 이와 같은 상처를 입은 아동을 보았을 때는 아동학대 예방 및 상담기관에 보고해야 할 법적인 의무가 있습니다"라는 말을 할 수도 있다.
- 개인적으로 면담을 실시하라.
- 객관적이 되도록 노력하라.
- 정직하게 질문에 응답하라.

② 양육자 면담시 하지 말아야 할 것

- 학대나 유기를 증명해 내려고 하지 말라.
- 돌보는 사람과 그 상황에 대하여 분노, 공포, 찬성하지 않는 태도를 보이지 말라.
- 비난하거나 판단하지 말라.
- 상처가 어떻게 생겼는지 설명할 때 반응을 보이지 말라. 듣는 사람이 보건의료인의 반응을 보고 상황 설명을 좀더 설득력 있게 바꿀 수도 있다.

5) 기 록

의무기록은 아동학대의 구체적인 증거를 제공해 준다. 진술이나 증거가 언제나 중요하게 작용하는 것은 아니지만 특히 어린 아동과 관계된 사례에 필요한 증거가 될 수 있는 모든 것을 잘 기록하여 정리해 두는 것이 좋다. 이는 법정증거로 제시할 수 있기 때문이며,

의무기록이 법정에서 증거로 채택되려면 표준 의무기록 작성방법에 따라야 한다. 전문적인 의무기록은 다음과 같은 사항을 포함하여야 한다.

① 과거 의료상태와 사회적 과거력을 포함한 아동의 건강진단의 기준
② 테이프에 녹음한 아동과 양육자의 기술
③ 관찰된 행동
④ 학대가 일어난 장소
⑤ 상처의 형태, 수, 크기, 치료 정도, 원인, 신체 차트나 스케치에 기록된 설명
⑥ 양육자가 상처를 적절하게 설명하고 있는지에 관한 의견
⑦ 적절한 임상결과와 결과지
⑧ 사진과 방사선 검사
⑨ 상처가 난 원인, 누가, 무엇을, 언제, 어디서, 왜에 관한 내용

나. 유병률

2004년도 전국 아동학대 현황 보고서에 따르면, 아동학대 긴급신고전화(1391)에 접수된 건수는 6,998건으로, 이 중 아동학대 의심사례건 수가 4,880건(69.7%)이었으며 일반상담 건수는 2,118건(30.3%)이었다. 아동학대 의심사례 중 3,891건(79.7%)이 아동학대사례로 판정됐으며, 잠재위험사례 434건(8.9%), 일반사례 555건(11.4%) 등으로 나타났다. 2003년과 비교해 볼 때, 1391 신고건수는 4,983건에서 6,998건으로 약 40.4%, 아동학대 의심사례건수는 3,536건에서 4,880건으로 약 38%, 아동학대 사례는 2,291건에서 3,891건으로 33.2% 증가된 수치이다. 아동학대 사례로 판정된 3,891건 내에 동일한 아동이 한 번 이상 신고된 경우가 포함되어 있기 때문에 실제 2004년 한 해 동안 신고된 피해아동의 수는 3,461명이다.

사례 유형별로는 하나의 아동학대 사례에서 두 가지 이상의 학대유형이 함께 발생하는 중복학대가 38.8%로 가장 많다. 이러한 중복학대를 각각의 학대유형에 모두 포함시켜 살펴보았을 때는 전체 누계 5,764건에 대하여 방임이 35.9%로 가장 많이 발생한 것으로 나타났다. 이 밖에 정서학대 29.2%, 신체학대 27.5%, 성학대 4.6%, 유기 2.8%의 순으로 나타났다.

피해아동의 연령은 초등학생에 해당하는 연령인 만 7~12세 사이의 아동들이 48.4%를 차지해 초등학교 아동들이 학대에 가장 많이 노출되어 있는 것으로 나타났다. 또한 만 12세 이하의 아동에게 발생하는 학대가 전체의 79%를 차지하였다. 아동학대 발생 장소는 2,939건(75.5%)이 가정 내에서 발생한 것으로 밝혀졌다.

아동학대 행위자는 아동의 부모인 경우가 전체 아동학대 사례의 81.4%를 차지하였다. 학대행위자가 부모인 경우 친부에 의한 학대가 가장 많았는데 이는 전체 아동학대 사례의 54.3%를 차지하고 있어 친부에 의한 학대가 매우 심각한 것을 알 수 있다.

재신고된 아동학대 사례는 533건이었으며, 동일한 아동이 여러 번 재신고된 경우가 포함되어 있어 2004년 한 해 동안 실제 재신고된 아동의 수는 342명이었다. 초등학생에 해당하는 연령인 만 7~12세가 약 58%를 차지해 초등학교 아동들이 재학대에 많이 노출되어 있음을 알 수 있다. 아동학대 유형은 중복학대를 각각의 학대유형에 포함시켜 살펴보았을 경우 방임이 39.3%로 가장 많이 발생하였고, 정서학대 28.8%, 신체학대 24.7%, 성학대 6.1%, 유기 1.1%의 순으로 나타났다.

다. 학대피해 아동의 예후 및 결과

아동학대 신고 접수가 매년 점차 증가하고 있는데, 2002년도에 전국의 아동보호전문기관에 신고 접수된 아동학대 신고건수는 4,111건, 2003년도에는 4,983건, 20004년도에는 6,998건, 2005년도에는 8,000건으로 계속해서 증가(중앙아동보호전문기관, 2006)하고 있음을 알 수 있다. 이는 아동학대의 객관적인 사례수가 늘고 있다는 사실을 염두해 두어야 하겠지만, 우리 사회에서 아동학대 및 발견에 대한 사회적 인식의 변화로 인하여 가족뿐만 아니라 이웃에서, 지역사회에서 아동을 보호하기 위한 신고조치가 빠르게 일어나고 있음을 보여주는 것이라고 할 수 있다. 또한 국가정책의 변화로 2004년에는 전국에 38개의 시 · 도 아동보호전문기관이 설립되어 운영되고 있다(중앙아동보호전문기관, 2006).

1) 아동학대 후유증

첫째, 정신적 · 신체적 장애를 일으킬 수 있다. 아동은 정신적 · 신체적으로 미성숙한 상태에 있는 이들로써 자기방어 능력이 없다는 점에서 특히 장애를 일으킬 수 있다.

둘째, 학대받는 아동은 다른 사람을 신뢰하거나 사랑하지 못하게 된다. 보통 가해자는 아동이 신뢰하고 보호자라는 점에서 아동학대의 심각성은 특히 있다고 할 수 있다. 이런 폭력의 결과가 그 자녀의 전 생애에 부정적인 영향을 미친다는 심각성 또한 있다.

셋째, 비행을 저지르게 된다. 학대받은 아동은 쉽게 청소년 비행을 저지르거나 범죄 또는 반사회적 행동을 하게 된다.

넷째, 아동학대 악순환의 원인이 된다. 아동들은 자신의 아동기에 부모역할에 대한 대부분의 것을 배우게 된다. 따라서 학대받은 아동들은 그들이 자신의 아이를 가지게 되었을 때 학대를 되풀이할 가능성이 높다.

다섯째, 파괴적인 행동이나 몹시 소극적인 태도, 남들의 관심을 끌기 위하여 몹시 공격적이고 부정적인 행동을 계속하거나 극도의 수줍음을 타며 또래와의 관계형성이 심각한 어려움을 겪게 된다.

유형별 후유증을 살펴보면 다음과 같다.

(가) 방 임

영양불량으로 늘 굶주려 있고, 신체가 허약하다. 몸이나 옷이 더럽고 머리 모양이 단정치 못하며 계절이나 날씨에 맞지 않는 옷을 입고 다닌다. 상처를 치료하지 않은 채 등교한다. 이유 없이 잦은 지각 및 결석을 하고, 준비물을 자주 가져오지 않으며 방과 후 집에 가지 않고 서성거린다.

(나) 신체적 학대

두개골 골절 및 복부・흉부・고막파열, 열창, 화상, 시력상실, 치아・사지골절, 담뱃불로 지진 상처, 할퀴거나 깨문 상처 등 외상이 남는다. 심리적으로 집에 들어가기 싫어하고 살기가 싫다고 하며, 화가 나서 물건을 부수거나 누군가를 때려 주고 싶다고 한다. 우울증, 자살행동, 공포증상을 보이기도 한다.

(다) 정서적 학대

낮은 자존심, 발달지체, 자살행동, 도덕발달의 결함을 보이거나 수동적이면서도 공격적・도전적인 행동을 보인다. 감정표현이 없고 불면증, 지나치게 성인의 관심을 유도하며, 항상 뭔가 더 필요하고 부족하다는 느낌을 보인다.

(라) 성학대

복부통증, 구토, 요도관 감염, 외음부의 출혈 및 상처, 인두감염, 성병, 성도착증 등의 증세를 보인다. 갑작스런 체중 감소나 증가, 수면장애, 강박적인 자위행위, 조숙한 성적 놀이 등을 한다. 퇴행, 배변훈련의 실패, 잦은 목욕, 이유 없는 울음이나 자폐적 행동을 한다. 우울증, 무단결석, 가출, 자기파괴적 행동 및 약물남용 증세를 보인다.

2) 아동학대의 결과

학대받은 아동들은 대체로 기운이 없고 사람, 특히 자신의 학대자와 비슷한 어른들을 피하려고 한다. 그러나 눈동자만은 주위를 계속 살피면서 자신에게 어떤 위험이 다가오는지 끊임없이 탐색하는 습관을 보인다. 이런 상태의 어린이들은 기본적인 믿음을 갖기가 어려워서 자아형성에 문제가 많고 자신감이 결여된 경우가 많다.

학대를 받은 아동들의 행동을 살펴보면 각 학대의 유형마다 공통적으로 나타나는 여러 가지 증상들이 있다. 하지만 이러한 증상들이 각 유형별로 정확하게 구분되어 있다기보다는 학대받은 아동들에게 공통적으로 나타날 수 있는 증상들이다.

4. 임상특징

아동이 명백한 이유 없이 상처를 입었거나 의기소침해 있거나, 새로운 행동문제를 나타내며 평소와 다른 모습을 보일 때 그리고 성인을 두려워하는 행동을 보인다면 학대의 가능성을 고려해 보아야 한다. 구체적으로 아동학대 유형별 특성을 살펴보면 다음과 같다.

가. 신체적 징후

1) 방 임

방임을 통해 나타나는 징후로는 지속적인 배고픔, 나쁜 위생상태, 부적절한 옷차림과 의학적 치료와 치과 치료의 부족, 지속적인 피로, 불안정감, 수업 중 과도하게 조는 태도 등을 통해 나타난다. 말이 느리고 속삭이거나 불평불만이 많아 약물남용을 하는 경우가 있다.

2) 신체적 학대

신체학대를 통해 나타나는 징후로는 발생 및 회복에 있어 시간차가 있는 상처, 사용된

도구의 모양이 그대로 나타나는 상처, 손바닥, 발바닥, 등 엉덩이에 담뱃불 자국, 양말모양, 장갑모양, 도우넛 모양의 상처들, 뜨거운 물에 잠겨서 생긴 화상자국 그리고, 설명하기 어려운 골절(시간차가 있는 골절, 복합 및 나선형 골절), 또 설명하기 어려운 절상(입, 입술, 치은, 눈, 외음부), 팔, 다리, 목 등에 묶은 줄 자국의 화상들을 통해 나타난다.

3) 정서적 학대

정서학대를 통해 나타나는 징후로는 성장장애, 신체발달 저하, 언어장애를 통해 나타난다. 즉 나이에 맞지 않게 지나치게 어른스럽거나 유치한 행동들을 하며, 지능이 낮거나 정서적으로 불안정한 모습을 보이면서 말을 횡성수설하게 된다.

4) 성 학대

성 학대를 통해 나타나는 징후로는 걷거나 앉는데 어려움을 느끼거나, 찢어지고 피로 얼룩진 속옷과 회음부, 질, 항문부위의 출현이나 멍을 볼 수 있고, 회음부의 통증과 가려움을 느끼거나 십대이전의 성병감염을 초래할 수 있기도 하고, 임신의 결과를 보여주기도 한다. 예를 들어, 어린 소녀가 임신했거나 성병을 가지고 있어 학교생활을 중도에 포기하기도 한다. 이 외에도 강박적 자위행위나 주위친구, 교사, 다른 어른들에게 유혹적인 행동을 보이며, 특히 남성 공포증을 심하게 나타낸다(보건복지부, 2000).

나. 행동적 징후

1) 방 임

방임의 경우, 음식을 구걸하거나 훔치는 경우가 많아 장기간에 걸친 감독을 필요로 한다. 비행 또는 도둑질을 많이 하며, 학교에 자주 결석하거나 일찍 등교하고 집에 늦게 가려고 한다

2) 신체적 학대

신체적 학대의 경우, 어른들과의 접촉을 회피하거나 다른 아동이 울 때 공포를 나타낸다.

혹은 공격적이거나 위축적인 극단적인 행동을 보이기도 하고, 부모에 대한 두려움을 보인다. 집에 가는 것을 두려워하거나 위험에 대한 지속적인 경계를 보이는 경우도 있다. 이런 아동들은 학교에 결석을 잘하고 어느 정도의 체벌에 대해서는 무서워하거나 당황하지 않고 당연하게 느끼고 받아들인다.

3) 정서적 학대

정서적 학대의 경우, 특정물건에 대해 계속 빨고 있거나 물어뜯는 경우가 많다. 반사회적, 파괴적 행동장애를 보이기도 하며, 신경증 기질인 수면장애나 놀이장애, 히스테리나 강박・공포감을 보인다. 이런 아동들은 대부분이 발달 지연현상이 나타나고 극단적인 행동인 자살을 시도하거나 무엇인가 계속 요구만 하는 행위들을 자주 나타낸다.

4) 성 학대

성 학대의 경우, 환상적인 행동이나 유아적인 행동을 하며, 비행・가출을 자주 한다. 아동은 친구나 가족에게 부정확한 성적 지식을 가지고 성적 모독을 호소하거나 성적 행동을 이야기하면서 기괴한 행동을 하는 경우가 많아 친한 친구가 거의 없다(박경애, 1999).

다. 정신적 징후

아동학대에 대한 결과로써 정신적으로 가장 많은 문제들을 일으킨다고 할 수 있는데, 정신적 징후에 대한 내용은 다음과 같다.

1) 급성 불안 반응

정신적 징후들 중에서 가장 큰 문제는 첫째, 급성 불안 반응이다. 소외감과 버림받을 걱정에 사로잡히고, 항상 피해를 예상하면서 불안에 빠진다. 한편으로는 피해상황을 자초하는 경향을 행동과 공상, 놀이 등에 나타내며, 정신 치료를 위한 역할극에서도 나쁜 역할을 하고 벌을 받으려 한다. 이런 증상은 학대로 인한 불안과 두려움에 대한 일종의 방어로 스스로 고통스러운 감정에 몰입함으로써 외부로부터의 피해에 적응하려는 노력이다.

2) 병적 대인관계

타인에 대한 믿음이 없어지며, 정신치료 초기에는 경계하고 조심스러우며 상대의 비위를 맞추다가 안전하다고 느끼면 굉장한 반응을 보이면서 치료자를 나쁜 부모로부터 보호해 줄 좋은 부모상으로 함입시킨다. 그러나 치료관계에서의 한계성이 아동에게 분노와 환멸을 일으키게 하여 치료자를 나쁜 부모로 변모시킨다. 스스로 나쁜 아이가 되어 부모와의 관계를 재현, 유발시킴으로 벌을 예상하고 그것을 지배할 방법을 찾으려 한다.

3) 원시적 방어기전

부정, 투사, 투입, 분리 등을 과도하게 사용하여 위협적인 내·외적 부모상을 다루므로 사랑하는 면과 적개심을 느끼는 면을 통합시킬 수 없다. 다른 벌을 더 받을 까봐 두려워 부모의 잘못을 인정하지 못하고 증오심을 억제한다. 내재화된 파괴적 부모상을 무의식적으로 인식하지 않으려 하며, 부모에 대한 자신의 살인적 분노로부터 부모를 보호하기 위해 나쁜 부모상은 다른 사람에게 투사하고 좋은 부모를 가졌다는 공상을 유지하게 된다.

4) 감정 조절 기능의 저하

학대받은 아동들은 감정적으로 자기를 조절하는 능력에 저하를 초래한다. 이로 인해 양육자와의 상호작용이 방해받거나 혹은 양육자로부터 부정적인 반응을 유도하게 된다. 그 외에 만성 스트레스로 고통받는 경우에 흔하게 나타나는 심한 불안, 스트레스를 참지 못하는 것, 우울감, 절망감 등을 갖는다. 학대아동은 불안하기 때문에 상징적 활동(상상, 놀이, 그림 등)에서 자신이 학대받은 손상을 반복하여 표출하기도 한다. 이렇게 아동들은 자신에게 위험이 닥치는 것에 대해 매우 민감하게 반응하고 이것은 아주 위축되거나 혹은 공격적인 양극단으로 치우친다.

5) 자아개념의 손상

자아개념 손상의 특징적인 것이 무력감이다. 아동들은 대개 슬프고, 기가 죽고, 자기 멸시에 빠진다. 또한 반복적인 처벌, 구타, 위협 등으로부터 아동은 실제로는 잘못이 없음에도 불구하고 자신의 행동으로 인해 벌받는 것으로 생각하게 되고 결국 부정적인 자기 개념을 갖게 된다. 이러한 생각으로 아동들은 자신을 스스로 나쁜 혹은 벌받아 마땅한 것으로 여기게 되고, 결국 내가 나쁘기 때문이라는 생각이 계속되고, 부모는 크게 잘못한 것이 아닌 것으로 받아들이게 된다.

5. 치료방법

학대받은 아동을 위한 치료방법으로 Elkind(1980)는 아동의 부모가 학대자라 할지라도 그들의 부모를 좋은 부모들이라고 말하고 있다. 아동들의 현실인식은 부모는 무조건 친절하고 애정을 주는 사람들이라고 생각하게 되며 이러한 제한된 세계관으로 인하여 그들의 느낌을 솔직한 언어로 표현하기가 거의 불가능하다. 역할행동이나 놀이치료로서 인형, 강아지 그림그리기 등은 이러한 아이들의 감정이나 관심을 표현해 내게 하는데 큰 도움을 줄 수 있다.

가. 학대아동을 위한 일반적인 상담 전략

Harvard Mental Health Letter(1993)에서는 성 또는 신체적 학대의 희생자가 된 아동들의 치료에는 수용되는 공식이 있을 수 없다고 한다. 위기 중재와 상담이 단순한 사건에는 도움이 될 수 있지만, 아주 심한 형태는 그 아동과 다른 가족구성원을 위한 치료는 수년이 걸린다고 주장하고 있다.

학대당한 아동을 치료하기 위해 제시되는 기법에는 공감적 경청과 아동이 말하는 단어와 문장에 대한 분류, 좋거나 나쁜 접촉에 대한 토론, 옳지 못한 접촉에 대해 말할 수 있는 권리 강조하기, 그리고 신뢰할 수 있는 어른에게 자신을 불쾌하게 만든 사건에 대하여 말하기 등이 포함된다.

장기적인 정신 및 행동문제는 아동학대를 둘러 싼 해결되지 않은 여러 문제들로부터 기인할 수 있는데, 정서적인 증상은 분노, 부정, 억압, 공포, 자기비난, 자기의심, 무력감, 자존감 저하, 죄책감, 낙담과 무관심 등이 있다. 부적절한 행동 증상은 공격 행동과 행동상의 문제로 상담자들에게 의뢰되고 그들은 부모의 가학적인 행동을 모델로 삼는다. 또 어떤 아동들은 극단적인 위축, 고립, 학업이나 사회적인 문제 때문에 상담자들에게 의뢰한다.

학대당한 아동들은 결코 다루기 쉬운 내담자가 아니다. 특히 신체 또는 정서적 학대를 받는 아동보다 성 학대를 당한 아동들은 보다 더 어려운 내담자인데, 이 아동들은 사람들을 불신하게 되고, 자신들이 사랑하는 사람에게서 깊은 상처를 받는다. 상담자는 성 학대 받은 아동과의 신뢰관계를 형성하는 데 상당한 어려움을 겪을 수도 있다. 학대받은 아동은 자기 자신, 타인 또는 주위 환경을 신뢰하지 않게 되며 세계와 그 속에 살고 있는 사람들은 모순되고, 그들에게 상처를 준다고 생각한다. 이런 고통이 가득 찬 세계로부터 벗어나는 것이 관계를 맺는 것보다 더 안전하다고 생각하기 때문에 다른 사람과 우정이나 신뢰를 쌓아 가는 것은 어려운 일이다. 그 아동은 문제를 해결하기 위하여 자신의 감정을 표현하고 질문하며, 학대당한 사실을 드러낼 필요가 있다. 아동들은 자기를 돌보는 사람이나 다른 어른들이 자신들을 위하는 사람이라고 배워 왔고, 그들을 사랑하고 돌보아줄 것으로 생각되는 사람이 자신들을 해칠 수도 있다는 사실을 이해하지 못한다. 보호와 안전을 위하여 부모와 다른 어른들로부터 분리시키는 것은 갈등을 심화시키기도 한다. 많은 아동들은 그들이 받았던 체벌을 당연한 것이라 생각한다. 그들의 인지발달 정도로는 부모가 친절하지 않고 사랑이 없다는 사실을 받아들일 수 없다.

한편, 상담을 할 때에는 아동기 학대가 전반적 형태의 학대 행위이기에, 학대 행위자 성격뿐만 아니라 전체 가족까지도 고려하여야만 한다. 게다가 학대당한 아동에 대한 가족들의 반응은 상담치료와 호전을 돕거나 방해하는 요인이 될 수 있다. 학대당한 아동을 대하는 상담자들은 그 사건에 관련된 모든 사람에게 이해와 도움을 제공할 준비가 반드시 되어 있어야 한다. 아동에게 상처를 준 사람에게 화가 나는 것은 당연한 반응이다. 하지만 피해가족, 아동, 특히 가해자와 효과적으로 상담하기 위해서 상담자들은 이러한 감정을 잘 조정하고 해결할 수 있어야 한다. 피해 아동에 대한 상담자의 지나친 동정심은 객관성과 아이를 도울 수 있는 능력을 상실케 할 것이다. 학대가 일어나는 데도 방관만 한 학대아동의 가족 또는 학대 행위자에 대해 지나치게 화를 내거나 비판을 하는 상담자는 이들을 돕기 위한 필요한 관계를 결코 형성할 수 없다. 따라서 학대아동들을 상담하기 전에 상담자는 사건에 대한 자신의 관점과 감정에 대하여 고찰하는 자세가 필요하다(천성문, 송재홍, 2001).

학대아동 상담을 위한 제안

① 모든 학대아동을 상담할 때, 상담자는 아동 내담자에게 전적으로 개입할 준비를 하고 있어야 하며, 아동으로 하여금 상담자가 자기를 돌보고 있는 것을 반복해서 검증토록 해야 한다.

② 이완 및 심상법(visualization)은 아동들로 하여금 자신의 삶에 대한 좀더 긍정적인 태도를 발달시킬 수 있게 해준다.

③ 언어와 비언어적 상호작용으로 좋은 외모와 자기 확신적 자세를 지니도록 격려하라.

④ 놀이치료는 학대당한 아동들이 자신의 생각과 감정을 전달하는 데 도움을 준다.

⑤ 성적 학대를 받은 아동들은 상담자로부터 특별한 관심, 이해 및 도움이 필요하다. 대개 이런 아동들은 강한 죄책감 때문에 상담자에게 자신의 문제를 이야기하지 않는다. 그들은 자신들이 그 사건을 불러일으켰다고 생각하거나 그 사건을 막기 위해 어떤 행동을 취해야 했다고 생각한다. 그들은 그런 방식으로 학대당했던 것과 혹사당했다는 것을 부끄럽게 여기고 자신이 가치가 없는 사람이라고 느끼게 될 수 있다. 그리고 자신이 부모와 다른 어른들에게 문제를 안겨 주거나, 그들을 구치소에 들어가게 하고, 자신이 말한 것 때문에 집에 들어갈 수 없게 되었다는 사실에 심한 죄책감을 느끼게 된다. 따라서 아동의 단어와 비언어적 표현에 대한 공감적 경청과 명료화가 절실히 필요하다.

⑥ 독서상담, 역할극, 놀이치료, 집단상담과 같은 특별한 기법은 아동의 성숙도에 따라 고려해야 한다. 성적 학대를 받은 아동을 집단에 배치할 때는 각별한 주의가 필요하다. 특히 아주 최근에 외상적 충격을 받은 아이라면 더욱 주의를 요한다. 그 아동은 아직 감정을 나눌 준비가 되어 있지 않을 수도 있다.

⑦ 아동들은 무엇이 적절하거나 적절치 못한 대우인지에 대한 정보가 필요하며, 그들 신체의 특정한 부분은 아주 은밀하게 감춰야 한다고 인식해야 하고, 어른들의 성적 또는 가혹 행위가 잘못되었다는 것을 알아야 한다. 아동들은 인지 및 이해력이 부족하기 때문에, 그 주제를 둘러싼 염려를 제거하기 위해 대부분의 프로그램들은 역할연기, 꼭두각시, 그림책, 슬라이드, 영화 등을 사용하여 아동학대에 대해 아동들에게 가르칠 수 있도록 구성되어야 한다. 노골적인 표현 대신에 접촉이나 은밀한 부위와 같은 어휘들을 사용한다. 이 프로그램들은 성 교육이 아니라 아동들에게 학대의 상황을 극복할 수 있는 방법과 정보를 제공할 수 있도록 구성되어야 한다.

⑧ 학대가 일어날 수 있는 상황에서 거절하는 방법과 대처 방안에 초점을 둔 주장훈련은 반드시 필요하다. 아동은 학대가 일어날 수 있는 상황을 사전에 알아차리거나 그 상황을 극복할 수 있는 방법(예, 아버지 또는 어머니가 취했을 때 특정한 사람 부르기)을 계획하는데 도움이 필요하다. 역할극과 같은 전략은 아동들이 그런 상황에 좀더 효과적으로 대처할 수 있게 해준다.

⑨ 학대 상황이 발생할 경우 아동으로 하여금 누군가에 즉시 말하도록 격려하라. 성적으로 아동을 학대하는 어른들은 자신의 비밀을 지키기 위하여 대개 아동들을

협박한다. 아동들은 언제 그들의 비밀을 이야기해야 하고 또 언제 그 사건을 은밀히 숨겨야 할지를 분별하고, 누구에게 이야기를 할 것인지, 또 어른들이 자신의 이야기를 믿어 주지 않을 때는 어떻게 해야 할지를 결정하기 위한 도움이 필요하다.

⑩ 상담자들은 학대아동들을 대함에 있어 반드시 신뢰의 문제를 다루어야 한다. 발달이론가들은 아동들이 사람들과의 신뢰와 효과적인 삶을 위한 상호작용을 발달시켜야 한다고 주장한다. 하지만 아동들은 세상과 사람들은 위험한 존재라는 것을 암시하는, 그리고 자신을 보호하기 위해 고안된 일상의 많은 정보를 받아들어야 한다.

⑪ Ratican(1992)은 몇몇 치료 모델들이 부적합하며, 학대받은 아동들에게 해가 될 수도 있다고 경고하면서, 교과서를 집어던지고, 학대받은 아동들에게 귀를 기울이라는 몇몇 작가의 말을 인용했다. 또 심상 유도, 최면술, 감정의 탐색 및 환기, 일기쓰기, 편지쓰기, 왜곡된 정보들을 바로 잡기 위한 인지적 재구성, 빈 의자요법, 심리극, 예술, 음악, 춤 등 여러 가지 기법들을 절충적으로 조합하여 사용할 것을 주장했다.

나. 아동학대 예방법

1) 아동학대 예방의 중요성

① 아동학대는 어린이를 죽일 수 있다.
② 아동학대는 아동에게 상처를 준다.
③ 아동학대는 지역사회에 비용을 부가한다.
④ 아동학대 예방프로그램은 효과가 있다.
⑤ 학대받은 아동은 자신에 대해 무가치하게 느낄 수 있다.
⑥ 아동학대의 예방은 우리 사회의 다른 문제들을 감소시킬 것이다.
⑦ 아동학대 예방에 대한 헌신은 사회의 성숙을 나타내는 증표이다.
⑧ 아동학대는 신뢰를 파괴한다.
⑨ 학대 행동은 다른 세대로 전수된다.
⑩ 아동학대의 예방이 치료보다 훨씬 좋다.

2) 아동학대 예방법

(가) 학대 행위자의 경우

① 학대 또는 폭력의 충동을 느끼는 경우 마음을 가라앉힌다.
② 자녀에 대한 지나친 기대보다는 기대수준을 현실적으로 맞추도록 노력한다.
③ 항상 화목한 가정을 위해서 가족구성원이 노력한다.
④ 아동양육이 힘들 때는 친척이나 주위 사람에게 도움을 요청한다.
⑤ 알코올중독이나 약물중독에 빠지지 않도록 대화를 자주 하고 고민에 대해서도 의논할 수 있는 가정 분위기로 가꾼다.
⑥ 심한 스트레스를 받거나 욕구충족이 되지 않고 고민스러울 때는 전문가에게 상담을 요청한다.

(나) 피해아동의 경우

① 크게 울거나 싫다고 소리를 지르는 등 학대 거부의사를 확실하게 밝히도록 한다.
② 학대의 현장에서 피한다. 잘 모르는 사람은 따라가지 않는다.

3) 아동 성 학대의 예방

① 지식을 습득시킨다.
② 성 학대가 무엇인지 알려 준다.
③ 수영복을 입으면 가려지는 부분은 다른 사람에게 함부로 만지게 하거나 보여주지 말라고 알려 준다.
④ 부당하게 취급받았을 때, 즉시 믿을 만한 어른에게 숨기지 말고 이야기하라고 가르친다.
⑤ 접촉을 구별하도록 한다. 괜찮은, 적절한 접촉과 안 되는, 부당한 접촉을 구별하여 부당한 접촉은 거부하도록 가르친다. 그러나 문제는 근친강간의 경우 평소에 친분이 두터운 좋은, 괜찮은 사람으로부터의 접촉으로 일어날 수 있기 때문에 접촉을 구별하도록 가르치는 데 어려움이 있다.
⑥ 피하는 행동전략을 습득시킨다.
⑦ '싫어요'라고 말한다. → 피한다. → 다른 어른에게 이야기하도록 가르친다.

⑧ 자기주장 훈련을 시킨다.
⑨ 스스로 행동 전략이나 판단을 주장할 수 있도록 가르친다.

중앙 · 지방아동학대예방센터 현황(20개소)

(2005. 5월 현재)

아동보호전문기관	설치기관	설치장소(홈페이지)	신고전화	비고
중앙아동학대예방센터	굿네이버스	강남구 역삼동 781-46 (www.korea1391.org)	02)558-1391	
서울특별시아동학대예방센터	서울시 아동복지센터	강남구 수서동 산 4-1 (child.seoul.go.kr)	02)1391	서울시 설치 (직영)
서울특별시동부아동학대예방센터	동부아동상담소	동대문구 장안 2동 329-1 (bhang.seoul.kr)	02)1391	
부산광역시아동학대예방센터	부산광역시 아동청소년회관	서구 아미동 2가 125 (1391.busan.kr)	051)1391	부산시 설치 (직영)
대구광역시아동학대예방센터	한국복지재단	중구 동인동 3가 371-2 (dg1391.or.kr)	053)1391	
인천광역시아동학대예방센터	세이브더칠드런 코리아	남구 주안동 969-2 (www.ic1391.org)	032)1391	
광주광역시아동학대예방센터	한국복지재단	서구 쌍촌동 1355-1 (www.cyber1391.or.kr)	062)1391	
대전광역시아동학대예방센터	굿네이버스	중구 중촌동 23-9 (daejeon.goodneighbors.org)	042)1391	
울산광역시아동학대예방센터	세이브더칠드런 코리아	중구 성안동 398-1 (www.ulsan1391.org)	052)1391	
경기도아동학대예방센터	굿네이버스	수원시 영화동 437-11 (suwon.goodneighbors.org)	031)1391	
경기북부아동학대예방센터	굿네이버스	의정부시 의정부2동 동양빌딩 3층 (ui1391.goodneighbors.org)	031)1391	
강원도아동학대예방센터	한국복지재단	춘천시 후평1동 685-5 (www.1391.org)	033)1391	
강원동부아동학대예방센터	월드비전	동해시 부곡동 5-97 3층	033)1391	
충청북도아동학대예방센터	굿네이버스	청주시 상당구 율량동 1009 (cheongju.goodneighbors.org)	043)1391	

충청남도아동학대예방센터	굿네이버스	천안시 성정동 1007-1 (chonan.goodneighbors.org)	041)1391	
전라북도아동학대예방센터	굿네이버스	전주시 완산구 서서학동 202-2 (jeonju.goodneighbors.org)	063)1391	
전라남도아동학대예방센터	한국복지재단	순천시 용당동 561 (www.e1391.or.kr)	061)1391	
경상북도아동학대예방센터	우봉복지재단	경주시 구정동 616-51 (www.i1391.or.kr)	054)1391	
경상남도아동학대예방센터	인애복지재단	마산시 구암2동 31 (www.kn1391.or.kr)	055)1391	
제주도아동학대예방센터	한국복지재단	제주시 노형동 944-7 (www.jj1391.or.kr)	064)1391	

CHAPTER 10

반항장애 아동상담

1. 정 의

비행이나 사회적 범죄와 같은 신체적인 폭력행동을 보이지는 않지만, 부모나 교사 등 권위적 대상에 대해 반항적이고 거부적 태도를 보이는 경우를 '반항장애'(oppositional defiant disorder)라고 한다.

최근 들어 우리 아이가 말을 안 들어서 속상해 죽겠다는 엄마들이 무척 많아졌으며, 아동을 가르치는 교사들도 예전에 비해서 교사의 지시를 따르지 않고 제멋대로 행동하는 아이들이 자꾸 늘고 있고 그 나이도 점점 어려지기 때문에 더 힘이 든다고 하소연하는 교사들이 많아졌다. 여기에서 흔히 '말 안 듣는 아이'라 칭하는 대부분의 경우가 반항장애 아동이라 할 수 있다. 즉 한번 지시해서는 따르지 않고 핑계를 많이 대며, 어른들과 자주 언쟁을 하고, 공격적인 말을 많이 한다. 반항장애는 '청개구리' 같은 증상이라고 이해할 수 있는데, 부모-자녀 간에 갈등이 매우 심하며, 반항적인 아이들을 다룰 때 부모들은 계속 참다가 화를 폭발하게 된다(신민섭, 한수정, 2006).

DSM-IV에서는 반항성 장애 ODD(Oppositional Defiant Disorder)라고 제시했는데, 반항성 장애의 필수적인 증상으로 권위자에 대해 반복적인 거부적, 도전적, 불복종적, 적대적 행동이 적어도 6개월 이상 지속된다는 것을 들었다. 반항성 장애를 가진 아동들은 일반적으로 불순종적이고 성급하고 부정적인 기분을 나타내고 이러한 문제는 흔히 재발하고 만성적으로 나타난다. 반항장애는 발달적 요인이 고려될 필요가 있으며, 반항장애를 가진 아동들은 첫째, 거부적, 적대적, 도전적인 행동을 하며, 둘째, 부모나 선생님 같은 권위적인 행동에 적대감을 표시한다. 셋째, 보호자의 통제에 반항하는 울부짖기, 물건

던지기, 나뒹굴기, 행동 거부 등을 보인다. 넷째, 어른과 논쟁하거나, 다섯째, 어른의 요구나 규칙을 무시하거나 거절한다. 여섯째, 자신의 실수나 잘못된 행동을 남의 탓으로 돌리며, 일곱째, 악의에 차 있거나 앙심을 품고 있으며, 여덟째, 타인에 의해 기분이 상하거나 쉽게 신경질을 낸다. 아홉째, 행동장애로 인해 사회적, 학업적, 직업적 기능에 심각한 장애를 일으킨다. 마지막으로, 시종일관 화내고 원망한다와 같은 특징을 나타낸다(Jongma et al., 1996).

2. 원 인

가. 생물학적 원인

지금까지 연구자들은 반항장애의 특별한 원인을 분명히 밝히지 못하였는데, 어떤 연구자들은 주의력결핍 과잉행동장애와 반항장애가 중복되어 있다는 데서 신경학적이거나 생물학적인 원인이 있다고 주장한다. 반항장애를 나타내는 많은 아동들은 영유아기 때 성급하고 까다로운 기질을 가진 것으로 알려졌으며 이러한 까다로운 기질에는 부정적인 기분, 새로운 환경에서 적응문제, 불규칙적인 식사 및 수면문제가 포함된다. 아동이 이러한 특징을 나타낼 때, 부모의 양육형태는 부정적인 영향을 받게 되고 비효과적인 부모의 양육방식은 반항장애의 발생에 영향을 주게 된다. 반항장애 아동들은 다른 아동들보다 훨씬 더 도전적이다. 따라서 부모는 이러한 어려운 행동을 다루는 데 요구되는 일관성 있고 효과적인 훈계방식을 적절히 제공하지 못할 수가 있다.

나. 부모와 가족 환경적 원인

우선, 부모가 범죄행위와 정신병리적인 행동을 보일 경우 아동이 이와 유사한 행동을 보일 가능성이 높은데, 특히 부모가 알코올 중독이나 반사회적 특성을 가질 경우 자녀들이 유사한 행동을 할 가능성이 매우 높다. 더욱이 비슷한 배우자와의 결합, 반사회적 성향을 가진 사람들끼리 서로 매력을 느끼는 경향에 의해 위험부담은 가중된다고 하겠다.

둘째로, 가족의 불화는 특히 남자 아동에게 반사회적 행동으로 표출하게 하는 조건이 된다. 이혼이나 죽음으로 인한 가족의 파탄보다는 분열을 둘러싼 혼란이 반사회적으로 행동할 가능성을 더 증가시킨다. 가정파탄 자체보다는 부모들이 그들의 갈등을 어떻게 잘 해결하는가가 더 중요하다.

셋째, 부모의 훈육방법과 양육태도가 영향을 미친다. 부모 모두나 그 중 한 사람이라도 너무 느슨한 훈육과 엄격한 훈육을 일관성 없이 행사하는 것은 반사회적인 행동과 관련된다. 느슨한 훈육은 감독 소홀, 아이들의 소재에 대한 부모의 무관심, 아동이 출입할 수 있는 곳과 사귀어도 좋은 사람에 대한 규율 부재 등 여러 방식으로 나타난다. 예를 들어, 미운 일곱 살 아니 요즈음에는 미운 세 살로 표현되듯이 부모나 다른 성인에 대한 도전적 행동들은 정상적인 아동 발달 과정의 한 모습이기도 하다. 보통 걷기 시작하면서부터 아이들은 부산스러워지기 시작한다. 곳곳에 사고를 치고 다니는 아이를 따라 다니면서 "하지 마, 안돼" 라는 말을 하루에도 수십 번 더 사용한다. 부모의 말을 잘 듣는 아이도 있지만 대체로 자신의 요구가 관철될 때까지 고집을 피우거나 떼를 쓰는 경우가 대부분이다. 이 때 반항장애 아동의 부모들이 흔히 두 가지 행동 유형을 나타내는 데, 하나는 아동의 요구나 행동을 거의 모두 들어주는 과잉 허용적 태도이며, 다른 하나는 강압적으로 제지시키거나 야단을 심하게 치는 과잉 통제적 태도이다. 대개의 부모는 두 가지 방식 중 하나를 일관되게 사용하기 보다는 상황에 따라 심지어는 부모의 감정에 따라 충동적으로 변화되기도 한다. 이처럼 반항장애 아동들의 부모들은 흔히 양육방식에서 일관성이 없고, 가혹하고, 비효과적이다. 아동과 부모는 시간이 지나면서 상호영향을 주고받게 되고, 결과적으로 아동의 문제는 증가되고 부모의 양육행동 문제는 더 나빠진다. 다루기 어려운 아동과 비효과적인 부모의 양육방식이 연합할 때 아동을 반항장애로 이끌 수도 있다. 부모와의 면담에서 아동의 생육사와 함께 부모－자녀의 상호작용을 보다 구체적으로 파악하다 보면 대부분 부모의 양육태도와 훈육 방법이 부정적 측면들, 즉 부모－자녀 간에 이루어지는 악순환의 고리가 발견된다. 따라서 이러한 부모－자녀 사이의 악순환의 상호작용을 자세히 파악해서 이를 부모와 아동이 상처받지 않는 방향으로 풀어나가는 것이 무엇보다 중요한 치료 과제라 할 수 있겠다.

넷째, 동생을 보게 되는 경우 유난히 고집스런 아이들은 커다란 위기에 직면하게 된다. 지금까지 자신의 요구를 전폭적으로 들어주던 부모의 관심과 주의가 동생에게 옮겨짐으로써 아동은 동생을 부모의 사랑을 빼앗아 간 경쟁자로 인식하게 되고 심지어는 심한 좌절감을 느끼게 된다. 이럴 경우 아동은 시샘을 하여 심통을 부리면서 동생이나 주변의 또래에게 공격적인 행동을 통해 분노 감정을 표출하며 때로는 이를 통해 부모의 관심을 얻어 보려 시도한다.

다섯째, 영・유아기교육 및 초등학교 입학 시기가 되면 의무적으로 해야 할 것들이 많아지고 자신의 자녀가 다른 아이들보다 우수하기를 바라는 부모님들은 공부에 있어서만은 아주 강력한 통제를 하게 된다. 그러나 이미 말 안 듣는 아동은 부모나 교사의 요구대로 고분고분 앉아서 공부할 수 있기보다는 부산하게 움직이며, 공부하려는 의지보다는 밖에서 또래와 놀거나 싸우는 데 더 관심이 있다. 반항장애 아동이 대체로 5~8세 즉, 유치원에서 초등하교 입학 시기에 이르는 연령층에서 대부분 발견되는 것은 이처럼 구조화된 환경에 적응해야 하는 시기에 부모나 교사에 의해 이러한 문제가 더욱 심각하게 대두되기 때문이다.

다. 아동 개인 내의 문제

첫째, 반항장애 아동들은 내적 충동에 대한 통제력이 결여된 특성을 갖고 있다. 각성된 상태를 조절하는 능력이 부족하고 작은 좌절에도 강하고 파괴적인 정서반응을 일으킨다. 불안감이나 죄책감 같은 감정도 참아내기 어렵다. 이러한 아동은 좌절을 참지 못하고 충동을 억제하지 못하며 인지과제에 더 빨리, 더 충동적으로 반응하여 사회적 상황에서는 타인을 훨씬 적대적으로 해석하는 과잉귀인(over-attribution)의 경향이 있다.

둘째, 반항장애 아동은 환경적 유혹을 이기지 못한다. 비행에 대한 유혹을 극복하기 힘들며 관련된 장면을 보기만 해도 행동에 옮기게 된다. 환경적 유혹 가운데도 흥분을 가장 참기 어려워한다. 흥분에 쉽게 전염되고 작은 흥분에도 통제력을 잃게 된다.

셋째, 이러한 아동들은 과거의 경험을 잘 기억하지 못하기도 한다. 과거의 기억을 토대로 현재의 잘못된 행동을 바꾸기가 어렵고, 과거와 현재 간의 관련성을 잘 깨닫지 못한다. 특히 즐거운 경험을 잘 기억하지 못한다. 기억과 재인 능력이 부족하며 동시에 미래에 대한 예측 능력도 뒤떨어진다. 따라서 경험을 통해 배우는 것이 힘들다.

셋째, 사회적 조망수용 능력이 부족하다. 타인의 감정이나 동기를 생각하기 위해 또는 다른 사람들이 어떻게 반응할까를 생각하기 위해 잠시라도 행동을 중단하는 일이 없다. 집단의 규율이나 사회적으로 적절한 행동에 대한 규준에 대해서도 무감각하다. 이들의 사회적 조망수용 능력의 부족은 인지적 자아중심성과 관련이 있는데, 인지적 자아중심성이란 자신의 생각과 감정을 타인에게 귀인하는 경향을 내포한다. 따라서 이런 경향은 귀인이론의 관점으로 설명할 수도 있다. 공격적인 아동들은 상황이 명백하지 않고 애매모호할 때는 타인에게 공격적 의도를 귀인시키는 경향이 있다. 또한 사회적 불안과 위협이 존재하는 상황에서는 적대적인 의도가 과장되게 귀인되기도 한다는 보고도 있다.

넷째, 타인에 대한 조망수용 능력뿐만 아니라 자신에 대한 조망수용 능력도 부족하다. 반항장애 아동은 아주 짧은 시간이 지난 뒤에도 싸움이나 난동이 일어나는 데 자신이 어떤 기여를 했는지를 기억하지 못한다(Redl & Winemam, 1951). 또한 이들은 반성적인

(reflective) 능력이 결여되어 있으며 자기관찰 능력이 부족하다. 정신분석학자들이 말하는 자신의 생각과 행동에 대해 구경꾼의 위치에 설 수 있는 능력인 관찰하는 자아(observing ego)가 발달되지 못했다.

다섯째, 새로운 도전을 찾고 새로운 경험을 통해 자신의 세계를 넓게 확장시키는 능력, 목표 지향적인 행동이 어렵다. 특히, 건설적인 활동이나 대안을 마련하는데 무능하다. 혼자 있을 때나 아무 일도 할 것이 없을 때 건설적인 일을 생각해 낼 수가 없고, 좌절을 경험하게 되면 분노를 발산하는 방법밖에 알지 못한다(Redl, F. & Winemam, D., 1951).

이상과 같은 원인들 이 외에도 부모 아동 간의 강압적 상호작용 유형, 교사의 학급관리 능력과 같은 학교의 환경, 대중매체의 폭력성, 유전적 소인 등이 관련이 있다.

3. 진단과 유병률

가. 진 단

반항장애의 대표적으로 나타나는 증상은 권위적인 인물에 대해 반복되는, 거부적, 도전적, 불복종적, 적대적인 행동이 적어도 6개월 이상 지속되고, 화내기, 어른과 논쟁하기, 적극적으로 어른의 요구나 규칙을 무시하거나 거절하기, 고의적으로 타인을 귀찮게 하기, 자신의 실수나 잘못된 행동을 남의 탓으로 돌리기, 타인에 의해 기분이 상하거나 쉽게 신경질 내기, 화내고 원망하기, 또는 악의에 차 있거나 앙심을 품고 있기 등의 행동 가운데 적어도 4가지 행동이 빈번하게 발생되는 것이 특징이라 할 수 있다.

반항장애가 진단 내려지기 위해서는 나이가 비슷하고 동일한 발달수준에 있는 다른 사람들에게서 전형적으로 관찰되는 것보다 그러한 행동이 더 빈번해야 하고, 그러한 행동이 사회적, 학업적, 직업적 기능에 심각한 장해를 초래해야 한다. 만약 행동장애가 정신증적 장애 또는 기분장애 기간에만 나타나거나, 품행장애 또는 18세 이상의 개인에서 반사회성 인격장애의 진단기준에 맞는다면 반항장애는 진단 내려지지 않는다.

반항장애의 표현은 거의 대부분 집에서 나타나는데, 학교나 지역사회에서는 나타나지 않을 수도 있다. 증상은 일반적으로 잘 알고 있는 어른이나 친구와의 관계에서 더 잘 나타나고, 따라서 임상적인 관찰 도중에는 분명히 나타나지 않을 수 있다. 이 장애를 갖고 있는 개인들은 흔히 자신을 반항적이거나 도전적이라고 생각하지 않고, 자신의 행동을 불합리한 요구나 환경에 대한 반응이라고 정당화한다.

반항장애가 있는 아동의 파괴적 행동은 품행장애가 있는 아동에 비해 덜 심각하고, 전형적으로 사람이나 동물에 대한 공격, 재산 파괴, 절도 또는 사기 행동을 포함하지 않는다. 반항장애의 모든 특징이 품행장애에서 흔히 존재하기 때문에, 만일 품행장애의 진단기준에 맞는다면 반항장애는 진단 내려져서는 안 된다. 반항적 행동은 아동 및 청소년에서 나타나는 기분장애와 정신증적 장애의 부수적 특징이므로, 만일 증상이 기분장애나 정신증적 장애 기간 중에만 일어난다면, 별도로 진단되어서는 안 된다. 반항적 행동은 또한 주의력결핍 과잉행동장애에서 부주의와 충동 때문에 초래되는 파괴적 행동과 구별되어야 한다. 두 가지 장애가 함께 일어난다면, 두 진단을 모두 내려야 한다.

정신지체가 있는 개인에서의 반항장애는 정신지체의 개인과 나이, 성별, 심각도가 동등한 수준에 있는 다른 개인들에게서 흔히 관찰되는 정도보다 반항적 행동이 더 심각한 경우에만 진단되어야 한다. 반항장애는 청력손실이나 혼재 수용-표현성 언어장애와 같은 언어 이해 장애로 인해 지시에 따르지 못하는 경우와 구별되어야 한다. 반항적 행동은 일부 발달단계 특히 초기 아동기와 청소년기에서의 전형적인 특징이다.

반항장애의 진단은, 나이가 비슷하고 동등한 발달수준에 있는 다른 사람에게서 전형적으로 관찰되는 것보다 반항적 행동이 더 빈번하고 더 심각한 결과를 초래하고, 사회적, 학업적 또는 직업적 기능에 심각한 장해를 일으키는 경우에만 고려되어야 한다. 청소년기에 새로 발생한 반항적 행동은 정상적인 개인화 과정에서 초래된 행동일 수 있다(APA, 1994).

〈반항장애의 진단기준, DSM-Ⅳ〉

A. 거부적, 적대적, 도전적 행동 양상이 적어도 6개월 이상 지속되고, 적어도 아래의 내용 중 4가지 또는 그 이상의 행동이 지속적으로 나타났던 경우로,

1. 자주 버럭 화를 낸다.
2. 어른과 자주 논쟁한다.
3. 어른의 요구나 규칙을 무시하거나 거절한다.
4. 고의로 타인을 귀찮게 한다.
5. 자신의 실수나 잘못된 행동을 남의 탓으로 돌린다.
6. 자주 다른 사람에 의해 기분이 상하거나 쉽게 신경질을 낸다.
7. 자주 화를 내고 원망한다.
8. 악의에 차 있거나 앙심을 품고 있다.

★ 주의 : 나이가 비슷하고 동일한 발달수준에 있는 다른 사람들에게서 전형적으로 관찰되는 것보다 반항적 행동이 더 빈번하게 발생될 경우에만 진단기준을 고려한다.

B. 행동 장해가 사회적, 학업적, 직업적 기능에 임상적으로 심각한 장해를 일으킨다.
C. 이 행동은 정신증적 장애 또는 기분장애의 기간 중에만 나타나지 않는다.
D. 품행장애의 진단기준에 맞지 않아야 하며, 18세 이상이라면, 반사회성 인격장애의 진단기준에 맞지 않아야 한다.

DSM-Ⅳ와 ICD-10은 동일한 진단기준을 포함하고 있지만, 진단법에는 차이가 있다. ICD-10에서 반항성 도전장애는 품행장애의 진단 항목 가운데 2개 항목이 모두 충족되어야 하기 때문에 더 심각할 수 있으며, 반항성 도전장애는 품행장애의 아형으로 간주되고 있다.

나. 유병률

반항장애는 적어도 부모 가운데 한쪽 부모가 기분장애, 반항장애, 품행장애, 주의력결핍 과잉행동장애, 반사회성 인격장애, 물질 관련 장애 등을 갖고 있을 경우 보다 발병률이 높다. 또한 우울장애가 있는 어머니가 반항적 행동을 가진 자녀를 갖기 쉽다고 보고하는 경우도 있지만, 어머니의 우울이 자녀의 반항장애의 결과로 초래된 것인지 아니면 반항장애를 야기시킨 것인지는 분명하지 않다. 반항장애는 심각한 가정불화와 문제가 많은 역기능적 가족에서 보다 흔하다.

반항장애의 유병률은 표본 집단의 특성과 평가 방법에 따라 다르지만 대부분 2~16%로 보고되고 있다. Anderson 등(1987)의 연구와 Cantwell(1989)의 연구 결과에 의하면, 미국에선 11세 아동의 6%가 반항장애를 가지고 있다고 하며, 남아가 여아에 비해 2배가량 많다고 하였다. 우리 나라에서는 일반 인구에서의 유병률 조사가 되어 있지 않아 정확한 숫자는 알 수 없으나, 초등학교 1~2학년 교실에 들어가 보면 말 안 듣는 아동이 한두 명씩은 있게 마련이고 학교보다는 집에서 말 안 듣는 경우가 더욱 많으므로 우리 나라도 거의 비슷한 비율로 나타나지 않을까 추정된다.

다. 반항장애 아동의 예후 및 결과

반항장애는 보통 8세 이전에 분명해지고, 초기 청소년기를 넘기지 않는다. 반항장애의 증상은 보통 집에서 나타나지만, 시간이 경과되면서 다른 곳에서도 나타날 수 있다. 발병은 점진적으로 일어나며, 흔히 몇 개월 또는 몇 년의 경과를 거치면서 나타난다. 그리고 반항장애가 품행장애보다 발달적으로 먼저 일어난다.

최근 연구에서는 일반 인구의 2~16%가 반항장애라는 것을 암시했으며, ADHD 아동의 약 50~65%가 반항장애를 갖게 된다. 다른 신경학적 문제인 발달지체 역시 반항장애를 일으킬 수 있다. 또한 ADHD를 가진 소녀들보다는 소년들이 보다 많이 반항장애를 나타낸다(Bloomquist, 1991).

반항장애의 경과에 관해서는 잘 알려져 있지 않지만, 위에서 설명한 바와 같이, 대부분의 아동들은 8세 이전에 반항장애를 나타낸다. 일부 아동들은 반항장애를 나타내기 전에 까다로운 기질이나 다른 발달지체를 나타낸다. 발달초기에 지속적인 반항성 행위를 나타내는 아동들은 반사회적이거나 비행의 위험이 상당히 높다. 반항성 장애아동들은 가정, 학교, 또래집단과의 관계뿐만 아니라 낮은 자아존중감, 정서적인 어려움에 관련해서 일반 아동들보다 훨씬 기능적인 문제를 나타낼 수 있다.

4. 임상특징

대부분 반항장애로 진단받은 아동의 특성은 주의가 산만하고 학습이 부진하며, 교사의 지시를 따르지 않는다. 또한 친구들을 사귀지 못하고 아이들과 잘 싸운다. 매를 들지 않으면 전혀 말을 듣지 않고 장난감을 부수거나 공격적인 놀이가 많다는 등이 반항장애 아동의 부모님들이 호소하는 주요 문제들이다. 이러한 문제로 교사, 부모님, 혹은 주분들의 권고로 상담센터나 소아정신과로 내원하게 된 반항장애 아동이 보이는 심리검사 결과상의 특징들을 구체적으로 살펴보면 다음과 같다.

검사자와 검사과제에 대한 아동의 태도는 모든 지시에 거꾸로, 혹은 잘 모르겠다는 대답으로 일관하거나 수동적이거나 공격적인 태도로 침묵하면서 잘 따르지 않으려는 비협조적이고 거부적인 태도를 보이는 이른바 청개구리식의 행동은 은근히 검사자의 화를 유발시키기도 한다. 또 인내력이 부족하며 불만스럽고 충동적이다. 우리 나라에서 표준화된 지능검사인 KEDI-WISC 검사에서 대체로 보통 이상의 우수한 지능을 가지고 있는 경우가 많으며, 이러한 아이들은 수를 다루는 산수문제 보다는 일반상식이나 사회상황에 대한 이해능력이 특히 부족한데 이는 자신의 생각에 몰입되어 주변상황에 대한 관심이나 동기가 매우 저하되어 있기 때문으로 보인다. 고집이 굉장히 세며, 부모 및 대인관계에서 갈등을 보인다. 즉, 가족 및 대인관계에 대한 부정적이고 적대적, 공격적인 감정을 드러내기도 하며 가족의 결핍된 유대감과 거부적인 태도를 나타낸다.

반항장애로 진단받는 아동은 평화로운 상황에서조차도 폭력적이며 공격적인 얘기나 행동을 하는데 이는 이들이 세상을 매우 위험하고 부정적인 것들로 가득 찬 것으로 지각하고 있음을 암시하고 있으며 권위적인 인물에 반항하는 태도, 결여된 애정 및 의존 욕구에 대한 적대감을 많이 표출한다. 특히 부부싸움, 이혼, 사회범죄 등 가정이나 주변의 부정적인 측면들에 대해 더욱 예민함을 보여준다.

이상과 같이 반항장애로 진단받는 아동은 비협조적이고 거부적인 태도가 뚜렷하고 지능이 대체로 우수하면서도 저항적인 태도나 자신의 생각에 빠져 주변 및 학습에 대한 동기나 의욕을 상실하고 학습부분의 발달을 지연시키는 지능검사 결과를 보여준다. 그리고 자신의 감정 및 주변 이야기를 회피하면서 모르겠다로 일관하거나 거부적인 태도가 많다. 또한 가족으로부터의 낮은 지지기반과 자존감의 손상, 가정 내의 부정적인 측면에 대한 예민성, 대인관계의 어려움과 적대적, 공격적 성향이 많은 부분을 차지하고 있으며 내부의 화(anger)를 스스로 적응적인 방향으로 통제, 조절하지 못하는 양상을 보인다.

반항장애 아동들이 흔히 나타내는 증상들을 살펴보면, 집안에서 말을 잘 안 듣는 경우는 아침에 눈을 뜰 때부터 시작되는데, 깨우지 않으면 일어나지 않고 깨우면 심하게 짜증을 부린다. 세수 한번 시키려면 어르고 달래고 눈치보고 소리 지르고 드디어는 각종 위협까지 곁들여야 한다. 옷 입고 밥 먹고 현관문을 나설 때까지 엄마와의 전쟁인 셈이다. 자녀를 학교에 보내 놓고 나면 엄마는 한숨과 함께 아이를 키우는 일 자체가 왠지 지겹고 짜증스러워진다. 악을 쓰던 자신의 모습이 갑자기 싫어지면서 엄마로서의 자격도 없는 것 같아 우울하게 산다는 것 자체까지 혐오스러워진다. 따라서 말 안 듣는 아이의 문제는 주부 우울증과 맞불려 돌아가는 악순환을 가져오게 된다. 아침부터 어머니와의 신경전을 벌이고 집을 나선 아이 역시 공연히 심통이 나서 친구들을 찝쩍거리기도 하고 교사에게 버릇없이 행동하게도 된다. 이런 일이 거의 매일 반복되는 것이 반항장애이므로 교사들 역시 무척 다루기 힘들어 야단도 치고 벌도 세우게 된다. 그러면 그럴수록 아이는 어머니에게 하던 행동 양식대로 점점 더 말을 안 듣는 아이로 발전하게 된다. 이러한 아동의 행동 패턴이 그대로 사춘기를 맞게 되면 그땐 정말로 걷잡을 수 없게 문제가 심각해진다. 이 아동들은 결코 자신이 해야 할 일을 제대로 해 낼 수 없기 때문에 사회 부적응 문제가 2차적인 문제로 부각된다. 성적이 좋지 않은 것은 물론이지만 나쁜 친구들 외에는 친구가 되어 줄 아이들이 없고 제 나이에 걸맞은 책임감도 전혀 키워지지 못하니 늘 남의 탓만 하게 되어 사회의 쓰레기나 기생충이 되어 버리고 심하면 범죄를 저지르게까지 된다. 따라서 반항장애 아동의 문제 원인을 가능한 빨리 찾아서 그 원인을 가능한 한 빨리 제거하고 이미 생겨난 행동 패턴은 계획을 세워 단계적으로 수정하여 문제를 심화되지 않도록 해야 한다. 이러한 원인 발견과 치료의 과정이 가정 내에서 부모들만의 힘으로 어려울 경우, 지체하지 말고 전문가의 도움을 받는 것 역시 현명한 부모가 할 일이다(이혜련, 1994).

반항장애의 부차적인 특징은 아동의 나이와 반항장애의 심각도에 따라 다양한데, 남자의 경우, 반항장애는 학령기 이전 동안에는 높은 반응성, 진정되기가 어려움 등의 문제가 되는 기질이나, 높은 운동 활동성을 갖고 있는 아동들에게서 더 잘 발병하는 것으로 보여진다. 학령기 동안에는 자존감이 낮고, 기분의 변동이 심하고, 좌절에 견디는 힘이 약하고, 욕을 하고, 술, 담배 및 불법 약물을 조기에 사용하기도 한다. 부모, 교사 및 친구 관계에서 갈등이 빈번하다. 또 부모－자녀 사이가 심하게 악화되는 악순환이 일어나기도 한다. 반항장애는 양육자가 자주 바뀜에 따라 소아에 대한 보살핌이 결여된 가정에서, 또는 엄격하고 모순되거나 자녀 양육이 소홀한 가정에서 흔히 발병한다. 반항장애는 주의력결핍 과잉행동장애 아동에게 흔히 함께 나타나며, 학습장애와 의사소통장애가 반항장애에 동반되는 경향이 있다.

한편, 일시적인 반항장애는 학령기 이전의 아동과 청소년에 있어서 매우 흔하기 때문에, 이 발달 시기 동안 반항장애를 진단하려면 신중해야 한다. 반항장애의 증상의 수는 나이가 들어감에 따라 증가하는 경향이 있다. 대부분 사춘기 전에는 여성에 비해 남성에게서 더 많이 발병하지만, 사춘기 이후에는 발병률이 같아진다. 남자에게 대면적 행동이 더 많고 증상이 더 오래 지속되는 점을 제외하고는 증상은 일반적으로 남녀에서 비슷하다(APA, 2000).

5. 치료방법

가. 약물치료(medicinal treatment)

반항장애 아동들이 보이는 증상은 조금씩 다를 수 있으며, 증상에 따라 haloperidol, proprandol, lithium과 같은 다른 약물들이 사용되어진다.

나. 부모교육(parents education)

첫째, 부모가 아동에게 현재 하고 있는 일 뒤에 어떤 일이 일어날 것인지를 미리 알려 준다. 이 장애 아동들에게는 조급하게 제시되는 간섭적인 지시가 반항을 유발하게 한다. 따라서 이런 아동들에게는 조금 뒤에 어떤 변화가 일어날 것인지를 미리 알려 주어야 한다. 예를 들어, “잠시 후에 놀고 있는 장난감을 치워야 한다.” 등과 같은 말들을 알려 주어야 한다. 그리고 지시를 내리기 전에 아동이 주의집중하도록 기다려야 하고 지시를 내리고 난 다음에는 아동이 지시를 따를 수 있는 시간적 여유를 주어야 한다. 아동에게 권위적으로 지시하거나, 아동이 싫어하는 일을 강요하지 않고 먼저 아동의 이야기나 요구를 들어주고 그 후 객관적이고 상식적인 수준에서 부적절한 행동에 대해 단호하게 제지하도록 한다. 그럼으로써 서로를 자극하는 기회를 줄이도록 한다.

둘째, 아동의 자긍심을 키워 주도록 한다. 신발 정리나 간단한 심부름 같이 아이가 쉽게 성취할 수 있는 과제를 준 후 성공적인 결과에 대해 칭찬과 보상을 준다. 자긍심 회복은 자기를 억제하는 힘을 키우고, 권위체계에 대한 도전과 반항을 포기하게 한다.

셋째, 모호하고 간섭적인 명령을 구체적인 명령으로 바꾸도록 한다. 불복종하는 아동의 행동에 대해 벌을 주기보다 복종하는 아동의 행동에 대해 칭찬이나 인정을 해 주고 불복종 행동을 보인 후에는 짧은 기간 동안 타임아웃 방법을 사용하도록 한다.

다. 인지행동치료(cognitive-behavior therapy)

인지행동치료는 아동의 자기조절 및 문제해결 능력에 대한 인지적 훈련을 동시에 시행하는 것을 말하며, 분노조절, 충동조절 및 의사소통 능력 증진과 같은 인지행동기법이 효과적이다. 이러한 기법은 어느 정도 나이가 들고 지능이 높은 경우에 사용될 수 있다.

1) 문제해결 기술훈련(problem solving skills training)

아동이나 청소년이 문제를 명확히 정의하고 다양한 해결책을 찾아내고 각 해결책의 결과를 예상하여 스트레스 상황을 처리하는 가장 적절한 방법을 발견하도록 도와 주는 방법으로, 상황에 접근하는 방법에 대해 강조하고 행동보다는 사고과정에 더 초점을 맞춘다. 첫째, 대인관계에서 생기는 문제를 해결하기 위해 한 걸음 한 걸음 단계적으로 다가가도록 가르친다. 둘째, 문제나 과제의 효과적인 해결에 이르는 방법에 직접적인 주의 기울이도록 도와 준다. 셋째, 게임이나 학습활동 그리고 이야기 등 조직화된 과제를 사용한다. 넷째, 치료과정에서 배운 문제해결 기술이 점차 일상생활에 적용되게 치료자가 적극적인 역할을 한다. 다섯째, 인지과정을 배우게 하여 특수한 문제에 적용시키게 하고,

배운 기술의 이용을 촉진하도록 단서를 제공하고 피드백을 해 주며, 칭찬을 적극적으로 해 주는 것이 필요하다. 마지막으로 연습, 역할극, 모델링 그리고 재강화와 약한 정도의 처벌과 같은 여러 가지 방법을 동시에 실시한다. 즉, 모델링, 리허설, 역할수행 등과 같은 인지 행동적 접근을 통해 대화기술, 문제해결 능력, 충동조절, 분노감 다루는 법 등과 같은 아동의 인지적 결함을 수정하도록 한다.

2) 분노조절 훈련(anger control training)

반항장애 아동 및 청소년에게 분노조절 훈련은 많은 도움이 될 수 있다. 공격적인 아동이나 청소년들은 사회, 인지적인 평가에 문제가 있는데, 사소한 실수도 다른 사람들이 고의로 했다고 생각하여 분개하고 자신의 공격적 행동은 정당하다고 생각한다. 문제해결 시에 말로 해도 될 것을 과도하게 공격적인 행동으로 해결하려 하고, 타인의 입장이나 감정을 이해하는 능력이 부족하다. 또한 사람들을 사귈 때 친교보다는 지배와 보복에 더 높은 가치를 두며, 상대방의 고통이나 보복에는 그리 관심을 두지 않는다. 즉, 공격적인 행동만이 실제적인 보상을 준다고 믿는다.

인지행동적인 분노조절 훈련에서는 분노와 관련된 인지적, 정서적, 생리적 형상에 대해 자각을 증진시키고, 분노를 느낄 때 여러 가지 대안적인 해결 방법을 떠올려 보고, 어느 방법이 가장 효과적인지 생각하여 가장 바람직한 방법을 시연해 보도록 한다. 상대방의 관점을 이해하는 능력과 분노에 대처하는 자기-말(self-talk)을 훈련시키는 것이 도움이 된다.

한편, 내적인 우울감이 품행의 문제로 드러난 경우 효과적인 치료방법은 심리치료와 더불어 부모상담을 통한 양육방식의 변화가 필요하다. 왜 그런 행동을 할 수밖에 없었는지에 대해 공감해 주고, 우울하게 만든 내적 결핍과 애정결핍, 상실감 및 좌절감 등을 해소하고 채울 수 있도록 아동과 부모의 상호작용 방식을 변화시키면 품행 문제는 자연스럽게 사라질 수 있다. 심리치료자와 부모로부터 무조건적으로 수용되고 자신의 좌절된 감정에 대해 이해받고, 애정적 결핍이 메워지는 과정을 통해 우울감은 치유될 수 있고, 비행행동이나 반항적 태도가 아닌 좀더 적응적인 감정조절 방식도 배워갈 수 있게 된다. 더불어 권위주의적으로 느꼈던 부모나 교사 등 가깝고 중요한 대상들에 대해 긍정적인 감정을 느낄 수 있게 되고, 그들의 가치관과 도덕성을 내면화하려는 동기도 가질 수 있다. 그 과정에서 자연스럽게 도덕규범을 받아들이고 좀더 친사회적인 태도가 내면화된다(신민섭, 한수정, 2006).

라. 행동치료(behavior therapy)

가장 흔히 이용되며 효과적이라고 볼 수 있는 치료기법으로, 무시하기, 타임아웃, 권리 박탈, 차별강화, 토큰강화 등과 같은 것들이 포함된다. 이 방법은 상담치료센터에서 뿐만 아니라 가정에서 부모에게도 적용한다(R. A. Barkley 저, 안동현 · 김세실 공역, 1997).

1) 무시하기

아동은 부모의 무관심보다는 어떠한 형태의 관심이라도 받을 수 있기를 무의식적으로 바라게 되어 잘못된 행동양식이 버릇처럼 형성된다. 이런 경우 아동이 문제행동으로 인해 받았던 모든 관심을 일시에 중단해야 한다. 다시 말해서, 아동의 바람직하지 못한 행동이 주위 사람들로부터의 관심에 의해서 강화받아 왔을 때에 무시하기를 사용한다. 이를테면 자기 고집대로 못하게 하였을 때 아동이 소리지르거나 울면서 성질을 부리면 대부분의 부모는 달래며 비위를 맞추고 그래도 안 되면 큰 소리로 야단치거나 하는 경우가 많다. 이런 경우에는 일시에 아동이 문제행동으로 인해 받았던 모든 관심을 중단해야 한다. 즉 터무니없는 떼를 쓰기 시작하면 일단 모르는 체 해야 하는 것이다. 무시하기를 하려면 말 그대로 철저하게 못 본 척해야 하는데 주의할 점은 문제행동이 줄어들기 직전에 일시적으로 문제행동이 오히려 증가하는 경향이 있으므로 좀더 여유를 가지고 무시하면서 지켜보아야 한다. 또한 계속 못 본 척하다가 부모가 참다 못해 예전과 같은 반응을 보여주게 되면 오히려 문제행동을 더욱 강화해 주므로 아이가 떼쓰기 행동을 다소 포기하여 울음이 줄어들 때까지 일관성 있게 지속적으로 유의하여야 한다. 다른 가족이나 동네 사람들의 협조를 구하면 모두 일관성 있게 못 본 척할 수 있을 뿐 아니라 무시하기를 실시하는 사람의 관심을 다른 곳으로 돌리기도 수월하여 아이의 문제행동에만 신경을 곤두세우고 있지 않게 되므로 성공적으로 무시할 수 있게 된다. 동시에 바람직한 행동에 대한 주목과 칭찬을 잊지 않는다.

2) 타임아웃(고립)

때때로 무시한다고 문제행동이 소멸되지 않는다. 아동이 바람직하지 못한 행동을 하는 것이 관심을 끌려고 하는 것이 아니라면 무시하기는 효과가 없다. 아동이 남을 때리거나 자기머리를 벽에 찧는 등의 신체적 위험이 있을 경우에는 문제행동을 그냥 무시해서는 안 되고 적극적으로 하지 못하게 해야 한다. 이러한 경우 순한 벌의 형태인 타임아웃을 사용한다. 실시 전에 문제가 되는 몇 가지 행동들을 구체적으로 정해 놓고 어떤 행동에 대해서, 어떠한 절차로 실시할 것인지에 대해서 아동과 이야기해야 한다.

타임아웃을 실시할 때는 방의 한 구석에 의자를 놓고 하는 것이 가장 바람직하다. 하지만 아동이 앉아 있으려 하지 않을 때, 처음에는 경고를 주고 그 다음 위반시에는 조용하게 혼자 두어도 위험이 없는 방을 사용한다. 타임아웃은 보상받을 수 있는 기회의 박탈이 목적이므로 공포심을 유발하는 어둡고 무서운 곳을 타임아웃 지역으로 사용해서는 안 되며 현재 아동이 있었던 상황에서 보상받을 수 없는 재미 없는 곳으로 고립지역을 선정하는 것이 좋다. 불을 켜지 않는 캄캄한 화장실이나 TV 시청 및 장난감을 가지고 놀 수 있는 곳은 좋지 않은 곳이며 비효과적이다. 타임아웃의 실시기간은 3~5분 사이로 제한하며 5세인 경우 10분을 넘지 않아야 한다. 이 기간 동안에는 아무도 말을 걸어서는 안 되며 타임아웃이 끝난 다음에 왜 타임아웃을 실시했는지에 대해 아동에게 간단히 설명해 주는 것이 좋다.

3) 권리박탈

아동에게 미리 혹은 현재 누리고 있는 권리나 기회 중에서 문제행동이 일어났을 때 그 권리를 빼앗는 방법이다. 예를 들어, 친구 집에 놀러 가지 못하게 하거나 아동이 좋아하는 TV방송을 못 보게 하는 것, 전자오락 게임을 못하게 하는 것, 용돈을 지급하지 않는 것 등이 있다. 그리고 문제가 되는 행동을 미리 구체적으로 정해 놓아야 하고 아동이 크다면 어떤 행동에 대해서 권리박탈을 실시할 것인지에 대해 함께 결정하는 것이 좋다.

4) 차별강화

반항장애 아동은 바람직하지 못한 행동에 대한 무시하기, 타임아웃, 권리박탈 등만 사용하였을 경우 아이는 무엇을 해서 안 된다는 것만 배우게 되기 쉽다. 고치려고 하는 문제행동 이외에 다른 바람직한 행동은 집중적으로 칭찬하거나 보상해 주고 문제행동은 무시하면 문제행동의 감소뿐 아니라 바람직한 행동을 가르쳐 주는 효과가 있다. 아이가 욕을 할 때는 못 본 척하다가 친구들과 싸우지 않고 잘 논다든지 심부름 등을 하면 이 때를 놓치지 않고 칭찬을 해 주는 것이다.

5) 토큰강화법

아동의 일상생활에서 토큰을 얻을 수 있는 행동과 토큰을 잃게 되는 행동을 결정하여 아동이 모은 토큰을 나중에 보상 물품과 바꾸어 준다. 보상품의 선정은 토큰강화법의 성공여부를 결정하므로 일상적으로 얻을 수 있는 것이 아닌 특별한 것이어야 하며 이를 위해 아동이 좋아하는 것에 대한 철저한 조사가 필요하며 보상으로 사용될 수 있는 품목을 몇 개쯤 정해 둔다. 또한 보상품의 효과를 높이기 위해서는 보상 물품을 철저하게 통제하여 보상으로 사용되는 물건이나 음식이 노력 없이 그냥 얻어지지 않게 해야 한다. 예를 들면, 동생을 괴롭히고 욕을 자주 하는 아동의 경우 동생과 사이좋게 지내면 토큰 한 개를 주고 싸우고 욕할 때에는 토큰을 한 개 빼앗아 온다.

★ 부모를 통한 행동수정 방법

반항장애 아동의 치료는 부모를 행동치료자로 훈련시킴으로써 이루어질 수 있는데, 부모를 통한 행동수정 훈련의 목적은 부모가 아동이 상호작용을 하는데 있어서 지금까지와는 다른 태도와 방법을 갖도록 하는 것이다. 이 훈련 프로그램은 크게 세 부분으로 나누어져 있다.

첫째, 행동주의 학습이론의 기본전제와 원리에 대한 교육이 훈련의 첫 부분이 된다. 부모와 아동이 서로의 행동에 영향을 주면서 서로의 행동을 형성해 가고 수정해 가는 역할을 하고 있음을 이해하는 것이며, 이 과정에서 부모는 문제행동에 대한 통찰력이 생겨 아동의 문제행동을 지금까지와는 다른 관점에서 볼 수 있게 된다. 효과적인 치료가 되기 위해서는 아동과 가장 상호작용을 많이 하며 아동에게 영향력이 큰 사람이 수정되어져야 할 문제행동이 발생하는 바로 그 환경에서 적극적인 치료자로서 역할을 담당해야 한다는 것을 인식하기 위해서이기도 하다. 교육의 내용을 예를 들어 보면, 모든 행동은 바람직하든 바람직하지 못 하든 간에 학습되어진 것이며 특히 바람직하지 못한 행동인 말썽을 일으켰을 때는 더 큰 이득이 있었기 때문에 아동이 문제행동을 한다. 즉 많은 경우에 아이가 문제를 일으켰을 때에 부모가 더 주목을 함으로써 아동은 이에 대한 강화를 받게 되는 반면 바람직한 행동을 했을 때에는 아무런 관심도 못 받은 채 내버려져 있게 되어 강화를 받지 못했기 때문이라는 것이다.

둘째, 구체적 행동수정 기법의 학습으로, 부모는 적대적이고 반항적인 아이와 상호작용하는데 있어서 필요한 구체적인 행동치료의 기법들을 이 훈련과정을 통하여 습득하게 된다. 행동치료의 기법은 바람직한 행동을 증가시키는 방법(토큰 강화법)과 바람직하지 못한 행동을 감소시키는 방법(무시하기(관심중단), 권리박탈, 타임아웃(고립), 차별강화법, 토큰강화법) 두 가지가 있다.

셋째, 마지막 훈련 부분으로 가장 적합한 행동치료 기법을 기본치료계획에 따라 실시하는 것이다.

1) 예비관찰
일주일간 아동의 문제행동들을 기록한 뒤에 제일 먼저 고쳐야 할 행동을 결정한다.
2) 문제행동의 선정
첫 치료 대상으로 선정한 문제행동을 중심으로 문제행동의 발생 직전 상황, 문제행동, 발생 직후 상황(부모의 반응, 보상과 벌), 그리고 이 세 가지의 관계를 관찰한다.
3) 문제행동의 정의 및 측정
문제행동의 객관적 측정을 위하여 문제행동을 관찰 가능하고 기록 가능한 용어로 정의한 뒤 치료 시작 전의 문제행동의 발생 빈도나 기간을 측정한다.
4) 목표행동의 결정
문제행동의 측정 자료를 바탕으로 치료 전 기초 자료를 마련한 뒤 목표행동을 결정한다.
5) 강화물과 강화계획의 결정
아동이 좋아하는 보상을 직접 찾는 작업으로 음식, 장난감, 놀이 활동 등에서 가장 좋아하는 것 몇 가지를 고른 뒤 어떤 방법으로 상을 줄 것인지를 결정한다.
6) 행동치료 기법의 실시 및 목표행동의 관찰 기록
구체적인 행동 치료기법을 실시하면서 계속 목표행동을 측정한다.
7) 종료와 추후관리
치료 전과 치료 후의 측정치를 비교하고 목표행동의 달성여부를 평가한다.

6) 가족치료

가족치료(family therapy)를 통해 반항장애 아동 가족의 역기능을 줄이고 가족구성원들 사이에 상호작용과 의사소통을 변화시키는 시도를 함으로써 아동의 반항문제를 감소하게 한다. 반항장애 아동의 가족은 가족구성원끼리 서로 지지적이지 못하고 희생양이 생기거나 한 구성원이 고립되는 경우가 많다. 다른 가족과 비교해 서로 간의 방어적인 의사소통을 많이 하고 주로 처벌을 사용하며 부정적이고 상호 간의 지지가 부족하다. 그러므로 가족 상호 간의 긍정적인 재강화를 촉진시키고 명쾌한 의사소통을 확립하고 가족들 사이에 서로 원하는 행동을 언어화하도록 돕고, 문제발생시에 서로 간에 건설적으로 타협하도록 도와 주는 것을 치료 목표로 삼는다(염숙경, 2002).

PART 03

부모를 위한 아동상담

Contents

CHAPTER 11

부모와 아동이 함께 할 수 있는 놀이

노를 저어요

✎ 개요

- 아동이 자연스럽게 긴장과 이완을 경험하면서 부정적인 감정(고통, 두려움, 슬픔, 불안 등)을 해소할 수 있다. 또한 놀이 중 부모로부터 받게 되는 자연스러운 신체 접촉을 통해 아동에게 양육의 기쁨을 느끼게 할 수 있다.

✎ 목표

- '긴장'과 '이완'을 경험하며 이를 통해 부정적 감정을 해소시킨다.
- 자연스러운 신체적 접촉을 통해 따뜻한 양육의 경험과 안정감을 느낀다.
- 구조적인 활동을 통해 과잉행동을 감소시킬 수 있다.
- 도전을 통해 자신감과 즐거움을 얻는다.

✎ 대상아동

- 1세 이상 ~ 초등학교 저학년

✎ 놀이가 도움이 되는 아동

- 소극적이고 위축된 아동
- 불안을 지닌 아동
- 우울을 지닌 아동
- 반항성 장애
- 반응성 애착장애
- 충동적이고 산만한 아동

✎ 활동방법

- 부모는 아동의 뒤에서 팔을 꼭 잡고 안는다.

- "우리는 작은배를 함께 저어 나갈 거야. 영차~영차~ 배를 앞으로 나가게 저어보자."
- "빨리 저어 보자.", "천천히~ 저어 보자."
- "저기 폭풍우가 몰려온다. 우리 OO가 빠지지 않도록 엄마(아빠)가 꼭 잡아 줘야지"라고 말하고 폭풍우 치는 바다 속을 건너듯이 움직인다.
- "빨리 저어서 폭풍우 속을 빠져 나가자." 아동의 팔을 잡고 함께 노를 저어 본다.
- 아동이 노를 젓는 활동에 적극적으로 참여하면 아동의 노력을 칭찬한다.
  "OO가 빨리 저으니까 배가 점점 빠르게 나가네. 폭풍우 속을 곧 빠져 나게겠다."
  만약, 아동이 노 젓는 활동을 적극적으로 참여하지 않는다면 아이에게 도움을 청해 참여를 유도해 본다.
  "OO가 엄마(아빠)를 도와 주면 더 빨리 폭풍우를 빠져 나갈 수 있을 텐데……"
- '빠르게'와 '천천히'를 반복하는 상황을 만들어 가며 아동이 즐거움을 느낄 수 있도록 놀이를 진행하고, 놀이를 끝내며 아동에게 자신감과 성취감을 길러줄 수 있도록 'OO의 도움으로 무사히 바다를 잘 건널 수 있었네'라는 인정을 준다.

열 가지 감정 그림 08

✎ 개요

- 아동은 일상생활 속에서 여러 가지 감정을 경험하게 된다. 감정 표현은 상황에 따라 다르고, 적절하게 나타내야 한다. 이 놀이는 다양한 감정을 이해하고, 상황에 따라 다르게 나타났던 자신의 감정을 인식하고, 그림으로 표현해 볼 수 있도록 돕는다.

✎ 목표

- 부모－자녀 간의 상호 감정인식과 관계 향상을 돕는다.
- 그림을 통해 적절하게 감정을 조절하고 표현하는 방법을 경험한다.
- 부정적인 감정을 활동을 통해 투사시켜 해소시킬 수 있다.
- 언어능력을 기른다.

✎ 대상 아동

- 만 5세 이상

✎ 놀이가 도움이 되는 아동

- 산만하고 충동적인 아동
- 공격적인 아동
- 우울하고 고립된 아동
- 언어장애 아동
- 소극적이고 위축된 아동
- 불안을 지닌 아동

✎ 준비물

- 10가지 마음그림(대상아동의 연령에 따라 수를 조절한다(예 : 화남, 외로움, 행복함, 부끄러움, 초조함(불안함), 슬픔, 기쁨, 편안함, 아픔, 두려움 등), 그림그릴 수 있는 종이, 연필, 지우개, 사인펜 등 필기도구

✎ 활동방법

- p. 352의 10가지 감정 그림을 잘라 내 아동과 함께 그림 카드로 만든다.
- 아동과 마주 앉아 만들어진 그림카드를 앞에 놓고 그림의 감정에 대해 이야기한다.
  예 : (두려움을 느끼는 장면 그림) 이 그림은 어떤 때일까?
    - 이럴 때 그림 안의 친구는 어떤 기분일까?
    - 너도 이런 기분을 느낄 때가 있니?
    - 엄마(아빠)도 이런 기분을 느낄 때가 있어.
    - 이런 기분일 때 거울을 보면 우린 어떤 모습을 하고 있을까 생각해 보자?
    - 우리 모습을 상상해서 그려 볼까? (상대방의 얼굴을 그려 줄 수도 있음)
    - 그려진 그림을 보며 어떨 때 이런 기분이었는지 이야기해 본다.
    - 부모는 아동의 설명을 존중하며 주의 깊게 듣고 반영해 준다.

〈10가지 감정 그림〉

1. 화가날 때

2. 슬플 때

3. 행복할 때

4. 외로울 때

5. 부끄러울 때

6. 겁이 날 때

7. 신이 날 때

8. 무서울 때

9. 초조할 때

10. 자랑스러울 때

열 가지 감정 이야기

✎ 개요

- 어린 아동은 자신과 타인에게 생기는 여러 가지 감정에 대한 이해가 성인에 비해 완전하지 못하다. 여러 가지 감정을 이해하기 위해서는 다양한 감정에 대한 이해가 필요하다. 이 놀이는 인형을 통해 자신의 부정적인 감정을 투사해 해소하도록 돕고, 이야기 짓기 놀이를 통해 다양한 감정을 이해하고, 적절하게 조절하여 표현하는 방법을 경험하게 하는데 도움이 된다.

✎ 목표

- 여러 가지 감정에 대해 이해한다.
- 부모-자녀 간의 상호 감정인식 돕고 관계향상을 돕는다.
- 이야기짓기를 통해 적절하게 감정을 조절하고 표현하는 방법을 경험한다.
- 부정적인 감정을 활동을 통해 투사시켜 해소시킬 수 있다.
- 언어능력을 기른다.

✎ 대상아동

- 만 3세 이상

✎ 놀이가 도움이 되는 아동

- 우울하고 고립된 아동
- 산만하고 충동적인 아동
- 소극적이고 위축된 아동
- 난폭하고 공격적인 아동
- 선택적 함묵증을 보이는 아동
- 언어문제를 지닌 아동

✎ 준비물

- 10가지 감정그림(대상아동의 연령에 따라 수를 조절한다(예 : 화남, 외로움, 행복함, 부끄러움, 초조함(불안함), 슬픔, 기쁨, 편안함, 아픔, 두려움 등), 손인형

✎ 활동방법

- p. 352의 10가지 감정 그림을 잘라 내 아동과 함께 그림카드로 만든다.
- 아동과 마주 앉아 만들어진 그림카드를 가지고 기분에 관해 이야기를 나눈다.
- 이야기 나누기에 사용한 그림카드를 바닥 가운데에 뒤집어 놓고, 손인형을 준비한다.
- 순서를 정하고 순서에 따라 앞에 놓인 기분카드를 뒤집어 놓고 순서를 정해 나온 그림의 기분을 느꼈을 때를 손인형을 끼고 말한다. 예 : 행복함-"내가 좋아하는 OO이 생겼을 때", 편안함-"엄마가 꼭 안아 주었을 때" 등……
- 부모는 아동이 감정을 이야기할 때 반영적 경청을 하며 공감해 준다.

느낌상자

✎ 개요

- 사람에 따라서나 상황에 따라 느끼게 되는 감정의 정도가 다름을 알고, 때에 맞는 적절한 감정을 표현하는 것을 아는 것은 사회성 발달에 중요한 영향을 미친다. 이 활동을 통해 아동은 감정을 이해하고, 적절하게 표현하는 방법을 알게 되고 부모와의 공감을 경험하면서 부모－자녀 관계를 향상시킬 수 있다.

✎ 목표

- 사람에 따라, 상황에 따라 느끼는 감정이 각기 다름을 이해한다.
- 부정적 정서를 표출함으로써 정서적 안정감을 갖는다.
- 공감을 통해 부모－자녀 간의 관계를 향상시킨다.
- 눈맞춤을 증가시킨다.
- 소근육 발달을 돕는다.

✎ 대상아동

- 만 3세 이상

✎ 놀이가 도움이 되는 아동

- 또래관계에 어려움을 갖는 활동
- 난폭하고 공격적인 아동
- 자존감이 낮은 아동
- 산만하고 충동적인 아동
- 위축과 불안을 보이는 아동
- 분노가 많은 아동

✎ 준비물

- 크리넥스 티슈 상자, 크리넥스 크기의 종이에 적은 10가지 감정 그림, 크리넥스 크기의 빈종이, 필기도구
- 준비된 감정 그림과 빈 종이를 뽑으면 한 장씩 연이어 나올 수 있도록 크리넥스 휴지가 담긴 것과 같이 반으로 접은 후 상호 교차해 끼워 빈 크리넥스 통에 담는다.

✎ 활동방법

- 사람에게는 각기 다른 감정이 있음에 대해 이야기한다.
  ㉯ : 너는 언제 기분이 좋니? 나는 언제 좋아.
  너는 언제 슬픔을 느꼈는데? 나는 언제 슬픔을 느꼈어.
- (감정 상자를 가운데에 두고) 여기 여러 가지 기분이 담겨 있는 상자가 있어. 이 상자 안에 담긴 기분을 우리도 느낀 적이 있을까? 있다면 언제 느꼈는지 이야기해 보자.
- 아동의 집중과 참여를 높이기 위해 포옹이나 인정과 같은 정적 강화나 작은 비스킷이나 초콜릿을 준비해 두었다 게임에 활용할 수 있다.
- '찬스'의 활용으로 빈 종이가 나오면 내가 말하고 싶은 감정을 그려 넣은 후 감정을 느낀 때를 이야기하게 한다.

무너뜨리는 탑 08

✎ 개요

- 이 놀이는 블록을 쌓고, 무너뜨리고 하는 놀이 과정을 통해 아동이 가지고 있을지 모르는 부정적인 정서를 자연스럽게 발산할 수 있는 기회가 되어 아동의 정서적 안정에 도움을 줄 수 있는 놀이이다. 부정적인 감정을 즐거움 속에 풀어낼 수 있는 기회가 제공된다면 건강한 정서발달을 위해 좋은 경험이 될 수 있다.

✎ 목표

- 구조적인 활동을 통해 집중력을 기른다.
- 부정적 정서를 표출함으로써 정서적 안정감을 갖는다.
- 부모-자녀의 상호작용을 경험하고, 협력을 증진시킨다.

✎ 대상아동

- 1세 이상

✎ 놀이가 도움이 되는 아동

- 산만하고 충동적인 아동
- 분노가 많고 공격적인 아동
- 우울한 아동
- 언어장애 아동
- 소극적이고 위축된 아동
- 불안을 지닌 아동

✎ 준비물

- 공간 블록, 스펀지 블록, 쿠션 블록(또는 상자나 우유팩 안에 신문지 구겨 넣어 제작) (탑이 무너지면서 아동에게 해를 끼치지 않도록 가볍고, 부드러운 재질로 된 블록을 준비한다.)

✎ 활동방법

- 준비된 블록을 만져 보고, 쌓아 보고, 던져 보고 등 아동이 충분히 탐색하도록 기회를 제공한다.
- 아동과 준비된 블록을 가지고 높이 쌓기 놀이를 한다.
  "누가 더 빨리 쌓을까요?", "누가 더 높이 쌓을까요?"
  (아동의 발달 수준에 따라 부모와 협동하여 높이 빨리 쌓기 게임으로 진행할 수 있다.)
- 탑이 자연스럽게 무너질 때까지 높게 쌓기를 한다.
- 일정한 높이까지 쌓은 후(㉕ : 아동의 허리까지, 머리까지 등……) 탑을 무너뜨려 본다.
- 탑을 쌓고, 무너뜨리고, 반복하면서 놀이한다.

짧은 도미노

✎ 개요

・ADHD 아동이나 산만하고 충동적인 아동은 이 놀이를 통해 조심스럽게 주의하며 도미노를 쌓으면서 자연스럽게 집중하는 경험을 한다. 소극적이고 위축된 아동이나 언어장애, 선택적 함묵증이 있는 아동은 연달아 쓰러지는 도미노 놀이를 통해 부정적인 감정을 해소시켜 정서적 안정감을 얻을 수 있다.

✎ 목표

・소근육 발달과 공간 지각력을 기른다.
・충동적이고 산만한 아동에게 구조적인 놀이를 경험시켜 집중력을 향상시킨다.
・도미노 놀이를 경험하며 숨겨진 분노와 공격성을 분출하도록 돕는다.
・소극적이고 위축된 아동에게 도전을 경험하게 하며 정서적 안정감을 준다.

✎ 대상아동

・2세 이상

✎ 놀이가 도움이 되는 아동

・산만하고 충동적인 아동
・분노가 많고 공격적인 아동
・언어장애 아동
・소극적이고 위축된 아동
・ADHD 아동

✎ 준비물

・단위 블록, 카세트테이프의 빈 상자, 벽돌 블록, 과자 상자 등 세울 수 있는 것

✎ 활동방법

・준비된 자료들을 아동이 충분히 탐색할 수 있도록 한다.
・"어떻게 계속 쓰러지게 될까?" 부모가 세 칸, 또는 다섯 칸의 짧은 도미노를 놓아 아이에게 보여 준다.
・"한 번 해볼까?" 아동이 짧은 도미노를 놓아 볼 수 있게 한다.
・아이와 부모가 함께 도미노를 쌓고, 쓰러뜨리기를 반복하며 즐긴다. 이 과정에서 부모는 주도자가 아닌 아동의 충실한 조력자가 되어야 한다.
・아이가 익숙해지면 보다 긴 도미노를 세울 수 있는 전략을 세워 보도록 격려하고 도전해 보게 한다.

고리로 이어진 세상 08

✎ 개요

- 이 놀이는 하나의 짧은 끈이 붙여져 고리가 되고, 그러한 고리들이 모여 줄이 되고, 각자가 만든 줄을 모아 더 긴 줄을 만들어 가는 과정을 통해 협동의 즐거움을 경험하게 하는 놀이이다. 놀이를 통해 가족간의 소속감과 협력을 기르고, 산만하고 충동적인 아동, 공격적인 아동에게 구조화를 경험시키고, 소극적이고 위축된 아동이나 불안을 지닌 아동에게 실패 없이 성취감과 즐거움을 경험하게 한다.

✎ 목표

- 협동적 문제해결력을 기른다.
- 구조화를 경험하고 전략을 수립하는 기회를 제공한다.
- 가족간의 소속감과 협력을 경험한다.

✎ 대상아동

- 2세 이상

✎ 놀이가 도움이 되는 아동

- 산만하고 충동적인 아동
- 애착에 문제가 있는 아동
- 소극적이고 위축된 아동
- 불안을 지닌 아동

✎ 준비물

- 색종이 또는 색지, 가위, 풀, 스카치테이프

✎ 활동방법

- 부모(또는 가족 전원)가 준비된 자료를 가지고 집 전체를 고리끼리 끼워 큰 고리로 이어 본다.
- 고리를 만들고 이어가는 과정은 구성원 각자가 고리를 만들다가 서로간의 고리를 이어 더 긴 고리로 만들고 하는 과정을 통해 확장해 간다.
  예 : 아이와 엄마가 따로 고리를 만들어 가다 어느 지점에서 이어 붙여 하나의 고리로 연장할 수 있다. 또 문고리, 가구 손잡이 등과 고리를 연결해 가정 사물과 자연스럽게 이어 볼 수 있다.
- 가족이 협동해 만든 긴 줄로 집안을 장식한다.
- 놀이를 통해 가족과 가정 내의 일치감을 느낄 수 있다.

우리 집 깃발(손도장, 발도장) 08

✎ 개요

· 한 구성원으로서 함께 협력하며 살아가는 것이 가족이다. 아동이 가족구성원의 일원으로서 자신이 존중받고 있다고 인식하는 것은 아동의 자존감을 향상시키고, 부모-자녀관계를 원만하게 증진시킬 수 있는 요인이 된다. 이 놀이는 참여를 통해 가족 간의 협력과 화합을 증진시킬 수 있고, 손도장, 발도장을 찍어 보는 경험을 통해 부정적 정서를 해소시키는 데 도움을 줄 수 있다.

✎ 목표

· 가족의 소중함을 알고, 가족구성원으로서의 소속감을 느낀다.
· 가족의 화합과 협력을 증진시킨다.
· 신체활동을 통해 여러 가지 부정적 감정을 해소할 수 있는 기회를 제공한다.

✎ 대상아동

· 만 1세 이상

✎ 놀이가 도움이 되는 아동

· 부모-자녀 관계에 문제를 지닌 아동
· 입양가정의 아동
· 소극적이고 위축된 아동
· 분노가 많고 공격적인 아동
· 동생이 새로 태어난 아동
· 불안을 지닌 아동

✎ 준비물

· 물감, 손과 발을 담글 수 있는 사이즈 쟁반 또는 접시, 필기도구, 가위, 색종이, 풀, 전지, 도화지, 스카치테이프, 손과 발 닦을 수 있는 물수건

✎ 활동방법

· 깃발 만들 종이를 바닥에 움직이지 않게 스카치테이프로 붙여 둔다.
· 각각의 가족구성원이 자신을 소개한다. 자신의 명칭(예 : 엄마, 아빠……), 하는 일, 좋아하는 것, 싫어하는 것, 식구들에 대해 자신이 느끼는 감정등에 대해 서로 이야기 한다.
· 아동과 부모가 함께 그릇에 물감을 풀어 색물을 만들고, 색물에 손을 담구고, 그 손바닥을 깃발 만들 도화지에 찍어 보도록 한다.
· 준비해 둔 종이 위에 가족들이 협력하여 각자 손바닥을 다양하고 창의적으로 찍어 본다. 발 또는 신체의 다른 부분도 같은 방법으로 찍어 볼 수 있다,
· 완성된 그림을 말린 후 가족사진과 함께 거실에 전시한다.
· 놀이를 응용해 바닥에 좀 더 넓은 종이를 깔고 발로 색물 접시를 밟은 후 전지 위를 자유롭게 걸어 다녀 볼 수도 있다.
또한 가족노래 만들어 부르기나, 가족 이름 읽어 보기, 가족사진 보고 이름, 장점 말해 보기 등의 놀이로 확장시켜 볼 수 있다.

식빵 얼굴 만들기 08

✎ 개요

· 생활 속에서 친숙하게 접하는 것들은 긴장을 완화시켜 주고, 실패에 대한 두려움을 감소시켜 주는 좋은 소재가 된다. 이 놀이는 쉽고 재미있게 자신의 감정을 표현할 수 있게 돕고, 실패에 대한 두려움을 감소시키고, 성취의 즐거움을 맛보게 하며, 양육의 경험을 하게 한다.

✎ 목표

· 자신의 감정과 느낌을 표현해 본다.
· 나와 다른 사람의 감정과 느낌이 다름을 안다.
· 구조적인 놀이를 경험하며 집중한다.
· 친숙한 소재를 이용해 두려움을 감소시키고 놀이에서 즐거움을 얻게 한다.
· 나누어 먹여 주는 경험을 통해 양육의 즐거움을 얻는다.

✎ 대상아동

· 1세 이상

✎ 놀이가 도움이 되는 아동

· 산만하고 충동적인 아동
· 애착에 문제가 있는 아동
· 소극적이고 위축된 아동
· 분노가 많고 공격적인 아동
· 부모-자녀관계에 문제를 지닌 아동
· 우울하고 불안한 아동

✎ 준비물

· 식빵, 마요네즈, 땅콩버터, 잼, 모양 틀, 치즈, 햄, 색과 모양이 다양한 사탕, 건포도, 계란, 오이, 당근, 기타 여러 음식 재료

✎ 활동방법

· 아동에게 자유로이 준비된 재료를 탐색하는 기회를 제공한다.
· 준비된 재료들이 어디에 쓰이는 것인지, 언제 사용하거나 먹어 보았는지 등에 대해 부모와 아동이 이야기를 나눈다.
  ㉮ : 식빵-식빵은 엄마가 언제 쓰지? 식빵으로 만든 음식 어떤 걸 먹어 보았었지?
· 오늘은 준비한 재료들로 먹는 음식만 만드는 것이 아니라 그림을 그려 볼 것이라 이야기하고 아동에게 표현하고 싶은 것을 재료들을 이용해 식빵에 표현해 보도록 한다.
  ※ 식빵 위에 마요네즈나 버터, 잼 등을 바르면 그 위에 올려 놓는 다른 재료를 움직이지 않도록 붙일 수 있다. 또한 모양 틀을 이용해 원하는 모양을 찍어 사용할 수도 있다.
· 아동과 부모가 서로 자신이 표현한 그림에 대해 이야기한다.
· 만들어진 그림 식빵을 서로 다정하게 먹어 주고 즐거움을 함께 나눈다.

담요 그네

✎ 개요

· 건강한 부모-자녀관계의 형성은 아동의 건강한 정서발달에 큰 영향을 미친다. 또한 적절한 부모의 관심과 표현은 아동의 문제행동의 발생을 예방하고, 감소시키는 데 효과적이다. 이 놀이는 아동이 부모로부터 안전하게 보호받고 있음을 경험하게 하고 부모가 아동에게 집중하며 함께 즐거움을 나누도록 돕는다.

✎ 목표

· 아동이 부모에게 안전하게 보호받고 있음을 경험하게 함으로써 부모-자녀관계를 강화시킨다.
· 양육의 즐거움을 경험하게 한다.
· 아동의 문제행동을 감소시키고, 예방한다.

✎ 대상 아동

· 1세 이상

✎ 놀이가 도움이 되는 아동

· 입양가정의 아동
· 분노가 많고 공격적인 아동
· 애착에 문제가 있는 아동
· 부모-자녀관계에 문제를 지닌 아동
· 소극적이고 위축된 아동
· 우울하고 불안한 아동

✎ 준비물

· 부드러운 담요

✎ 활동방법

· 부드러운 담요로 아동을 감싸고, 부모의 무릎에 앉힌다.
· 아동과 눈맞춤을 하면서 부모가 노래를 불러 주거나 아동과 함께 부른다.
· 아동과 부모가 신체의 같은 부분을 서로 마주대기를 해본다. ㉄ : 손-손, 발-발……
· 담요에 아동을 눕게 한 후, 부모가 담요의 양 끝을 단단히 잡고 들어 올려 좌우로 흔들며 그네를 태워 준다.
· 부모가 담요를 쳐 올려서 담요위의 아동이 올라갔다 내려왔다 할 수 있게 해준다.

물 페인트 칠

✎ 개요

· 긴장을 완화시키고, 실패에 대한 두려움을 감소시켜 주는 놀이는 부정적인 감정의 해소와 건강한 정서발달에 도움이 된다. 물은 아이들에게 자극적이지 않으면서 해방감과 즐거움을 줄 수 있는 좋은 놀이 소재가 된다. 이 놀이는 쉽고 재미있게 자신의 감정을 표현할 수 있게 돕고, 실패에 대한 두려움을 감소시키고, 성취의 즐거움을 준다.

✎ 목표

· 긴장을 완화시키고 실패에 대한 두려움을 감소시킨다.
· 구조화된 영역에서 집중해 놀이를 하면서 주의 집중력을 높일 수 있다.
· 즐거움과 부정적 정서의 해소를 경험한다.
· 부모, 또래와의 상호작용을 통해 의사소통력을 기른다.

✎ 대상아동

· 1세 이상

✎ 놀이가 도움이 되는 아동

· 언어장애 아동
· 수동적이고 소심한 아동
· 신경질적인 아동
· 분노가 많고 공격적인 아동
· 부모 - 자녀관계에 문제를 지닌 아동
· 우울하고 불안한 아동

✎ 준비물

· 물 그림을 그릴 수 있는 공간이 있는 넓은 벽(야외가 좋음), 물통, 다양한 크기의 페인트붓, 스프레이 물통, 물총 등

✎ 활동방법

· "우리 물로 커다란 그림을 그려 볼까?" 물 페인트는 맑은 날 부모와 아동이 집 뜰에서 간단한 도구로 즐겁게 할 수 있는 놀이로 물과 도구를 이용해 자신의 생각과 느낌을 표현해 볼 수 있다.
· 아동이 준비된 도구 중 선택해 자유롭게 표현해 볼 수 있도록 부모는 장려하고, 아동이 주도해 놀이를 진행하도록 아동의 주도에 지지하고 호응한다.
· 부모는 반영적 경청을 통해 아동이 표현하는 감정을 수용해 준다.

㉠ : 아동 : (스프레이 물통으로 물을 막 뿌리며) "이건 막 싸우는 그림이야",
부모 : "싸우는 그림을 그리고 있구나!"
아동 : (페인트붓으로 물을 칠하며) "이게 막 때리는 거야."
부모 : "그것이 화가 났구나!"

· 부모는 아동이 놀이를 주도하게 하면서 놀이 중에 부모의 참여나 도움을 요청할 땐 반응을 보이며, 놀이에 참여한다.

엄마 한 뼘, 아빠 한 뼘, 나 한 뼘

08

✎ 개요

· 부모-자녀 간의 안정적인 애착의 형성은 아동의 정서발달에 도움이 된다. 이 놀이는 가족구성원들이 서로 간단한 접촉을 경험하고, 이를 통해 부모-자녀 간의 애착증진을 높이고, 협력과 가족애를 높일 수 있게 돕는다.

✎ 목표

· 부모-자녀의 애착을 증진시킨다.
· 구조화된 영역에서 집중해 놀이를 하면서 주의 집중력을 높일 수 있다.
· 아동의 자아존중감을 향상시킨다.

✎ 대상 아동

· 1세 이상

✎ 놀이가 도움이 되는 아동

· 자아존중감이 낮은 아동
· 분노가 많고 공격적인 아동
· 수동적이고 소심한 아동
· 부모-자녀 관계에 문제를 지닌 아동
· 신경질이고 과잉행동인 아동
· 우울하고 불안한 아동

✎ 준비물

· 종이, 필기도구 또는 스티커

✎ 활동방법

· 거실 같이 가족이 모일 수 있는 공간에 함께 모인다.
· 종이에 ▦ 와 같이 가족구성원의 이름을 적은 그래프를 그린다.
· 아동과 부모가 서로 손바닥을 마주 대본다. 크기가 어떤지, 마주 댄 느낌이 어떤지에 대해 이야기한다.
· 한 뼘은 어떻게 재는 것인지를 부모가 시범 보여주고, 아동도 재보게 한다.
· 아동을 눕게 하고 엄마가 아동의 키를 뼘으로 재본다. 이 때 아동과 함께 수를 세며 재보는 것도 좋은 방법이다. 엄마가 한 뼘으로 잰 수만큼을 그래프에 기록한다.
· 아빠가 아동의 키를 뼘으로 재본다.
· 가족끼리 돌아가며 키를 뼘으로 재본다.
· 기록한 그래프를 보며 잰 사람마다 뼘의 수가 다름을 비교해 보고, 재면서 느낀 느낌이나 감정을 이야기해 본다.

감정 알아맞히기 08

✎ 개요

- 일반적으로 아동들은 자신의 느낌과 감정을 언어로 표현하는 것을 어려워한다. 이 놀이는 아동이 말로 하기 힘든 감정을 보다 정확한 단어를 선택하여 표현할 수 있도록 도와 주는 놀이이다.

✎ 목표

- 사고와 감정을 표현할 수 있다.
- 아동의 솔직한 표현을 강화하고 억압되었던 감정을 경험한다.
- 감정을 인식함으로써 상호작용을 향상시킨다.

✎ 대상아동

- 6세 이상~초등학교 6학년

✎ 놀이가 도움이 되는 아동

- 불안을 지닌 아동
- 공격적이고 충동적인 아동
- 우울한 아동
- 위축된 아동

✎ 준비물

- 동물인형 (강아지, 고양이 등), 감정이 적힌 카드(종이), 바구니 또는 가방

✎ 활동방법

- 부모와 아동은 연기자와 알아맞히는 사람 역할을 정한다.
- 연기자를 하는 사람은 엎어 놓은 카드 중에서 하나를 뽑는다.
- 만약 "기쁨"이라는 카드를 선택했다면 연기자는 바구니 또는 가방에서 강아지 인형을 꺼내면서 표정, 행동, 의성어로 "기쁨"이라는 감정의 표현을 해야 한다.
- 이 때 알아맞히는 사람은 "기쁨"이라는 감정을 알아맞혀야 한다.
- 감정을 알아맞힐 때까지 계속한다. 알아맞히게 되면 역할을 바꾸어서 한다.
- 카드에 쓰여 있는 다양한 감정이 모두 표현될 수 있도록 여러 번 반복해서 한다.
- 놀이 진행 도중에 치료사는 "우와! 너는 네가 느낀 감정을 명확히 표현할 수 있구나" 라며 아동이 적절히 표현한 감정에 대해서 칭찬해 준다.

※ 감정표현 단어

아쉬움, 슬픔, 실망, 기쁨, 짜증스러움, 화남, 두려움, 어이없음, 몹시 싫음, 놀람, 기분 좋음, 무력감 등이 있다.

어린 아동에게는 사전에 감정카드를 보여줄 수 있으며 감정 단어는 아동과 상의하여 추가할 수 있다.

왕따 이야기 08

✎ 개요

- 이 놀이는 왕따와 관련되어 있는 아동과 대화를 촉진할 수 있고, 아동의 감정을 표현하게 함으로써 왕따 문제해결에 효과적으로 접근할 수 있다.

✎ 목표

- 이야기를 통해 왕따에 대한 인식을 재구성하고 긍정적인 관계를 향상시킨다.
- 왕따로 인한 수치심, 열등감, 우월감 등의 부정적인 감정을 해소한다.

✎ 대상아동

- 초등학교 저학년부터

✎ 놀이가 도움이 되는 아동

- 소극적이고 불안한 아동
- 우울한 아동
- 위축되고 좌절된 아동
- 자존감이 낮은 아동
- 왕따 당한 경험 또는 왕따시킨 경험이 있는 아동

✎ 준비물

- 왕따 이야기책 (또는 또래관계와 관련된 책)

✎ 활동방법

- 부모는 아동에게 다음과 같이 말한다.
- "엄마가 지금부터 어떤 이야기를 들려줄거야. 이 이야기 속에는 감정에 대한 단어가 있어. 감정에 대한 단어가 나오면 어떤 말도 하지 않고 몸동작으로 그 감정을 표현하는 거야. 예를 들어, '철수는 생일날 아주 큰 선물을 받고 기뻤습니다.'라고 하면 기쁜 감정을 표현하고 '그러나 선물을 풀어 보니 갖고 싶었던 게임기가 아니어서 실망했습니다.' 라고 하면, 실망이라는 감정을 표현해야 해. 한번 해 보자."
- 부모는 감정에 관련된 단어를 아동에게 읽어 주고 아동에게 표현하게 한다.
- 그런 후 부모는 왕따 이야기책을 읽어 준다.
  (이야기 중 감정이 나올 때는 큰 소리로 읽어 주면 아동은 감정을 더 잘 표현할 수 있다.)
- 놀이 후에 동작을 하면서 느꼈던 감정과 왕따 경험에 대한 것과, 스스로를 지킬 수 있는 적합한 방법에 대해서 얘기한다.

다트 던지기

✎ 개요

・공격적이며 저항적이거나 수줍은 아동은 감정을 표현함에 있어 어려움을 느낀다. 이 놀이는 구조화된 환경에서 아동의 자발적인 참여를 통해 자신의 생각, 느낌, 경험 등을 충분히 표현할 수 있도록 도와 준다.

✎ 목표

・자신의 감정을 안정적으로 표현할 수 있다.
・긴장감이나 부정적인 감정을 해소할 수 있다.
・자신의 생각을 확인하고 언어로 표현한다.

✎ 대상아동

・6세 이상 ~ 초등학생

✎ 놀이가 도움이 되는 아동

・공격적인 아동
・수줍은 아동
・우울한 아동
・소심한 아동
・분노가 많은 아동

✎ 준비물

・큰 도화지(전지), 색연필 또는 크레파스, 가위, 풀, 테이프

✎ 활동방법

・전지를 바닥에 펼치고 큰 원을 그린 후 가운데를 중심으로 여러 조각으로 나누어 그린다(질문의 숫자에 따라서 나눌 수 있다).
・아동은 각각의 조각에 색칠을 하고 부모는 조각 안에 질문을 써 넣는다. (질문은 부모에 의해 변경될 수 있다.)
・다음과 같은 질문을 할 수 있다(질문은 아동과 같이 만들 수도 있다).
・널 화나게 만드는 것은 언제지?
・그 밖에 누구랑 같이 살아본 적이 있니?
・네가 가장 슬플 때가 언제지?
・엄마나 아빠가 자주 하는 말은 무엇이지?
・어떤 때 나쁜 감정을 느끼지?
・너의 가족은 누구누구지
・가족 중 한 사람이 너에 대해 어떻게 말하지?
・가족이 너를 힘들게 하는 것이 무엇이지?
・질문을 완성했으면 전지를 벽에 붙인다.

· 아동은 일정한 거리만큼 떨어져서 지점토를 던져서 과녁을 맞힌다.
· 맞힌 과녁의 질문에 대해서 대답을 한 후 다시 던지며 만약 같은 과녁에 맞히면 먼저 했던 질문에 추가해서 대답할 수 있다.

✎ **응용**

· 지점토가 과녁에 붙어 있거나 맞힌 흔적으로 다른 그림을 그릴 수 있으며 점토로 만들고 싶은 조형을 만들 수 있다.

"몰라요"게임

✎ 개요

· 어떤 아동들은 감정과 생각에 대해 "몰라요"라는 대답으로 일관하기도 한다. 이 놀이는 아동이 자신의 생각과 느낌, 행동을 표현할 수 있는 안정적인 환경 속에서 치료자와 래포를 형성할 수 있고 아동과의 대화를 촉진할 수 있도록 도와 준다.

✎ 목표

· 자신의 생각과 감정을 확인하고 언어로 표현한다.
· 사회적 상황에서 확신을 가지고 말할 수 있도록 자존감을 향상시킨다.

✎ 대상아동

· 5세 이상

✎ 놀이가 도움이 되는 아동

· 위축된 아동
· 불안한 아동
· 소극적인 아동
· 공격적인 아동

✎ 준비물

· 과자, 스티커 (20장)

✎ 활동방법

· 부모와 아동이 스티커를 10개씩 나누어 갖는다.
· 부모가 놀이에 대한 설명을 한다.
· "지금부터 엄마하고 OO하고 서로에 대해 더 많이 알기 위한 재미있는 놀이를 할 거야. 이 놀이의 이름은 '몰라요' 게임이야. 먼저 질문을 하면서 시작이 돼. 만약 엄마가 한 질문에 대해서 OO가 대답하면 OO가 엄마의 스티커 한 개를 가져갈 수 있어. 그렇지만 질문에 대해서 '몰라요'라고 대답하면 엄마가 OO의 스티커 한 개를 가져 오는 거야. 이 놀이는 질문을 10개 할 때까지 계속할거야. 질문이 끝나면 스티커가 많은 사람이 과자를 받을 수 있어."
· 부모와 아동은 먼저 질문할 사람을 정한 뒤 놀이를 시작한다.
· 질문의 순서와 속도에 유의해서 물어 보아야 한다.
(자연스러운 질문부터 감정을 드러내는 질문으로 넘어가야 하며 긍정적인 질문으로 끝나야 한다.)
· 아동이 편안해 하면 좀 더 깊은 질문으로 들어갈 수 있다.

종이인형 만들기 08

✎ 개요

· 어떤 아동은 치료초기 단계에서 위축되고 두렵고 수줍어하며 상호작용하는 것에 대해 강력하게 거부하기도 한다. 이 놀이는 인형을 이용해 안정감을 유지할 수 있는 거리를 만들어 아동이 쉽게 드러내지 않은 자신의 얘기를 끌어 내는데 효과적이다.

✎ 목표

· 인형을 통해 동일시하는 인물과의 갈등을 해소할 수 있다.
· 외상이나 감정을 간접적으로 나타냄으로써 부정적인 감정에 대해 경험한다.
· 상호작용에 대한 긍정적인 경험을 함으로써 자신감과 성취감을 얻는다.

✎ 대상아동

· 5세 이상

✎ 놀이가 도움이 되는 아동

· 불안한 아동
· 수줍어하며 상호작용이 어려운 아동
· 위축되고 소극적인 아동

✎ 준비물

· 도화지 또는 색종이, 풀, 가위, 테이프, 색연필 또는 크레파스, 형광펜 (레이스, 실 등도 있으면 좋다)

✎ 활동방법

· 부모와 아동은 각각 자신을 나타내는 종이인형을 만든다. 사람이나 동물이나 다 좋다.
· 부모와 아동은 각각 자기 인형을 소개한다.
· 부모는 인형을 이용해 아동에게 다음과 같은 질문은 한다.
  - 이름이 뭐니?
  - 몇 살이지?
  - 너는 누구랑 같이 사니?
  - 네가 가장 좋아하는 색깔이 뭐니?
  - 네가 가장 좋아하는 장난감이 뭐니?
  - 네가 가장 좋아하는 음식이 뭐지?
  - 네가 가장 하고 싶은 것 3가지만 말해 줄래?
· 아동이 이야기할 때 반영적 경청을 하며 공감해 준다.

✎ 응용

· 때로는 자신의 신체의 한 부분과 관련된 인형을 만들고 얘기를 할 수 있다.

거울아 거울아 08

✎ 개요

- 감정을 억압하거나, 좌절경험이 많은 아동은 대체로 자아존중감이 낮으며 표정과 행동으로 나타난다. 이 놀이를 통해 아동은 감정이 언어뿐 아니라 얼굴에서 표현됨을 인식할 수 있으며 거울을 통해 자신의 긍정적인 모습을 찾아봄으로써 자아존중감을 향상시킬 수 있다.

✎ 목표

- 감정이 여러 가지 방식으로 표현된다는 사실과 사람들이 자신의 감정을 드러내는 방식을 이해할 수 있다.
- 자신의 얼굴에서 긍정적인 면을 찾을 수 있고 얼굴에서 표현되는 감정을 읽을 수 있다.

✎ 대상아동

- 7세 이상

✎ 놀이가 도움이 되는 아동

- 위축된 아동
- 불안한 아동
- 우울한 아동
- 좌절된 아동

✎ 준비물

- 인물사진 또는 잡지의 그림, 큰 거울

✎ 활동방법

- 아동에게 아무 말도 하지 않고 사진이나 잡지의 인물의 얼굴을 1분 동안 자세히 보게 한다.
- 다음에는 얼굴에서 본 것을 기억해 내어 이야기하도록 한다. 더 이상 생각나지 않을 때 까지 이야기하게 한다.
- 부모는 얘기를 다 할 때까지 끈기 있게 기다려야 한다. 더 이상 할 말이 없다고 대답했을 때 다시 한 번 보게 한다.
- 본 것에 대해서 이야기하게 한다. 아까 얘기한 것 외에 다시 보게 된 것을 말하게 한다.
- 얼굴에서 느껴진 감정을 얘기하게 한다.
- 아동에게 거울을 준다. 1분 동안 아무 말 없이 자신의 얼굴을 보게 한다.
- 본 후에 아동의 얼굴과 느껴진 감정에 대해서 자세히 이야기하게 한다.

공 던지기

✎ 개요

- 산만하고 공격적인 아동들은 자신의 행동을 조절하는 데 어려움을 느낀다. 이 놀이는 구조화된 환경에서 긍정적인 상호작용을 통해 아동이 자신의 행동을 통제하고 변화시킬 수 있도록 도와 준다.

✎ 목표

- 놀이를 통해 긴장감이나 부정적인 감정을 해소할 수 있다.
- 구조화된 환경에서 신체 조절과 집중력을 기를 수 있다.

✎ 대상아동

- 3세 이상~초등학교 저학년

✎ 놀이가 도움이 되는 아동

- 산만한 아동
- 공격적인 아동
- 위축된 아동
- 우울한 아동
- 불안한 아동

✎ 준비물

- 야구공 크기의 말랑말랑한 공 또는 신문지 공, 바구니 또는 입구가 적당한 상자, 과자

✎ 활동방법

- 부모와 아동은 적당한 간격을 벌리고 마주 선다.
- 서로 합의하여 목표를 정한다.
- 먼저 부모가 아동에게 공을 던진다. 그런 다음 아동에게 던져 보라고 한다.
- 서로 주고받기를 여러 번 한다.
- 점점 간격을 넓혀 가며 난이도를 조절한다(부모는 아동이 던진 공을 잘 받을 수 있도록 몸을 움직인다).
- 아동이 성공했을 때는 큰 소리로 칭찬해 준다.
- 이번에는 바구니에 넣어 보라고 한다.
- 다음에는 아동이 바구니를 들고 치료사가 던지는 공을 받는다. 바꿔서 해 본다.
- 공 대신 신문지를 공처럼 말아서 던질 수 있으며 바구니 대신 두 팔로 원을 만들어 그 안에 던질 수 있다.

선 이어 그리기 08

✎ 개요
· 이 놀이는 아동이 자신의 문제와 관련지어 인식할 수 있고 치료 초기에 아동의 저항감을 줄일 수 있다.

✎ 목표
· 창의성과 자신감, 집중력을 증가시킬 수 있다.
· 놀이를 통해 정서적 안정감을 유지할 수 있다.

✎ 대상아동
· 5세 이상~초등학교 저학년

✎ 놀이가 도움이 되는 아동
· 소극적이고 위축된 아동
· 우울한 아동
· 불안한 아동
· 자존감이 낮은 아동

✎ 준비물
· 종이, 연필 또는 색연필이나 크레파스

✎ 활동방법
· 종이를 바닥에 놓는다.
"여기에 먼저 엄마(아빠)가 선으로 그림을 그릴거야. 그러면 OO이가 엄마(아빠)가 그렸던 선을 연결해서 그리는 거야. 연필이 종이에서 떼어지면 엄마(아빠)가 다시 그 선을 연결해서 그릴거야."
· 각각 다른 색을 골라야 하며, 아동이 먼저 시작할 수 있다.
· 그림을 다 그린 후 부모와 아동은 그림에 대해서 이야기를 나눈다.
· 대답하기 힘들어 하거나 생각이 나지 않는 아동에게는 여러 방향에서 볼 수 있게 하거나 벽에 붙여 놓고 거리를 조정해 가면서 볼 수 있게 한다.
· 대답에 대해 적절한 칭찬을 해준다. 어떤 대답이든지 수용해 준다.
· 부모는 그림에서 무엇이 보이는지에 대해서 이야기를 할 수 있고 보이는 것들을 이용해서 이야기를 꾸밀 수 있다.

질 문 컵

✎ 개요

· 이 놀이를 통해 아동은 흥미로운 상황 속에서 자신의 감정과 경험을 언어적인 표현을 할 수 있고 집중력을 향상시킬 수 있다.

✎ 목표

· 자신의 감정과 경험을 언어적으로 표현할 수 있다.
· 활동을 통해 집중력을 향상시킨다.

✎ 대상아동

· 6세 이상~초등학생

✎ 놀이가 도움이 되는 아동

· 위축된 아동
· 수동적인 아동
· 공격적인 아동
· 산만한 아동

✎ 준비물

· 컵 6개, 감정이 적힌 종잇조각 6개, 작은 상품, 스티커 6장

✎ 활동방법

· 5장의 종잇조각에는 감정에 관련된 낱말을 쓰고 한 장은 비워 놓는다.
예를 들어, "너를 가장 화나게 만드는 것이 뭐니?" "널 가장 화나게 만드는 3가지를 얘기해 줘." "너를 가장 슬프게 만드는 것이 뭐니?" "지금까지 네가 가장 기뻤을 때가 언제니?" 등이다. 질문은 아동의 나이가 어릴수록 더욱 자세하게 써야 되며 아동의 문제와 나이에 따라서 달라질 수 있다(학령전기 아동에게는 3개의 컵만을 사용함으로써 단순하게 할 수 있다).
· 질문을 쓴 다음에 종이를 접어서 놓고 그 위에 컵으로 덮는다.
· 부모는 컵을 움직여서 마구 섞어 놓는다.
"지금부터 엄마(아빠)와 OO가 컵 게임을 할 거야. 이 컵 안에는 종잇조각이 있고 거기에는 질문이 적혀 있어. 우리가 컵 주변을 돌다가 둘 중 한 사람이 먼저 컵을 잡는 거야. 그리고 컵 안에 있는 질문을 크게 읽고 질문에 대답을 해야 해. 대답을 하면 스티커를 받게 되고, 스티커가 3개가 되면 상품 받을 수 있어."
· 이 놀이는 한 세션에서 질문을 바꿔가면서 여러 번 할 수 있다.
질문은 아동과 같이 만들 수 있다. 시작 전에 치료사는 자신이 고를 컵에 먼저 보이지 않게 표시를 해 놓도록 한다.

의지하고 받아주기

✎ 개요

- 애착욕구가 충족되지 않은 아동은 정서적으로 불안이 높다. 이 놀이는 아동을 매우 강하게 이완하게 하고 치료자와의 신뢰 경험을 통하여 치료자와 아동간의 애착을 증진시킬 수 있다.

✎ 목표

- 여러 번의 경험을 통해서 부모와의 재애착을 형성한다.
- 새로운 상황에서의 두려움을 극복할 수 있다.

✎ 대상아동

- 4세 이상~초등학교 저학년

✎ 놀이가 도움이 되는 아동

- 애착에 문제가 있는 아동
- 불안이 높은 아동
- 관계에 어려움을 보이는 아동
- 위축된 아동

✎ 준비물

- 없음, 충분히 넓은 방

✎ 활동방법

- 부모와 아동이 마주 보고 서서 부모가 한 발 반 뒤로 간다.
  "이제 몸을 막대기처럼 몸을 반듯하게 한 상태에서 발뒤꿈치를 중심으로 해서 뒤로 넘어지는 거야. 그러면 엄마(아빠)가 안전하게 받아줄 거야"
- 아동은 부모가 "시작"하면 마치 막대기가 쓰러지듯이 뒤로 넘어지도록 한다.
  (아동은 넘어질 때 뒤를 돌아보거나 옆으로 넘어져서는 안 된다.)
- 부모는 아동을 안전하게 받을 수 있는 거리에서 두 무릎을 굽힌 후 왼 무릎을 세운 상태에서 두 손을 가슴 쪽에 대고 완벽하게 받을 준비를 한다.

스트레스 풍선

✎ 개요

· 아동에게 있어 강하거나 빈번한 스트레스는 정서적인 부적응 행동을 유발시킨다. 이 놀이는 아동이 겪고 있는 일상생활에서 스트레스 요인을 명확히 인지하고 적절한 방법으로 표현함으로써 스트레스를 이완시키고 스스로 대처하는 방법을 찾도록 도와준다.

✎ 목표

· 막연했던 스트레스에 대한 대처전략을 세울 수 있다.
· 활동을 통해 부정적이고 공격적인 감정을 해소할 수 있다.

✎ 대상아동

· 10세 이상

✎ 놀이가 도움이 되는 아동

· 스트레스가 높은 아동
· 스트레스로 인한 신체화 증상이 있는 아동
· 위축되거나 불안한 아동
· 분노가 많은 아동

✎ 준비물

· 매직, 풍선

✎ 활동방법

· 부모가 스트레스에 대해서 아동이 이해하기 쉽게 얘기해 준다.
"스트레스는 피곤하거나, 고민이 있거나, 힘들 때 마음에서 생기는데, 우리 몸을 통해서 알 수 있어."
· 부모와 아동은 자신이 받았던 스트레스에 대한 경험에 대해서 이야기를 하고, 스트레스를 받을 때 몸의 어느 곳에 이상이 오는지에 대해서 또 그때 느끼는 기분에 대해서도 이야기를 나눈다. 아동은 감정이 스트레스로 연결되고 스트레스로 인하여 신체화가 생길 수 있다는 것을 인지하게 된다.
· 아동은 자신이 스트레스를 느끼는 몸의 부분을 풍선에 그린다(아동이 원하는 만큼 풍선에 그릴 수 있다).
· 그린 후 아동은 원하는 방법으로 풍선을 터트릴 수 있다.
· 아동의 감정을 물어 본다.
  - 터트리기를 두려워하는 아동에게는 풍선을 묶지 않고, " 이 풍선 속의 바람이 너를 힘들게 하는 스트레스라고 생각해 보렴" 이라고 얘기하고 바람을 서서히 빠져 나가게 한다.

꼬부랑 고개

✎ 개요

· 아동은 성인의 보호와 양육에 전적으로 의존하므로 평가에 매우 예민하며 그들의 평가로 인하여 자아상을 형성하게 된다. 이 놀이는 아동이 인생에서 경험한 중요한 사건을 과거, 현재(미래)로 구분하여 평가에 대한 감정을 재인식하여 아동 스스로 자아존중감을 높일 수 있도록 도와 준다.

✎ 목표

· 감정을 표현할 수 있으며 긍정적인 자아상을 확립할 수 있다.
· 놀이를 통해 자신에 대한 재평가를 함으로써 자신감과 성취감을 느낄 수 있다.

✎ 대상아동

· 8세 이상

✎ 놀이가 도움이 되는 아동

· 자아가 약한 아동
· 자아존중감이 낮은 아동
· 위축된 아동
· 열등감이 있는 아동
· 타인의 평가에 예민한 아동

✎ 준비물

· 종이, 연필, 색연필 또는 크레파스

✎ 활동방법

· 그림을 그리기 전에 부모는 아동의 인생에 대해서 이야기를 나눌 수 있다.
· 부모는 종이를 준다.
· 종이를 가로로 놓고 가운데에 가로로 줄을 긋는다.
· 맨 왼쪽에는 세로로 줄을 긋고 감정의 척도를 나타내는 눈금을 그리고 숫자를 쓴다. 맨 왼쪽은 태어났을 때이고 맨 오른쪽은 현재이다(때로는 미래를 나타내기도 한다). 왼쪽부터 가로선을 중심으로 적당한 간격으로 눈금을 긋고 생각나는 사건을 적는다. 그때 느꼈던 감정을 척도로 정해서 좋은 감정이면 가로선 위쪽으로 안 좋은 감정이면 가로선 밑에 표시한다. 맨 나중에 표시들을 이으면 높고 낮은 고개가 만들어진다.
· 아동의 선택에 따라 적절한 색을 선택하여 칠할 수 있다.
· 아동은 자신이 적은 사건에 대해서 충분히 이야기할 수 있다. 그리고 그 사건으로 되돌아가 그 일이 아동에게 어떤 영향을 미쳤는지, 또 어떤 방식으로 결론을 맺기를 원하는지도 선택할 수 있다.

마법 상자

✎ 개요

- 어떤 아동은 자신을 방어하고자 외부와 단절되고 싶어한다.
  이 놀이는 물리적인 장벽을 만들어 아동으로 하여금 자신의 두려움을 극복할 수 있도록 도와 주는데 효과적이다.

✎ 목표

- 안전한 놀이와 신체를 통해 부정적인 감정을 표현할 수 있다.
- 자신의 감정을 인식하고 수용함으로써 긍정적인 방식으로 표출할 수 있다.

✎ 대상아동

- 3세 이상~초등학교 저학년

✎ 놀이가 도움이 되는 아동

- 충동적인 아동
- 불안한 아동
- 위축된 아동
- 공격적인 아동
- 말이 없는 아동

✎ 준비물

- 상자 여러 개 (넉넉히 큰), 가위, 테이프, 색종이, 크레파스

✎ 활동방법

- 먼저 아동과 상자를 보며 생각나는 것에 대해서 이야기를 나눌 수 있다. 대부분의 아동들은 상자를 좋아하며 자신의 생활 가운데서 적절한 대상을 생각해 낸다. 예를 들어. "집", "자동차", "빨래 바구니", "선물상자", "로봇" 등이 있을 수 있다.
- 아동이 대상을 선택하면 아동이 원하는 대로 만들 수 있다. 집을 선택한 아동은 크레파스와 테이프를 이용하여 창문과 지붕을 만들 수 있고 예쁘게 색칠할 수도 있다.
- 아동은 집안에 들어가거나 발로 차거나, 무너뜨리는 행동들을 통해서 자신의 감정을 정화시킬 수 있다.

국수 먹이기

✎ 개요

· 대부분의 아동은 양육자로부터 특별한 관심을 받고 싶어하나 표현하기를 주저한다. 이 놀이는 아동으로 하여금 양육적인 경험을 통해 치료자와 신뢰로운 관계를 형성할 수 있으며 주도적인 활동을 통해 긴장감을 해소시킬 수 있도록 도와 준다.

✎ 목표

· 도전적인 경험을 통해 자신감과 성취감을 느낄 수 있다.
· 양육적인 경험을 통해 친밀감을 형성할 수 있다.

✎ 대상아동

· 3세 이상~8세까지

✎ 놀이가 도움이 되는 아동

· 산만한 아동
· 불안한 아동
· 내성적인 아동
· 우울한 아동

✎ 준비물

· 국수 또는 스틱과자, 넓은 통, 물, 물감

✎ 활동방법

· 부모와 아동이 편하게 마주 앉는다.
· 부모가 국수를 한 개 꺼내서 아동의 입에 넣어 준다. 여러 번 한 뒤에 이번에는 아동이 부모에게 먹여 주도록 한다.
· 국수를 꺼내서 한 개 한 개 놓으면서 탑을 쌓는다.
· 아동은 자신이 원하는 모양대로 탑을 쌓으면서 집중력과 통제에 대한 만족감을 느낄 수 있다.
· 탑 쌓기를 충분히 한 후 국수를 넓은 통에 넣고 물을 적당히 부어서 반죽을 한다. 이 때 반죽에 물감을 넣어서 원하는 색을 만들 수 있다.

감정나무

✎ 개요

- 아동들은 자신의 감정을 명확하게 지각하는 것을 힘들어 한다. 이 놀이는 자신의 감정에 대해 명료하지 않은 아동들에게 효과적이다.

✎ 목표

- 자신의 감정을 명료화할 수 있다.
- 여러 감정이 있다는 것과 동시에 느낄 수 있다는 것을 이해한다.
- 감정을 확인하고 적절한 방법으로 표출할 수 있다.

✎ 대상아동

- 5세 이상

✎ 놀이가 도움이 되는 아동

- 수줍은 아동
- 위축된 아동
- 우울한 아동
- 공격적인 아동
- 언어적인 표현에 어려움이 있는 아동

✎ 준비물

- 종이, 풀, 색종이

✎ 활동방법

- 아동은 종이에 나무를 그리고 색칠한다.
- 다 그린 후, 부모와 아동은 감정에 대해서 이야기한다.
  "네가 자주 느끼는 감정에는 어떤 것들이 있지?" 아동의 대답에 따라서 감정들을 대략 4~5가지로 압축시킨다. 아동들이 자주 느끼는 감정에는 화, 기쁨, 슬픔, 두려움, 놀람, 실망 등이 있다. 아동과 선별한 감정들을 확인한 후에 한다.
- 색종이를 꺼내 "화가 났을 때의 감정으로 어떤 색이 좋을까?"라고 물어 여러 번의 사정을 통해 감정과 색깔을 연결시킨다.
- 아동이 선택한 감정 색종이는 한쪽에 놓는다. 보통 아동은 빨간색-화, 검정색-무서움, 슬픔, 노랑-행복, 파랑-슬픔으로 표현하기도 한다.
- 그런 다음 "너의 감정을 열매로 표현해 보자. 너는 어떤 때 화가 나지?" 라고 물어 아동이 대답을 하면서 화와 관련된 색종이를 오려 나무에 붙인다. "또 어떤 때 슬프지?" 라고 물어 아동이 슬픔과 관련된 경험을 생각해 내고 얘기하면서 슬픔의 열매를 붙인다.
- 다음에는 아동 스스로 색깔을 선택해서 오리고 붙이면서 경험을 얘기할 수 있게 한다.

거울 속의 나

✎ 개요

• 대부분의 아동들은 화난 감정을 알 수는 있지만 자신의 화를 이해하고 적절히 표현하는 것에 대해서는 어려워한다. 이 놀이는 치료적 환경 속에서 아동들이 자신의 화를 인지하고 적절한 방법으로 표출함으로서 자기조절과 화를 관리할 수 있도록 도움을 준다.

✎ 목표

• 역할극을 통해 상황에 대한 인식을 명확히 한다.
• 화를 조절하지 못하는 아동에게 화를 인식하고 조절할 수 있게 한다.

✎ 대상아동

• 5세 이상

✎ 놀이가 도움이 되는 아동

• 분노가 많은 아동
• 공격적이고 충동적인 아동
• 산만한 아동
• 위축된 아동

✎ 준비물

• 큰 거울

✎ 활동방법

• 부모는 아동에게 "너를 화나게 하는 것들이 무엇이지?"라고 물어 본다. 아동은 자신의 경험을 얘기할 수도 있으나 그림을 그려서 얘기할 수도 있다.
• 그 때의 경험을 충분히 나눈 후 화가 났을 때의 표정과 몸동작을 만들어 보라고 한다. 부모와 같이 표정이나 동작을 만들어도 좋다. 아동은 자신의 표정과 행동을 거울을 통해 본다.
• 아동은 거울 앞에 서서 아동의 경험을 역할극을 통해 시연한다. 예를 들어, "선생님이 엄마야. 지금 슈퍼마켓 안에 있는데, 엄마가 아무것도 사 주시지 않아. 이럴 때 네가 사달라고 조른다면 엄마에게 어떻게 말하는지 한번 해 보자"
• 거울 앞에서 설정된 상황에 대해 아동은 자신이 선택한 방법으로 표현을 한다.

어라? 여기 있었네.

08

✎ 개요

- 아동들은 삶에서 여러 가지 경험들을 겪으며 그로 인해 다양한 감정들을 느끼지만 감정과 경험을 연결하는 데 어려움을 느끼기도 한다. 이 놀이는 일상생활에서 아동이 겪었던 경험과 감정을 연결시킴으로써 혼란스럽게 표현하는 감정들을 명확하게 표현할 수 있도록 도와 준다.

✎ 목표

- 자신의 감정을 명료화할 수 있다.
- 자신 안에 여러 가지의 감정이 동시에 있다는 것을 이해한다.
- 부적절한 감정을 긍정적인 방법으로 해소하는 법을 안다.

✎ 대상아동

- 5세 이상~초등학교 저학년

✎ 놀이가 도움이 되는 아동

- 말이 없는 아동
- 반항적인 아동
- 상호작용에 어려움이 있는 아동
- 우울한 아동

✎ 준비물

- 가위, 풀, 도화지, 종이, 잡지 여러 권 (인물이 많이 나온 것이 더 좋다)

✎ 활동방법

- 부모는 아동에게 이렇게 말한다. "우리 마음 속에는 여러 가지 감정이 있어, 기쁠 때도 있고 어떤 때는 슬프기도 해. 네가 가장 기뻤을 때는 어떤 때였지? 그 때의 네 모습을 생각해 보렴."
- 아동이 대답을 하면 "그때 너와 같은 기쁜 감정을 가지고 있는 사람들을 여기에서 골라 붙여 보자" 라고 얘기한다.
- 아동은 잡지를 뒤적여 아동이 원하는 것을 찾아 오려서 붙이고 싶은 곳에 붙인다.
- 다 붙인 후에 붙인 그림들을 연결해서 이야기를 만든다.

참고문헌

강경미(1994). 소아기 우울증의 개관과 발달학적 측면. 소아청소년 정신의학, 5(1). 대한 소아청소년 정신의학회.

강문희 · 박경 · 정옥환(2003). **아동심리검사**. 교문사.

강봉규(2000). **심리검사의 이론과 기법**. 동문사.

강위영 · 공마리아(1998). **주의력결핍 아동의 교육프로그램**. 대구대학교 출판부.

강위영 · 변찬석 · 서경희 · 유치현 · 이상복 · 이효신(1990). **정서 행동 발달과 문제 예방.** 대구대학교 출판부.

강위영 · 송영혜 역(2005). **아동심리치료 치료계획서**. 시그마프레스.

권재환(2005). 심리적 · 환경적 변인과 인터넷 게임중독간 관계 : 대인관계기술의 매개효과 검증. 전남대학교 대학원 박사학위논문.

김경화(2002). 온라인게임의 중독적 사용에 영향을 미치는 요인에 관한 연구. 경상대학교 대학원 사회복지학과 석사학위논문.

김계현. (1995, 2002). **카운슬링의 실제(증보판)**. 학지사.

김동성(1999).**부모와 교사, 임상가들을 위한 어린이의 과잉행동과 치료**. 홍익제.

김동연(2000).**미술치료 비디오 활용지침서.** 마이코미디어.

김동연 · 권기덕(1995). **미술치료의 의의와 적용-미술치료의 이론과 실제-**. 한국미술치료학회편, 동아문화사.

김미경 · 안동현 · 이양희(1996). 학습문제를 동반한 주의력 결핍 과잉행동장애 아동의 특성 분석. 정신건강연구, 15, 122-133.

김미현(2005). 인터넷 및 게임 중독이 청소년정신건강과 생활에 미치는 영향에 관한 연구-군산시를 중심으로. 원광대학교 행정대학원 석사학위논문.

김붕년 · 조수철(1997). 주의력 결핍 과잉운동장애의 신경영상학. 소아청소년 정신의학, 3, 73-86.

김선우(2002). 인터넷 중독의 실태와 영향요인에 관한 연구. 서울대학교 대학원 석사학위논문.

김성중(2000). 또래집단의 영향이 청소년들의 네트워크 컴퓨터 게임 이용과 충족에 미치는 영향에 관한 연구. 서울대학교 대학원 언론정보학과 석사학위논문.

김소라(1998). 주의력 결핍 과잉 활동 아동의 과제 수행에 대한 기대와 귀인양식. 연세대학교 대학원 석사학위논문.

김수연(2003). 중·고교 남학생들의 인터넷 사용과 자아존중감, 감정표현 불능증, 가족 내 적응력 및 결속력, 인격성향과의 연관성. 이화여자대학교 대학원 의학과 석사학위논 문.

김순혜.(2004). **현대 아동상담**. 학지사.

김순혜.(2001). **아동상담**. 학지사.

김신희(2002). 인터넷 게임중독자의 성격 및 의사결정 방식. 고려대학교 대학원 심리학과 석사학위논문.

김옥정(1998). 주의력결함 과잉행동장애 아동의 증후에 따른 치료 효과 비교연구. 동아대학교 교육대학원 박사학위논문.

김유정(2000). 그림놀이를 통한 아동심리치료의 교육적 효과에 대한 연구. 인천교육대학교 교육대학원 석사학위 논문.

김유정(2002). 청소년 인터넷 게임중독 척도 개발 및 심리사회적 취약성 요인. 아주대학교 대학원 심리학과 석사학위논문.

김자윤·안동현·이향희(1999). 농촌지역의 주의력결핍 과잉행종장애와 학습장애의 역학적 연구. 신경정신의학, 38(4). 784-793.

김정민(1999). 유아들의 연령과 성별에 따른 주의력 결핍 과잉행동연구. 동아대학교 대학원 석사학위논문.

김종원·조옥귀(2002). 중·고등학생의 자기통제력, 사회환경적 요인 및 인터넷 게임중독과의 관계. 교육이론과 실천 12(2). 경남대학교 교육문제연구소, 477-498.

김지형(2002). 청소년의 인터넷중독경향에 따른 부모 양육태도 및 사회적 지지에 대한 지각 비교. 아주대학교 교육대학원 상담심리전공 석사학위논문.

김진숙(1993).**예술심리치료의 이론과 실제**. KEPPA PRESS.

김진숙·최수미·강진구(2000). 청소년의 컴퓨터 활용실태조사-청소년의 PC중독. 청소년상 담문제 연구보고서 39, 한국청소년상담원, 59-86.

김진호·박재국·방명애·안성우·유은정·윤치연·이효신 옮김.(2006). **최신 특수교육**. 시그마프레스.

김청자·정진선(2006). **아동상담심리**. 태영출판사.

김청택·김동일·박중규·이수진(2002). 인터넷 중독 예방상담 및 예방 프로그램 개발 연구. 정보통신부 정보통신연구개발사업연구. 한국정보문화진흥원.

김춘경 (2004). **아동상담-이론가 실제-**. 학지사.

김충기·강봉규(2003). **현대 상담이론과 실제.** 교육과학사.

김하정(1998). 아동의 문제행동에 대한 부모와 교사간의 평정 일치도. 성신여자대학교 대학원 석사학위논문.

김현수(2000). **인터넷 중독증.** 나눔의 집.

김형태.(2005). **21세기를 위한 상담의 이론과 실제**. 동문사.

김혜련(2001). 주의력결핍 과잉행동 유아의 출현율과 가족기능에 대한 연구. 대구대학교 대학원 박사학위논문.

김혜원(2001). 청소년들의 인터넷 중독현상 : 인터넷 중독의 현황파악과 관련변인 분석. 청소년학연구, 8(2), 91-117.

김홍천(2003). 온라인게임 이용자의 중독적 이용에 관한 연구-온라인게임 '리니지'이용자 의 이용유형에 따른 욕구충족을 중심으로. 연세대학교 대학원 신문방송학과 석사학위 논문.
김흥규(1984). **신 생활지도론.** 형설출판사.
김희수(2004). 저소득 가정 아동의 비행행동에 대한 환경적 요인들의 영향. 연세 대학교 대학원 석사학위 논문.
남궁명선(2002). 온라인 게임 세계내의 공동체 의식과 인간관계의 심리 : 온라인 공동체 경험이 대인관계에 미치는 영향을 중심으로. 연세대학교 대학원 심리학과 석사학위논문. 대한 청소년 정신의학회.
류문화(1996). 자기교시훈련이 과잉행동장애 아동의 문제행동 수정에 미치는 효과. 대구대학교 대학원 박사학위논문.
문현주 · 장미경 · 윤혜경 · 김연진(2005). **놀이치료.** 상조사.
박명화(2001). 유아교육기관에 통합되어 있는 주의력결핍 과잉행동 유아의 행동문제와 사회적 기술에 관한 연구. 유아교육연구, 21(4), 437-454.
박성수 · 정원식(1978). **카운슬링의 원리.** 교육과학사.
박성호(2001). 상담의 직무환경에서의 위험요소와 사회적 지지가 상담자의 심리적 소진에 미치는 영향. 이화여자대학교.
박영숙(1998). **심리평가의 실제.** 하나의학사.
박정은(2001). 청소년의 인터넷 중독적 사용 및 영향요인 연구. 숙명여자대학교 석사학위논문.
박헌미(2002). 사회복지사의 소진에 관한 연구 : 수퍼바이저 지지변수의 조절효 과를 중심으로. 이화여자대학교.
방희정 · 조아미(2003). 가족기능과 청소년의 인터넷 게임행동간의 관계. 한국심리학회지 : 발달, 16(2), 1-22.
배주미(2000). 아동 및 청소년의 우울증상과 인지변인의 지속성과 상호예측(18개월 추적연구). 연세대학교 대학원 박사학위논문.
백윤선(2005). 주의력결핍 · 과잉행동 유아의 실태 및 부모 · 교사간의 평가경향 비교. 공주대학교 교육대학원 석사학위논문.
서경희 · 윤점룡 · 윤치현 · 이상복 · 이상훈 · 이효신(1999). **발달장애의 진단과 평가.** 대구대학교 출판부.
서문영(2005). 중 · 고등학생의 인터넷 중독관련 변인 연구. 인제대대학원 석사학위논문.
서주은(2005). ADHD 유아의 인지, 행동 및 정서적 특성. 숙명여자대학교 대학원 석사학위논문.
성영혜(1998). 발달놀이치료이론을 통한 母-子관계증진과 아동행동치료. 여성가족생활연구지.
성영혜(2000). **치료놀이 I**.형설출판사.
성영혜 · 장미경(1996). 발달놀이치료의 임상적 의의에 대한 고찰. 생활과학연구지.
송명준(2000). 인터넷 중독자의 온라인 및 면대면 커뮤니케이션 만족도 연구. 고려대학교 대학원 학사학위논문.
송영혜(1996). 주의력결핍 과잉행동아의 놀이치료. 제 11회 정서 · 학습장애아교육연수회 교재. 한국정서 · 학습장애아교육학회, 147-158.
송영혜 · 윤지현(2001). **놀이치료 입문**. 시그마프레스.
신민섭 · 오경자 · 홍경의(1990). 주의력결핍 과잉행동장애 아동의 인지적 특성. 소아청소년 정신의학, 1(1), 55-64.

신민섭 · 한수정.(2006). 영화 속의 청소년 부모가 알아야 할 청소년 심리. 서울대학교 출판부.
신숙재 · 이영미 · 한정원(2002). **아동중심놀이치료**. 동서문화원.
안동현 · 이옥 · 이완정 · 이재연 · 이혜경 · 정선아 · 황옥경(2005). **아동권리 보호와 연구윤리.** 학지사.
안미경(2000). ADHD-SC4를 통한 주의력결핍 과잉행동 아동 출현율 조사연구. 대구대학교 대학원 석사학위논문.
어기준(2000). 청소년 PC중독의 유형과 문제점. 청소년상담문제 연구보고소 39. 한국청소년상담원, 3-14.
염숙경(2002). **아동의 특성과 문제별 아동상담과 놀이치료.** 상조사.
오대연(2002). 대학생의 성격특성과 종류별 게임중독의 관계에 관한 연구. 성균과대학교 대학원 교육학과 석사학위논문.
오명희(2003). 자기성장 집단상담이 우울성향 아동의 자아개념 및 대인관계에 미치는 효과. 대구교육대학교 교육대학원 석사학위논문.
오성춘(1993, 2002). **목회상담학.** 한국장로교출판사.
오현화(2002). 청소년의 인터넷 중독에 미치는 영향 요인. 한림대학교 사회복지대학원 사회복지학과 석사학위논문.
왕지선(2004). 청소년의 인터넷 중독과 또래 동조성, 자존감 및 외로움의 관계. 서강대학교 교육대학원 상담심리전공 석사학위논문.
우리아이 게임중독 예방 어떻게 할까요?.(2006).놀이미디어교육센터제공
유미숙(2000). **놀이치료의 이론과 실제.** 상조사.
유미숙 · 이영미 · 장미경 공역(2003). **놀이치료.** 상조사.
유승호(2001). 게임몰입증(게임중독)의 현황과 대처방안. 게임종합지원센터.
유영재(2005). 청소년의 게임중독 성향과 현실 판단가의 관계. 청주대대학원 석사학위논문.
윤영민(2001). 사이버공간의 청소년 행동 : 정책개발을 위한 이론적 탐색. 청소년학연구, 8(2), 199-228.
윤영민(2000). 인터넷이 청소년의 사회화에 미치는 영향. 인터넷시대에 있어 청소년문제와 대책 : 국무총리 청소년보호위원회 제 2차 정책포럼.
윤지영(1993). 청소년의 일상적인 스트레스와 사화관계망지지 지각. 서울대학교 대학원 소비자아동학과 석사학위논문.
이계원(2001). 청소년의 인터넷중독에 관한 연구. 이화여자대학교 대학원 심리학과 박사학위논문.
이명순(2005). 중학생의 인터넷 중독에 관한 연구. 원광대 교육대학원 석사학위논문.
이상복 · 이상훈 · 이효신(1996). 주의력결핍 과잉행동 아동의 행동지도방법. 대구대학교 출판부.
이상철 · 김대군(2001). **주제중심 직업윤리.** 정림사.
이상희(1003). 母-兒 치료놀이프로그램 개발과 효과. 숙명여자대학교 대학원 박사학위논문.
이소영(2000). 게임의 중독적 사용이 청소년의 문제해결능력 및 의사소통에 미치는 영향. 고려대학교 대학원 심리학과 석사학위논문.
이소현(2003). **유아특수교육**. 학지사.
이소희(2005). **아동복지론.** 학현사.
이숙 · 정미자 · 최진아 · 유우영 · 김미란 공저(2004). **아동상담**. 양서원

이숙 · 최정미 · 김수미(2002). **현장중심 놀이치료.** 학지사.
이시용 · 정환금 · 허승희 · 홍종관(2000). **아동생활지도와 상담.** 교육과학사.
이시형 · 이세용 · 김은정 · 오승근(2000). 청소년의 인터넷 중독과 자녀교육. 서울 : 삼성생명 공익재단 사회정신건강연구소.
이우주(2002). **의학사전(3판)**. 아카데미서적.
이유경(2002). 컴퓨터 게임 중독 청소년의 사회적 관계 및 적응에 관한 연구. 성신여자대학교 대학원 심리학과 석사학위논문.
이장호(1986). **상담심리학 입문(제2판).** 박영사.
이장호(1995). **상담심리.** 박영사.
이춘재 외 공역.(1998). **발달정신병리학**. 중앙적성출판사.
이해경(2002). 인터넷상에서 청소년들의 폭력게임중독을 예측하는 사회심리적 변인들. 한국심리학회지 : 발달, 144(4), 55-79.
이해영 · 박부진(2000). 인터넷의 이용과 가족관계(대학생들을 중심으로). 리서치 아카데미 논총, 3, 명지대학교 리서치 아카데미, 225-248.
이형초(2001). 인터넷게임중독의 진단척도 개발과 인지행동치료 효과. 고려대학교 대학원 심리학과 박사학위논문.
이혜련(1994). **소아정신건강**. 한국아동문제연구소
이효신(2000). ADHD아동의 특성과 중재에 관한 고찰. 정서 · 학습장애아교육, 16(1), 159-180.
이희경(2003). 청소년의 게임 이용요인과 개인 · 사회적 요인이 게임몰입과 게임중독에 미치는 영향. 청소년학연구, 10(4), 355-380.
임원신(2006). 주의력결핍 과잉행동장애 유아의 유아교육기관 적응에 관한 연구. 이화여자 대학교 대학원 박사학위 논문.
임은미 · 이숙영(2002). 청소년의 컴퓨터/인터넷 사용과 부모-자녀 갈등, 교육심리연구, 16(2), 243-258.
임은희(1999). **음악치료학 입문.** 아시아미디어리서치.
장미경(2004). 신체자아 발달을 위한 신체접촉 발달놀이치료. 아동교육학회지.
정경란(2001). 청소년의 인터넷 중독 경향과 가족의 심리적 환경 및 불안, 우울간의 관계. 중앙대학교 대학원 심리학과 석사학위논문.
정민희(2003). 청소년의 인터넷 중독과 관련변인에 관한 연구. 고려대학교 대학원 가정학과 석사학위논문.
정원식 · 박성수 · 김창대(1999). **카운슬링의 원리**. 교육과학사.
정은주(2001). 교사용 아동 우울성향 척도의 개발 연구. 고려대 교육대학원 석사학위논문
정익중(2000). Developmental Trajectories of Offending among Poor and Non-Poor Children University of Washington
정종진(2003). **어린이 행동장애 원인 · 발달 · 치료.** 시그마프레스.
정진태(2003). 부모의 양육태도가 중학생의 인터넷 중독정도에 미치는 영향. 부산대학교 교육대학원 교육행정전공 석사학위논문. 조선일보. 2006.
조수철(1990). ADHD의 개념과 생물학적 연구. 소아청소년정신의학, 191). 대한소아 청소년정신의학회
조수철(1999). **소아정신질환의 개념.** 서울대학교 출판부.
조수철 · 김동현 · 김자성(1993). 주의력결핍 과잉 운동 장애의 기질적 특성. 소아청소년정신

의학, 4, 114-123.
조수철 · 신윤오(1994). 파탄적 행동장애의 유병율에 대한 연구. 소아청소년정신의학, 5(1), 141-149.
조영란(2003). 청소년의 인터넷 중독 예측모형. 부사대학교 대학원 간호학과 박사학위논문.
조은혜(2000). 즉흥음악이 사이코드라마 카타르시스에 주는 효과 : 사례분석을 중심으로. 이화여자대학원 석사학위논문.
조정민(2005). 인터넷 중독이 청소년에 미치는 영향. 중앙대 행정대학원 석사학위논문.
조해연(2001). 청소년 인터넷 게임중독과 성격특성변인 연구-자기효능감, 자기통제감, 공격성, 충동성을 중심으로. 한양대학교 대학원 교육학과 석사학위논문.
주리애(2003). **미술치료는 마술치료**. 학지사.
진소영(2001). 음악활동이 초등학교 아동의 우울성향 감소에 미치는 효과. 숙명여대 음악치료대학원 석사학위논문.
최병철(1999). **음악치료학**. 학지사.
최원준(2000). 컴퓨터 네트워크 게임특성과 게이머의 심리적 체험. 고려대학교 대학원 심리학과 석사학위논문.
최정윤(2002).**심리검사의 이해**. 시그마프레스.
최지영(2003). 가출청소년쉼터 실무자들의 소진(Burn Out)에 관한 연구. 서강대학교 공공정책대학원.
최효선(2003). 분노조절 프로그램의 시행과정 연구 : 비행아동의 분노조절 프로 그램의 개선방안 연구. 서강대학교 공공정책대학원
하은혜 · 오경자(14992). 주의력결핍 과잉활동아의 약물치료에 따른 모-자 상호행동과 인지 적 · 행동적 증상의 변화. 한국심리학회지 임상, 11(1), 145-416.
한국가족사회복지학회(2000). 청소년 인터넷 중독과 부모의 역할 워크샵 자료.
한국복지재단 아동학대신고상담센터.
한숙자(2004). **전문 상담학 개론**. 창지사.
홍강의 · 김종흔 · 신민섭 · 안동현(1996). 주의 산만, 과잉운동을 주소로 소아정신과를 방문한 아동의 진단적 분류와 평가. 소아청소년 정신의학, 7(2), 190-202.
황상민(2001). 신세대(Ntpeo)의 자기표현과 사이버공간에서의 상호작용 사고와 행동 양식의 변화를 중심으로. 한국 심리학회지 13(3), 9-19.
황상민 · 장근영(2003). 한국인의 온라인 라이프스타일과 게임행동. HCI 2003 학술대회 논문집, 2, 한국정보과학회 인간과 컴퓨터 상호작용 연구회, 15-21.
황응연, 유희준(1984). **현대생활지도론.** 교육출판사.
한국목회상담학회 윤리강령 (안).
한국미술치료학회 편(2000). **미술치료의 이론과 실제**. 동아문화사.
한국상담학회의 윤리 강령. (2002).
한국 카운셀러 협회 윤리강령. (1979).

Ajayi, A.(1995). Terminal addiction. *Internet and Comms Today, 4,* 36.
American Psychiatric Association(2000). *Diagnostic and Statistical Manual of Mental Disorders* : DSM-IV(4th ed., text revision), Washington D.C. : Author.
American Psychiatric Association. (1994). DSM-IV, 4th ed. Washington D.C.

Ammann, R.(1991). Healing and transformation in sandplay : Creative processes become visible. Open Court : Chicago.

Anderson, J. C., & McGee, R,(1994). Comorbidity of depression in children and adolescents. *In : Handbook of Depression in Children and Adolescents,* Reynolds, W. M, Johnson, H. F., eds. New York : Plenum, 581-601.

Andrews, T. (1997). Music Therapy for Non-Musicians. Dragonhawk Publishing, Batavia, Ohio.

Angold, A., & Costello, E. J.(1993). Depressive Comorbidity in children and adolescents. Empirical, theoretical and methodological issues. *American Journal of Psychiatry,* 150, 1779-1791.

Ansdell, G. (1995). Music For Life. JKP, London.

Armstrong, L., Phillips, J. G., & Saling, L. L.(2000). Potential determinants of heavier internet usage. *International Journal of Human-Computer Studies, 53(4),* 537-550.

Arthur E.,Jongsma, Jr., L. Mark Peterson & William P. Mclnnis 저(2000)/ 강위영 · 송영혜 역(2005). 아동심리치료 치료계획서. 시그마프레스.

Asarnow, J. C., & Ben-Mier, S.(1988). Children with schizophrenia spectrum and depressive disorders : a comparative study of premorbid adjustment, onset pattern and severity of impairment. *Journal of Child Psychology and Psychiatry,* 29, 477-488.

August, G. J., & Garfinkel, B. D.(1990). Comorbidity of ADHD and reading disability among clinic-referred children. *Journal of Abnormal Child Psychology,* 18, 29-45.

August, G., Ostrander, R., & Bloomquist, M.(1992). Attention Deficit Hyperactivity Disorde r : An epdemiological screening method. *American Journal of Orthopsychiatry,* 62, 387-396.

Axline, V.(1947). *Play therapy.* Boston : Houghton Mifflin.

Barabasz, M., & Barabasz, A.(1996). Attention deficit disorder : Diagnosis, etiology, and treatment. *Child Study Journal,* 26, 1-36.

Barbarest, W., Katusic, S., Colligan, R., Pankratz, V. Weaver, A., Weber, K., Mrazek, D., & Jacobsen, S.(2003). How common is attention-deficit/hyperactivity disorder? Incidence in a population-based birth cohort in Rochester, *MinnArch Pediatr Adolesc Med.* 156(3), 217-24.

Barkley, R. A.(1990). *Attention-Deficit Hyperactivity Disorder : A Handbook for Diagnosis and Treatment.* New York : The Guilford Press.

Barkley, R. A.(1991). Diagnosis and assessment of attention deficit hyperactivity disorder. *Comprehensive Mental Health Care, 1*(1). 27-43.

Barkley, R. A.(1996). Attention-Deficit/Hyperactivity Disorder. In E. J. Mash & A. Barkley(Eds). *Child psychopathology* (pp. 63-112) New York : Guilford Press.

Barkley, R. A.(1998). Attention-Deficit Hyperactivity Disorder. *A Handbook for Diagnosis and Treatment*(2nd ed.). New York : The Guilford Press.

Benedict, H. E.(2003). Object relation/thematic play therapy. In C. Schaefer(Eds.), Foundation of play therapy(pp. 281-305). New York : Wiley.

Boik, B. L. & Goodwin, E. A.(2000). W.W. Norton & Company : New York.

Brenner, B.(1997a). Psychology of Computer Use : XLVII. Parameters of Internet Use, Abuse and Addiction the First 90 Days of the Internet Usage Survey. *Psychological Reports, 80(3/1),* 879-882.

Brenner, C. (1985). 정신분석학. 현대의학서적사, 서울.

Brent, D. A., Pepper, J. A., & Goldstein, C. e.(1988). Ri나 factors for adolescent suicide : a comparison of adolescent suicide victims with suicidal inpatients. *Archives General Psychiatry,* 45, 581-588.

Brody,V.(1978). Developmental play : A relationship focused program for children. *Journal of child Welfare,*57(9), 591-599.

Bruscia, K. E. (1998). 음악치료의 즉흥연주 모델. 양서원, 서울.

Buchman, D. D.(1996). Video and computer games in the 90′s : Children′s time commitment & game preference. *Children today, 21(1),* 12-15.

Bullis, R. K., & Mazur, C. S. (1993). Legal Issues & Religious Counseling. Westminster/ John Knox Press, Louisville, Kentucky.

Bunt, L.(1994). Music Therapy-An Art Beyond Words. Routledge, London and N.Y.

Cambell, S. B.(1990). Behavior problems in preschool children : Clinical and developmental issues. New York : The Guilford press.

Carlson, H., & Cantwell, M.(1982). A survey depression symptoms and disorder in a child psychiatric population. *Journal of Child Psychology Psychiatry,* 21, 19-25.

Carlson, G. A. & Kashani, J. H.(1988). Phenomenology of major depression from childhood through adulthood; analysis of three studied. *American Journal of Psychiatry, 145,* 1222-1225.

Carson, G. A., & Cantwell, D. A(1980). A survey of depressive symptoms, syndrome, and disorder in a child psychiatric population. *Journal of Child Psychology and Psychiatry,* 21, 19-25.

Centers for Disease Contorl.(1994). Deaths resulting from firearm-and motor-vehicle-related injuries-United States, 1968-1991, *J.A.MA.,* 271,495-496.

Corey, G. (1983). 상담학 개론. 장로회 신학대학 출판부, 서울.

Corsini, R. J.(1994). Encyclopedia of Psychology, Vol. 1(2Ed). New York : John Wiley & Sons press.

Csikszentmihalyi, M.(199). *Flow : The Psychology of Optimal Experience,* New York : Harper and Row.

Cytryn, L. & Mcknew, D, H.(1972). Proposed classification of childhood depression. *American Journal of Psychiatry.* 129, 149-155.

Davis, W.B., Gfeller,K.E., Thaut,M.H. (1992). An Introduction To Music Therapy. WCB, IA.

Deykin, E. Y., Buka, S.L., & Zeena, T.H.(1992). Depressive illness among chemically dependent adolescents. *American Journal of Psychiatry,* 149, 1341-1347.

Domminick, J. R.(1984). Video games television violence, and aggression in teenagers. *Journal of Communication, 34(2),* 148.

Douglas, V.(1983). Attention and cognitive problems. In M. Rutter(Ed.), *Developmental neuropsychiatry*(pp. 280-329). NY : The Guild Press.

Edelbrock, C., Rende, R., Plomin, R., & Thompson, L. A.(1995). A twin study of competence and problem behavior in childhood and early adolescence. *Journal of Child Psychology and Psychiatry, 36,* 775-785.

Egli, E. A., & Meyers, L. S.(1984). The role of video game playing in adolescent life : is there a reason to be concerned? *Bulletin of the Psychonomic Society, 22,* 309-312.

Ellis, A. (1962). Reason and emotion in psychotherapy, New York : Lyle Stuart.

Ellis, A. (1984). The essence of REBT-1984, *Journal of Rational-Emotive Therapy.* 2(1), pp. 19-25.

Emery, G., Bedrosian, R., & Garber, J. (1983). Cognitive therapy with depressed children and adolescents, In Affective Disorders in Childhood and Adolescence An update, ed. D. P. Cantwell and G. A. Carson. pp. 445-471. New York : Spectrum.

Feehan. M., McGee, R. Willams. S(1993). Mental health disorders rom age 15 to age 18 years. *Jurnal of Abnormal Child Psychology,* 32, 1118-1126.

Fergusson, D. M., & Lynskey, M. T.(1995). Childhood circumstanced adolescent adjustment, and suicide attempts in a New Zealand birth cohort, *Journal of American Academic Child Adolescent Psychiatry,* 34, 612-622.

Fisher, S.(1994). Identifying video game addiction in children and adolescents, *Addictive Behaviors, 19(5),* 545-553.

Fleming, J. E., & Offord, D. R.(1990). Epidemiology of childhood depressive disorders : a critical review. *Journal of American Academic Child A dolescent Psychiatry,* 29, 571-580.

Freud, A (1928). Introduction to the technique of child analysis. New York : Disease Publishing.

Frick, P. L., & Lahey, B. B.(1991). The nature and characteristic of Attention-Deficit Hyperactivity Disorder. *School Psychology Review,* 20, 163-173.

Garber. J., Kriss, M.R., Hoch M., & Lindholm, L.(1988). Recurrent depression in adolescent s : a follow-up study. *Journal of American Academic Child and Adolescent Psychiatry,* 27, 49-54.

Gardner, R.(1973). *The talking, feeling and doing game.* Cresskill, NJ : Creative Therapeutics.

Geldard, K. 저(1997)/김광웅 · 박인전 · 방은령 역(2003). 아동상담중앙적성출판사.

Glaser, K.(1967). Masked depression in children and adolescents. *American Journal of Psychotherapy,* 21, 565-574.

Goldstein, S., Goldstein, M.(1998). *Managing attention-deficit hyperactivity disorder in children : A guide for practitioners*(2nd ed.). New York : Wiley.

Goodman, G., & Poillion, M. J.(1992). ADD : Acronym for any dysfunction or difficulty. *Journal of Special Education,* 26, 37-56.

Green, C. & Chee, K. 저(1997)/김선경 역(1999). ADHD의 이해-주의력 결핍 과잉 행동 장애의 지난과 치료. 민지사.

Greenfield, D.(1999). *The Nature of Internet Addiction : Psychological Factors in*

Compulsive Internet Use. Paper presented at the 107th convention of the American Psychological Association. August 20-24 1999, Boston, Massachusetts.

Greenspan, S. I. & Greespan, N. T.(2003). The clincical interview of the child(3rd ed.), Washington DC : American Psychiatric Publishing Inc.

Gresham, F.(2002). Responsiveness to intervention : An alternative approach to the identification of learning disabilities. In R. Bradley, L. Danielson, & D. P. Hallahan(Eds.). *Identification of learning disabilities : Research to practice*(pp. 467-519). Mahwah, NJ : Erlbaum.

Griffiths, M. D.(1991). Amusement machine playing in childhood and adolescence a comparative analysis of video games and fruit machines. *Journal of Adolescence, 14,* 53-73.

Griffiths, M. D.(1998). *Internet Addiction : Does It Really Exist? In Psychology and the Internet : Interpersonal and Transpersonal Application.* J. Gachenbach (Eds.). New York : Academic Press, 61-75.

Griffiths, M. D.(1999). Internet Addiction : Fact or fiction? *The Psychologist, 12(5),* 246-251.

Griffiths, M. D., & Hunt, H.(1998). Dependence on computer games by adolescents. *Psychological Report,* 82(2), 475-480.

Guerney,B(1964a). Filial therapy : Description and retionale. *Journal of Consulting Psychology,* 28(4), 304-310

Gumaer, J. 저(1984)/ 이재연 · 서영숙 · 이명조 역(1997). 아동상담과 치료. 양서원.

Hammen, C.(1990). Generation of stress in the course of unipolar affective disorder, *Archives of General Psychiatry,* 47, 1112-1117.

Hammen, C., & Compas, B. E.(1994). Unmasking masked depression in children and adolescents : The problem of comorbidity. *Chinical Psychology Review,* 14, 585-603.

Hanser, S. B. (2003역). 음악치료지도서. 군자출판사, 서울.

Hartung, C., Willcutt, E., Lahey, B., Pelhan, W., Loney, J., Stein, M. & Keenan, K.(2002). Sex differences in young children who meet criteria for attention deficit hyperactivity disorder. *Journal of Clinical Child and Adolescent Psychology,* 31, 453-464.

Harringeon, R., Furdge H., Rutter M. Pickles A., & Hills J.(1990). Adultoutcomeof child and adolescent depression : I. Psychiatric status. *Archives of General Psychiatric,* 47, 465-473.

Henker, B., & Whalen, C. K.(1980). The changing faces of hyperactivity : Retrospect and prospect. In C. K. Whalen & B. Henler (Eds.), Hyperactive children : *The social ecology of identification and treatment* (pp. 215-230). New York : Academic Press.

Herbert, J., Lilienfeld, S., Lohr, J., Montgomery, R. W., O'Donohue, W., Rosen, G., et al. (2000). Science and pseudoscience in the development of Eye Movement Desensitization and Reprocessing : Implications for clinical psychology. Clinical Psychology Review, 20, 945-971.

Herbert, J., & Meuser, K. (1995). What is EMDR? Harvard Mental Health Newsletter, 11(8).

Hjelle, L. A., & Ziegler, D. J. 저(1976)/이훈구 역(2000). 성격심리학. 법문사.

Hrtsough, C. S., & Lambert, N. M.(1985). Medical factors in hyperactive and normal children : parenatal, developmental, and health history findins. *American Journal of Orthopsychiatry,* Vol.55, 190.

Hug-Hellmuth(1919). On the technique of child analysis. *International Journal of Psychoanalysis,* 2, 287.

H. Van Deest.(1998). 음악치료 (Heilen mit Musik). 시유사.

Jacobson, E. (1938). *Progressive Relaxation.* Chicago : University of Chicago Press.

Jernberg, A.(1979). *Theraplay.* San Francisco : Jossey-Bass.

Judith A, Rubin 저/김진숙 역(2006). 미술치료학 개론. 학지사.

Kachani, J., & Simonds, J.(1979). The incidence of depression in children. American *Journal of Psychiatry,* 136, 1203-1205.

Kandel, D. B., & Davis, M.(1986). Adult sequale of adolescent depressive symptoms. *Archives of General Psychiatry,* 43, 255-262.

Kashani, J. H., Beck, N. C., & Hoeper, E. W.(1987). Psychiatric disorders in a community sample of adolescents, *American Journal of Psychiatry,* 144, 584-589.

Katz, J. E., & Aspden, P.(1997). A nation of strangers ? *Communications of the ACM, 40(12),* 81-86.

Kazdin, N. S. & Petti, T. A.(1982). Self-report and interview measures of childhood and adolescent depression. *Journal of Child Psychology Psychiatry,* 23, 437-457.

Kenneth W. Merrell, Thomas M. Wolfe.(1998). The relationship of teacher-rated social skill deficits and ADHD characteristics among kindergarten-age children. *Journal of Psychology in the schools,* 35, 101-110.

Kessler, R. C., McGonagle, K. A., & Zhao, S.(1994). Lifetime and 12-month prevalence of DSM-III-R Psychiatric disorders in the United States. *Archives of General Psychiatry,* 51, 8-19.

Kevin D. Stak 저/오수성 외 역(2002). 소아기 우울증. 하나의학사.

King, L., & Pitman, G.(1970). A six-year follow-up study of 65 adolescent patients. *Archives of General Psychiatry,* 22, 230-236.

Klein,M.(1932). *The psycho-analysis of children.* London : Hogarth Press.

Klonoff, E. A., Knell, S. M., & Janata, J. W. (1984). Fear of nausea and vomiting : the interaction among psychosocial stressors, developmental transitions, and adventitious reinforcement, *Journal of Clinical Child Psychology* 13 : 263-267.

Klonoff, E. A., & Moore, D. J. (1986). "Conversion reactions" in adolescents : a biofeedback-based operant approach. *Journal of Behavior Therapy and Experimental Psychiatry* 17 : 179-184.

Knell, S. M., & Moore, D. J. (1990). Cognitive-behavioral play therapy in the treatment of encopresis. *Journal of Clinical Child Psychology* 19 : 55-60.

Kolvin, I., Barrett, M. L., & Bhate, S. R.(1991). The Newcastle Child Depression Project : diagnosis and classification of depression. *British Journal of Psychiatry,* 159, 9-21.

Kovacs, M.(1981). Ratind scale to assess depression in school-aged children. Acta

Paedopsychiatry, 46, 305-315.

Kovacs, M., Krol, R. S. M., & Voti, L.(1994). Early onset psychopathology and the risk for teenage pregnancy among clinicalluy referred girls. *Journal of American Academic Child Adolescent Psychiatry,* 32, 8-20.

Kovacs, M., Beck, A. T.(1977). An empirical-clinical approach toward a definition of childhood depression. In J. G. Schulterbrandt & A. Raskin(Eds.). *Depression in childhoo d : Diagnosis, treatment and conceptual models*(pp.1-25). New York : Raven Press.

Kraut, R., Lundmark, V., Patterson, M., Kiesler, S., Mukopadhyay, D., & Scherlis, W.(1998). Internet paradox : A social technology that reduces social involvement and psychological well-being? *The American Psychologist, 53(9),* 1017-1031.

Krumboltz, J. D. (1969). *Revolution in counseling.* Boston, MA : Houghton Mifflin.

Lahey, B. B., Applegate, B., McBurnett, K., Biederman, J., Greenhill, L., Hynd, G. w., Barkley, R. A., Newcorn, J., Jensen, P., Richter, J., Garfinkel, B., Kerdyk, L., Frick, P. J., Ollendick, T., Perez, D., Hart, E. L.,Waldman, I., & Shaffer, D.(1994). DSM-IV field trials for attention deficit hyperactivity disorder in children and adolescents. *American Journal of Psychiatry,* 151, 1673-1685.

Landa, S., & McAnninch, C.(1993). Young Children with attention deficits. *Young Children,* 48, 49-58.

Landreth,G.(1991). *Play therapy : The art of the relationship.* Muncie, IN : Accelerated Development.

Levy,D.(1938). Release therapy for young children. *Psychiatry,*1,387-389.

Lewinsohn, P. M., Duncan, E. M., Stanton, A. K., & Hautziner, M.(1986). Age at onset for first unipolar depression. *Journal of Abnormal Psychology,* 95, 378-383.

Lewinsohn, P. M., Hops, H., Roberts, R. E., Seeley, J. R., & Andrew, J. A.(1993). Adolescent psychopathology : I. Prevalence and incidence of depression and other DSM-III-R disorders in high school students. *Journal of Abnormal Psychology,* 102, 133-144.

Lewinsohn, P. M., Rohde, P., Seely, J. R., & Fischer, S. A.(1993). Age-Cohort change in the lifetime occurrence of depression and other mental disorders. Journal of Abnormal Psychology, 102, 110-120.

Lewinsohn, P. M., Clarke, G. N., Seeley, J. R., & Rohde, P.(1994). Major depression in community adolescents : age at inset, episode duration, and time to recurrence. *Journal of American Academic Child Adolescent Psychiatry,* 33, 809-818.

Lewinsohn, P. M., Klein, D. N., Seeley, J. R.(1995). Bipolar disorders in a community sample of older patients : phenomenology, comorbidity, and course. Journal of *American Academic Child and Adolescents Psychiatry,* 345, 510-519.

Mach, E. J., and Barkley, R. A.(Eds.).(1997). *Child psychopathology.* New York : Guilford Press.

Magg, J. W., & Reid, R.(1994). Attention deficit hyperactivity disorder : A functional approach to assessment and treatment. *Behavioral Disorders,* 20, 5-23.

Marion, L.(1983). True confession of a Pac man Junkie. *Family Weekly, 2,* 6-10.

Marton, P., Korenblun, M. P., Kutcher, M., Stein, S., Kennedy, B., Pakes, J(1989). Personality dysfunction in depressed adolescents. *Canadian Journal of Psychiatry,* 34, 810-813.

McCauley, E., & Myers, K.(1992). Family interactions in mood disordered youth. *Child Adolescents Psychiatry Clinical North America,* 1, 111-127.

McClure, R. F., & Mears, F. G.(1984). Video game players : personality characteristics and demographic variables. *Psychological Report, 55,* 271-276.

McGUiness, V.(1977, 2001). "Integrating Play Therapy and EMDR with Children" . Victoria McGUiness, U.S.A.

Meichenbaum, D., & Goodman, J. (1971). Training impulsive children to talk to themselves : a means of developing self-control. *Journal of Abnormal Psychology* 77 : 115-126.

Mercugliano, M., Power, T. & Blum, N. 저(1999)/김해란 역(2004). ADHD의 진단과 치료. 도서출판 특수교육.

Mitchell, J., McCauley, E., Burle, P. M., & Mass, S. J.(1988). Phenomenology of depression in children and adolescents. *Journal of American Academic Child and Adolescents Psychiatry,* 1, 12-20.

Mitchell R. R. & Friedman, H. S.(1994). Routledge : New York.

Morahan-Martin, J., & Schumacher, P.(2000). Incidence and correlates of pathological internet use among college students. *Computer in Human Behavior, 16(1),* 13-29.

National Institute of Health Consensus Statement.(1998).

Nlen-Hoeksema, S., Girgus, J. S., & Seligman, M. E. P.(1992). Predictions and consequences of childhood depressive symptoms : a 5 year longitudinal study, *Journal of Abnormal Psychology,* 101, 405-422.

Nloan, E E., Gadow, K. S., & SprafkIn, J.(2001). Teacher reports of DSM-IV ADHD, ODD and CD symptoms in schoolchildren. *Journal of the American Academy of Child and Adolescent Psychiatry,* 40(2), 241-249.

Nordoff, P. & Robbins, C. (1992).창조적 음악요법. 피플뱅크.

O'Connor · Braverman 저/ 송영혜 · 이승희 역(2000). 놀이치료 이론과 실제. 시그마프레스.

O'Connor,K.(1991). The play thrapy primer : An integration of theories and techniques. New York : Wiley.

Ohlsclager, G., & Mosgofian, P. 저(1992)/ 주명수 역(1997).상담과 법률. 도서출판 두란노.

Parks, M. R., & Roberts, L. D.(1998). Making Music : The Development of Personal Relationships On-line and a Comparison to Their Off-line Counterparts. *Journal of Social and Personal Relationships, 15,* 519-537.

Pavlicevic, M. (1997). Music Therapy in Context. JKP, London.

Peele, S., & Brodsky, A.(1991). *The truth about addiction and recovery : The life process program for outgrowing destructive habits.* New York, N.Y.10110.

Pelham W., Evans, S., Gnagy, E., & Greenslade, K.(1992). Teacher ratings of DSM-III-R symptoms for the disruptive behavior disorders : Prevalence, factor analyses, and conditional probabilities in a special education sample. *School Psychology Review,* 21, 285-299.

Pelham, W. E., Gnagy, E. M., Greenslaade, K. E., & Milch, R.(1992). Teacher rating of DSM-III-R symtoms for the disruptive behavior disorders. *The American Academy of Child and Adolesent Psyctry,* 31(2), 210-218.

Pennington, B. F.(1991). *Diagnosing learning disorders : A neuropsychological framework.*

New York : Guilford.

Peters, J. S.(2000). MUSIC THERAPY, AN INTRODUCTION, 2nd ed. C. C. Thomas, Illinois.

Pfeffer, C. R.., Klerman, C. I., Hurt, S. W., Kakuma, T. Peskin J. R., & Siefker, C. A.(1993). Suicidal children grow up. *Journal of American Academic Child Adolescent Psychiatry,* 32, 106-113.

Phillips, L., Draguns, J., & Barlett, D.(1975). Classification of behavior disorders. In N. Hobbs(Eds.), *Issues in the classification of children.*(pp.26-55). San Francisco : Jossey-Bass.

Phillips, R. D. (1985). Whistling the dark? A review of play therapy research. *Psychotherapy,* 22 : 752-760.

Platzman, K., Stoy, M., Brown, R., Coles, C., Smith, I., & Falek, A.(1992). Review of observational methods in Attention Deficit Hyperactivity Disorder (ADHD) : Implications for diagnosis. *School Psychology Quarterly,* 7(3), 155-177.

Power,T.J.&J. Radcliffe(1989), The relationship of play behavior to cognitive ability in developmentally disabled preschoolers. Journal of Autism and Developmental disorders, 19, 97-107.

Pretzer, J. L., & Beak. A. T. (1996). A cognitive theory of personality disorders, In J. F. Clarkin, & M. F. Lenzenweger (Eds.), *Major theories of personality disorder.* New York : Guliford Press.

Puig-Antich, J., Blau, S., Marx, N., Greenhill, L. L., & Chambers, W.(1978). Prepubertal major depressive disorder. *Journal of the American Academy of Child Psychiatry,* 17, 695-707.

Puig-Antich, J., Kaufman, J., & Ryan, N, D.(1993). The psychological functioning and family environment of depressed adolescents. *Journal of American Academic Child Adolescent Psychiatry,* 32, 244-451.

Rank,O.(1936). *Will therapy.* New York : Knopf.

Rao, U., Ryan, N. D., Birmaher, B.(1995). Unipolar depression in adolescents : clinical outcome in adulthood. *Journal of American Academic Child and Adolescent Psychiatry,* 34, 566-578.

Rauschenberger, S. L.(1995). Fantasy proneness DSM-III-R axis psychopathology and dissociation. *Journal of abnormal psychology, 104(2),* 373-380.

Reid, R., Maag, J. W., & Vaca, S. F.(1994). Attention deficit hyperactivity disorder as a disability category : A critique. *Exceptional Children,* 60, 198-214.

Rie, H. E.(1966). Depression childhood : A survey of some pertinent contributions. *Journal of the American Academy Child Psychiatry, 5, 653-6.*

Roberts, R. E., Lewinsoh, P. M., & Seely, J. R.(1995). Symptoms of DSM-III-R major depression in adolescence : evidence from an epidemiological study, *Journal of American Academic Child and Adolescent Psychiatry,* 34, 1608-1617.

Roe, K., & Muijs, D.(1998). Children and Computer Games : A Profile of the Heavy User. *European Journal of Communication, 13(2),* 181-200.

Rohde, P., Lewinshon, P. M., & Seeley, J. R.(1994). Are adolescents changed by an episode of major depression? *Journal of American Academic Child and Adolescent*

Psychiatry, 33, 1289-1298.

Rogers,C.(1942). *Counseling and psychotherapy.* Boston : Houghton Mifflin.

Rogers,C.(1951). *Client-centered therapy.* Boston : Houghton Mifflin.

Rogers,C.(1961). *On becoming a person.* Boston : Houghton Mifflin.

Rogers, C. (1998, 2005). 한승호, 한승렬 (역, 2005). 카운슬링의 이론과 실제. 학지사, 서울.

Rudd, E. (1980). Music Therapy And It's Relationship To Current Treatment Theories. MMB, Saint Louis.

Ruff, H. A.(1988). The measurement of attention in high risk infants. In P. Vietze & H. G. Vaughan(Eds). Early identification of infants with developmintal disabilities(pp.282-296). Philadelphia, PA : Grune & stratton.

Rutter, M., Izard, C. E., Read, P. B.(1986). *Depression in young people : Development and clinical perspective.* New York : Guilford Press.

Ryan, N, D., Puig-Antich, J., & Ambrosini, P.(1987). The clinical picture of major depression in children and adolescents. *Archives of General Psychiatry,* 44, 854-861.

Sanders, C. E., Field, T. M., Diego, M., & Kaplan, M.(2000). The Relationship of Internet Use to Depression and Social Isolation Among Adolescents. *Adolescence, 35(2),* 237-242.

Schutte, N. S.(1988). Effects of Playing Video Games of Children's Aggression and Other Behaviors. *Journal of Applied Social Psychology, 18(5),* 454-460.

Schwean, V., Parkinson, M., Francis, G., & Lee, F.(1993). Educating the ADHD child : Debunking the myths. *Canadian Journal of School Psychology,* 9(1), 37-52.

Servan-Schreiber, D. 저(2003)/정미애 역(2004). 문학세계사.

Shapira, N. A., Goldsmith, T. D., Keck, P. E. Jr., Khosla, U. M., McElroy, S. L.(2000). Psychiatric features of individuals with problematic internet use. *Journal of Affective Disorders, 57,* 267-272.

Shapiro, F. (2001), *Eye Movement Desensitization and Reprocessing : Basic Principles, Protocols, Procedures,* 2nd edition N.Y. ; Guilford, Stickgold, R.

Shertzer, B., & Stone, S. C.(1980), Fundamentals of counseling(3rd ed.), Boston : Houghton Mifflin.

Siegel, B(1991). Play diagnosis of autism : The ETHOS play session. n C. Schaefer, G. Karen, & A. Sandgrund(1991)(Ed.), Play diagnosis and assessmint.

Silvern, S., Williams, P., & Countermine, T.(1983). *Video game playing and aggression on young children.* Paper presented at the annual meeting of the American Education Research Association, Montreal.

Stein, D. J.(1997). Internet addiction, internet psychotherapy. *American Journal of Psychiatry, 54(6),* 890.

Steinhardt, L.(2000). Foundation and Form in Jungian Sandplay. Jessica Kingsley Publishers : Philadelphia.

Strober, M., & Calson, G.(1982). Bipolar illness in adolescents with major depression. *Archives of General Psychiatry,* 39, 549-555.

Taylor, E.(1995). Dysfunctions of attention. *Developmental Psychology,* 2, 243-273.

Tinker, R. H., & Wilson., S. A. (1999). "Through the Eyes of a Child EMDR with Children".

W. W. Norton & Company, Inc, N.Y.

Treuer, T., Fabian, Z., Furedi, J.(2001). Internet addiction associated with feature of impulse control disorder : is it a rdal psychiatric disorder ? *Journal of Affective Disorders, 66,* 283.

Trevarthen, C. & others. (1996) CHILDREN WITH AUTISM. JKP, London.

Turkle, S.(1996). Virtuality and its discontents : Searching for community in cyberspace. *The American Prospect, 24,* 50-57.

Turner, B.(2005). The handbook of sandplay therapy. Temenos Press : LA.

Viola A. Brody, 저/ 성영혜 · 장미경 역(1997). 발달놀이치료. 상조사.

Vondra,J.&Belsky, J.(1991). Infant play as a window on competence and motivation. in C. Schaefer, G. karen, &A. Sandgrund(1991)(Ed.), Play diagnosis and assessment.

West,J.(2002). Child-centred play therapy(2nd Ed). Arnold : London.

Wicks-Nelson, R., & Israel, A. C.(1991). Behavior Disorders of Childhood, 2nd ed, New Jersey : Prantice-Hall, Inc.

Willianson, D. E., Dahl, R. E., Birmaher, B. & Goetz, R. R.(1995). Stressful life events and EEG sleep in depressed and normal control adolescents. *Biological Psychiatry,* 37, 859-865.

Wolraich, M. L., Lindgren, S., Stromquist, A., Milich, R., Davis, C., & Watson, D.(1990). Stimulant medications used by primary care physicians in the treatment of attention deficit hyperactivity disorder. *Pediatrics,* 86, 95-101.

Young, K. S.(1996). *Internet addiction : The emergence of a new conical disorder.* Paper presented at the 104th annual conversation of the American Psychological Association, August 16 1996. Toronto, Canada.

Young, K. S.(1997). *What makes the internet addictive : Potential explanation for pathological internet use.* Paper presented at the 105th annual conference of the American Psychological Association. August 15 1997, Chicago, Illinois.

Young, K. S.(1998). *Caught in the net : How to recognize the signs of internet addiction and a winning strategy for recovery.* Now York : John Wily & Sons press, Inc.

Yong, K. S., & Rodgers, R. C.(1997a). The Relationship Between Depression and Internet Addiction. *Cyberpsychology and Behavior, 1(1),* 25-28.

Zenhausen, B.(1995). *Preliminary Draft of the DSM-V Committee on Cyberdisorders.* Posted to Listserv : Virtpsy February 26.

Anderson, K. J.(1999). *Internet use among college students : An exploratory study.*
http : //www.rpi,edu/~anderk4/research.html.

Fearing, J.(1996). *Computer addiction : "Hocked on the Net".*
http : //www.uslink.net~nics/cmpadic.html.

Goldberg, I. K.(1996). *Internet addiction. Electronic message posted to research discussion list.*
http : //www.rider.edu/users/suler/psycyber/supportgp.html.

King, S. A.(1996). *Is the internet addictive, or are addicts using the internet ?*
http : //rdz.stjohns.edu/~storm/iad.html.

Suler, J.(1996). *Why is this eating my life?* Computer and cyberspace addiction at the 'palace' World Wide Web.

http : //www.rider.edu/users/~suler/psycyber/eatlife.html.

Suler, J.(1998). *Psychology of Cyberspace. URL.*

http : //www.rider.edu/users/~suler/psycyber/psycuber.html.

Suler, J.(1999). *Internet addiction : In a nutshell.*

http : //www.rider.edu/users/~suler/psycyber/nutshell.html.

Young, K. S.(1999). *Internet addiction : Symptoms, evaluation, and treatment.*

http : //netaddiction,com/articles/symptoms.html.

Young, K. S., & Rodgers, R. C.(1997b). *Internet addiction : Perconality Traits Associated with Its Development.*

http : //netaddiction,com/articles/personality_correlates.html.

저자 소개

✍ 장미경

· 숙명여대 아동복지과 대학원 · 박사과정 졸업
· 남서울대학교 아동복지학과 부교수
· 한국아동상담협회 이사, 한국놀이치료학회 이사, 대한아동복지학회 이사
· 국제놀이치료학회(PTI), 영국놀이치료학회(PTUK) 공인 놀이치료 슈퍼바이저, 한국아동학회 공인 아동상담전문가
· 저서 : 놀이치료(상조사), 보육학개론(태영출판사), 아동연구(상조사), 유아정신건강(상조사)
· 논문 : Filial Therapy Case Book(Play Therapy Press), Rock Symbol of Individuation(미국모래놀이치료학회), The Effectiveness of Filial Therapy for Korean Parents(미국놀이치료학회), 0~3세 영유아의 정신건강 및 발달장애 조기진단을 위한 척도제작연구(한국아동학회)

✍ 이상희

· 숙명여자대학교 아동복지학과 대학원 박사과정 졸업
· 현, 남서울대학교 아동복지학과 전임강사
· 국제놀이치료학회(PTI) 공인 놀이치료사 및 수퍼바이저(CPT-S)
· 저서 : 치료놀이 II, III(공저, 형설출판사), 애착결손을 다지는 지혜(공역, 시그마프레스), 행복한 엄마와 자녀관계 증진 프로그램(태영출판사), 보육학개론(공저, 태영출판사)

✍ 정민정

· 숙명여자대학교 아동복지학과 대학원 박사과정 졸업
· 현, 두원공대 아동복지학과 교수
· 저서 : 장애아 통합보육론(태영출판사), 보육학개론(공저, 태영출판사)

✍ 손금옥

· 중앙대학교 유아교육과 대학원 박사과정 수료
· 홍성초등학교병설유치원 교사
· 남서울대학교 강사
· 현, 혜전대학 유아교육과 겸임교수

✍ 조은혜

· 이화여대 교육대학원 음악치료학 석사과정 졸업
· 성결대, 수원여대, 남서울대 대학원 강사
· 한세대 대학원 겸임교수
· 현, 연세 Paul 음악 연구소 소장
연세대학교 상담학 박사과정

✍ 유미성

· 전북대학교 대학원 아동학전공 박사과정
· 전북마라아동상담센터 놀이치료사
· 현, 남서울대학교 아동복지학과 강사

아동상담의 이론과 실제

장미경
2015. 8.

초판발행 2007년 2월 20일
8판발행 2015년 8월 20일

저 자 장미경 · 이상희 · 정민정 · 손금옥 · 조은혜 · 유미성
발행인 김현태
발행처 태영출판사

주 소 (08301) 서울 구로구 구로동 104-10 동남오피스텔 201호
전 화 02 · 839-3757, 839-3752
팩 스 02 · 837-3754
등 록 2005년 5월 30일 제12-421호
홈페이지 http://www.taeyeongbook.co.kr
E-mail tys2005@hanmail.net
ISBN 978-89-91777-70-5 93370
정 가 18,000원

* 잘못 만들어진 책은 교환해 드립니다.

NAVER 태영출판사